Frank Keuper (Hrsg.)

E-Business, M-Business und T-Business

Digitale Erlebniswelten aus Sicht von Consulting-Unternehmen

Bibliografische Information Der Deutschen Bibliothek
Die Deutsche Bibliothek verzeichnet diese Publikation in der Deutschen Nationalbibliografie;
detaillierte bibliografische Daten sind im Internet über <http://dnb.ddb.de> abrufbar.

Dr. Frank Keuper vertritt den Lehrstuhl für Risikomanagement und Controlling an der Johannes Gutenberg-Universität Mainz.

1. Auflage Juni 2003

Alle Rechte vorbehalten
© Betriebswirtschaftlicher Verlag Dr. Th. Gabler/GWV Fachverlage GmbH, Wiesbaden 2003

Lektorat: Barbara Roscher / Jutta Hinrichsen

Der Gabler Verlag ist ein Unternehmen der Fachverlagsgruppe BertelsmannSpringer.
www.gabler.de

Das Werk einschließlich aller seiner Teile ist urheberrechtlich geschützt. Jede Verwertung außerhalb der engen Grenzen des Urheberrechtsgesetzes ist ohne Zustimmung des Verlags unzulässig und strafbar. Das gilt insbesondere für Vervielfältigungen, Übersetzungen, Mikroverfilmungen und die Einspeicherung und Verarbeitung in elektronischen Systemen.

Die Wiedergabe von Gebrauchsnamen, Handelsnamen, Warenbezeichnungen usw. in diesem Werk berechtigt auch ohne besondere Kennzeichnung nicht zu der Annahme, dass solche Namen im Sinne der Warenzeichen- und Markenschutz-Gesetzgebung als frei zu betrachten wären und daher von jedermann benutzt werden dürften.

Umschlaggestaltung: Regine Zimmer, Dipl.-Designerin, Frankfurt/Main
Druck und Buchbinder: Lengericher Handelsdruckerei, Lengerich/Westf.
Gedruckt auf säurefreiem und chlorfrei gebleichtem Papier
Printed in Germany

ISBN 3-409-12026-2

Frank Keuper (Hrsg.)

E-Business, M-Business und T-Business

Vorwort

Die kundenbezogenen Virtualisierungsstrategien von Unternehmen, die durch die Konvergenz der digitalen Erlebniswelten E-Business, M-Business und T-Business hin zu einem C-Business (Converged Business) unterstützt bzw. erzwungen werden, haben einen ubiquitären Marketspace entstehen lassen. Um erfolgreiche, integrative Multichannel-Strategien auf diesen Marketspace umsetzen zu können, gilt es die besonderen Chancen und Risiken der etablierten (E-Business), emergenten (M-Business) und visonären (T-Business) Teilmärkte, die einer extrem dynamischen Konvergenz ausgesetzt sind, ganzheitlich zu erfassen. Nur so kann das Top-Management mittels einer klaren Profit/Loss-Verantwortung die eigenständig agierende Unternehmenseinheit C-Business erfolgsorientiert führen. Dabei ist es von zentraler Bedeutung, dass eine weitgehende Verknüpfung des festnetzbasierten und mobilen Webauftritts mit sämtlichen nachgelagerten Geschäftsprozessen wie Logistik, Kundenservice, Warenwirtschaft, Rechnungswesen und Controlling stattfindet.

Der Konvergenz inhärent ist zudem, dass nur diejenigen Unternehmen auf dem konvergierenden Marketspace erfolgreich sind, die über ein ausgeprägtes Partnermanagement verfügen. Mit Hilfe von Partnerschaften mit Technologie- und Serviceunternehmen wie auch mit Lieferanten von Web-Inhalten und Content-Anbietern wird so zum einen der Auftritt in den digitalen Erlebniswelten attraktiver, zum anderen können die aus der Konvergenz abzuleitenden Systemprodukte offeriert werden. Wichtig ist ferner, dass die Konvergenz nicht nur auf die TIME-Branche begrenzt ist, sondern nahezu alle Branchen erfasst hat bzw. erfassen wird. N-TV auf dem Notebook zu schauen ist ebenso Realität wie Telematikdienstleistungen in der Automobilbranche. Dabei ist die Virtualisierung von Produkten auf Basis digitaler Technologien der Enabler für neue Geschäftsmodelle. So sind bereits heute problemlos Stadtpläne auf Personal Digital Assistants (PDAs) ubiquitär nutzbar, was eine vollkommen neue Abstimmung zwischen Unternehmen bisher getrennter Branchen bedingt.

Aber auch neue Wettbewerbsstrategien, die es nach dem „Gottvater der Strategie"[1] – dem Harvard Professor Michael Porter nicht geben dürfte, wie zum Beispiel das Mass Customization, sind mittlerweile ökonomische Realität. So weisen digitale Produkte i. d. R. keinerlei Grenzkosten auf, der Konsument wandelt sich aufgrund der Individualisierungstendenzen in der Informationsgesellschaft zunehmend zum Prosumenten, und darüber hinaus ermöglichen es Netzwerkeffekte sowie ein ausgeprägter Coopetition-Wettbewerb, hybride Positionen einzunehmen. Letztlich gilt, insbesondere für die klassische (online-geprägte) Medienbranche, dass eine eigene Kannibalisierung der Produkte durch ein Engagement auf den digitalen Erlebniswelten, in Teilbereichen zwingend erforderlich ist, um Marktbarrieren aufzubauen. So ist z. B. für Zeitungs- und Publikumszeitschriftenverlage ein Auftritt in den digitalen Erlebniswelten E-Business, M-Business und T-Business trotz der gegenwärtig weitgehend katastrophalen Erlössituation im Rahmen einer digitalen Titelpräsenz zwingend erforderlich, obwohl hierdurch das eigene Print-Produkt kannibalisiert wird. Würde eine solche digitale Omnipräsenz unterbleiben, so ist beispielsweise mit einer massiven Abwanderung der Rubrikenanzeigen hin zu externen internetbasierten Dienstleistern zu rechnen, was das originäre Geschäftsmodell von Zeitungs- und Publikumszeitschriftenverlagen erodieren ließe. Nur durch die cross-mediale

---

[1] LITTMANN/JANSEN (2000): Oszillodox: Virtualisierung – die permanente Neuerfindung der Organisation, Stuttgart 2000, S. 283.

Omnipräsenz von Medienunternehmen in den digitalen Erlebniswelten kann somit die Kundenloyalität aufrechterhalten werden.

Um die skizzierten Strategien, Chancen und Risiken, Anforderungen und Instrumente sowie Geschäftsmodelle beispielhaft darzustellen und zu bewerten, wird nachfolgend eine vierstufige Vorgehensweise gewählt, wobei zunächst ausgewählte Bereiche der digitalen Erlebniswelten E-Business, M-Business und T-Business weitgehend isoliert betrachtet werden.

Im Rahmen der Erlebniswelt E-Business wird der Fokus einerseits auf intra- und konsumentenorientierte Portal-Technologien und andererseits auf die Möglichkeiten und Grenzen von Peer-to-Peer-Technologien gelegt. Beiträge zum Mobile Marketing und zur Bewertungsproblematik von UMTS-Lizenzen verdeutlichen aktuelle Entwicklungstendenzen und die Problematik einer blinden Hype-Hysterie im Mobile Business. Das Kapitel T-Business deckt zudem den Spannungsbogen zwischen weitgehender Zukunftsmusik („T-Commerce und iTV") und praxisinduzierter Realität („Communication Infotainment Networks") ab. Der Sammelband schließt mit einer Diskussion ausgewählter Aspekte der Konvergenz der Erlebniswelten. Dabei wird zunächst das ubiquitäre Business als Multichannel-Strategie herausgearbeitet, um anschließend beispielhaft anhand der Automobilbranche die Erfolgspotenziale der integrierten Nutzung der digitalen Erlebniswelten zu verdeutlichen. Letztlich werden hybride Wettbewerbsstrategien vorgestellt, die, wie eingangs gesagt, nach dem „Gottvater der Strategie" nicht existent sind.

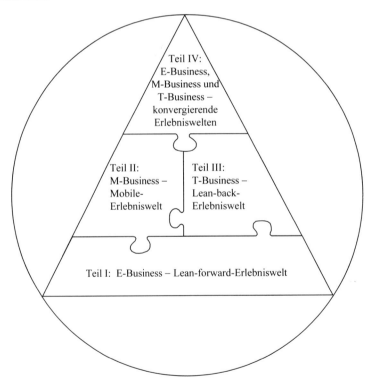

Dank gebührt besonders den „beratenden" Autoren dieses Sammelbandes für ihre innovativen Beiträge und ihr großes Engagement während der Projektphase. Dies ist um so bemerkenswerter, als alle beteiligten Beratungen – *ACCENTURE, DETECON INTERNATIONAL GMBH, ESPRIT CONSULTING AG, IBM BUSINESS CONSULTING SERVICES, IDF GMBH, SIEMENS BUSINESS SERVICES, PRICEWATERHOUSECOOPERS DEUTSCHE REVISION* – ihrerseits enge terminliche Grenzen hatten und zudem in der Zeit auch noch der ein oder anderer Merger stattfand. Darüber hinaus gilt mein besonderer Dank den theoriegeleiteten und praxisinduzierten Beiträgen der Wissenschaftler der *LUDWIG-MAXIMILIAN-UNI-VERSITÄT MÜNCHEN*, der *UNIVERSITÄT GÖTTINGEN* und der *TECHNISCHEN UNIVERSITÄT ILMENAU* für ihr großes Engagement in dem vorliegenden Sammelband.

Danken möchte ich zudem Herrn *SVEN GURA* für die Unterstützung im Rahmen der Formatierung.

Last but not least gilt der Dank Frau *JUTTA HINRICHSEN* und Frau *BARBARA ROSCHER* vom Gabler-Verlag in Wiesbaden für die gute Zusammenarbeit bei der Publikation des Sammelbandes.

FRANK KEUPER

Inhaltsverzeichnis

Teil I: E-Business – Lean-forward-Erlebniswelt	**1**
Peer-to-Peer-Technologien – Einflüsse digitaler dezentraler Ressourcennutzung auf elektronische Märkte	3
Frank Keuper und Nick Gerke *(Johannes Gutenberg-Universität Mainz und Georg August Universität Göttingen)*	
Web goes Company – von elektronischer Post zum intelligenten Unternehmensportal	51
Kai Staffeldt und René Hans *(IBM Business Consulting Services)*	
Von Shared Services zu Portal Services	73
Carsten von Glahn und Marc Schomann *(Siemens Business Services und Esprit Consulting AG)*	
Teil II: M-Business – Mobile-Erlebniswelt	**111**
Mobile Marketing – Chancen und Erfolgsfaktoren des mobilen Mediums als Direktmarketing-Instrument der Zukunft	113
Bernd Ettelbrück und Sung Ha *(Detecon International GmbH, Detecon & Diebold Consultants)*	
Ein Ansatz zur Bewertung von Telekommunikationsunternehmen und von deren abgrenzbaren Unternehmungsteilen	133
Gerrit Brösel und Hubert Dechant *(PwC Deutsche Revision Schwerin und Technische Universität Ilmenau)*	

Teil III: T-Business – Lean-back-Erlebniswelt	**167**

T-Commerce und iTV – Multi-Channel-Commerce als Chance 169
Christoph Hüning und Jürgen Morath
(Detecon International GmbH, Detecon & Diebold Consultants)

Communication Infotainment Networks CIN™ – eine Anwendung aus der Praxis 201
Wolfram M. Finck, Stefan Kolev und Heinz-Jürgen Möller
(Esprit Consulting AG und IDF GmbH)

Teil IV: E-Business, M-Business und T-Business – konvergierende Erlebniswelten **241**

Realität im Netz – vernetzte Realität 243
Götz Erhardt und Michael von Roeder
(Accenture)

Auto-Erlebniswelten und Bits im Tank – Multichannel-CRM in der Automobilbranche 255
Rainer Mehl und René Hans
(IBM Business Consulting Services)

Hybride Wettbewerbsstrategien für Inhalteverwerter und deren Auswirkungen auf die Inhaltesyndizierung 285
Thomas Hess und Markus Anding
(Ludwig-Maximilians-Universität München)

Verzeichnis der Autoren **299**

Verzeichnis der Stichworte **305**

Teil I:

E-Business – Lean-forward-Erlebniswelt

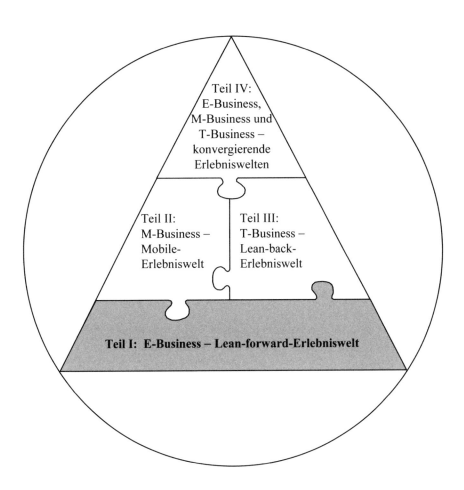

Peer-to-Peer-Technologien – Einflüsse digitaler dezentraler Ressourcennutzung auf elektronische Märkte

FRANK KEUPER und NICK GEHRKE

JOHANNES GUTENBERG UNIVERSITÄT MAINZ und
GEORG AUGUST UNIVERSITÄT GÖTTINGEN

1	Einleitung und Problemstellung		5
2	Grundlagen		7
	2.1	Peer-to-Peer-Begriff	7
	2.2	Peer-to-Peer-Architekturen	8
		2.2.1 Reine Peer-to-Peer-Architekturen (Pure P2P)	9
		2.2.2 Peer-to-Peer-Architekturen mit zentralem Server (Brokered)	10
		2.2.3 Hybride und hierarchische Peer-to-Peer-Architekturen	11
	2.3	Peer-to-Peer-Technologien zur Implementierung	12
		2.3.1 CORBA und RMI	12
		2.3.2 Web Services	12
		2.3.3 JXTA	13
	2.4	Voraussetzungen für Peer-to-Peer Computing	15
	2.5	Peer-to-Peer-Innovationszyklus	17
3	Anwendungen von Peer-to-Peer-Technologien		18
	3.1	Generische Anwendungsfelder	18
		3.1.1 Distributed Computing	18
		3.1.2 Collaboration	19
		3.1.3 Distributed Search	19
		3.1.4 Filesharing	20
	3.2	Einordnung der Anwendungsfelder	20
	3.3	Elektronische Märkte für digitale Informationsgüter	21
		3.3.1 Problemstellung	21
		3.3.2 Bisherige Geschäftsmodelle für digitale Informationsgüter	22
		3.3.2.1 Begriff des Geschäftsmodells	22
		3.3.2.2 Pressplay und Musicnet als Music Service Provider	22
		3.3.2.3 Napster	23
		3.3.3 Peer-to-Peer-basiertes Geschäftsmodell als Alternative	24
		3.3.3.1 Anforderungen	25
		3.3.3.2 Konzept	25

	3.4	Peer-to-Peer-basierte elektronische Märkte zur dezentralen Abwicklung von Transaktionen	28
		3.4.1 Motivation	28
		3.4.2 Informationsflüsse bei Transaktionen	28
		3.4.2.1 Informationsphase	29
		3.4.2.2 Verhandlungsphase	30
		3.4.2.3 Durchführungs- und Kontrollphase	30
		3.4.3 Anforderungen an einen Peer-to-Peer-Marktplatz	31
		3.4.3.1 Technische Anforderungen	31
		3.4.3.2 Ökonomische Anforderungen	32
		3.4.4 Architektur eines dezentralen Marktplatzes	32
		3.4.5 Vertrauen auf einem Peer-to-Peer-basierten Marktplatz	36
		3.4.6 Intermediär contra Peer-to-Peer-Infrastruktur	36
	3.5	Grid Computing	37
		3.5.1 Begriffe und Anforderungen	37
		3.5.2 Warum und wofür Grid Computing?	38
		3.5.3 Was bisher geschah – Grid-Projekte	39
		3.5.4 Grid-Architektur	40
		3.5.5 Handel mit Rechenkapazität	42
		3.5.6 Implikationen	43
4	Zusammenfassung und Ausblick		44
Quellenverzeichnis			46

1 Einleitung und Problemstellung

Peer-to-Peer-Systeme sind in jüngerer Zeit hauptsächlich durch die verbreiteten und oft kritisierten Musiktauschbörsen wie Napster[1] oder Gnutella[2] bekannt geworden. Oftmals wird „Peer-to-Peer" sogar mit dem Austausch von Musik- und Videodateien gleichgesetzt. Diese Reduzierung des Begriffs auf das bloße Austauschen von Dateien (Filesharing) wird jedoch nicht dem Peer-to-Peer-Begriff und erst recht nicht dem Potenzial des Peer-to-Peer Computing gerecht. Filesharing darf insofern nur als eine spezielle Applikation gesehen werden, die sich mit Hilfe von Peer-to-Peer-Technologien bewältigen lässt.

Ziel dieses Beitrags ist es, Anwendungsfelder von Peer-to-Peer-Technologien in Bezug auf elektronische Märkte zu identifizieren bzw. Einflüsse auf elektronische Märke herauszuarbeiten. Der Fokus des Beitrags liegt also auf Peer-to-Peer-Technologien und deren Anwendung auf elektronischen Märkten. Andere Anwendungsfelder werden bei der Untersuchung ausgeklammert.

Um an das Thema heranzuführen, werden zunächst einige Grundlagen von Peer-to-Peer-Technologien dargestellt. Innerhalb dieser Grundlagen sind einerseits verschiedene *Peer-to-Peer-Architekturen* und andererseits unterschiedliche Realisierungstechnologien, die aus dem Bereich des Distributed Computing stammen, von Relevanz. Die verschiedenen Architekturprinzipien werden dargestellt und gegeneinander abgegrenzt. Bezüglich der Implementierungstechnologien werden kurz die Technologien *CORBA* und *RMI* für die Realisierung verteilter Objekte sowie die relativ junge Technologie der Web Services vorgestellt. Auch das auf Peer-to-Peer-Applikationen spezialisierte *JXTA* Application Programming Interface (API) von Sun wird angesprochen, um somit die wesentlichen Peer-to-Peer-Implementierungstechnologien abzudecken. Nach diesen technisch geprägten Ausführungen wird anschließend versucht, die Frage zu beantworten, warum gerade zum heutigen Zeitpunkt das Thema Peer-to-Peer in den Mittelpunkt geraten ist, obwohl die für Peer-to-Peer notwendigen Softwarekonzepte schon seit längerem existieren. Zu diesem Zweck werden einige Kriterien herausgearbeitet, die einen breiten Einsatz von Peer-to-Peer-Technologien begünstigen und somit die Aktualität des Themas Peer-to-Peer zu begründen versuchen.

Im Anschluss an den Grundlagenteil wendet sich der Beitrag konkreten Anwendungsfeldern von Peer-to-Peer-Technologien auf elektronischen Märkten zu. Die vorgestellten Anwendungsfelder haben dabei generischen Charakter und sind nicht als Anwendungen zu verstehen, die aufgrund einer konkreten betrieblichen Problemstellung entstanden sind. Die beschriebenen Einsatzfelder dürfen auch nicht als abschließend gesehen werden, sondern stellen lediglich eine Auswahl dar.

Das naheliegendste Einsatzfeld ist der Einsatz von Peer-to-Peer-Technologien zur kommerziellen Distribution von digitalen Informationsgütern[3]. Hier besteht unmittelbarer Bezug zu Märkten für Informationsgüter. Dass die Distribution möglich ist, zeigt die Existenz vieler Filesharing-Systeme. Bisher jedoch können diese Filesharing-Systeme nicht als funktionierende Geschäftsmodelle betrachtet werden, da sie in der Regel kostenlos benutzt werden

---

[1] Vgl. online *NAPSTER* (2002).
[2] Vgl. *KAN* (2001), S. 94 ff.
[3] Zur Bedeutung der Information in der Medienbranche vgl. *KEUPER* (2002b), S. 119 ff.

können und die Urheberrechte systematisch verletzen. Ziel muss es also sein, die Peer-to-Peer-Technologie für die Distribution von digitalen Informationsgütern für ein praktikables Geschäftsmodell nutzbar zu machen. Das Problem hierbei ist jedoch der Umstand, dass koexistierende freie Filesharing-Systeme als äußerst schwer zu überwindende Konkurrenz anzusehen sind, sodass potenziellen Teilnehmern der Anreiz fehlt, an einem kostenpflichtigen Peer-to-Peer-Dienst zu partizipieren. Geschäftsmodelle im Bereich der Online-Distribution von Informationsgütern müssen also explizit einen Anreizmechanismus entwickeln, um freie Filesharing-Systeme zu überwinden. Aus diesem Grund wird im Abschnitt über *elektronische Märkte für Informationsgüter* ein konkretes Konzept entwickelt, das die Peer-to-Peer-Technologie nutzt und auch einen ökonomischen Anreizmechanismus zur Teilnahme beinhaltet. Insofern unterscheidet sich der vorgestellte Ansatz von möglichen Geschäftsmodellen wie z. B. dem gescheiterten von Napster, das diese wichtige Anreizkomponente nicht enthält.

Der sich anschließende Abschnitt beschäftigt sich damit, wie *elektronische Märkte im allgemeinen* durch Peer-to-Peer-Technologien dezentralisiert werden können, um eine *weitere Disintermediation* zu erreichen. Hierbei bewegt sich der Fokus weg von digitalen Informationsgütern. Vielmehr können über einen solchen Marktplatz Transaktionen für beliebige Güter wie PKWs, Fernseher oder Versicherungsverträge durchgeführt werden. In Anlehnung an den inzwischen verbreiteten Terminus „Filesharing-Systeme" kann ein solcher dezentraler Peer-to-Peer-Marktplatz als *„Transactionsharing-System"* bezeichnet werden. Es wird ein konkreter Architekturvorschlag für einen solchen Peer-to-Peer-Marktplatz vorgestellt, der weitestgehend ohne einen zentralen Intermediär auskommt. Nach der technisch-konzeptionellen Darstellung werden Möglichkeiten aufgezeigt, den Peer-to-Peer-Marktplatz mit dem traditionellen, zentral organisierten elektronischen Marktplatz im Hinblick auf ökonomische Gemeinsamkeiten und Unterschiede zu vergleichen.

Das letzte Anwendungsfeld behandelt das so genannte *Grid Computing*. Grid Computing kann als eine Erweiterung des Cluster Computing interpretiert werden, jedoch ist die Systemumwelt beim Grid Computing wesentlich heterogener und instabiler bezüglich eingesetzter Hardware, Betriebssystemen, Programmiersprachen und Netzanbindungen. Im Gegensatz zu den beiden anderen bereits vorgestellten Anwendungsfeldern ist ein Peer-to-Peer-Ansatz beim Grid Computing obligatorisch, da die vorhandenen Ressourcen zwangsweise verteilt sind und auch durch unterschiedliche und unabhängige Organisationen betrieben werden. Beim Grid Computing sind die Rechner über das Internet lose verbunden. Damit verbundene Probleme wie lediglich temporäre Verfügbarkeit oder heterogene Plattformen müssen somit in einem Grid-Computing-Konzept berücksichtigt werden. Durch Grid Computing ist es somit möglich, vormals dezentral unausgelastete Ressourcen einem breiten Kreis an Nutzern zugänglich zu machen, ohne Hardware erneut anzuschaffen. Die Frage der Allokation dieser dezentralen Ressourcen ist dabei ökonomischer Art. In diesem Zusammenhang müssen Marktmodelle für die zur Verfügung gestellten Ressourcen entwickelt werden.

Nachdem diese Anwendungsfelder vorgestellt wurden, werden die gewonnenen Erkenntnisse zusammengefasst. Der Beitrag schließt mit einem Ausblick, der die Komplexität des Themas „Peer-to-Peer" aufzeigt.

2 Grundlagen

2.1 Peer-to-Peer-Begriff

Der Begriff „Peer-to-Peer" ist in der Literatur nicht eindeutig definiert, sodass unterschiedliche Begriffsdefinitionen koexistieren. Grundsätzlich kann „Peer-to-Peer" mit „von-Gleichem-zu-Gleichem" übersetzt werden. Diese Terminologie lässt bereits vermuten, dass hier in irgendeiner Form gleichgestellte Kommunikationspartner interagieren.

Mitunter wird der Begriff „Peer-to-Peer" als eine LAN-Topologie verstanden, bei der Rechner direkt physikalisch miteinander verbunden sind. Ein solches Verständnis des Peer-to-Peer-Begriffs aus Hardwaresicht bzw. als Vernetzungstopologie ist für die folgenden Ausführungen jedoch ungeeignet. Peer-to-Peer ist vielmehr – analog zum Begriff Client/Server[4] – als eine Softwarearchitektur zu sehen. Im Gegensatz zu Client/Server-Architekturen sind jedoch die Aufgabenverteilungen der beteiligten Applikationen grundsätzlich anders. Bevor jedoch eine für den vorliegenden Beitrag geeignete Definition entwickelt wird, werden zunächst einige Definitionsversuche aus der Literatur gegenübergestellt:

Autor	Definition
BARKAI	„Peer-to-Peer computing is a *network-based* computing model for applications where computers *share resources* via *direct exchanges* between the participating computers."[5]
SHIRKY	„Peer-to-Peer is a class of *applications* that takes advantage of resources – *storage, cycles, content, human presence* – available at the *edges of the internet*. Because accessing these *decentralized resources* means operating in an environment of *unstable connectivity* and *unpredictable IP addresses*, peer-to-peer nodes must operate outside DNS system and have significant or total *autonomy from central servers*."[6]
JATELITE-SYSTEMS	„A type of network in which each participating system (i. e. workstations, servers) has *equivalent capabilities* and *responsibilities*. Each side may initiate *communication*. This differs from client/server architectures, in which some computers are dedicated to *serving* the others."[7]

Tabelle 1:   Beispielhafte Peer-to-Peer-Definitionen

Die dargestellten Definitionen stellen teilweise unterschiedliche Aspekte des Peer-to-Peer-Begriffs dar. An dieser Stelle kann der Peer-to-Peer-Begriff bzw. der Begriff des Peer-to-Peer-Netzwerks wie folgt zusammengefasst werden. Als Merkmale von *Peer-to-Peer-Netzwerken* für den vorliegenden Beitrag sollen gelten:

---

[4]   Vgl. STAHLKNECHT/HASENKAMP (1999), S. 104.
[5]   BARKAI (2001), S. 13.
[6]   SHIRKY (2000).
[7]   JATELITE (2002).

- Es handelt sich um eine *Softwarearchitektur*.

- Die beteiligten Peers sind *direkt miteinander verbunden*, wobei sich die direkte Verbundenheit jedoch nicht auf eine direkte physikalische Verbindung bezieht, sondern auf eine logische direkte Verbundenheit über das Internet mit Hilfe von TCP/IP.

- Die beteiligten Peers sind strukturell ähnlich aufgebaut. Die Verrichtung von Aufgaben im Peer-to-Peer-Netzwerk basiert auf homogener Aufgabenverteilung bezüglich Last und Art der Aufgaben. Peers übernehmen insofern *temporär sowohl Client- als auch Serverfunktionalitäten*.

- Für die Verrichtung von Aufgaben werden *dezentrale Ressourcen geteilt*. Diese Ressourcen können z. B. sein: Plattenspeicher, Rechenkapazität oder Inhalte.

- Eine etwaige zentrale Instanz (wie z. B. ein Index-Server) ist nur mit den nötigsten Funktionalitäten ausgestattet. Die grundsätzliche Kommunikation verläuft von Peer zu Peer, so dass das Netzwerk einen *hohen Grad an Dezentralität* aufweist.

- Da sich der vorliegende Beitrag mit Peer-to-Peer-Anwendungen für *elektronische Märkte* befasst, soll über die bereits genannten Merkmale von Peer-to-Peer-Netzwerken hinaus noch das Merkmal einer *hohen Teilnehmerzahl*, also einer großen Anzahl von Peers, gelten.

2.2 Peer-to-Peer-Architekturen

Für den Begriff des Peer-to-Peer-Netzwerks wurden bereits einige Merkmale dargestellt. Diese Charakteristika können allgemein für Peer-to-Peer-Netzwerke gelten. Jedoch sind Peer-to-Peer-Netzwerke nicht gleichartig aufgebaut. Vielmehr gibt es erhebliche Freiheitsgrade bei der Konzeption von Peer-to-Peer-Netzwerken, so dass eine Klassifikation generischer Architekturen sinnvoll ist.[8] Bezugnehmend auf in der Praxis existierende Architekturen kann folgende Architekturklassifizierung vorgenommen werden:[9]

- Reine Peer-to-Peer-Architekturen (Pure P2P)

- Peer-to-Peer-Architekturen mit einer zentralen Einheit (Brokered P2P)

- Hybride und hierarchische Peer-to-Peer-Architekturen

---

[8] Vgl. MINAR (2001), MINAR (2002).
[9] Vgl. HONG (2001), S. 204.

2.2.1 Reine Peer-to-Peer-Architekturen (Pure P2P)

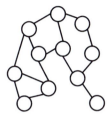

Abbildung 1:   Reine Peer-to-Peer-Architektur

Bei reinen Peer-to-Peer-Architekturen herrscht die maximal mögliche Dezentralität vor. Es existiert keinerlei zentrale Instanz zu Koordinationszwecken. Suchanfragen müssen somit von einem Peer zum nächsten geleitet werden (Forwarding), um somit durch das Netzwerk „hindurchzudiffundieren". Durch dieses Weiterleiten kann eine sehr hohe Belastung der Netzwerkbandbreiten der teilnehmenden Peers entstehen, da die Anzahl der Suchanfragen exponentiell zunimmt, wenn ein Peer die gleiche Suchanfrage zu jeweils mehreren Peers weiterleitet. Das Peer-to-Peer-System Gnutella ist nach diesem Prinzip aufgebaut und hatte in der Vergangenheit aufgrund der hohen Anzahl der Suchanfragen im Netz Probleme.[10] Es existieren jedoch Vorschläge für dezentrale Suchalgorithmen, die wesentlich besser skalieren.[11] Außerdem muss in einem reinen Peer-to-Peer-System damit gerechnet werden, dass die Ergebnismenge einer Suchanfrage nur eine Teilmenge der insgesamt möglichen Ergebnisse darstellt, da die Suchanfragen aufgrund der raschen Verbreitung in der Regel nur eine begrenzte Tiefe erreichen. Neben den Nachteilen bezüglich Performance und Skalierbarkeit hat die reine Peer-to-Peer-Architektur allerdings den Vorteil, dass aufgrund der fehlenden Zentralinstanz Autoritäten wie Behörden oder Gerichte wenige Ansatzpunkte haben, um den Betrieb des Peer-to-Peer-Netzwerks zu unterbinden. Diese Systeme weisen insofern eine gewisse Robustheit auf.

---

[10] Vgl. RIPEANU/FOSTER/IAMNITCHI (2002).
[11] Vgl. ABERER (2001).

2.2.2 Peer-to-Peer-Architekturen mit zentralem Server (Brokered)

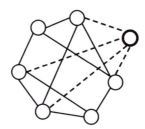

Abbildung 2: „Brokered Peer-to-Peer"-Architektur

Um die Probleme der schlechten Performance und Skalierbarkeit reiner Peer-to-Peer-Architekturen abzuschwächen, kann ein Peer-to-Peer-System mit einem zentralen Server ausgestattet werden. Der zentrale Server übernimmt dabei Koordinationsfunktionen, damit Peers oder Ressourcen schneller gefunden werden können. Jedoch stellt der zentrale Server selbst keine Ressourcen wie z. B. Plattenspeicher oder Content bereit; vielmehr bietet er statt dessen reine Koordinationsdienste an. Im Wesentlichen kann dabei der zentrale Server zwei unterschiedliche Ausprägungen annehmen:[12]

- Der zentrale Server als *Discovery-Server* dient lediglich dazu, andere Peers aufzufinden, nicht jedoch deren Ressourcen oder Dienste. Im Prinzip handelt es sich lediglich um eine Liste mit aktuell verfügbaren Peers. Beim Ein- bzw. Ausloggen aus dem Peer-to-Peer-Netzwerk wird das entsprechende Peer als verfügbar in die Liste aufgenommen bzw. aus der Liste gestrichen.

- Der zentrale Server als Discovery- und *Lookup-Server* ermöglicht über das Finden von Peers hinaus auch das Lokalisieren von Ressourcen und Diensten der entsprechenden Peers. Der Index-Server des Filesharing-Systems Napster kann als Lookup-Server betrachtet werden, da auf ihm die Informationen darüber abgelegt sind, welcher Musiktitel auf welchem Peer zu finden ist.

Peer-to-Peer-Netzwerke mit einem zentralen Discovery- und Lookup-Server sind für kommerzielle Dienste am besten geeignet, denn der Lookup-Server ermöglicht ein schnelles Auffinden der dezentralen Ressourcen und verursacht wenig Netzwerkverkehr, weil Suchanfragen nicht von Peer zu Peer geleitet werden müssen. Darüber hinaus können auf dem Lookup-Server Daten untergebracht werden, die nur von autorisierten Peers manipuliert werden dürfen. Diese Daten können Stammdaten von Teilnehmern, Kontostände oder öffentliche Schlüssel (bei der Anwendung asymmetrischer Verschlüsselungsverfahren) sein. Weiterhin kann der zentrale Lookup-Server bei bestimmten Anwendungen auch als Trust Center dienen. Eine sichere Verwaltung dieser Daten ist in reinen Peer-to-Peer-Architekturen nur schwer denkbar.

---

[12] Vgl. DREAMTECH (2002), S. 4.

2.2.3 Hybride und hierarchische Peer-to-Peer-Architekturen

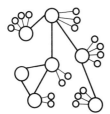 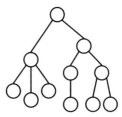

Abbildung 3: Hybride Peer-to-Peer-Architektur vs. streng hierarchische Peer-to-Peer-Architektur

Die Architekturen mit bzw. ohne zentrale Koordinationseinheit stellen nicht alternative Architekturprinzipien dar. Vielmehr ist es möglich, Architekturen zu vermischen, um somit Vorteile der zentralen Koordinationseinheit und der absoluten Dezentralität zu kombinieren.

Bei hybriden Architekturen gibt es nicht nur eine zentrale Koordinationseinheit, sondern mehrere gleichberechtigte Peers, die Koordinationsaufgaben übernehmen. Diese werden hierbei als *Supernodes* bezeichnet.[13] Dabei kann die Funktion des Supernodes auch spontan übernommen werden, weil es sich z. B. um ein besonders leistungsfähiges und verfügbares Peer handelt. Insofern bilden sich Cluster mit lokalen Koordinationseinheiten heraus. Suchanfragen werden also zunächst an den lokalen Koordinator gesendet. Kann dieser eine Anfrage nicht beantworten, so kann er die Anfrage an eine benachbarte Koordinationseinheit schicken. Mit einer solchen Architektur kann eine absolut zentrale und verletzliche Einheit vermieden werden. Auf der anderen Seite müssen Suchanfragen jedoch trotzdem nicht von Peer zu Peer geschickt werden, da nur Supernodes für Suchanfragen zuständig sind. Eine solche Architektur wird vom Filesharing-System KaZaa[14] erfolgreich verwendet.

Bei hierarchischen Peer-to-Peer-Architekturen stehen die beteiligten Peers nicht gleichberechtigt nebeneinander, sondern sind in einer Hierarchie angeordnet. Die Knoten dieser Hierarchie können dabei auch wiederum Supernodes wie im Fall der hybriden Architektur sein, an denen normale Peers „hängen". Das Weiterleiten von Suchanfragen ist auch hier wieder den Supernodes überlassen, nur kann aufgrund der Hierarchie eine gezieltere Weiterleitung geschehen, da hinter der Baumstruktur analog zu Binär-Bäumen eine Ordnungssystematik hinterlegt sein kann. Problematisch ist bei hierarchischen Strukturen die Unterbrechung der Hierarchie durch ein Ausschalten der Supernodes, da somit ein „ganzer Ast" von dem Netzwerk abgeschnitten werden kann. Um diesem Umstand vorzubeugen, sollten Hierarchien redundant organisiert sein.

---

[13] Vgl. *Hong* (2001), S. 240.
[14] Vgl. *KaZaa* (2002).

2.3 Peer-to-Peer-Technologien zur Implementierung

Es existieren viele Technologien zur Realisierung von Peer-to-Peer-Systemen. Grundsätzlich reicht eine Programmiersprache aus, mit der Netzwerkfunktionaliäten z. B. mit Hilfe von Sockets[15] implementiert werden können. Bei einer solchen Vorgehensweise ist es jedoch Aufgabe des Entwicklers, die Peer-to-Peer-Funktionalitäten selbst zu implementieren. Peer-to-Peer-Standardmechanismen oder ein Framework stehen also zunächst nicht zur Verfügung, sodass eine proprietäre Software entsteht. Um Produktivitätsfortschritte und eine gewisse Standardisierung zu erreichen, sollte deshalb auf vorhandene Technologien zurückgegriffen werden. Im Folgenden wird deshalb eine nicht abschließende Auswahl von Technologien vorgestellt. Die Auswahl der vorgestellten Technologien findet dabei nach den Gesichtpunkten *Bekanntheit* und *Aktualität* statt.

2.3.1 CORBA und RMI

CORBA[16] und RMI[17] sind zwei verschiedene Technologien, die aus dem Bereich des Distributed Computing stammen. Diese Technologien fokussieren nicht unmittelbar Peer-to-Peer-Anwendungen, sondern erlauben vielmehr das objektorientierte Implementieren verteilter Anwendungen. Die verteilten Objekte haben jedoch in der Regel nicht – im Gegensatz zu den Peers – gleichartige Funktionen, sondern bieten unterschiedliche Dienste, sodass eine typische objektorientierte Client/Server-Architektur ermöglicht wird. Gleichwohl ist es denkbar, diese Technologien aufgrund des Fokus auf die Verteiltheit auch zur Entwicklung von Peer-to-Peer-Technologien heranzuziehen. CORBA und RMI sind vom Grundsatz her ähnlich konzeptioniert. Beide Technologien arbeiten z. B. mit Stellvertreterobjekten, den Stubs und Skeletons, die dem Entwickler eine „lokale Sicht" auf die entfernten Objekte erlauben und somit die Verteiltheit kapseln.[18] Grundsätzlich sind die Technologien jedoch nicht kompatibel, obwohl inzwischen Brückentechnologien wie RMI-over-IIOP von Sun zur Verbindung von CORBA und RMI entwickelt wurden.[19] Der genaue Vergleich der beiden Technologien würde den Rahmen dieses Beitrags sprengen. Erwähnt sei lediglich noch, dass CORBA programmiersprachen- und plattformunabhängig ist, wohingegen RMI an die Sprache Java gebunden ist und somit lediglich die Eigenschaft der Plattformunabhängigkeit besitzt.

2.3.2 Web Services

Die Web-Service-Technologie ist – im Vergleich z. B. zu CORBA – eine noch recht junge Technologie. Mit Hilfe von Web Services soll ermöglicht werden, dass Dienste eines Servers über genormte Schnittstellen aufgerufen werden können. Mit dieser Normung wird eine Plattform- und Programmiersprachenunabhängigkeit erreicht. Darüber hinaus werden im Rahmen der Web-Service-Technologien Mechanismen bereitgestellt, um die dezentral gelagerten Services lokalisieren und korrekt ansprechen zu können.

---

[15] Vgl. *FROST* (1996).
[16] Vgl. *CORBA* (2000).
[17] Vgl. *SUN* (2002).
[18] Vgl. *KRÜGER* (2002), S. 1083.
[19] Vgl. *IBM* (2002).

Die Beschreibung von Web Services basiert auf der *eXtensible Markup Language* (XML)[20] und baut somit auf einem reinen textbasierten Format auf. Diese Beschreibung erfolgt mit der auf XML aufbauenden *Web Services Description Language* (WSDL)[21], die einen vom W3C definierten Standard darstellt. Der Nachrichtenaustausch beim Ansprechen eines Web Service ist ebenfalls XML-basiert und wird mit dem *Simple Object Access Protocol* (SOAP) abgewickelt. In einem SOAP-Dokument werden die entsprechenden Parameter, die der Web Service benötigt, übergeben bzw. das Ergebnis zurückgegeben.

Um Web Services überhaupt lokalisieren zu können, gibt es einen Verzeichnisdienst, bei dem die Services verschiedenster Anbieter veröffentlicht werden können. Der vom W3C definierte Verzeichnisdienst UDDI (Universal Description, Discovery and Integration)[22] kann als Standard gelten. Abbildung 4 verdeutlicht den Zusammenhang zwischen den verschiedenen Technologien bei Web Services.

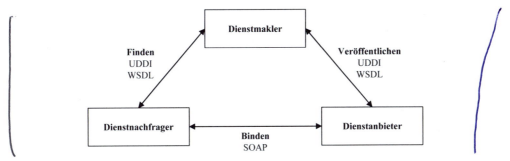

Abbildung 4: Zusammenspiel von Technologien und Beteiligten bei Web Services

Web Services können nicht als Alternative zu Technologien wie CORBA oder RMI gesehen werden, sondern müssen vielmehr als Ergänzung gewertet werden, die gleiche Konzepte auf Basis von Internettechnologien ermöglichen.

In Bezug auf Peer-to-Peer-Systeme können Web Services für die Abwicklung der Kommunikation zwischen Peers eine interessante Option sein. Da Web Services durchgängig auf XML basieren, ist die Möglichkeit einer plattform- und programmiersprachenunabhängigen Implementation der Peers gegeben, soweit die gewählte Programmiersprache Application Programming Interfaces zur Verarbeitung von XML- bzw. WSDL-Dokumenten bietet (z. B. Parser).

2.3.3 JXTA

JXTA stellt ein Java-basiertes Projekt von Sun dar, in dem ein Framework speziell für Peer-to-Peer-Anwendungen entwickelt wird. Unter den vorgestellten Technologien zur Implementierung ist JXTA die einzige Technologie, die explizit die Entwicklung von Peer-to-Peer-Systemen fokussiert.

---

[20] Vgl. *W3C* (2002).
[21] Vgl. *CHRISTENSEN/CURBERA/MEREDITH ET AL.* (2001).
[22] Vgl. *VASUDEVAN* (2001).

Die JXTA-Technologie kann dabei bezeichnet werden „... as a set of open protocols that allow any connected device on the network ranging from cell phones and wireless PDAs to PCs and servers to communicate and collaborate in a P2P manner.".[23]

Ziel eines solchen Frameworks ist, dass Entwickler von Peer-to-Peer-Systemen sich nicht mehr immer wiederkehrenden Peer-to-Peer-Standardfunktionalitäten widmen müssen und sich statt dessen auf die Implementierung der eigentlichen Applikation konzentrieren können. Standardfunktionalitäten in Peer-to-Peer-Systemen können dabei sein:

- Auffinden von Peers und dezentralen Ressourcen im Netzwerk;
- austauschen von Dokumenten mit beliebigen Peers;
- Gruppenverwaltung von Peers und „virtuellen Räumen";
- sichere Kommunikation von Peer zu Peer und Authentifikationsmechanismen.

Das JXTA-Framework ist dabei – wie in der Informatik üblich – in einem Schichtenmodell[24] organisiert. Die Abstraktion nimmt dabei mit der Höhe der entsprechenden Schicht zu. Die unterste Schicht stellt das Netzwerkkommunikationsprotokoll dar (z. B. TCP/IP). Die Schicht darüber stellt die sichere Kommunikation mit Hilfe von kryptographischen Verfahren sicher. Auf der nächsten Schicht werden Funktionalitäten zur unidirektionalen Kommunikation zwischen Peers (*Peer Pipes*) oder auch zur Verwaltung kooperierender Peers (*Peer Groups*) geboten. Auf den höheren angesiedelten Ebenen werden applikationsnahe Dienste vorgehalten (Filesharing, Ressourcensuche, Verschlagwortungen). Abbildung 5 stellt das Schichtenmodell von JXTA dar.

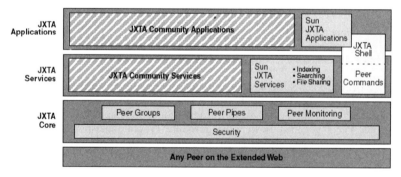

Abbildung 5:   Das Schichtenmodell des JXTA-Framework[25]

---

[23] *JXTA* (2002a).
[24] Vgl. STAHLKNECHT/HASENKAMP (1999), S. 112.
[25] Vgl. *JXTA* (2002b), S. 3.

2.4 Voraussetzungen für Peer-to-Peer Computing

Peer-to-Peer Computing ist grundsätzlich keine neue Idee. So z. B. kann das *Domain Name System* (DNS) auch als Peer-to-Peer-System mit hierarchischer Ausprägung angesehen werden.[26] Die Popularität des Themas „Peer-to-Peer" ist jedoch erst in jüngster Vergangenheit aufgekommen. Das Filesharing-System Napster hat dabei den Begriff des Peer-to-Peer-Systems bekannt gemacht, denn die Nutzerzahlen dieses Systems stiegen innerhalb kürzester Zeit enorm an. Die entscheidende Frage ist also:

Welche Voraussetzungen sind notwendig, damit ein Peer-to-Peer-System – z. B. Napster – eine solche Popularität erreichen kann?

Diese Frage ist also die Frage nach der erfolgreichen Verbreitung eines Peer-to-Peer-Systems. Da die technische Realisierung von Peer-to-Peer-Systemen theoretisch – wie bereits am Beispiel des DNS erläutert – kein Problem darstellt, ist die Beantwortung der Fragestellung im ökonomischen Bereich anzusiedeln. Wenn eine neue Anwendung einem breiten Kreis von Personen zugänglich gemacht wird und ihre technische Implementierung vom Grundsatz her kein Problem ist, dann liegt die Argumentation nahe, dass bestimmte Kosten inzwischen so niedrig geworden sind, dass das Betreiben der Anwendung für die Partizipienten lohnenswert ist. Als Schlussfolgerung müssen also die Arten von Kosten identifiziert werden, die für das Betreiben der Anwendung bei den Anwendern anfallen.

Als *Partizipationskosten* können die Kosten angesehen werden, die notwendig sind, um an dem Peer-to-Peer-System teilzunehmen. Als konkrete Voraussetzungen für eine Teilnahme an einem Peer-to-Peer-System können gelten: ein *netzwerkfähiges Endgerät* (PC, Handy, PDA usw.), eine ausreichende *Netzwerkbandbreite* und hinreichend niedrige *Verbindungskosten* ins Internet.

Die Kosten aller drei Voraussetzungen sind in jüngster Vergangenheit extrem gesunken. Die kostengünstige Verfügbarkeit von Endgeräten wie PCs belegt z. B. das *Gesetz von MOORE*[27], demzufolge sich die Transistorendichte, bei gleichzeitig fallenden Preisen für diese immer leistungsfähigeren Geräte alle 18 Monate verdoppelt. Auch die Netzwerkbandbreite ist erheblich gestiegen. Während vor einigen Jahren als Netzwerkendgerät noch das Modem vorherrschte, ist inzwischen eine weite Verbreitung von ISDN oder dem um ein Vielfaches leistungsfähigere DSL zu verzeichnen. Das Transferieren von z. B. Musikdateien wurde erst mit DSL für die Geduld der Nutzer erträglich.

---

[26] Vgl. *MINAR/HEDLUND* (2001), S. 7 ff.
[27] Vgl. *STAHLKNECHT/HASENKAMP* (1999), S. 35.

MP3-Files	56K-Modem 1999	ISDN 1999	ADSL 1999	Stadtnetze 2000–2001	UMTS ab 2002
Prelistening-Files 30 Sek.	45 Sek.	30 Sek.	3 Sek.	1,5 Sek.	2,5 Sek.
Einzeltitel ca. 3 MB	7 Min.	6 Min.	30 Sek.	8 Sek.	25 Sek.
Album ca. 50 MB	120 Min.	100 Min.	9 Min.	2,5 Min.	6,5 Min.

Tabelle 2: Übertragungsdauern alternativer Technologien auf der letzten Meile[28]

Zuletzt sind auch die Zugangskosten für das Internet gefallen. Besonders die inzwischen weite Verbreitung so genannter Flat Rates veranlassen Nutzer dazu, nahezu den ganzen Tag online zu sein – dies auch zu Zeiten der Abwesenheit des Nutzers selbst, um umfangreichere Downloads zu bewerkstelligen.

Zu den *Transaktionskosten* gehören die Kosten, die bei einem Nutzer des Peer-to-Peer-Systems neben den Online-Kosten anfallen, um die durch das Peer-to-Peer-Netzwerk angebotene Leistung zu erhalten. Die Art der Leistung ist dabei anwendungsspezifisch. Transaktionskosten können also z. B. Suchkosten oder Gebühren zur Nutzung des Systems sein. Um die Vorteilhaftigkeit des Peer-to-Peer-Systems zu beurteilen, müssen die Transaktionskosten immer mit den Transaktionskosten alternativer Beschaffungswege verglichen werden. Eine abschließende Beurteilung ist auch hier wieder anwendungsspezifisch. Am Beispiel Napster lässt sich demonstrieren, dass die Transaktionskosten als sehr gering gesehen werden müssen und darüber hinaus die getauschten Musiktitel auch noch kostenlos sind.

Als eine weitere Argumentation für die Verbreitung eines Peer-to-Peer-Systems neben Kostenaspekten können Netzwerkeffekte mit positiver Rückkopplung gesehen werden.[29] Kennzeichnend ist hierbei, dass jeder weitere Nutzer in einem Netzwerk jedem anderen bereits vorhandenen Nutzer einen Mehrwert erbringt und somit die Attraktivität mit steigenden Nutzerzahlen überproportional wächst. Ob Netzwerkeffekte existieren, hängt von der Peer-to-Peer-Anwendung ab. Bei Peer-to-Peer-Anwendungen für elektronische Märkte kann oftmals davon ausgegangen werden, weil mehr Handelspartner aufgrund erhöhter Wahrscheinlichkeit der Partnerfindung die Attraktivität des Marktes aufwerten. Dies erklärt auch, warum eine Anwendung wie Napster den „Peer-to-Peer-Hype" auslösen konnte.

---

[28] Entnommen PHONOGRAPHISCHE WIRTSCHAFT - JAHRBUCH 2001 (2001), S. 66.
[29] Vgl. ZERDICK ET AL. (2000), S. 156.

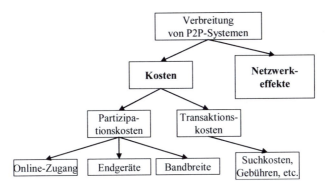

Abbildung 6: *Gründe für die Verbreitung von Peer-to-Peer-Anwendungen für elektronische Märkte*

2.5 Peer-to-Peer-Innovationszyklus

Wie bereits angedeutet, kann das Peer-to-Peer-Konzept für verschiedenste Anwendungen verwendet werden. Wie die Realität mit Napster gezeigt hat, sind zunächst einfache Anwendungen wie das Filesharing entstanden. Das Besondere an Napster und den nachfolgenden Filesharing-Systemen ist die auf der Peer-to-Peer-Technologie beruhende Dezentralität. Das technische Konzept „Peer-to-Peer" kann insofern als *Initialphase* des Innovationszyklus gelten. Um tatsächlichen Nutzen zu stiften, muss die Technologie bzw. das Konzept „Peer-to-Peer" jedoch in entsprechende Applikationen integriert werden. Die Existenz von *Peer-to-Peer-basierten Applikationen* kann insofern als zweite Phase im Innovationsprozess gelten. Für den Erfolg bzw. die Verbreitung von Peer-to-Peer-Applikationen gelten dabei die im letzten Abschnitt geschilderten Voraussetzungen. In der nächsten Phase äußern sich die ökonomischen Auswirkungen einer Peer-to-Peer-basierten Applikation. Diese Auswirkungen sind anwendungsspezifisch. Im Bereich Filesharing drücken sich diese Auswirkungen durch eine erhöhte Raubkopieraktivität bzw. durch die offensichtliche Verärgerung der großen Musiklabels über Verletzungen von Urheberrechten aus. Die letzte Phase des Innovationszyklus stellt die Adaption, insbesondere die *Adaption des Geschäftsmodells*, der durch die ökonomischen Auswirkungen Betroffenen dar. Bezüglich des Filesharing kann hier beispielsweise die Einführung von Digital-Rights-Management-Systemen[30] genannt werden. Auch Bemühungen, Geschäftsmodelle auf Peer-to-Peer-Technologien aufzubauen, können als Adaptionen interpretiert werden. Das Ergebnis der Adaption ist die Veränderung oder vielmehr Erweiterung der zugrunde liegenden Peer-to-Peer-Basistechnologie, sodass die negativen ökonomischen Auswirkungen des ersten Zyklus (zumindest teilweise) kompensiert werden (*Technologieadaption*). Neben der Technologieadaption kann nach einem Zyklus jedoch auch die *Applikationsinnovation* auftreten. Dies bedeutet, dass die zugrunde liegende Basistechnologie nicht für die gleiche Anwendung des ersten Zyklus verbessert wird, sondern dass eine neue Applikation auf Basis des Peer-to-Peer-Konzeptes entwickelt wird. Dies ist z. B. der Fall, wenn – wie in diesem Beitrag dargestellt – ein Modell eines dezentralen Peer-to-Peer-basierten Marktplatzes entwickelt wird, das den Fokus nicht mehr auf die Distribution digitaler Informationsgüter richtet. Die Innovationszyklen verlaufen in der Realität dabei nicht

---

[30] Vgl. *Shapiro/Vingralek* (2001).

streng zeitlich hintereinander ab. Trotzdem kann der vorgestellte Peer-to-Peer-Innovationszyklus als ein Ordnungsrahmen Verwendung finden.

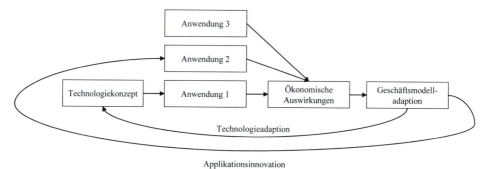

Abbildung 7:   Der Peer-to-Peer-Innovationszyklus

3 Anwendungen von Peer-to-Peer-Technologien

3.1 Generische Anwendungsfelder

Wie bereits dargelegt, ermöglicht die Peer-to-Peer-Technologie die dezentrale Organisation eines Netzwerkes durch die User, wobei die User die Ausprägung des Netzwerkes, seine Größe und Dynamik selbst bestimmen. In Peer-to-Peer-Netzwerken sind zudem alle Teilnehmer sowohl Clients als auch Server, wodurch eine End-to-End Connectivity, basierend auf einem dezentralisierten Netz, ohne die Notwendigkeit, Drittstrukturen zu involvieren, entsteht.[31]

3.1.1 Distributed Computing

Distributed Computing ist die technisch-rechnerische Bewältigung komplexer Aufgaben und Anwendungen unter Zuhilfenahme dezentraler ungenutzter Rechnerleistungen innerhalb eines Netzwerkes verbundener Rechner. Dabei werden durch eine entsprechende Software komplexe Informationen, z. B. die Auswertung von Radiowellen, die nach außerirdischem Leben suchen (SETI@home-Projekt der Universität Berkeley), in kleine Fragmente partitioniert und auf die im Netzwerk verfügbaren Rechner verteilt. Sobald die dezentralen Rechner ihre jeweiligen Aufgaben abgearbeitet haben, senden sie die Einzelergebnisse an den Ursprungsrechner zurück, der daraus dann ein Gesamtergebnis generiert. Die Effektivität und Effizienz dieser Technologie verdeutlicht das SETI@home-Projekt, an dem sich innerhalb von drei Jahren mehr als drei Millionen User in über 30 Ländern beteiligt und so den größten virtuellen Rechner geschaffen haben, eindrucksvoll. Mit einer Rechnerleistung von 27,2 Ter-

---

[31]   Vgl. DETECON (2002), S. 30.

raflops in der Sekunde wird der derzeit schnellste Rechner, der ASCI White von IBM, um 14,9 Terraflops pro Sekunde weit übertroffen, wobei das SETI@home-Projekt lediglich 1% des IBM-Großrechners kostet.[32]

Die skizzierte Effektivität und Effizienz des Distributed Computing lässt somit seinen Einsatz insbesondere in mittleren und großen Unternehmen als sinnvoll erscheinen, da neben der enormen Rechnerleistung vor allem ständige Neuinvestitionen in neue Großrechner vermieden werden können. Prädestinierte Branchen sind dabei vor allem die in kurzer Zeit große Datenmengen bewältigen müssen, wie z. B. Versicherungen, Finanzdienstleister und Unternehmen der Hochtechnologie. Für die Medienbranche ist das Distributed Computing vor allem im Rahmen aufwendiger Filmproduktionen, z. B. für die Generierung von Special Effects, von Bedeutung.

3.1.2 Collaboration

Collaboration ermöglicht es Usern, gemeinsam Probleme zu lösen und dabei neues Wissen zu erzeugen, das wiederum gemeinsam genutzt werden kann. Stellt beispielsweise ein User an ein Netzwerk eine Frage, die nicht aus der Wissensdatenbank des Netzwerkes beantwortet werden kann, so wird die Frage an eine definierte Expertengruppe weitergeleitet. Die Expertengruppe entwickelt daraufhin Lösungsvorschläge, die sie dem Fragesteller und der Wissensdatenbank zukommen lassen. Sind die Antworten der Experten heterogen, so kann der Fragesteller auf ein Rating der Experten zurückgreifen, aus dem deutlich wird, wie zufrieden Fragesteller mit den Antworten des jeweiligen Experten in der Vergangenheit waren. Letztlich kann sich nun der Fragesteller anhand des Rating für eine spezifische Antwort eines Experten entscheiden, wobei gleichzeitig die gewählte Antwort und damit der Experte seitens des Fragestellers bewertet werden. Als Motivationsfaktor für die Beteiligung an solchen Netzwerken ist das Streben nach Anerkennung und Reputation seitens der Peers zu sehen. Diese Reputation Economy basiert somit auf einem Anerkennungsfaktor, der quasi als Preismechanismus fungiert und Peer-konformes Verhalten belohnt bzw. Peer-unkonformes Verhalten bestraft, und somit zu einer gesteigerten oder verringerten Selbsteinschätzung führt.[33] Insbesondere Großunternehmen oder Call Center, die mit nicht standardisierten Anfragen konfrontiert werden, können durch Collaboration ihre Kundenorientierung und damit die Kundenbindung wesentlich verbessern.

3.1.3 Distributed Search

Konventionelle Suchmaschinen durchsuchen das Internet bzw. die daran angeschlossenen Server mit Hilfe periodisch aktivierter Crawler. Diese Crawler generieren einen Index der Inhalte, die sie auf den Servern finden, womit die Ergebnisse mindestens 24 Stunden alt und damit oftmals veraltet sind. Im Gegensatz dazu durchsuchen Distributed-Search-Technologien in Peer-to-Peer-Netzwerken neben Servern auch angeschlossene Clients sowie Programme und Anwendungen nach dem Suchbegriff in Echtzeit. Somit weisen die Suchergebnisse einerseits eine wesentlich höhere Aktualität auf, andererseits wird die Datenbasis wesentlich ausgeweitet.[34] Obwohl die Aktualität von Informationen immer mehr an Bedeutung

---

[32] Vgl. DETECON (2002), S. 33.
[33] Vgl. DETECON (2002), S. 37.
[34] Vgl. DETECON (2002), S. 40.

gewinnt, werden sich im Busines-to-Consumer-Bereich kaum nennenswerte profitable Geschäftsmodelle umsetzen lassen. Zu groß ist hier die Free-Launch-Mentalität. Großunternehmen können jedoch weit mehr von aktuellen und genauen Informationen profitieren, so dass hier mit profitablen Geschäftsmodellen zu rechnen ist.

3.1.4 Filesharing

Im Mittelpunkt des Filesharing steht, wie bereits mehrfach dargestellt, der Tausch von Dateien innerhalb des Peer-to-Peer-Netzwerkes, wobei die Information über die Verfügbarkeit z. B. von Musik- oder Videodateien innerhalb des Netzwerkes transparent ist. Derzeit existieren jedoch keine profitablen Geschäftsmodelle auf Filesharing-Basis, wie u. a. Napster und Carracho zeigen. Gleichwohl wird im weiteren Verlauf des Beitrages der Versuch unternommen, sowohl ein direkt kommerzielles Geschäftsmodell zu konzeptualisieren, als auch die indirektkommerzielle Geschäftsmodellbedeutung von Filesharing als Online-Marketing-Instrument zu skizzieren.

3.2 Einordnung der Anwendungsfelder

Im Folgenden werden die Anwendungsfelder des Peer-to-Peer-Konzeptes auf elektronischen Märkten dargestellt. Wie bereits erwähnt, sind diese Anwendungsfelder keineswegs als abschließend anzusehen. Nichtsdestotrotz kann eine Systematik zur Begründung der Applikationsfelder angegeben werden. Das erste Ordnungskriterium ist die Frage danach, ob eine Peer-to-Peer-Architektur für die Anwendung obligatorisch ist. Dies ist z. B. für das Distributed Computing und damit das Grid Computing bzw. den Handel mit Rechenzeit der Fall, da die Ressourcen zwangsweise verteilt sind und somit ein Peer-to-Peer-Ansatz nahe liegt. Bei der Distribution digitaler Informationsgüter sind jedoch auch andere Distributionsmöglichkeiten, wie z. B. eine traditionelle Client/Server-basierte Architektur, denkbar.

Als zweites Ordnungskriterium kann die Möglichkeit der vollständig elektronischen Abwicklung der ökonomischen Transaktion herangezogen werden. Dabei bedeutet eine vollständig elektronische Abwicklung, dass alle Phasen einer Transaktion (Informations-, Verhandlungs- und Durchführungsphase) elektronisch – also ohne Medienbruch – durchgeführt werden können. So ist z. B. die Transaktion für die elektronische Distribution von digitalen Informationsgütern gänzlich über das Internet durchführbar, weil selbst die logistische Auslieferung dieser Güter – als Download – über elektronische Netze möglich ist. Dagegen können Peer-to-Peer-basierte Marktplätze lediglich die Phasen der Information und Verhandlung elektronisch unterstützen. Die Durchführungsphase kann jedoch – aufgrund der physikalischen Natur der gehandelten Güter – nur teilweise elektronisch unterstützt werden. Tabelle 3 fasst die vorgestellte Systematik zusammen.

	Transaktion voll digitalisierbar	Transaktion nur teilweise digitalisierbar
Peer-to-Peer obligatorisch	*Distributed Computing/ Grid Computing Distributed Search*	
Peer-to-Peer als Alternative	*Distribution digitaler Informationsgüter*	*Peer-to-Peer-basierte Marktplätze*

Tabelle 3: Anwendungsfelder des Peer-to-Peer-Konzeptes auf elektronischen Märkten

3.3 Elektronische Märkte für digitale Informationsgüter

3.3.1 Problemstellung

In diesem Abschnitt wird die aktuelle Problematik aufgegriffen, dass verschiedenste Peer-to-Peer-Filesharing-Systeme den kostenlosen Download von urheberrechtlich geschützten digitalen Informationsgütern erlauben. Aufgrund der Praxisrelevanz wird überwiegend Bezug auf die Musikbranche genommen. Der erfolgreiche Versuch, ein nachhaltiges Geschäftsmodell für digitale Online-Musik zu etablieren, kann als ein bisher nicht gelöstes Problem angesehen werden. Dies hat im Wesentlichen zwei Gründe:

- Kommerzielle Online-Musikangebote müssen mit kostenlosen Quellen, insbesondere Peer-to-Peer-Tauschbörsen, konkurrieren. Das Kernprodukt Musik ist somit oftmals auch *frei erhältlich*, sodass die Zahlungsbereitschaft für kostenpflichtige Angebote bei den Nutzern nicht mehr vorhanden ist.

- Kommerzielle Online-Musikanbieter vertreiben die Musiksongs in der Regel nicht in einem freien Format, wie z. B. im MP3-Format, sondern in Formaten, die neben der Komprimierung auch rechtliche Aspekte berücksichtigen. Solche durch *Digital Rights Management* (DRM) geschützten Musiktitel schränken die Nutzung ein. Beispielsweise kann hiermit vom Musikdistribuierenden aus festgelegt werden, dass der Musiksong bezüglich der Anzahl oder der Zeit nur begrenzt abspielbar ist.

Die beiden geschilderten Problembereiche wirken kumulativ, sodass der Nutzer letztendlich digitale Musik erhält, für die er bezahlen muss und die trotz dieser Bezahlung auch noch in der Nutzung eingeschränkt ist. Die aktuelle Situation kann aufgrund des Vorhandenseins freier Transaktionen als eine Art Marktversagen angesehen werden. Das Gut Musik wird somit zu einem öffentlichen Gut, da die typischen Merkmale der Nichtrivalität und Nichtausschliessbarkeit im Konsum vorliegen.[35]

Die beiden dargestellten Probleme sind nur sehr schwer zu überwinden. Bisherige Geschäftsmodelle für Online-Musik erscheinen deshalb zu wenig nachhaltig. Im Folgenden wird daher ein Peer-to-Peer-basiertes Geschäftsmodell vorgeschlagen, das explizit Komponenten zur Überwindung des „Öffentlichen-Gut-Problems" enthält. Um an den Vorschlag heranzuführen, werden jedoch zunächst bisherige Geschäftsmodelle näher beleuchtet.

---

[35] Vgl. BUHSE (2001), S. 385 f.

3.3.2 Bisherige Geschäftsmodelle für digitale Informationsgüter

3.3.2.1 Begriff des Geschäftsmodells

Ziel dieses Beitrags ist die Darstellung eines neuen Peer-to-Peer-basierten Ansatzes für ein Geschäftsmodell für Online-Musik. Für den Begriff des Geschäftsmodells gibt es in der Literatur keine eindeutige Definition. So definiert WIRTZ ein Geschäftsmodell wie folgt:

„Durch ein Geschäftsmodell wird in stark aggregierter Form abgebildet, welche Ressourcen in die Unternehmung fließen und wie diese durch den innerbetrieblichen Leistungsprozess in vermarktungsfähige Produkte und/oder Dienstleistungen transformiert werden."[36]

Das Geschäftsmodell kann dabei in Partialmodelle wie z. B. das Distributionsmodell, das Leistungserstellungsmodell oder das Erlösmodell untergliedert werden.

Ähnlich definiert auch BAILER ein Geschäftsmodell als „...Erfassung und Abstraktion des relevanten Wissens über die Funktionsweise des Unternehmens, deren Strukturen, Informations- und Materialflüsse, sowie Produkte und Außenbeziehungen"[37].

Geschäftsmodelle beschreiben somit einerseits die Strategien[38] eines Unternehmens auf den vor- und nachgelagerten Märkten. Andererseits umfassen Geschäftsmodelle auch interne Prozesse und Organisationsfragen. Insofern stellen Geschäftsmodelle Wege zur Umsetzung einer Wettbewerbs- oder auch Unternehmensstrategie dar.[39]

Wenn nachfolgend von Geschäftsmodellen für Online-Musikanbieter die Rede ist, so wird sich die Beschreibung des Geschäftsmodells auf die Absatzstrategie (*Distributionsmodell* und *Erlösmodell*) fokussieren. Dies ist erstens darin begründet, dass gerade die Distribution von Musik stärker als deren Produktion durch Internet und Peer-to-Peer-Netzwerke stark verändert wird, und zweitens darin, dass die Generierung von Erlösen für Online-Musik durch den „Kostenlos-Charakter" des Internet sehr erschwert wird. Darüber hinaus kann als Teilmodell für Online-Musikanbieter noch das *Anreizmodell* eingeführt werden. Das Anreizmodell widmet sich explizit dem Problem der kostenlosen Konkurrenz und sollte Anreize implementieren, die die Nutzer zur Teilnahme an kommerziellen Musikdiensten bewegen. Das Anreizmodell ist ein Spezifikum aufgrund des vorliegenden Marktversagens bei Geschäftsmodellen für digitale Informationsgüter.

3.3.2.2 Pressplay und Musicnet als Music Service Provider

Im Folgenden wird der aktuelle Entwicklungsstand kommerzieller Online-Angebote für Musik beleuchtet. Im Gegensatz zu den im illegalen Bereich verbreiteten Peer-to-Peer-Netzen setzen kommerzielle Anbieter derzeit überwiegend auf das Modell des Music Service Providers (MSP). Dementsprechend wird exemplarisch das Geschäftsmodell des MSP und das gescheiterte Peer-to-Peer-Geschäftsmodell von Napster beschrieben.

---

[36] WIRTZ (2001), S. 50.
[37] BAILER (1997), S. 24.
[38] Zur Strategiefindung in der Multimediabranche vgl. KEUPER (2002a), S. 651 ff., KEUPER (2003).
[39] Vgl. KEUPER/HANS (2003), S. 123 ff.

Das Geschäftsmodell des MSP basiert auf der traditionellen Client/Server-Architektur. Ein Austausch von Dateien zwischen den Nutzern, wie es bei Filesharing-Systemen der Fall ist, ist nicht vorgesehen. Als typischer Vertreter dieses Geschäftsmodells kann Pressplay (www.pressplay.com) gelten. Pressplay ist seit Dezember 2001 online und bietet zum Einstieg eine Probemitgliedschaft für 14 Tage kostenlos an. Pressplay vertreibt die Musiktitel selbst über verschiedene Partner, bei denen sich die Interessenten registrieren lassen können. Als Partner dienen Portale wie Yahoo (www.yahoo.com) oder MSN (www.msn.com), die ein hohes Nutzerverkehrsaufkommen aufweisen. Aber auch spezialisierte Portale wie z. B. mp3.com dienen als Vertriebspartner und Kontakt zum Kunden.

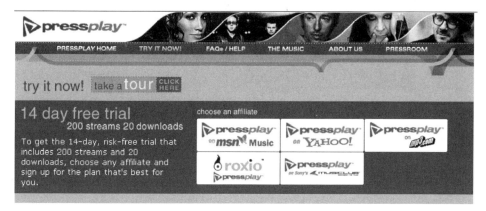

Abbildung 8:   Affiliates von www.pressplay.com zur kommerziellen Distribution von Online-Musik

Auch Musicnet (www.musicnet.com) verfolgt das Geschäftsmodell des MSP, hat jedoch andere Künstler unter Vertrag und vertreibt über andere Partner. Bei beiden Plattformen zahlen die Mitglieder eine monatliche Gebühr, die sie zum Konsum von Musik in verschiedenen Formen berechtigt. Die Online-Musik bei Pressplay wird als Stream, Download oder als Burn angeboten. Das Preismodell von Pressplay sieht verschiedene Stufen der Mitgliedschaft auf Grundlage einer monatlichen Pauschale vor.[40] Alle Musiktitel, die als Download bezogen werden, sind durch ein DRM geschützt und können nicht beliebig von den Nutzern verwendet werden, wie es bei MP3-Files der Fall ist.

3.3.2.3   Napster

Das ehemalige Geschäftsmodell von Napster kann gegenüber MSP-Ansätzen als ein Versuch interpretiert werden, die vor dem Gerichtsurteil sehr schnell gewachsene „Kostenlos-Community" zu kommerzialisieren. Napster sah vor, dass die Nutzer von- und füreinander Musiktitel down- bzw. uploaden können, und basierte insofern auf dem Peer-to-Peer-Konzept. Der Unterschied zum vormals „freien" Napster-System war, dass die Teilnahme an Napster eine monatliche Gebühr kosten sollte, um eine gewisse Zahl an Musiktiteln von anderen Nutzern downloaden zu können. Die Musiktitel im Napster-Netzwerk sollten dabei in einem eigenen DRM-Format (NAP-Format) verbreitet werden. Durch das NAP-Format sind die Musiktitel

---

[40]   Vgl. *NEWS.COM* (2001).

auch hier nicht uneingeschränkt nutzbar. Abbildung 9 visualisiert das gescheiterte Geschäftsmodell von Napster.

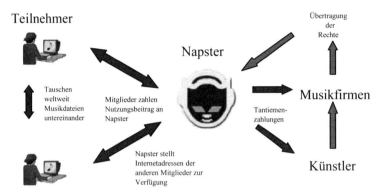

Abbildung 9:   Das ehemalige Geschäftsmodell von Napster[41]

Da Napster auf einem Peer-to-Peer-Ansatz beruhten sollte, werden die Inhalte dezentral gehalten und nicht, wie z. B. bei Pressplay, auf einem zentralen Server. Der Napster-Index-Server sollte dafür sorgen, dass die Anzahl der getauschten Songs erhoben und die Tantiemenzahlungen an die Urheber, die ihre Rechte an Napster übertragen haben, geleistet werden können.

Dadurch, dass bei Napster auf eine contentliefernde Zentraleinheit verzichtet werden sollte, kommt der Netzwerkbetreiber – im Gegensatz zum MSP – mit einer schwächeren Infrastruktur aus, da die Netzwerklast größtenteils auf die Teilnehmer im Peer-to-Peer-Netzwerk übertragen werden kann.

Das Problem dieses Geschäftsmodells wird jedoch erst aus Sicht der Nutzer deutlich. Der Nutzer erhält bei beiden dargestellten Geschäftsmodellen – ob also beim MSP oder beim Peer-to-Peer-Ansatz – einen durch ein DRM-System geschützten Musiktitel. Grundsätzlich wird es ihm egal oder gar nicht bewusst sein, dass sich das Distributionsmodell der beiden Geschäftsmodelle stark unterscheidet. Keines der beiden Geschäftsmodelle löst insofern das Problem, Anreize für die Teilnahme am kommerziellen Dienst selbst zu schaffen.

3.3.3   Peer-to-Peer-basiertes Geschäftsmodell als Alternative

Die dargelegten kommerziellen Ansätze für Online-Musikanbieter sind bisher noch wenig ausgereift und vernachlässigen z. T. bedeutende Anforderungen an derartige Angebote. Bevor im Folgenden ein neues Geschäftsmodell für Peer-to-Peer-Online-Musikangebote entwickelt wird, sollen daher zunächst spezifische Anforderungen an diese Geschäftsmodelle dargestellt werden. Im Anschluss wird ein aus den Anforderungen entwickeltes Peer-to-Peer-Geschäftsmodell und insbesondere dessen Erlösmodell vorgestellt.

---

[41]   In Anlehnung an Spiegel.de.

3.3.3.1 Anforderungen

Die Anforderungen an das Geschäftsmodell können aus den Phasen des Transaktionsprozesses abgeleitet werden.[42] Als Anforderungen können gelten:

- *Qualität des Transaktionsgutes.* Es muss sichergestellt sein, dass die kostenpflichtigen Musiktitel hinreichend gute Qualität haben. Diese Qualität bezieht sich z. B. auf eine ausreichende Samplefrequenz und auf korrekt gepflegte Metadaten (Titel, Interpret, Album etc.).

- *Qualität der Transaktion.* Die Qualität der Transaktion zielt auf die Qualität der Transaktionsumgebung ab. Hiermit ist z. B. die Bedienbarkeit des Dienstes, ein komfortabler Recherchemechanismus oder ein unterbrechungsfreier Download gemeint. Auch die Breite des Musikangebots kann als Anforderung an einen kommerziellen Peer-to-Peer-Dienst gelten.

- *Vergütung des Urhebers.* Im Gegensatz zu existierenden freien Peer-to-Peer-Filesharing-Systemen müssen kommerzielle Peer-to-Peer-Systeme die Vergütung des Urhebers über die Vergütung des Infrastrukturbetreibers hinaus beachten. Verletzungen des Urheberrechts kann insbesondere durch *technische Restriktionen* (DRM-Systeme), *juristische Sanktionen* oder *ökonomische Anreizstrukturen* entgegengewirkt werden. Bisherige Geschäftsmodelle stützen sich lediglich auf die ersten beiden.

- *Teilnahmeanreize.* Das Etablieren von Teilnahmeanreizen an einem kommerziellen Peer-to-Peer-Dienst kann als wesentliche Anforderung gesehen werden, die bei bisherigen Geschäftsmodellen vernachlässigt wurde. Teilnahmeanreize beugen Marktversagen vor, das durch den „Öffentlichen-Gut-Charakter" digitaler Musik verursacht wird.

3.3.3.2 Konzept

Bei dem im Folgenden dargestellten *kommerziellen Geschäftsmodell* liegt der Fokus auf dem Distributions- und Erlösmodell. Demzufolge kommt kein serverloses Peer-to-Peer-System in Betracht; vielmehr ist ein zentraler Server speziell für abrechnungsbezogene Aufgaben notwendig. Den Ausgangspunkt des Modells bilden Nutzerkonten, auf denen von den Nutzern einzuzahlende Beiträge verbucht und von denen Gebühren für einzelne Downloads abgebucht werden (Pay-per-Download). Die entrichteten Gebühren werden neben dem Rechteinhaber und dem Betreiber des zentralen Servers auch demjenigen Nutzer gezahlt, der die heruntergeladene Musikdatei zur Verfügung gestellt hat. Abbildung 10 stellt diesen Downloadvorgang exemplarisch dar, wobei insbesondere die Abbildung der Nutzerkonten hier aus logischer Sicht erfolgt. Die tatsächliche technische Verwaltung und Speicherung der Nutzerkonten sollte auf der Zentralinstanz erfolgen, sodass die Transaktionsdurchführung nicht durch die Teilnehmer manipuliert werden kann.

---

[42] Vgl. *GEHRKE/ANDING* (2002).

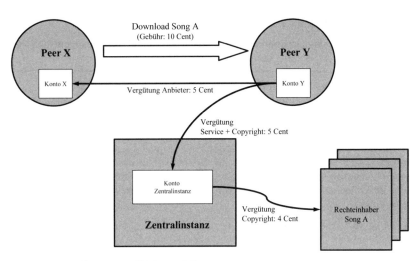

Abbildung 10:   Distributions- und Erlösmodell

Peer Y kopiert eine Musikdatei mit dem Song A vom Rechner des Peer X (jener wurde zuvor durch eine Suche auf dem Index-Server der Zentralinstanz als Anbieter ermittelt). Vom zuvor mit einem Guthaben aufgeladenen Konto Y werden Peer Y dafür 10 Cent abgebucht, die anteilig auf das Konto des Peer X (5 Cent) sowie an die Zentralinstanz (5 Cent) übertragen werden. Die Zentralinstanz ermittelt anhand der Metadaten der Musikdatei den Rechteinhaber des Songs A und leitet an diesen einen Teil der erhaltenen Gebühren weiter. Die an Peer X transferierten Gebühren werden auf dessen Konto gutgeschrieben und können von diesem für eigene Downloads verwendet werden.

Schutz des Urheberrechts und Entlohnung der Rechteinhaber
Das vorgestellte Konzept verzichtet auf DRM-Systeme und juristische Maßnahmen zum Schutz der Rechteinhaber. Es etabliert dagegen durch die Beteiligung der Nutzer an der Vergütung der Downloads einen ökonomischen Anreiz zur Teilnahme am kommerziellen System und der Bezahlung der konsumierten Inhalte. Da heruntergeladene Musikstücke für den Nutzer wiederum Verdienstpotenzial besitzen, ist er tendenziell bereit, im Vorfeld dafür zu zahlen.

Wird es den Nutzern nicht ermöglicht, sich die auf ihren Konten vorhandenen Bestände wieder auszuzahlen, fließen letztlich sämtliche Einzahlungen an die Rechteinhaber und den Server-Betreiber ab. Mit jedem stattfindenden Download wird ein Teil der im System vorhandenen Gebührenbestände an Rechteinhaber ausgezahlt, bis diejenigen Nutzer, deren Downloadvolumen die eigenen Uploads übersteigt, ihre Konten (z. B. durch Überweisung) wieder aufladen müssen. Im Weiteren ist eine Verwendung der Geldbestände für den Einkauf bei beteiligten Shops denkbar, damit die Verwendung der Beträge auf den Nutzerkonten nicht ausschließlich auf Online-Musik beschränkt ist.

Qualitätssicherung
Die Qualität des Peer-to-Peer-Dienstes kann durch seine Architektur sichergestellt werden, welche schon für die bereits betriebenen Systeme eine performante Suche sowie einen optimierten Download ermöglicht. Hierbei basiert das vorgestellte Konzept auf etablierten Verfahren.[43]

Das dargestellte Konzept der Vergütungsbeteiligung der Nutzer ist allerdings noch nicht ohne weiteres in der Lage, die Qualität der Musikdateien sicherzustellen. Hierzu ist ein technischer Prüf- und Sanktionsmechanismus notwendig, der unter anderem auch dafür Sorge tragen muss, dass in den zu jeder Musikdatei gespeicherten Metadaten der korrekte Rechteinhaber verzeichnet ist bzw. das Musikstück durch den Server-Betreiber eindeutig identifiziert werden kann. Über die technischen Maßnahmen hinaus sind Konzepte denkbar, bei denen sich die Tauschpartner nach einem Download gegenseitig bewerten. Entsprechen die Metadaten nicht dem Dateiinhalt, so könnte der beziehende Teilnehmer dem anbietenden Teilnehmer eine negative Bewertung übertragen.

Teilnahmeanreize
Durch Beteiligung der Benutzer der Tauschbörse nicht nur an der Bereitstellung der Musikdateien, sondern auch an der Vergütung für einzelne Downloads wird für einzelne Benutzer ein ökonomischer Anreiz zur Teilnahme an einem kommerziellen Peer-to-Peer-Netzwerk geschaffen und damit letztlich eine Vergütung der Rechteinhaber ermöglicht. Zudem wird hiermit das Problem adressiert, dass in der Regel nur ein geringer Prozentsatz der Teilnehmer eines Peer-To-Peer-Netzwerks tatsächlich Inhalte bereitstellt, der überwiegende Teil jedoch nur Inhalte abruft (Free-Rider-Problem). Nutzer, die in großem Umfang Inhalte offerieren, werden nun dementsprechend entlohnt. Die überwiegend bereitstellenden Nutzer werden daher ihre Inhalte tendenziell eher der hier beschriebenen Tauschbörse zur Verfügung stellen und sie nicht in jenen Systemen anbieten, die keinerlei Vergütung erwarten lassen.

Die vorgestellten Teilnahmeanreize sind also streng genommen keine Anreize zur Teilnahme an dem kommerziellen Peer-to-Peer-Netzwerk, sondern vielmehr Anreize, mangels Entlohnung keine Musiktitel in freien Peer-to-Peer-Tauschbörsen anzubieten. Es wird somit das Ziel verfolgt, freie P2P-Tauschbörsen auszutrocknen und somit der Konkurrenzbeziehung zwischen freien und dem kommerziellen Peer-to-Peer-Filesharing-System entgegenzuwirken. Weitere ökonomische Bewertungen des vorgestellten Peer-to-Peer-basierten Geschäftsmodells finden sich bei GEHRKE/ANDING.[44]

---

[43] So kann bspw. ein Verfahren zur Aufteilung eines Downloads auf verschiedene, das gleiche Musikstück anbietende Nutzer angewandt und die Downloadgeschwindigkeit damit optimiert werden.
[44] Vgl. GEHRKE/ANDING (2002).

3.4 Peer-to-Peer-basierte elektronische Märkte zur dezentralen Abwicklung von Transaktionen

3.4.1 Motivation

Im vorangegangenen Abschnitt wurde ein Geschäftsmodell für die Distribution von digitalen Informationsgütern – im Besonderen von Musikdateien – vorgestellt. Ein Merkmal dieses Peer-to-Peer-basierten Geschäftsmodells ist, dass ein zentraler Server nur noch für die Koordination der beteiligten Peers notwendig ist, nicht aber für die Bereitstellung der Inhalte selbst. Das Prinzip, durch viele eigenständige Peers auf zentrale Dienste weitestgehend zu verzichten, kann auch auf andere Einsatzgebiete übertragen werden. An dieser Stelle sollen daher Überlegungen angestellt werden, inwiefern allgemeine Transaktionen derart dezentral abgewickelt werden können, sodass auf einen elektronischen Intermediär – in der Regel ein von einem Wirtschaftssubjekt betriebener elektronischer Marktplatz – weitestgehend verzichtet werden kann. Ein solches System kann in Anlehnung an den Terminus „Filesharing-System" auch als „Transactionsharing-System" bezeichnen werden.

Der Mechanismus zur dezentralen elektronischen Abwicklung muss dabei derart generisch konstruiert sein, dass beliebige und verschiedenartige Güter – wie z. B. Fernseher, Autos oder Versicherungsverträge – gehandelt werden können. Um Ansätze für einen solchen dezentralen Marktplatz entwickeln zu können, wird zunächst herausgearbeitet, welche Informationsflüsse zwischen den Beteiligten während einer Transaktion notwendig sind. Darauf aufbauend werden spezifische Anforderungen an einen dezentralen Marktplatz formuliert. Anschließend erfolgen die Darstellung der Architektur eines P2P-Marktplatzes und einige ökonomische Überlegungen.

3.4.2 Informationsflüsse bei Transaktionen

Da bei einem Peer-to-Peer-basierten Marktplatz auf eine Zentraleinheit weitestgehend verzichtet werden soll, stellt sich die Frage, zwischen welchen Beteiligten welche Informationen fließen und wie diese koordiniert werden, da der Marktplatz nicht als Zentraleinheit konstruiert ist, die als Intermediär aller Informationsströme dienen könnte. Im Folgenden werden die Beteiligten aufgezeigt, die an einer Transaktion mitwirken.[45]

- Das *Nachfrager-Peer* bzw. der Nachfrager formuliert eine Anfrage, die seine Nachfrage beschreibt.

- Mindestens ein *Anbieter-Peer* bzw. ein Anbieter formuliert daraufhin ein Angebot, sodass weitere Verhandlungen stattfinden können.

- Im Weiteren existiert ein *Index-Server*, der *Metadaten* über die *Beteiligten* und die *Transaktionen* speichert. Der Index-Server enthält dabei nur Metadaten, nicht aber inhaltliche Informationen zu einer Transaktion selbst. Dieser Index-Server dient zur Koordination der dezentralen Informationsflüsse. Er ist jedoch *nicht als ökonomischer Intermediär* aufzufassen. Seine Funktion ist vielmehr rein technisch anzusehen, um Performance und Sicherheit der Transaktionen gewährleisten zu können.

---

[45] Vgl. GEHRKE/BURGHARDT/SCHUMANN (2002).

Jeder Teilnehmer am Peer-to-Peer-Marktplatz wird also durch ein Peer – ein Endgerät mit entsprechender Peer-Software – repräsentiert.

Um die Informationsflüsse während einer Transaktion zu analysieren, ist es sinnvoll, eine Transaktion zunächst in verschiedene Phasen zu zerlegen. In der Literatur finden sich im Wesentlichen drei Phasen während einer Transaktion:[46]

- *Informationsphase.* In dieser Phase informiert sich der Nachfrager über Produkte und Anbieter, die geeignet sind, seinen Bedarf zu befriedigen.
- *Verhandlungsphase.* Nachdem geeignete Anbieter/Produkte identifiziert wurden, tritt der Nachfrager mit mindestens einem Anbieter in weitere Verhandlungen bezüglich der Produkte, Mengen, Qualitäten und Preise. Das Ergebnis dieser Phase ist ein Vertrag zwischen einem Anbieter und dem Nachfrager.
- *Durchführungs- und Kontrollphase.* Der Austausch der vereinbarten Güter wird in dieser Phase durchgeführt. Anschließend kontrolliert der Nachfrager die erhaltene Ware auf die zugesicherten Eigenschaften.

Im Folgenden sollen die Informationsflüsse der jeweiligen Phasen betrachtet werden. Durch die Unterteilung in verschiedene Phasen kann somit eine Reduzierung der Komplexität erreicht werden. Die dargestellten Informationsflüsse sind dabei so generisch wie möglich gehalten. Dies bedeutet jedoch nicht, dass die geschilderte Reihenfolge obligatorisch sein muss.

3.4.2.1   Informationsphase

Um Informationen während der Informationsphase zu erhalten, ist es zunächst notwendig, potenzielle Verhandlungspartner und deren Produkte zu finden. Darüber hinaus ist es erforderlich, dass der Nachfrager eine Suchanfrage an den Index-Server schickt. Die Suchanfrage enthält Stichworte bezüglich des gesuchten Produktes (a). Der Index-Server schickt daraufhin eine Liste mit Peers zurück, die sich als Anbieter in Frage kommender Produkte eignen könnten (b). Daraufhin spezifiziert der Nachfrager seine Bedürfnisse in einer bestimmten Struktur und sendet anschließend diese Informationen zu den entsprechenden Anbietern (c). Die Anbieter generieren daraufhin passende Angebote, die einer einheitlichen Struktur gehorchen, und senden diese wiederum zum Peer des Nachfragers (d). Der Nachfrager sammelt alle eingegangenen Angebote und bringt diese in eine ordinale Reihenfolge, sodass ein oder mehrere Anbieter für weitere Verhandlungen ausgewählt werden können (e). Abbildung 11 visualisiert die Informationsflüsse während der Informationsphase.

---

[46]   Vgl. *ROSE* (1999), S. 54.

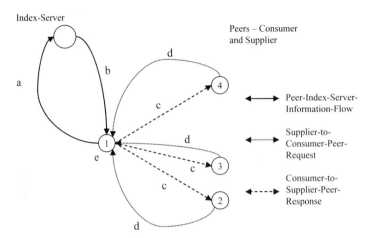

Abbildung 11: *Informationsflüsse während der Informationsphase*

3.4.2.2 Verhandlungsphase

In der Verhandlungsphase existieren weniger Beteiligte, da bereits aus einer größeren Menge von Anbietern ein spezieller Verhandlungspartner ausgewählt wurde. Im Folgenden werden deshalb – im Gegensatz zur Informationsphase – lediglich unilaterale Informationsflüsse zwischen zwei Peers dargestellt.

Zunächst signalisiert der Nachfrager dem Anbieter, dass er weitere Verhandlungen wünscht, indem er z. B. seine Identität, Mengen, Auslieferungsdatum und -ort usw. sendet (a). Der Anbieter fasst daraufhin sein entsprechendes Angebot zusammen und übermittelt auch den letztendlichen Gesamtpreis, etwaige Steuern u. ä. (b). Zuletzt nimmt der Nachfrager das Angebot an oder äußert einen Änderungswunsch im Angebot (c). Abbildung 12 fasst die Informationsströme noch einmal zusammen.

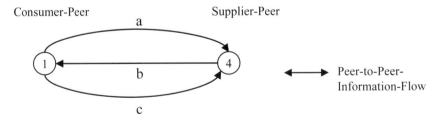

Abbildung 12: *Informationsflüsse in der Vereinbarungsphase*

3.4.2.3 Durchführungs- und Kontrollphase

In der Durchführungs- und Kontrollphase können verschiedene Informationsflüsse auftreten. Je nach gehandelten Gütern sind hier Unterschiede möglich. Der Anbieter wird zunächst eine Bestätigung des Vertrags zum Nachfrager senden (a). Nachfolgend könnte der Anbieter bspw. die Rechnung (b) und den Auslieferstatus übermitteln (c). Ist die Ware eingetroffen, übermittelt der Nachfrager eine Eingangsbestätigung (d). Nach erfolgtem Austausch bewertet der Nachfrager die Transaktion bzw. den Transaktionspartner. Die Bewertung wird dabei auf dem Index-Server gespeichert, damit keine Manipulationen vorgenommen werden können und jeder andere Marktteilnehmer die Bewertung zur Auswahl von Anbietern heranziehen kann (e). Im Gegenzug nimmt auch der Anbieter eine entsprechende Bewertung vor (f). Abbildung 13 visualisiert diese Informationsflüsse.

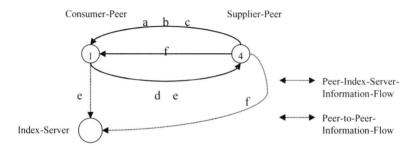

Abbildung 13: Informationsflüsse während der Durchführungs- und Kontrollphase

3.4.3 Anforderungen an einen Peer-to-Peer-Marktplatz

Im letzten Abschnitt wurden die Informationsflüsse während einer Transaktion dargestellt. Damit diese Transaktionen überhaupt durchgeführt werden können, sind *technische* und *ökonomische* Voraussetzungen notwendig. Diese allgemeinen Anforderungen können wie folgt formuliert werden.[47]

3.4.3.1 Technische Anforderungen

- *Sicherheit*. Die Sicherheit bei Transaktionen muss gewährleistet sein, damit nicht unautorisierte Teilnehmer die Transaktionen von Fremden „mitlesen" können. Es ist daher notwendig, dass asymmetrische Verschlüsselungsverfahren, wie z. B. RSA, zum Einsatz kommen.[48]

- *Verfügbarkeit*. Client/Server-Systeme können hochverfügbar gestaltet werden, indem z. B. redundante Server installiert werden. Peer-to-Peer-Systeme sind jedoch stark fragmentiert und bestehen aus vielen einzelnen Peers, die nicht zwangsweise online sind.

- *Performance und Skalierbarkeit*. Obwohl der Peer-to-Peer-Marktplatz stark dezentralisiert ist, sollte trotzdem eine akzeptable Performance bezüglich Suchgeschwindigkeit von Dokumenten u. a. vorhanden sein. Skalierbarkeit meint, dass sich die Performance mit steigender Größe (Anzahl von Peers) des Peer-to-Peer-Marktplatzes nicht signifikant verschlechtert.

- *Plattformunabhängigkeit* bedeutet, dass Teilnehmer am Peer-to-Peer-Marktplatz mit einer beliebigen Hardware bzw. beliebigem Betriebssystem teilnehmen können. Hierfür eignet sich z. B. als Technologie die Programmiersprache Java, da mit dieser Sprache das Peer-to-Peer-System unabhängig vom Betriebssystem implementiert werden kann. Be-

---

[47] Vgl. TURCAN (2001), S. 57 ff.
[48] Vgl. RIVEST/SHAMIR/ADLEMAN (1978).

sonders auf Protokollebene liegen bezüglich der Plattformunabhängigkeit eine XML-basierte Protokollschicht bzw. gängige Internettechnologien (TCP/IP, http,...) nahe.

- Die *Nutzung offener Standards* innerhalb des Peer-to-Peer-Markplatzes vereinfacht die Teilnahme und senkt Hemmschwellen. Es sollten vorhandene und etablierte Technologien, wie z. B. XML, das HTTP-Protokoll und SQL, verwendet werden.

- Die Möglichkeit der *Integration vorhandener ERP-Systeme* erlaubt eine medienbruchfreie Integration des Peer-to-Peer-Marktplatzes in die unternehmenseigene IT-Landschaft. Die Integration wird durch die Nutzung offener Standards erleichtert (siehe oben).

3.4.3.2 Ökonomische Anforderungen

- *Vertrauen* ist notwendig, damit eine Transaktion von einem Marktteilnehmer überhaupt erst angestoßen wird. Vertrauen senkt das Risiko einer Transaktion und wirkt insofern kostensenkend. Der Peer-to-Peer-Marktplatz sollte insofern Möglichkeiten des Signalling beinhalten, damit eine sinnvolle Auswahl von Transaktionspartnern möglich wird. Auch eine Authentifizierungsmöglichkeit z. B. über eine elektronische Signatur, die jeden einzelnen Peer kennzeichnet, kann das Vertrauen in die zu tauschenden Dateien erhöhen.[49]

- *Transparenz*. Aufgrund der starken Dezentralität und der direkten Austauschbeziehung zwischen den Marktteilnehmern fehlt eine Zentraleinheit, die Produkte, Preise oder Qualitäten miteinander vergleichen kann, um Kaufentscheidungen zu erleichtern. Der Peer-to-Peer-Marktplatz muss insofern Mechanismen bereitstellen, die Transparenz auch in der verteilten Umgebung gewährleistet.

- Insgesamt sollte die Nutzung des Peer-to-Peer-Marktplatzes nur *geringe Kosten* verursachen, um gegenüber anderen Formen traditioneller oder elektronischer Märkte einen Vorteil zu bieten.

3.4.4 Architektur eines dezentralen Marktplatzes

Bisher wurden die Anforderungen und Informationsflüsse weitestgehend ohne Bezug auf die technische Umsetzung beschrieben. An dieser Stelle soll daher die technische Machbarkeit skizziert werden. Um strukturierte Informationsflüsse austauschen zu können, wird auf dem Peer-to-Peer-Marktplatz intensiver Gebrauch von XML gemacht. Zunächst besteht jedoch die Notwendigkeit, einige spezifische Begriffe zu erklären, die für die technische Implementierung wichtig sind.

Ein *Produkttyp-Template* ist eine Datei, die strukturiert darstellt, welche Ausprägungen die Eigenschaften des beschriebenen Produkttyps haben können. Ein solches Template ist als ein XML-Dokument realisiert. Beispielsweise könnte man einen Risikolebensversicherungsvertrag durch folgende XML-Datei beschreiben:

---

[49] Vgl. *KEUPER* (2001), S. 443 ff.

```
<product>
  <headword>risiko lebensversicherung</headword>
      <headword>versicherung</headword>
      <headword>tot</headword>

      <item name="geburtsdatum" itemtype="datum">
       <description>Geburtsdatum des Versicherten</description>
      </item>

      <item name="geschlecht" itemtype="radiobutton">
       <description>Geschlecht</description>
       <member>maennlich</member>
       <member>weiblich</member>
      </item>

      <item name="versicherungsdauer" itemtype="number">
       <description>Dauer des Vertrags in Jahren</description>
      </item>

      <item name="kapitalzahlung" itemtype="number">
       <description>Kapitalzahlung bei Tod des Versicherten</description>
      </item>
</product>
```

Abbildung 14:   Ein Produkttyp-Template für einen Versicherungsvertrag (verkürzt)

Ein Produkttyp-Template ist im Prinzip nichts anderes als eine Sammlung von Eigenschaften und entsprechenden (diskreten) Ausprägungen, angereichert mit einigen Zusatzinformationen. Die Struktur aller Produkttyp-Templates wird durch eine allgemeingültige Document Type Definition (DTD) bzw. ein XML-Schema festgelegt. Diese DTD ist vorgegeben von den Entwicklern der Peer-Software und hinreichend generisch.

Ein *Dokument* ist eine konkrete Ausprägung eines Produkttyp-Template, d. h. in einer solchen Datei verbirgt sich eine konkrete Nachfrage oder ein Angebot. Man kann auch von einer Instanz eines Template sprechen. Im Hinblick auf das obige Beispiel kann ein Dokument wie folgt aussehen:

```
<product>
   <item name="geburtsdatum">23.04.1976</item>
   <item name="geschlecht">maennlich</item>
   <item name="versicherungsdauer">30</item>
   <item name="kapitalzahlung">300000</item>
</product>
```

Abbildung 15:   Dokument (Instanz) eines Produkttyp-Template

Ein Dokument muss jedoch nicht zwangsweise die Instanz eines Produkttyp-Template sein. Vielmehr ist es auch möglich, Instanzen anderer Templates wie z. B. Rechnungen oder Bestätigungen zu erzeugen. Mit Dokumenten ist insofern ein strukturierter Informationsaustausch möglich, der auch maschinell weiterverarbeitet werden kann (z. B. mit Hilfe von XML-Parsern).

Mit Hilfe der *Veröffentlichung* werden Dokumente für die Teilnehmer auf dem Peer-to-Peer-Marktplatz auffindbar und somit verfügbar. Dokumente und Produkttyp-Templates werden von den jeweiligen Urhebern am Index-Server veröffentlicht. Der Index-Server speichert jedoch nicht die Templates/Dokumente selbst, sondern lediglich Metadaten. Bei Templates wird eine Verschlagwortung durch den Urheber vorgenommen. Ansonsten wird von jedem Template/Dokument weiterhin der digitale Fingerabdruck[50] gespeichert, um die Originalität und Eindeutigkeit von Dokumenten überprüfen zu können, und der Urheber (Nutzername) wird aufgezeichnet. Um den Bezug zwischen Dokumenten herstellen zu können wird bei jedem Dokument auch der digitale Fingerabdruck des Dokumentes gespeichert, auf das sich das Dokument bezieht (Vorgängerdokument). Durch die Verbindung zu einem Vorgängerdokument können Transaktionen nachvollzogen und die Transaktion mit ihren Dokumenten baumartig dargestellt werden.

Die Dokumente selbst liegen auf den dezentralen Peers und können aufgrund der Metadaten von den entsprechenden Peers bezogen werden. Da der Bezug der Dokumente für jeden Teilnehmer uneingeschränkt möglich ist, müssen Dokumente bei Bedarf verschlüsselt werden (z. B. mit Hilfe des RSA-Verschlüsselungsverfahrens).

Vorbereitende Schritte
Bedürfnisse nach Produkten und entsprechende Angebote werden, wie bereits gezeigt, aufgrund von Produkttyp-Templates definiert. Es stellt sich hier die Frage, woher die Produkttyp-Templates kommen. Für die Erstellung der Produkttyp-Templates sind primär die Anbieter selbst zuständig. Weiterhin können diese Templates auch von anderen, neutralen Organisationen, wie z. B. Dachverbänden oder Verbraucherverbänden, gestaltet sein, damit Spezifika eines bestimmten Anbieters die allgemeine Struktur eines Produkttyp-Template nicht zu sehr einschränken. Für das Strukturdesign eines Produkttyp-Template können spezielle Tools verwendet werden, sodass spezifische XML-Kenntnisse nicht zwangsweise notwendig sind. Nach der Erstellung des Produkttyp-Template wird das Template, wie bereits beschrieben, vom Urheber beim Index-Server verschlagwortet und veröffentlicht.

Transaktionsablauf
Der eigentliche Ablauf einer Transaktion beginnt mit der Informationsphase bei einem Nachfrager. Dieser benötigt zum Formulieren seines Bedarfs ein geeignetes Produkttyp-Template. Durch die Verschlagwortung beim Index-Server kann der Nachfrager recherchieren, ob passende Produkttyp-Templates, die seinem Bedarf entsprechen, existieren. Der Nachfrager wählt sein präferiertes Template aus und initiiert den Download des Template von einem beliebigen Peer. Die Peers, die das entsprechende Template bereithalten, sind dabei beim Index-Server registriert. Der Index-Server dient also hier als Lookup-Server bei der Template-/Dokumentsuche.[51]

Der Nachfrager besitzt an dieser Stelle das Produkttyp-Template. Damit er seine Eingaben tätigen kann, um so ein Nachfragedokument (Instanz) zu erstellen, wird das Produkttyp-Template mit Hilfe der eXtensible Stylesheet Language (XSL) in ein HTML-Formular umgewandelt. Der Nachfrager verwendet einen Browser, um das Formular auszufüllen. Das

---

[50] Hierzu können Algorithmen wie MD5 (RFC 1321) oder SHA1 (RFC 3174) dienen.
[51] Dies entspricht in etwa der Funktionalität des Napster-Index-Server.

Peer verwendet den Browser als Front-End. Die Peer-Software stellt insofern eine lokal installierte Web-Applikation (z. B. auf localhost:90) dar. Hat der Nachfrager die Parameter des Produkttyp-Template eingegeben, so wandelt das Peer die Eingabe in ein entsprechendes Dokument um und veranlasst die Veröffentlichung am Index-Server. Durch die Veröffentlichung erfahren die Anbieter von dem Dokument. An dieser Stelle sind zwei Mechanismen möglich:

- Mit dem Pull-Mechanismus suchen die Anbieter aktiv nach Dokumenten, die eine Instanz eines bestimmten Produkttyp-Template darstellen. Anschließend initiieren die Anbieter den Download von den verschiedenen Peers der Nachfrager und erhalten insofern das neue Nachfragedokument.

- Mit einem Push-Mechanismus besteht die Möglichkeit, dass das Peer des Nachfragers das Nachfragedokument direkt nach der Erstellung an die Peers aller interessierten Anbieter versendet (Upload). Jeder Anbieter, der an bestimmten Instanzen eines Produkttyp-Template interessiert ist, muss sich für diesen Vorgang zuerst am Index-Server für das Template registrieren. So erhält das Nachfrage-Peer vor dem Upload eine Liste mit den Anbieter-Peers, denen das Nachfragedokument zugesandt werden muss.

Weder beim Pull- noch beim Push-Mechanismus kann der Urheber eines Produkttyp-Template kontrollieren, ob auch andere Anbieter (z. B. Konkurrenten) Nachfragedokumente eines bestimmten Produkttyp-Template erhalten. Ein Template hat insofern den Charakter eines öffentlichen Gutes. Eine exklusive Nutzung durch einen bestimmten Anbieter soll nicht möglich sein.

Die Anbieter ihrerseits generieren nach Erhalt eines Nachfragedokuments entsprechende Angebotsdokumente und veröffentlichen diese mit Bezug auf das zugehörige Nachfragedokument. Die Nachfrager können dann die Angebote von den Anbietern downloaden und begutachten. Um eine hohe Markttransparenz zu gewährleisten, sollte die Peer-Software Möglichkeiten zum „Ranken" von unterschiedlichen Angeboten desselben Typs erlauben. Hierfür ist eine Dokumentenmetrik notwendig, die einen Abstand zwischen dem Nachfragedokument und den unterschiedlichen Angebotsdokumenten berechnet, um dann eine ordinale Rangfolge zu ermitteln.

Der Nachfrager entscheidet sich daraufhin für mindestens einen Anbieter für weitere Verhandlungen. Der Rest der Transaktion findet nach demselben Schema wie bereits beschrieben statt. Anbieter-Peer und Nachfrager-Peer tauschen wechselseitig Dokumente aus. Diese Dokumente können z. B. Rechnungen, Bestätigungen oder Lieferstati sein. Alle diese Dokumente werden immer am Index-Server veröffentlicht, damit die Teilnehmer Notiz von der Existenz der Dokumente nehmen können. Um sicherzustellen, dass nur die Teilnehmer der Transaktion die Dokumente lesen können, müssen die Dokumente verschlüsselt werden.

Alle Transaktionen auf dem Peer-to-Peer-Marktplatz werden durch den wechselseitigen Austausch von strukturierten Dokumenten abgewickelt. Der Index-Server hat keine organisatorische oder ökonomische Rolle und kann nicht als Intermediär im ökonomischen Sinne angesehen werden. Seine wesentliche Aufgabe besteht in einer technischen Katalogfunktion, sodass Verweise aller verfügbaren Dokumente und Templates für die Peers abrufbar sind.

3.4.5 Vertrauen auf einem Peer-to-Peer-basierten Marktplatz

Im vorangegangenen Abschnitt wurde die Durchführung einer Transaktion geschildert. Hierbei wurde der technische Ablauf fokussiert. Damit jedoch eine Transaktion erfolgreich sein kann, muss sich der Nachfrager bzw. ein Marktteilnehmer an zwei Stellen zwischen mehreren Alternativen entscheiden:

- Welches *Produkttyp-Template* sollte zwischen vielen alternativen und evtl. funktionsgleichen Templates gewählt werden, um eine möglichst große Vielfalt an seriösen Angeboten zu erhalten?

- Welcher *Anbieter* soll unter den verschiedenen alternativen Anbietern für weitere Verhandlungen ausgewählt werden?

In beiden Fällen kann eine Entscheidung sicherer getroffen werden, wenn der Nachfrager *Vertrauen* in die Qualität des Produkttyp-Template bzw. in den Anbieter hat.[52] Da nicht davon ausgegangen werden kann, dass sich die Marktteilnehmer von vorhergehenden Transaktionen kennen, müssen Vertrauenssubstitute herangezogen werden.

Für die Qualität eines Produkttyp-Template kommen z. B. folgende Informationen als Vertrauenssubstitute in Frage, die der Index-Server den Marktteilnehmern bereitstellen kann:

- Anzahl der in der Vergangenheit auf Basis des Template instanzierten Dokumente (*Nutzungsverbreitung* des Template)

- Anzahl der Anbieter, die das Template *abonniert* haben

- Ansehen des *Urhebers* des Template (s. u.)

Unterstellt man, dass sich die Nachfrager für Produkttyp-Templates entscheiden, die bereits ohnehin sehr verbreitet sind, so kann aufgrund dieser positiven Rückkopplung eine schnelle Konvergenz zu einem Standard-Produkttyp-Template erwartet werden.

Der zweite Aspekt betrifft das Vertrauen in einen Anbieter. Bezüglich dieser Problematik bestehen in der Praxis bereits Lösungsansätze. Ein bekanntes Beispiel z. B. ist das Auktionshaus ebay.de, bei dem sich die Transaktionspartner nach der Transaktion gegenseitig Zug um Zug bewerten. Ein solches Verfahren wäre auch auf einem Peer-to-Peer-Marktplatz denkbar. Die Bewertungen müssen aggregiert auf dem Index-Server abgelegt werden, der somit auch Aufgaben einer „Trusted-Third-Party" übernimmt. Der Bewertungsmechanismus funktioniert vollkommen dezentral und spiegelt somit die Eigenschaft einer Peer-to-Peer-Architektur entsprechend wider.

3.4.6 Intermediär contra Peer-to-Peer-Infrastruktur

Die Idee eines Peer-to-Peer-basierten elektronischen Marktplatzes darf nicht nur aus technischer Sichtweise konzeptioniert und analysiert werden. Auch die Ableitung ökonomischer Implikationen erscheint notwendig. Sinnvollerweise ist ein ökonomischer Vergleich zwischen dem vorgestellten dezentralen Peer-to-Peer-Marktplatz und traditionellen zentralen

---

[52] Vgl. GEHRKE/BURGHARDT/SCHUMANN (2002).

Marktplätzen mit ökonomischer Intermediärsfunktion anzustreben.[53] Ein ausführlicher ökonomischer Vergleich soll an dieser Stelle jedoch unterbleiben, da dies den Rahmen des Beitrags sprengen würde. Eine theoriegeleitete vergleichende Analyse könnte jedoch im Licht folgender Theoriegebäude erfolgen:

- *Principal-Agent-Theorie.*[54] Die Principal-Agent-Theorie ist der neuen Institutionenökonomie zugeordnet. Sie analysiert Anreizstrukturen zwischen Auftraggeber und -nehmer unter etwaigen Informationsasymmetrien. Diese Theorie könnte für den Vergleich der beiden Architekturprinzipien (Peer-to-Peer contra zentraler elektronischer Intermediär) herangezogen werden, um die ökonomischen Implikationen der beim Peer-to-Peer-Ansatz fehlenden Zentralinstanz zu beurteilen.

- *Transaktionskostentheorie.*[55] Die Transaktionskostentheorie ist geeignet, die beim Abwickeln von Transaktionen entstehenden Kosten zu beurteilen. Auch hier ist das Fehlen eines ökonomischen Intermediärs von Bedeutung, da somit auch etwaige Transaktionsprovisionen entfallen oder zumindest stark vermindert werden.

- *Marktmikrostrukturtheorie.*[56] Die Marktmikrostrukturtheorie beschäftigt sich mit dem „Design" von Märkten und besteht aus einem Sammelsurium von Modellen. Obwohl sie primär Finanzmärkte fokussiert, wäre eine Adaption an die vorliegende Architektur denkbar.

- *Die traditionellen Rollen eines Intermediärs.*[57] In der Handelsbetriebslehre werden einem Intermediär die Rollen des Sortimenters, des Quantentransformators, des Kontraktors und des Organisators zugeschrieben. Es kann hiermit untersucht werden, wie die Rollen auf dem Peer-to-Peer-Marktplatz umgesetzt werden können, da eine Zentralinstanz hierfür nicht mehr zur Verfügung steht.

3.5 Grid Computing

3.5.1 Begriffe und Anforderungen

Der Begriff des Grid Computing ist abgeleitet aus dem Begriff „Power Grid", was soviel wie „Energieversorgungsnetz" heißt.[58] Diese Bezeichnung lässt somit einen Schluss auf die Vision der Idee des Grid Computing zu: Rechenkapazität soll so einfach und unproblematisch bezogen werden können wie Strom aus der Steckdose.

Aus wissenschaftlicher Sicht ist das Grid Computing aus dem Bereich des Distributed Computing entstanden. Das Grid Computing versucht explizit brachliegende, über das Internet verteilte Ressourcen zu einer gemeinsamen, logisch homogenen Einheit zusammenzuführen. Beliebige Aufträge sollen in das „amorphe" Grid geschickt werden können, damit diese ver-

---

[53] Vgl. auch GEHRKE/ BURGHARDT/SCHUMANN (2002).
[54] Vgl. PICOT/REICHWALD/WIGAND (2001), S. 56 ff.
[55] Vgl. WILLIAMSON (1985), S. 15 ff.
[56] Vgl. HIRTH (2000), S. 5 ff.
[57] Vgl. GÜMBEL (1985), S. 65.
[58] Vgl. BARKAI (2001), S. 270.

teilt, verarbeitet und anschließend zurückgeschickt werden. Die Allokation der verteilten Ressourcen soll dabei nicht vom Auftraggeber eines Rechenauftrags selbst übernommen werden, sondern von der Logik des Grid. Idealerweise findet die Allokation der Ressourcen durch ökonomische Mechanismen, insbesondere einen Markt für Rechenkapazität, statt.

Aufgrund der Verteiltheit, Heterogenität und der losen Kopplung über das Internet muss eine Infrastruktur für Grid Computing spezifische Anforderungen berücksichtigen:

- *Plattformunabhängigkeit* der Architektur ist notwendig, da die durch das Internet verbundenen Computer mit unterschiedlichsten Betriebssystemen ausgestattet sind. Die Grid-Architektur muss also hinsichtlich Kommunikation (Protokolle) und Verarbeitung (z. B. mit Hilfe von Virtual Machines wie bei Java) unabhängig von Hard- und Software funktionieren.[59]

- Damit das Grid auf breiter Basis eingesetzt werden kann, sollte es nicht auf spezifische verteilte Applikationen oder Applikationsbereiche beschränkt sein. Hierfür ist es notwendig, dass verteilbare Applikationen *generisch* mit Hilfe spezieller für Grid-Applikationen entwickelter *Software Development Kids* (SDK) bzw. *Application Programming Interfaces* implementiert werden können.[60]

- Die *Verfügbarkeit* ist beim Grid Computing ein besonderes Problem, da die dezentralen Ressourcen durch unterschiedlichste und unabhängige Organisationseinheiten betrieben werden können. Die Verfügbarkeit einzelner Ressourcen ist daher grundsätzlich stochastischer Natur. Damit Rechenaufträge nicht im System „verschwinden", müssen die Aufträge teilweise *redundant* abgearbeitet werden.

- Ebenfalls aufgrund der nicht zentralen Kontrolle entsteht das Problem der *Verlässlichkeit*. So könnte ein Besitzer einer Ressource vortäuschen, einen Auftrag berechnet zu haben, um für diese entlohnt zu werden, obwohl dies nicht der Fall ist. Insofern ist das System auch zur Vorbeugung von Missbrauch *redundant* auszulegen.

- Aufgrund der stochastischen Verfügbarkeit ist es notwendig, dass die Qualität einer dezentralen Ressource abgeschätzt werden kann. Hierfür sind Verfahren zur *Qualitätsprognose* (zur Gewährleistung eines hinreichenden Quality of Service) dezentraler Ressourcen notwendig.

- Da die dezentralen Ressourcen zu unterschiedlichen Organisationseinheiten gehören, muss ein Grid-Computing-System auch die Möglichkeit eines *Rechte- und Kontrollmanagements* bieten, damit die jeweiligen Besitzer einer Ressource Art und Umfang der Nutzung durch andere Teilnehmer festlegen können.

3.5.2 Warum und wofür Grid Computing?

Die hinter Grid Computing stehende Intention ist die Nutzbarmachung brachliegender dezentraler Ressourcen. Grid Computing kann also als eine Investition in elektronische Ressourcen ohne die Beschaffung oder Erweiterung physischer Hardware verstanden werden. Allein durch eine problemadäquate Vernetzung und Organisation soll das Potenzial des bereits vorhandenen „Computerkapitalstocks" ausgeschöpft werden. Die Erschließung dieser zusätzli-

---

[59] Vgl. FOSTER/KESSELMANN/TUECKE (2001), S. 5.
[60] Vgl. FOSTER/KESSELMANN/TUECKE (2001), S. 12.

chen Ressourcen ist jedoch nur für Anwendungen mit dem Spezifikum der Parallelisierbarkeit nutzbringend. Anwendungen, die sich nicht parallelisieren lassen, haben wenig Chancen, durch Grid Computing performanter zu werden. Jedoch gibt es eine Vielzahl von Applikationen, die sich in „viele Häppchen" unterteilen lassen, um somit nach dem Prinzip „Divide et Impera" verarbeitet zu werden.

Eine gute Übersicht über Kategorien von geeigneten Grid-Applikationen geben BAKER, BUYYA und LAFORENZA.[61] An dieser Stelle seien lediglich einige spezielle Anwendungen aufgezählt:

- *Bilderverarbeitung/Medizinische Bilderverarbeitung* z. B. im Bereich der Computertomographie.
- Mit Hilfe von (Monte-Carlo-)*Simulationen* können Aufgabenstellungen aus dem naturwissenschaftlichen bzw. ingenieurwissenschaftlichen Bereichen systematisch „durchprobiert" werden.
- *Optimierungsheuristiken* wie z. B. evolutionäre Algorithmen können teilweise gut parallelisiert werden, sodass eine Verteilung im Grid große Geschwindigkeitsvorteile verspricht.
- Bei der *Wettervorhersage* sind große Anzahlen räumlicher Daten zu verarbeiten. Eine starke Parallelisierung der Berechnung stellt insofern eine schnellere Berechnung in Aussicht.

3.5.3 Was bisher geschah – Grid-Projekte

Inzwischen gibt es zahlreiche Projekte in der (wissenschaftlichen) Praxis, die mit Ansätzen des Grid Computing versuchen, verteilte Probleme zu lösen. Hierbei kann man grundsätzlich zwei Arten von Projekten unterscheiden. Einerseits gibt es Projekte, bei denen die verteilte Applikation fest „verdrahtet" ist, d. h. es werden keine generischen Rechenaufträge berechnet, sondern Rechenaufträge, die vollständig problemspezifisch sind. In der Regel lädt sich der Teilnehmer hierbei eine Client-Applikation herunter, die dann z. B. als Bildschirmschoner Rechenpakete empfängt und im Hintergrund abarbeitet. Bekannte Projekte sind:

- *Seti@home (setiathome.berkeley.edu)*. Hierbei handelt es sich um eine verteilte Anwendung, die Aufnahmen des Weltalls von Radioteleskopen nach Mustern für außerirdische Intelligenz durchsucht. Jeder Teilnehmer bekommt kleine Teilausschnitte zugesandt, um sie nach Mustern zu durchsuchen.
- *Folding@home (folding.stanford.edu)*. Diese Anwendung beschäftigt sich mit der Faltung von Proteinmolekülen. Die Faltung ist im Zusammenhang bestimmter Krankheiten wie Alzheimer oder BSE wichtig.
- *Moneybee® (www.moneybee.de)*. Diese Applikation versucht auf Basis neuronaler Netze Prognosen für Aktienkursverläufe zu berechnen. Jeder Teilnehmer rechnet dabei ein bestimmtes Neuronales Netz für den Aktienkurs eines bestimmten Unternehmens durch. Teilnehmer können dann als „Belohnung" alle Prognoseergebnisse aller Teilnehmer ansehen.

---

[61] BAKER/BUYYA/LAFORENZA (2002), S. 21.

Auf der anderen Seite existieren Projekte zur Implementation „echter" Grid-Computing-Systeme, die das verteilte Berechnen generischer Rechenaufträge erlauben. Einen umfassenden Überblick über Grid-Computing-Projekte verschiedenster Ausrichtungen bieten BAKER, BUYYA und LAFORENZA.[62] Zwei bekannte *Grid-Computing-Frameworks* stellen die Projekte *Globus* und *Legion* dar:

- *Globus (www.globus.org)* ist ein Framework für Grid Computing, welches verschiedene für Grid Computing wichtige Standard-Services (Kommunikation, Information, Ressourcenmanagement, Sicherheit etc.) implementiert. Diese Standard-Services sind dabei verschiedenen Schichten zugeordnet, sodass ein in der Informatik übliches Schichtenmodell verwendet wird. Hierbei setzt Globus weitestgehend auf vorhandene Technologien und Standards.[63]

- *Legion (legion.virginia.edu)* ist ebenfalls ein Projekt für einen globalen virtuellen Computer. Besonderes Augenmerk legt Legion auf ein strikt objektorientiertes Design. Alle Ressourcen im System werden durch Objekte repräsentiert. Im Wesentlichen definiert Legion eine Grundstruktur (Objekthierarchien und grundlegende Methoden), überlässt den Besitzern der dezentralen Ressourcen jedoch wahlweise die detaillierte Implementierung der Objekte.[64]

3.5.4 Grid-Architektur

Die Architektur eines Grid kann viele Variationen aufweisen. Die Darstellung einer Grid-Architektur in allen technischen Einzelheiten würde den Rahmen dieses Beitrags sprengen. Es können deshalb nur die groben Kernkomponenten eines solchen Systems dargestellt werden.

Ein Grid ist kein vollständig dezentrales System, da für die Verteilung von Rechenaufträgen und zu Informationszwecken zentrale Dienste notwendig sind. Dies umso mehr, wenn die Benutzung des Grid auf marktlichen Koordinationsprinzipien beruht, da in diesem Fall kommerzielle Transaktionen sicher an zentraler Stelle abgewickelt werden müssen. Trotz verschiedener zentraler und auf dem Client/Server-Prinzip beruhender Dienste weist ein Grid dennoch starke Eigenschaften einer Peer-to-Peer-Architektur auf. Denn die eigentlichen Ressourcen sind dezentral organisiert, und eine dezentrale Ressource kann sowohl als Auftraggeber (Client) als auch als Auftragnehmer (Server) in Erscheinung treten. Damit die Funktionsweise des Grid gesichert ist, sind folgende Komponenten notwendig, die optimalerweise in getrennten Programmen und Servern implementiert werden sollten:[65]

- Eine *Abrechnungskomponente* sollte die Konten der Nutzer in einer Datenbank führen, die Inanspruchnahme der Ressourcen des Grid dokumentieren und entsprechende Konten je nach Aktivität belasten bzw. entlasten. Gemäß dem implementierten Koordinationsverfahren (Festpreise, Auktionsmodelle etc.) muss die Abrechnungskomponente Nachfrage und Angebot nach Rechenkapazität abgleichen.

---

[62] Vgl. *BAKER/BUYYA/LAFORENZA* (2002), S. 7 ff.
[63] Vgl. *FOSTER/KESSELMANN* (1998).
[64] Vgl. *LEWIS/GRIMSHAW* (1996).
[65] Ähnlich in *FOSTER/KESSELMANN* (1998), S. 5.

- Eine *Informationskomponente* muss über alle Ressourcen im Grid-Buch führen, damit freie bzw. belegte Ressourcen für neue Aufträge berücksichtigt werden können. Alle dezentralen Ressourcen/Computer müssen ihre Ressourcen gegenüber der Informationskomponente offen legen, sodass eine für die zu bearbeitenden Rechenaufträge möglichst optimale Lastverteilung erreicht werden kann.

- Die *Broker-Komponente* hat die Aufgabe, einen kompletten Rechenauftrag auf mehrere verschiedene, dezentrale Ressourcen zu verteilen. Diese Komponente sammelt insofern die benötigten Ressourcen zusammen und bucht die notwendigen Ressourcen. Die Brokerkomponente arbeitet mit der Informationskomponente zusammen, um den Status verfügbarer Ressourcen zu erfahren.

- Eine *Scheduler-Komponente* übernimmt die Abwicklung des verteilten Rechenauftrags, nachdem der Broker die zu verwendenden Ressourcen zusammengestellt und gebucht hat. Der Scheduler organisiert die Verteilung von Datenpaketen, übernimmt Synchronisationsaufgaben, beobachtet den Fortschritt der verteilten Berechnungen und reagiert auf Fehlverhalten einzelner gebuchter Ressourcen.

- Die wichtigsten Komponenten am System sind die dezentralen Ressourcen, die als *Peers* bezeichnet werden können. Sie bilden das eigentliche „Gehirn" des Systems, da sie die Aufträge durchführen. Alle vorher genannten Komponenten dienen lediglich der Koordination der Peers. Optimalerweise soll ein Peer sowohl Aufträge verschicken als auch entgegennehmen können. Auf jedem Peer läuft eine Peer-Scheduler-Software, die die Verwaltung der Rechenaufträge (eigene oder fremde) übernimmt und deren Abarbeitung veranlasst. Wichtig hierbei ist, dass der Besitzer des Peers die Zugriffsrechte auf die Ressourcen seines Rechners bestimmen kann, um zu vermeiden, dass seine eigenen Aktivitäten zu sehr eingeschränkt werden.

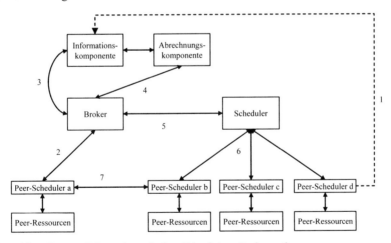

Abbildung 16:   Ein möglicher schematischer Ablauf eines Rechenauftrags

Abbildung 16 zeigt eine Variante eines Ablaufs eines Rechenauftrags. Die Kanten deuten die notwendigen Informationsflüsse an. Der Ablauf eines Rechenauftrags kann wie folgt beschrieben werden:

Bevor ein Auftrag in das Grid „geschickt" werden kann, müssen die zur Verfügung stehenden Peers ihre Ressourcen bei der Informationskomponente anmelden (1). Anschließend formuliert ein beliebiges Peer einen Auftrag (z. B. Peer a). Dieses Anliegen wird von Peer a an den Broker kommuniziert. Das Peer meldet dabei den Umfang bzw. die Art des Rechenauftrags (2). Der Broker muss sich im nächsten Schritt mit Hilfe der Informationskomponente über freie und verfügbare Ressourcen informieren (3). Folgend bucht der Broker bei der Abrechnungskomponente passende Ressourcen für den Auftrag. Hierbei spielt nicht nur die Qualität der zu buchenden Ressource eine Rolle, sondern auch deren Preis, der vom Besitzer des entsprechenden Peers bestimmt wird. Insofern muss der Broker passende und ausreichende Ressourcen unter der Nebenbedingung der Kostenoptimalität buchen (4). Nachdem die Ressourcen alloziiert sind, weist der Broker den Scheduler an, den Rechenauftrag bzw. Teilaufträge abzuwickeln (5). Der Scheduler teilt den gebuchten Peers mit, dass Rechenaufträge eintreffen werden. Er konzipiert eine Verteilung der Teilaufträge auf die gebuchten Peers (6). Anschließend setzt der Scheduler Peer a über die zur Verfügung stehenden Peers b, c und d in Kenntnis. Peer a schickt daraufhin den (Teil)Auftrag der Anwendung an alle diese Peers. Anschließend werden gemäß dem Plan des Scheduler Datenpakete auf die Peers b, c und d verteilt (7). Jetzt beginnen die Peers die verteilte Verarbeitung der Teilaufträge. Dabei werden die Stati regelmäßig an den Scheduler gemeldet. Das Ergebnis fertig berechneter Teilaufträge wird zurück zum auftraggebenden Peer a geschickt, das dann die Teilaufträge zum Gesamtergebnis aggregieren muss.

Der vorgestellte Ablauf ist nicht obligatorisch und stellt eine Variante unter vielen denkbaren dar. Die Aufgabenverteilung zwischen den Komponenten kann im Einzelfall variieren.

Damit Grid Computing zur breiten Anwendung kommen kann, ist vor allem eine weite Verbreitung verfügbarer Peers wichtig. Insofern ist die Verbreitung und Verwendung der Peer-Scheduler-Software notwendig. Erhält der Anbieter von Ressourcen für die Nutzung eine Entlohnung, ist dies sicher ein Anreiz, eine Peer-Scheduler-Software zu verwenden. Jedoch sollten potenzielle Besitzer von Ressourcen auch einfachen Zugriff auf stabile Peer-Scheduler-Software haben. Als eine sinnvolle Methode zur Verbreitung dieser Software kann daher die Integration ins Betriebssystem gesehen werden, wie es z. B. mit dem Internet Explorer bei der Windows-Plattform in der Vergangenheit schon geschehen ist.[66]

3.5.5 Handel mit Rechenkapazität

Das Teilen von Kapazität zum „Selbstzweck" bzw. für rein wissenschaftliche Zwecke ist keine direkt sinnvolle wirtschaftliche Anwendung. Es wurde daher schon erwähnt, dass ein Handeln der Rechenkapazität die notwendige ökonomische Komponente darstellt. In diesem Zusammenhang stellen sich zwei Kernfragen:

1. Wie soll der Preisfindungsprozess für Ressourcen gestaltet sein?
2. Wie kann man die Qualität von dezentralen Ressourcen erfassen?

Zur Beantwortung der ersten Frage können aus anderen Märkten bereits bekannte Preisfindungsmechanismen herangezogen werden. Als Preisfindungsmechanismen kommen verschiedene Arten von Auktionen, bilaterale Verhandlungen oder auch Festpreise in Frage. Je

---

[66] Vgl. *ANDERSON/KUBIATOWICZ* (2002), S. 83.

nach Ausgestaltung des Preisfindungsmechanismus sind sehr viele unterschiedliche Variationen möglich.[67]

Die Notwendigkeit der zweiten Frage scheint zunächst nicht offensichtlich. Wird z. B. die Rechenkapazität, gemessen in MFLOPS, als eine Größe betrachtet, so erscheint die Rechenkapazität als ein sehr homogenes Gut, das nahezu keine Qualitätsfreiheitsgrade erkennen lässt. Ein Teilauftrag oder Rechenpaket besitzt jedoch eine diskrete Größe und muss als Ganzes abgearbeitet werden. Hierbei kann es zu Fehlern kommen, wenn z. B. die Netzwerkanbindung abreißt oder die Ressource schlichtweg während eines Auftrags einfach abgeschaltet wird. Qualitätsmerkmale eines Peers/einer Ressource können somit in zwei Kategorien eingeordnet werden. Einerseits gibt es objektive Merkmale, andererseits liegen subjektive bzw. Erfahrungsmerkmale vor. Tabelle 4 stellt solche möglichen Qualitätsmerkmale eines Peers dar:

Objektive Merkmale	Erfahrungsmerkmale[68]
▪ Betriebssystem ▪ Speicherplatz ▪ CPU-Typ ▪ ...	▪ Abbruchrate von Rechenaufträgen ▪ Verfügbare Netzwerkbandbreite ▪ Einhalten von Zeitfenstern für Rechenaufträge ▪ Streuung der Rechenperformance

Tabelle 4:   Objektive Merkmale und Erfahrungsmerkmale zur Beurteilung der Qualität eines Peers

Objektive Merkmale müssen durch Selbstauskunft des Besitzers eines Peers offen gelegt werden. Die Erfahrungsmerkmale hingegen müssen durch die ständige Partizipation am Grid ermittelt werden. Um Informationen über die Qualität einer Ressource so einfach und transparent wie möglich zu gestalten, ist ein möglichst geringdimensionales Rating des Peers sinnvoll, in dem einzelne Erfahrungsmerkmale aggregiert zum Ausdruck kommen.

3.5.6   Implikationen

Grid Computing eröffnet die Nutzbarmachung enormer, bislang ungenutzter Kapazitäten. Dieser Umstand beinhaltet weitreichende (ökonomische) Implikationen, die im Folgenden beschrieben werden.

Grid Computing verändert die Kostenstruktur für (Rechen-)Kapazität rapide. Beschafft man sich bei Bedarf die benötigte (Rechen-)Kapazität durch eigene Hardwareinvestitionen (z. B. Großrechner/Cluster), so muss man enorme fixe Kosten in Kauf nehmen. Eine Erweiterung der (Rechen-)Kapazität führt zu sprungfixen Kosten. Durch Grid Computing kann (Rechen-)Kapazität in beliebigen „Dosierungen" eingekauft werden. Die Kostenstruktur wandelt sich insofern von *hohen fixen Kosten* zu fast ausschließlich *variablen Kosten*.

---

[67] Vgl. *BUYYA* (2002), S. 38 ff.
[68] Ähnlich in *LALIS/KARIPIDIS* (2000), S. 40.

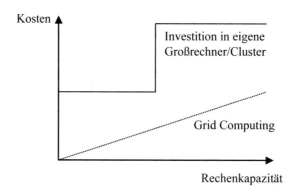

Abbildung 17: Schematischer Vergleich von Kostenverläufen für Rechenkapazität

Die Variabilisierung der Kosten bedeutet im Zweifel nicht nur die Einsparung von Kosten, sondern setzt auch Anreize für Applikationen, die bisher aufgrund ihres enormen Rechenkapazitäts- oder Speicherhungers und der damit verbundenen Kosten nicht realisiert wurden. Aufgrund dieser Senkung von Implementierungshemmschwellen rücken neue, bisher schwer realisierbare Applikationen in den Vordergrund, sodass von einem gewissen *Innovationsschub* ausgegangen werden kann.

Ist die Qualität von Rechenkapazität hinreichend standardisiert, so ist es denkbar, dass Märkte für (Rechen-)Kapazität Ausprägungsformen traditioneller Wertpapierbörsen annehmen können. In diesem Rahmen ist die *Verbriefung von (Rechen-)Kapazitätsansprüchen* möglich. Sogar *Derivate* auf den Preis/Kurs von Rechenkapazität sind denkbar, sodass Instrumente zur Risikosteuerung für Ressourcen möglich werden.

Jedoch bietet Grid Computing nicht nur Vorteile, sondern birgt auch Gefahren. Durch die starke Skalierung und Variabilisierung haben auch Personen Zugriff auf enorme Ressourcenkapazitäten, die *ethisch bedenkliche Rechenaufträge* durchführen möchten. Zum Beispiel können Rechenaufträge für Forschung im militärischen Bereich bestimmter Staaten von den Besitzern der dezentralen Peers nicht systematisch erkannt werden, obwohl sie solcherlei Berechnungen möglicherweise nicht unterstützen wollen. Hier besteht ein Identifikationsproblem, das mit technischen Mitteln nur unzureichend gelöst werden kann und insofern eine offene Frage darstellt.

4 Zusammenfassung und Ausblick

Der vorliegende Beitrag hat verschiedenste Anwendungsmöglichkeiten von Peer-to-Peer-Technologien aus unterschiedlichen Bereichen vorgestellt. Aufgrund der *technischen und organisatorischen* Arbeitsteilung, die durch Peer-to-Peer-Architekturen weiter vorangetrieben wird, ergeben sich Kosteneinsparungen bzw. neue innovative Anwendungen, die ohne Peer-to-Peer nicht möglich wären. Dabei weisen, wie bereits skizziert, vor allem das Grid Computing und die Collaboration-Technologie im Hinblick auf eine direkte Kommerzialisierung das größte Potenzial auf. Der Fokus liegt dabei auf Anwendungen und Geschäftsmodelle im Business-to-Business-Bereich. Demgegenüber weisen Distributed Search und Filesharing einen mittleren bis geringen direkten Kommerzialisierungsgrad auf, was eine unmittelbare Umsetzung in profitable Geschäftsmodelle erschwert. Im Gegensatz zu Distributed Search konzentrieren sich Filesharing-Anwendungen weniger auf den Business-to-Business- als vielmehr auf den Business-to-Consumer-Bereich.

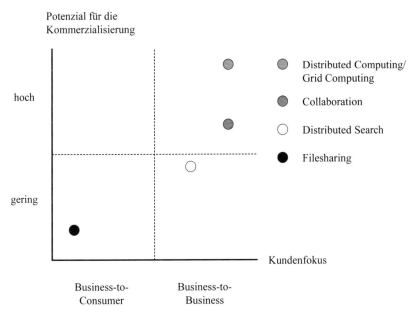

Abbildung 18:   Kommerzialisierungspotenzial der generischen Peer-to-Peer-Anwendungsfelder[69]

Das vorangehend entwickelte Geschäftsmodell zeigt deutlich, daß im Filesharing durchaus erhebliches Kommerzialisierungspotenzial enthalten ist, sofern kreative Wege eingeschlagen werden. Werden hingegen neue, z. T. auch unorthodoxe Wege, nicht eingeschlagen, so ist das Kommerzialisierungspotential klassischer, bisher implementierter Filesharing-basierter Geschäftsmodelle eher als gering einzustufen. Dies stellt jedoch die Medienbranche, d. h. die Content-Lieferanten, vor große Probleme. Wenn schon mit Filesharing auch in Zukunft voraussichtlich nur schwer Deckungsbeiträge zu erwirtschaften sind, gleichwohl aber die User Filesharing betreiben, stellt sich die Frage, inwieweit Medienunternehmen auf das Filesharing zu reagieren haben. Keinesfalls dürfen Medienunternehmen Filesharing ignorieren oder verteufeln. Vielmehr müssen Medienunternehmen Filesharing sowohl als Geschäftsmodell mit z. T. schwer zu erschließendem Deckungsbeitragspotenzial als auch als Markt- und Kundenkommunikationsinstrument im Sinne eines Marketing-Instrumentes begreife und einsetzen.

Die direkte Kommunikation mit dem Kunden via Filesharing, von der in der Regel Medienunternehmen durch Intermediäre abgeschottet sind, gewährt dem Medienunternehmen Er-

---

[69] Entnommen *DETECON* (2002), S. 31.

kenntnisse über das Konsumverhalten und die Präferenzstrukturen. Insofern sind Peer-to-Peer-Technologien aus Sicht von Medienunternehmen vorrangig als Instrumente des Online-Marketing-Mix zu begreifen, die darauf abzielen, über das kostenlose Bereitstellen von z. T. auch kostenintensiv erstellten Inhalten und deren rasche Verbreitung via Internet den Markenwert des Content-Lieferanten zu übertragen und zu verbreiten. Seitens des Users wird dabei der Markenname mit der Wertigkeit der bezogenen Inhalte assoziiert, wodurch das Interesse an nicht kostenlos beziehbaren Inhalten der Marke gesteigert werden kann. Dieses Viral Marketing stellt somit ein latentes Brand Shopping dar, das zu einer höheren Markenaffinität und Kundenbindung führt.[70]

Neben dem Forschungsbedarf im Bereich direkt kommerziell verwertbarer und indirekt kommerziell nutzbarer Geschäftsmodelle (Viral Marketing) besteht weiterer Forschungsbedarf in allen mit Peer-to-Peer verbundenen Disziplinen. Auf *technischer Ebene* ist u. a. die Weiterentwicklung von Frameworks wie JXTA oder Globus notwendig, wohingegen auf *Applikationsebene* sinnvolle Anwendungen zunächst identifiziert und dann mit Hilfe der vorhandenen Frameworks implementiert werden müssen. Diese vielschichtigen und interdisziplinären Herausforderungen des Peer-to-Peer-Themas müssen dabei von Kernkompetenzen verschiedenster Fachgebiete angenommen werden.

Quellenverzeichnis

ABERER, K. (2001): P-Grid – A Self-Organizing Access Structure for P2P Information Systems, Sixth International Conference on Cooperative Information Systems (CoopIS 2001), Trento, Italy, Lecture Notes in Computer Science 2172, Heidelberg 2001.

ANDERSON, D. / KUBIATOWICZ, J. (2002): Der Weltcomputer, in: Spektrum der Wissenschaft, 2002, H. 6, S. 80–87.

BAILER, B. (1997): Geschäftsmodelle – Methoden und Qualität, Dissertation, Zürich 1997.

BAKER, B. / Buyya, R. / Laforenza, D. (2002) Grids and Grid Technologies for Wide-Area Distributed Computing, International Journal of Software: Practice and Experience (SPE), Volume 32, Issue 15, Wiley Press, USA, Nov. 2002, online: http://www.dsg.port.ac.uk/ publications/research/gridtech.pdf, abgerufen am 21.01.2003.

BARKAI, D. (2001): Peer-to-Peer Computing, Hillsboro 2001.

BUHSE, W. (2001): Systematisierung von Geschäftsmodellen für Online-Musik unter Berücksichtigung von Marktunsicherheiten, in: WIRTSCHAFTSINFORMATIK 43 (2001) 4, S. 383– 392.

BUYYA, R. (2002): Economic-based Distributed Resource Management and Scheduling for Grid Computing, PhD Thesis, Melbourne 2002.

---

[70] Vgl. *DETECON* (2002), S. 78.

CHRISTENSEN, E. / CURBERA, F. / MEREDITH, G. / WEERAWARANA, S. (2001): Web Services Description Language (WSDL) 1.1. W3C Note, online: www.w3c.org/TR/wsdl, Abruf: 07.08.2002.

CORBA (2000): online: www.corba.com, Abruf: 07.08.2002.

DETECON (HRSG.) (2002): p2p – die Hoffnung stirbt zuletzt, white paper, Eschborn 2002.

DREAMTECH SOFTWARE TEAM (2002): Cracking the Code – Peer-to-Peer Application Development, New York 2002.

FOSTER I. / KESSELMAN C. (1998): The Globus Project – A Status Report, in: Proc. IPPS/SPDP '98 Heterogeneous Computing Workshop, 1998.

FOSTER, I. / KESSELMANN, C. / TUECKE, S. (2001): The Anatomy of the Grid: Enabling Scalable Virtual Organizations, in: International J. Supercomputer Applications 15(3), 2001, online: http://www.globus.org/research/papers/anatomy.pdf, abgerufen am 21.01.2003

FROST, J. (1996): BSD Sockets – A Quick and Dirty Primer, online: world.std.com/~jimf/papers/sockets/sockets.html, Abruf: 07.08.2002.

GEHRKE, N. / ANDING, M. (2002): A Peer-to-Peer Business Model for the Music Industry, in: Second IFIP IEEE Conference Proceedings, Lisboa 2002.

GEHRKE, N. / BURGHARDT, M. / SCHUMANN, M. (2002): Ein Peer-to-Peer-basiertes Modell zur Dezentralisierung elektronischer Marktplätze, in: Multi-Konferenz Wirtschaftsinformatik Proceedings, Nürnberg 2002.

GÜMBEL, R. (1985): Handel, Markt und Ökonomik, Wiesbaden 1985.

HIRTH, H. (2000): Zur Theorie der Marktmikrostruktur, Stuttgart 2000.

HONG, T. (2001): Performance, in: ORAM, A. (Hrsg.): Harnessing the Power of Disruptive Technologies, Sebastopol 2001, S 203–242.

IBM (2002): RMI-IIOP supporting documentation, online: www-106.ibm.com/developerworks/java/rmi-iiop/summary.html, Stand: unbekannt, Abruf: 07.08.2002.

JATELITE (2002): White Paper, online: www.jatelite.de/pdf/jatelite_de_white_paper.pdf, Stand: unbekannt, Abruf: 07.08.2002.

JXTA (2002a): online: www.jxta.org, Stand: unbekannt, Abruf: 07.08.2002.

JXTA (2002b): Project JXTA – A Technological Overview, online: www.jxta.org/project/www/docs/TechOverview.pdf, Stand: unbekannt, Abruf: 07.08.2002.

KAN, G. (2001): Gnutella, in: ORAM, A. (Hrsg.), Harnessing the Power of Disruptive Technologies, Sebastopol 2001, S 94–123.

KAZAA (2002), online: www.kazaa.com, Stand: unbekannt, Abruf: 07.08.2002.

KEUPER, F. (2001): eSig – Lust oder Frust?, in: KEUPER, F. (Hrsg.): Strategic E-Business – Strategien, strategische Konzepte und Instrumente aus Sicht von Beratungsgesellschaften, Wiesbaden 2001, S. 443–480.

KEUPER, F. (2002a): Convergence-based View – ein strategie-strukturationstheoretischer Ansatz zum Management der Konvergenz digitaler Erlebniswelten, in: KEUPER, F. (Hrsg.): Electronic Business und Mobile Business – Ansätze, Konzepte und Geschäftsmodelle, Wiesbaden 2002, S. 603–654.

KEUPER, F. (2002b): Ökonomische Bedeutung der Information in der Informationsgesellschaft, in: KEUPER, F. (Hrsg.): Electronic Business und Mobile Business – Ansätze, Konzepte und Geschäftsmodelle, Wiesbaden 2002, S. 119–141.

KEUPER, F. (2003): Convergence-based View – Strategieplanung in der TIME-Branche, in: BRÖSEL, G. / KEUPER, F. (Hrsg.): Medienmanagement – Aufgaben und Lösungen, München/Wien 2003, S. 3–27.

KEUPER, F. / HANS, R. (2003): Multimedia-Management – Strategien und Konzepte für Zeitungs- und Zeitschriftenverlage im digitalen Informationszeitalter, Wiesbaden 2003.

KRÜGER, G. (2002): GoTo Java 2, 2. Auflage, München 2002.

LALIS, S. / KARIPIDIS, A. (2000): JaWS: An Open Market-Based Framework for Distributed Computing over the Internet, in: GRID 2000 – First IEEE/ACM International Workshop Bangalore, India Proceedings 2000.

LEWIS, M. / GRIMSHAW, A. (1996): The Core Legion Object Model, in: Proceedings of the Fifth IEEE International Symposium on High Performance Distributed Computing, New York 1996, S. 551–561.

MINAR, N. / Heldlund, M. (2001): A Network of Peers, in: ORAM, A. (Hrsg.): Harnessing the Power of Disruptive Technologies, Sebastopol 2001, S. 3–21.

MINAR, N. (2001): Distributed Systems Topologies: Part 1, online: www.openp2p.com/pub/a/p2p/2001/12/14/topologies_one.html, Abruf: 07.08.2002.

MINAR, N. (2002): Distributed Systems Topologies: Part 2, online: www.openp2p.com/pub/a/p2p/2002/01/08/p2p_topologies_pt2.html, Abruf: 07.08.2002.

NAPSTER (2002): online: www.napster.com, Stand: unbekannt: Abruf: 07.08.2002.

NEWS.COM (2001): online: http://news.com.com/2100-1023-277176.html, Stand: unbekannt, Abruf: 07.08.2002.

PICOT, A. / REICHWALD, R. / WIGAND, R. T. (2001): Die grenzenlose Unternehmung, 4. Auflage, Wiesbaden 2001.

PHONOGRAPHISCHE WIRTSCHAFT (2001): Jahrbuch 2001, Starnberg 2001.

RIPEANU, M. / FOSTER, I. / IAMNITCHI, A. (2002): Mapping the Gnutella Network: Properties of Large-Scale Peer-to-Peer Systems and Implications for System Design, in: IEEE Internet Computing Journal Special Issue on Peer-to-Peer, 2002, S. 50–57.

RIVEST, R. / SHAMIR, A. / ADLEMAN, L. (1978): A Method for Obtaining Digital Signatures and Public-Key Cryptosystems, Communications of the ACM 21,2 (Feb. 1978), S. 120–126.

ROSE, F. (1999): The Economics, Concept and Design of Information Intermediaries, Heidelberg 1999.

SHAPIRO, W. / VINGRALEK R. (2001): How to Manage Persistent State in DRM Systems, Intertrust StarLab Technical Report STAR-TR-01-06, Santa Clara 2001.

SHIRKY, C. (2000): what is p2p ... and what isn't, online: www.openp2p.com/pub/a/p2p/2000/11/24/shirky1-whatisp2p.html, Abruf: 07.08.2002.

STAHLKNECHT, P. / HASENKAMP, K. (1999): Einführung in die Wirtschaftsinformatik, 9. Auflage, Heidelberg 1999.

SUN (2002): The Java Tutorial – Trial: RMI, online: http://java.sun.com/docs/books/tutorial/rmi/index.html, Stand: unbekannt, Abruf: 07.08.2002.

TURCAN, E. (2001), Peer-to-Peer: The Third Generation Internet, Magister Thesis, Linköpings Universitet (Sweden) 2001.

VASUDEVAN, V. (2001): Web Service Primer, online: www.xml.com/pub/a/2001/04/04/webservices, Abruf: 07.08.2002.

W3C (2002): online: www.w3c.org/xml, Stand: unbekannt, Abruf: 07.08.2002.

WILLIAMSON, O. (1985): The Economic Institutions of Capitalism, New York 1985.

WIRTZ, B. (2001): Medien- und Internetmanagement, 2. Auflage, Wiesbaden 2001.

ZERDICK ET. AL. (2000): E-Conomics – Strategies for the Digital Marketplace, Heidelberg 2000.

Web goes Company – von elektronischer Post zum intelligenten Unternehmensportal

KAI STAFFELDT und RENÉ HANS

IBM BUSINESS CONSULTING SERVICES

1	Web goes Company – evolutionäre Entwicklung mit revolutionärem Ergebnis		53
2	Unternehmensportal als Katalysator der Unternehmenstransformation		55
	2.1	Charakteristika eines Unternehmensportals	55
	2.2	Portalstrategie als Weg zum Unternehmensportal	57
		2.2.1 Externe Sichtweise – Marktkomplexität als Determinante zur Bestimmung des optimalen Umfangs eines Unternehmensportals	57
		2.2.2 Interne Sichtweise – Entscheidungslogiken zur Festlegung und Ausgestaltung der Portalstrategie	58
	2.3	Gestaltungsdimensionen eines Unternehmensportals	62
		2.3.1 Gestaltungsdimension Organisation	63
		2.3.2 Gestaltungsdimension Inhalte	64
		2.3.3 Gestaltungsdimension Technologie	67
3	Das grenzenlose Unternehmensportal in einer grenzenlosen Unternehmung?		68
Quellenverzeichnis			70

1 Web goes Company – evolutionäre Entwicklung mit revolutionärem Ergebnis

Die Globalisierung und zunehmende Dynamik der Märkte... – *nein*, der vorliegende Beitrag wird nicht in den Kanon üblicher Standardeinleitungen einstimmen, sind es doch letztlich bekannte Leerfloskeln, die sich zwar theoretisch fundiert ausführen lassen, der Unternehmenspraxis aber dabei keinesfalls weiterhelfen.

Eine Bestandsaufnahme der Handlungsgrundlagen von Unternehmen, die sich aus den Erfahrungen einer global tätigen Unternehmensberatung ableiten, ergibt derzeit ein Bild von branchenübergreifend eingetrübten Umsatzerwartungen und teilweise massiven Einschnitten in unternehmensinterne IT-Investitionen. Gleichzeitig ist unstreitig, dass die digitale intra- und interorganisationale Vernetzung voranschreitet bzw. voranschreiten muss, um auch in Zukunft wettbewerbsfähig zu bleiben. Dabei geht die Digitalisierung letztlich weit über eine Effektivitäts- und/oder Effizienzverbesserung von bestehenden Wertschöpfungsprozessen hinaus. Vielmehr transformieren sich Wertschöpfungsketten bzw. konvergieren gänzlich und führen dadurch zu einer veränderten Rollenverteilung der Marktteilnehmer. Dies wird beispielsweise in der TIME-Branche deutlich, wo die Wertschöpfungsketten der Telekommunikations-, Informationstechnologie-, Medien- und Entertainment-Branche allmählich aufgrund konvergierender Technologien, Nachfragerbedürfnisse und symbiotischer Arrangements auf der Angebotsseite miteinander verschmelzen.[1]

Ist die TIME-Branche als Keimzelle der Konvergenz nur ein besonderes Beispiel für den Einfluss der Digitalisierung in der Unternehmenswelt, so ergeben sich allgemein für alle Unternehmen folgende insbesondere aus der Digitalisierung induzierten Veränderungen:

- Interorganisationale Veränderungen:

    Zur Ausssschöpfung der Optimierungspotenziale in der vertikalen Prozesskette schliessen sich immer mehr Unternehmen zu Wertschöpfungsnetzwerken zusammen, was bedeutet, dass die Fertigungstiefe bei gleichzeitiger Stärkung eigener Kernkompetenzen verringert wird und die dementsprechend fehlenden Kompetenzen durch Eingehen von Kooperationen beschafft werden.[2] Vertikale Integration verspricht – ökonomisch betrachtet – in vielen Bereichen immer weniger Vorteile, da hierdurch z. B. die Komplexitätskosten ansteigen und oft mangelnde Kompetenz im Management vieler Wertschöpfungsstufen zu Ineffizienzen führt. So zeigt zum Beispiel AOL Time Warner, rein strategisch gesehen ein Paradebeispiel für ein vertikal und horizontal konvergentes Multimedia-Unternehmen, dass vertikal integrierte Konglomerate oftmals mehr mit sich selbst beschäftigt sind – z. B. Koordinierung des internen Wachstums – als mit der Frage, was der Markt wünscht und wohin er sich bewegt.[3] Insofern gewinnt gerade die arbeitsteilige Leistungserstellung im partnerschaftlichen Verbund an Bedeutung. Dabei ist eine derartige dezentrale Leistungserstellung nur mit Hilfe von Internet-Technologien, die einen wirtschaftlichen und bedarfsgerechten Informationsaustausch gewährleisten, möglich. Die zunehmende Bildung interorganisationaler Projektteams verdeutlicht die Relevanz unter-

---

[1] Vgl. KEUPER/HANS (2003), S. 41 ff.
[2] Vgl. hierzu ausführlich am Beispiel der vernetzten Konsumgüterbranche STAFFELDT/PFRÜNDER/GAMERS (2001), S. 241 ff.
[3] Vgl. KEUPER/HANS (2003), S. 126.

nehmensübergreifender Prozesse, deren Funktionieren von standardisierten, internetgestützten Informations- und Management-Plattformen abhängen.

- Intraorganisationale Veränderungen:

    Tradierte Organisationsstrukturen erodieren zunehmend, da in Anbetracht der dynamischen Umweltkomplexität – beispielsweise visualisiert durch ein vagabundierendes Käuferverhalten und die Notwendigkeit zur Produktion wissensintensiver Produkte – flexible Organisationsstrukturen notwendig sind. Insofern gewinnen ablauforganisatorische Aspekte im Sinne einer anzustrebenden Prozessorientierung in Richtung des Kunden gegenüber den statischen Aufbauorganisationen an Bedeutung, um flexibel und schnell auf sich ändernde Marktbedingungen reagieren zu können. Dabei sind flotillenhafte, sich selbst regulierende Subsysteme im Unternehmen anzustreben, was in praxi bedeutet, dass den Mitarbeitern ein hohes Maß an Eigenverantwortung übertragen wird und Entscheidungen auf möglichst niedriger Hierarchiestufe gefällt werden. Darüber hinaus verbreitet sich immer mehr projektbezogenes Arbeiten, so dass die organisatorischen Verantwortlichkeiten der Mitarbeiter flukturierend sind. Eine solche intraorganisationale Flexibilität wird jedoch nur durch Einsatz von Internet-Technologien möglich, um Informationen effektiv und effizient zu konsolidieren und dann bedarfsgerecht verteilen zu können. Hinzu kommt, dass im Zuge von vermehrten Merger- und Akquisitionstätigkeiten ganze Organisationen möglichst schnell IT-technisch eingebunden werden müssen, um die oftmals prophezeiten Synergievorteile der Fusion oder des Zukaufs auch realisieren zu können. Dies verlangt hinsichtlich der IT-Strukturen standardisierte Schnittstellen und Protokolle auf Basis der Internet-Technologie, da ansonsten ein erheblicher Anpassungsaufwand zur Integration erforderlich ist und die ohnehin schon heterogene IT-Landschaft noch komplexer wird.

Ist dies eine eher theoretische Erläuterung gegenwärtiger Entwicklungen, so lässt sich anführen, dass die Praxis mal wieder der Theorie hinterherhinkt. Internet-Technologien werden zwar eingesetzt und teilweise auch bereits immense Rationalisierungspotenziale realisiert, wie dies beispielsweise im Falle von Beschaffungs-Plattformen deutlich wird, allerdings hat sich der Arbeitsalltag vieler Mitarbeiter in den letzten Jahren eher zum Negativen verändert. E-Mail-Systeme sind hier zwar Standard, aber kaum ein Mitarbeiter stöhnt nicht über den „Information-Overload", wenn tagtäglich Dutzende E-Mails im elektronischen Postfach liegen, die das eigentliche Aufgabengebiet gar nicht betreffen. Auch Intranets sind immer weiter verbreitet, aber selbst ein Unternehmensberater, der im Vergleich zu anderen Branchen häufig bereits auf wesentlich komfortablere Intranet-Systeme zugreifen kann als in anderen Unternehmen, wird in den meisten Fällen nur mit einem hohen Recherche-Aufwand auch wirklich *die* Informationen aus dem firmeneigenen Netz filtern, die er für seinen Projekteinsatz benötigt. Weiterhin ist gleichermaßen die dezentrale Zusammenarbeit im Unternehmen und mit Kooperationspartnern häufig nicht unproblematisch. Der informelle Informationsaustausch „von Schreibtisch zu Schreibtisch" funktioniert so noch immer weitaus besser als nach der dritten Erinnerungs-Mail oder zahlreichen Telefongesprächen vom jeweiligen Mitarbeiter die gewünschten Informationen zu bekommen.

Die Kette der Beispiele liesse sich nahezu unendlich fortführen, aber als Fazit bleibt vorerst festzuhalten, dass Internet-Technologien sehr wohl bereits erfolgreich in Unternehmen eingesetzt werden, jedoch die bestehenden technologischen Plattformen sukzessive weiterzuentwickeln sind, um so die Unternehmenstransformation im Zuge einer sich formierenden „Converged Economy"[4] voranzutreiben. Insofern gelten *Unternehmensportale*, deren Pla-

---

[4] Vgl. KEUPER (2002), S. V.

nung und Implementierung den Schwerpunkt des nachfolgenden Beitrags bilden, nicht nur als eine weitere technologische Lösung, sondern als wesentlicher Katalysator der Unternehmenstransformation. Unter dem Dach eines solchen Portals werden dann bestehende und neue Kommunikations-, Wissensmanagement-, Groupware-Lösungen und Applikationen Schritt für Schritt konsolidiert, so dass der Informationsaustausch und die Kommunikation somit auf evolutionärem Wege revolutioniert wird. Dabei liegt auf der Hand, dass ein Unternehmensportal niemals eine „Out-of-the-box"-Lösung darstellen kann, sondern individuelle Planungs- und Implementierungsschritte verlangt.

2 Unternehmensportal als Katalysator der Unternehmenstransformation

Allgemein werden Portale definiert als die durch architektonische Gliederung oder plastischen Schmuck hervorgehobenen Eingänge von Tempeln, Kirchen, Palästen und ähnlichen Gebäuden.[5] Diese Definition lässt sich auch metaphorisch auf ein Unternehmensportal anwenden, da ein solches Portal ebenso einen zentralen Eingang zu einem virtuellen Gebäude mit verschiedenen Räumen, in denen sich Informationen und Anwendungen befinden, darstellt. Ein Unternehmensportal wird in der Fachwelt auch häufig unter dem Begriff B2E-Portal subsumiert, wobei B2E – quasi nach Belieben bzw. Entwicklungsstufe des Portals – für Business-to-Employee, Business-to-Enterprise oder Business-to-Everything steht. Insofern wirft der Begriff B2E mehr Fragen auf, als er selbsterklärende Wirkung zeigt, so dass nachfolgend zur Vermeidung von begrifflichen Abgrenzungsschwierigkeiten lediglich von Unternehmensportalen gesprochen wird.

2.1 Charakteristika eines Unternehmensportals

Ein Unternehmensportal ist technologisches Mittel zum Zweck der Schaffung einer vernetzten Organisation, bei der letztlich alle Mitarbeiter bzw. primäre Stakeholder auf relevante Informationen, Applikationen und Dienstleistungen zu jeder Zeit und an jedem Ort Zugriff haben. Daraus geht hervor, dass unter dem Dach eines Unternehmensportals verschiedene funktionale Systeme konsolidiert werden.

Offensichtlich wird, dass das Unternehmensportal für jeden Mitarbeiter als persönliche Auffahrt auf die „Datenautobahn" angesehen werden kann. Insofern ist die *Personalisierung* von Informationen, Kommunikation und Applikationen die wohl wesentlichste Determinante eines Unternehmensportals, um die Informationsfülle beherrschen zu können. Dabei ist zwischen einer passiven und aktiven Personalisierung zu unterscheiden. Während bei der passiven Personalisierung ein Rechteprofil aufgrund der zugewiesenen Rolle(n) des Nutzers generiert wird, die einen fokussierten Zugang auf relevante Informationen und Applikationen erlaubt, nimmt der Nutzer bei der aktiven Personalisierung Einstellungen zu seinen individuellen Informations- und Kommunikationspräferenzen, z. B. in einem Nutzerprofil, vor. Durch Kombination von passiver und aktiver Personalisierung werden somit persönliche Desktops erzeugt, die alle relevanten Informationen und Zugänge zu den benötigten Anwendungen und Dienstleistungen auf einer Oberfläche bündeln. Entsprechend liegt ein wesentlicher Vorteil

---

 Vgl. *DOBIÉY* (2001), S. 1.

des Portals in der daraus möglichen Produktivitätssteigerung des Mitarbeiters, da Informationen nunmehr zentral und personalisiert bereitgestellt werden und die Informationssuche vereinfacht wird. Zudem sind Verbesserungen der internen Kommunikationsprozesse möglich, da z. B. Experten für verschiedene Themen schneller ausfindig gemacht werden können, aber auch gänzlich neue Kommunikationsformen, wie Diskussions- und Chat-Foren und Voice-over-IP-Lösungen ermöglicht werden. Darüber hinaus können ganze Prozesse verbessert bzw. rationalisiert werden, indem beispielsweise jeder Mitarbeiter seine eigenen Personalstammdaten pflegt oder auch standardisierte Reisebuchungen von jedem Mitarbeiter selbst wahrgenommen werden. Aus diesen Vorteilen, die nur einen kleinen Ausschnitt der vielfältigen Möglichkeiten eines Unternehmensportals darstellen, wird deutlich, dass hierdurch simultan enorme Effektivitäts- und Effizienzverbesserungen herbeigeführt werden können. Dementsprechend sollte eine Investition in ein Unternehmensportal auch nicht auf wirtschaftlich bessere Zeiten verschoben werden, da es gerade in Zeiten stagnierender Umsätze ein wesentlicher Treiber zur internen Kostenreduktion darstellen kann. So hat beispielsweise das IT-Unternehmen Hewlett Packard nach Einführung eines weltweiten Unternehmensportals allein im ersten Jahr nach einem Investitionsvolumen von 40 Millionen Dollar über 35 Millionen Dollar Personalkosten und 15 Millionen Dollar Prozesskosten eingespart, so dass sich ein Return-on-Investment nur wenige Monate nach Implementierung einstellte.[6]

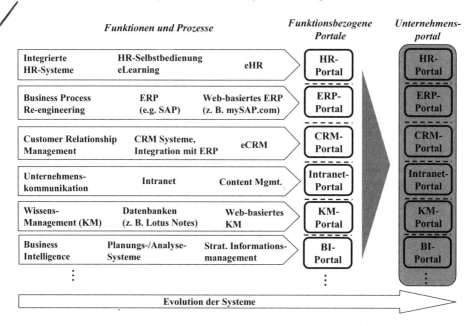

Abbildung 1: *Das Unternehmensportal als Ergebnis der Konsolidierung funktionsbezogener Portale*

Während die Vorzüge und Notwendigkeit von Unternehmensportalen bereits von Unternehmen erkannt werden, was beispielsweise eine Studie der Meta Group untermauert, nach derer bereits im Jahr 2003 etwa 85 Prozent der Global-2000-Unternehmen über Portaltechnologien verfügen,[7] dürfte gerade die „optimale" Vorgehensweise zur Planung und Implementierung

---

[6] Vgl. *FLEISCHMANN* (2001).

[7] Vgl. online *META GROUP* (2002).

noch oftmals mit einem Fragezeichen verbunden sein. So tangiert ein Portalprojekt sowohl Fragen der Unternehmensstrategie als auch operative Aspekte, wie beispielsweise die Harmonisierung von IT-Strukturen und der Abbau von Funktionssilos. Da ein Unternehmensportal vielfach die Arbeitsweise der Mitarbeiter verändern wird, sind zudem weiche Faktoren innerhalb des Portalprojektes zu berücksichtigen, da sich natürlich die Potenziale eines Portals nur dann ausschöpfen lassen, wenn es Akzeptanz unter den Mitarbeitern findet. Insofern verlangt die Implementierung eines Unternehmensportals eine heuristische Vorgehensweise, die sowohl strategische als auch operative Aspekte im Planungs- und Implementierungsprozess berücksichtigt.

2.2 Portalstrategie als Weg zum Unternehmensportal

Allgemein bezeichnet eine Strategie den Weg zum wirtschaftlichen Erfolg eines Unternehmens. Demzufolge sollte eine Portalstrategie eine langfristige Wegbeschreibung darstellen, die als Wegweiser, Orientierungshilfe und gleichzeitige Messlatte für den Erfolg des Portalprojektes dienlich ist. Dabei basiert eine wertgenerierende Strategie stets auf der Berücksichtigung marktbezogener (externer) und ressourcenbezogener (interner) Faktoren.

2.2.1 Externe Sichtweise – Marktkomplexität als Determinante zur Bestimmung des optimalen Umfangs eines Unternehmensportals

Zunächst ist der Umfang des angestrebten Unternehmensportals zu bestimmen, was eine Analyse der Branche, in der das Unternehmen tätig ist, erfordert. So sollte sich beispielsweise ein Unternehmen in der Informationstechnologiebranche darüber im klaren sein, dass zur adäquaten Beherrschung eines derart dynamischen und hochkomplexen Marktumfeldes die Portallösung selbst komplex aufgebaut sein muss, denn „Komplexität schlägt Komplexität"[8]. Insofern wäre es von vornherein hinsichtlich der Bedeutung moderner Informations- und Kommunikationstechnologie (IuK-Technologie) für ein solches Unternehmen falsch, im Rahmen der Portalstrategie lediglich auf den Aufbau eines funktionalen Portals abzuzielen, da hier durch Fokus auf nur eine Unternehmensfunktion die Gesamtorganisation nicht nachhaltig genug verändert würde. Vielmehr wird die Wettbewerbsfähigkeit eines Unternehmens in der IT-Branche ganz entscheidend von einem effektiven und effizienten Informations- und Kommunikationsmanagement in allen Wertschöpfungsbereichen abhängig sein, um so simultan Kosten-, Qualitäts- und Zeitvorteile zu erzielen. Dies bedingt die Verfügbarkeit eines horizontalen Unternehmensportals, das allen Mitarbeitern personalisierte Arbeitsumgebungen bereitstellt, dadurch einen optimierten Wissenstransfer ermöglicht und die Prozesse funktionsübergreifend unterstützt. Umgekehrt ist ein horizontales Unternehmensportal längst nicht für jedes Unternehmen notwendig. So wird gerade für ein mittelständisches und auf einen Kernmarkt fokussiertes Unternehmen auf lange Sicht allenfalls ein „Thin Portal", das die Kommunikation zwischen Mitarbeitern sowie zu Kunden über einen zusätzlichen digitalen Kanal verbessert, ökonomisch sinnvoll sein. Die Ausgangsfrage bei der Planung des „optimalen" Umfangs eines Unternehmensportals lässt sich somit zunächst reduzieren auf die Determinanten Grad der Komplexität und organisatorischer Umfang der Portal-Lösung. Zu deren Bestimmung sind detaillierte Branchenanalysen und realistische Annahmen zu Entwicklungen der jeweiligen Branche zu treffen.

Wichtig ist hervorzuheben, dass bei der Verfügbarkeit einer funktionalen Lösung und einem gleichzeitig angestrebten horizontalen Unternehmensportal die Portalstrategie stets bei der

---

[8] Vgl. *KEUPER/HANS* (2003), S. 154.

Festlegung des Migrationspfades den Weg über ein funktionales bzw. „Thin Portal" bzw. einer Mischform aus beiden Wegen vorsehen sollte. So setzt ein multifunktionales, horizontales Unternehmensportal bereits eine gewisse Evolution der Systeme im gesamten Unternehmen voraus, was in Abbildung zwei verdeutlicht wird. Ein direkter Weg von funktionalen Lösungen hin zu einem horizontalen Unternehmensportal wird mit großer Wahrscheinlichkeit an den Kosten, unzureichender IT-Infrastrukturen, aber auch organisatorischen und kulturellen Hürden – wie mangelnde Akzeptanz bei Mitarbeitern und Managern, fehlende funktionsübergreifende Kooperation oder unklare Verantwortlichkeiten – scheitern. Insofern sind etablierte funktionsbezogene Portale, die einen hohen Integrationsgrad und eine geringe Anwenderzahl aufweisen oder „Thin Portals" mit einem geringen Integrationsgrad und einer hohen Anwenderzahl (Intranet) die notwendige Vorbedingung zur Schaffung eines durchgängigen, horizontalen Unternehmensportals.

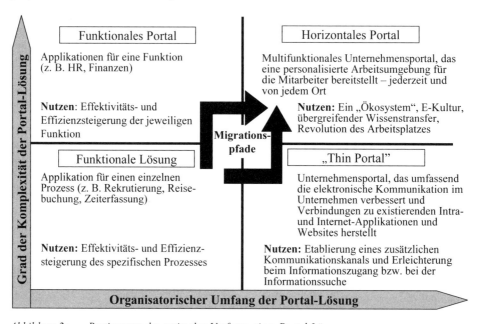

Abbildung 2: Bestimmung des optimalen Umfangs einer Portal-Lösung

2.2.2 Interne Sichtweise – Entscheidungslogiken zur Festlegung und Ausgestaltung der Portalstrategie

Nachdem zur Festlegung der Portalstrategie die Frage der Marktkomplexität und der daraus generell erforderlichen strukturellen Komplexität des Unternehmens und damit des Unternehmensportals geklärt wurde, gilt es den Blick verstärkt auf das jeweilige Unternehmen und dessen individuelle Spezifika zu richten. So ist jedes Unternehmen hinsichtlich seiner Organisationsstruktur, IT-Landschaft und Unternehmenskultur einzigartig. Dementsprechend resultiert die Portalstrategie stets aus individuellen Gegebenheiten, was die Entscheidungsträger für ein Portalprojekt bzw. für eine allgemeingültige Portalstrategie sowie die Ausgestaltung der Strategie anbelangt. In diesem Zusammenhang kann zwischen verschiedenen Entscheidungslogiken differenziert werden, die in praxi jedoch immer Interdependenzen aufweisen oder sich gar überlagern. Entsprechend fundieren die nachfolgend dargestellten Szenarien lediglich auf der Differenzierung dominierender Treiber bei der Festlegung und Ausgestaltung einer Portalstrategie.

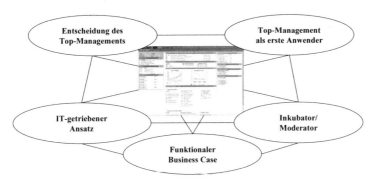

Abbildung 3: Entscheidungslogiken zur Festlegung und Ausgestaltung einer Portalstrategie[9]

Szenario 1: Entscheidung des Top-Managements

Ein „optimales" Szenario für ein Unternehmensportal ist eine Top-down-Entscheidung der Unternehmensführung, die überwiegend mit der Bereitstellung umfangreicher Ressourcen und dem Ziel einer schnellen Realisierung einhergeht. Bemerkenswert ist weiterhin die oftmals parallele Hinterlegung einer neuen Unternehmensvision. So wurde bei Hewlett Packard – maßgeblich initiiert von der Vorstandsvorsitzenden CARLY FIORINA – die Vision „to be a winning e-company with a shining soul" propagiert, wobei sich die Formulierung „e-company" aus Berücksichtigung der dynamischen IT-Branche ableitet und eine zukünftige Präsenz auf allen wesentlichen und teilweise noch emergenten Geschäftsfeldern im IT-Bereich ermöglicht.[10] „E-company" bedeutet jedoch zugleich, dass unternehmensstrategisch die Adaption von IuK-Technologie im Unternehmen selbst gefordert wird, um sich als Unternehmen durch ein grundlegend verändertes Geschäftsmodell selbst zu erneuern. Dadurch wurde bei Hewlett Packard von vornherein richtungsweisend in einer an die veränderte Vision anknüpfenden Portalstrategie der Aufbau eines horizontalen Unternehmensportals vorgesehen. Durch das Top-down-Commitment konnten Reibungsverluste vermieden und – wie beschrieben – schnelle finanzielle Erfolge erzielt werden. Im Gegensatz zu den weiteren nachfolgend vorgestellten Szenarien ist deutlich hervorzuheben, dass eine Entscheidung des Top-Managements für ein Unternehmensportal überwiegend mit grundsätzlichen strategischen Richtungsänderungen des gesamten Unternehmens verbunden ist. So wird anknüpfend an eine veränderte Vision oftmals die strategische Stossrichtung der Neudefinition des Geschäftsmodells („Business Reinvention") vorgegeben. Die Etablierung eines horizontalen Unternehmensportals ist insbesondere bei diesem Weg ein Katalysator einer bewusst angestrebten Unternehmenstransformation. Gleichzeitig ermöglicht die sichtbare Unterstützung bzw. der Antrieb der Initiative durch das Top-Management eine beschleunigte Realisierung und erhöht die Chancen, schnell die vielfältigen Nutzenpotenziale der Portallösung auszuschöpfen.

Allerdings ist anzumerken, dass derartig grundlegende, zentral gesteuerte Programme sowohl zur Unternehmenskultur als auch in die gesamtwirtschaftliche Stimmungslage passen müssen. Beispielsweise sind deutsche Unternehmen tendenziell stärker dezentral ausgerichtet als amerikanische Unternehmen, so dass zentral gesteuerte Initiativen wie bei Hewlett Packard wahrscheinlich auf Akzeptanzprobleme stossen und damit spätestens während der Umsetzung an internen Widerständen scheitern würden. Darüber hinaus ist derzeit die Bereitschaft

---

[9] Vgl. *IBM BUSINESS CONSULTING SERVICES* (2002).

[10] Zur Einführung des Unternehmensportals bei Hewlett Packard vgl. ausführlich *LISSAK/BAILEY* (2002), S. 53 ff.

in derartig umfangreiche und komplexe Programme zu investieren gering ausgeprägt. Obwohl hinsichtlich der erzielbaren Kostenvorteile ein fundierter Business Case aufgestellt werden kann, fehlt vielen Unternehmen der Mut, entsprechend umfangreiche Anfangsinvestitionen zu leisten. Dies liegt zum Teil auch daran, dass die Nutzenpotenziale funktionsübergreifender Portallösungen nicht für alle Manager leicht zu verstehen sind und in der aktuell angespannten Wirtschaftslage niemand wirklich Ressourcen dafür aufwendet, diesen Meinungsbildungsprozess zu unterstützen.

Szenario 2: Top-Management als erste Anwender

Im Gegensatz zur reinen Top-down-Entscheidung für ein Unternehmensportal zeichnet sich Szenario 2 durch ein Gegenstromverfahren aus. So werden zunächst in kleineren Unternehmenseinheiten oder einzelnen Abteilungen erste positive Anwendungen schwerpunktmässig mit funktionalen Lösungen realisiert. Daraufhin werden dem Top-Management erste konsolidierte Lösungen vorgestellt und ggf. als Testplattform zur Verfügung gestellt, wobei der Erfolg einzelner Anwendungen die Meinungsbildung für die Etablierung einer unternehmensweiten Initiative unterstützt. Insofern handelt es sich hierbei um einen weniger visionären als eher pragmatischen Ansatz, der sich maßgeblich aus Erfahrungen des operativen Geschäfts herleitet. Beispielsweise wurden beim Handelskonzern Metro AG zunächst positive Erfahrungen mit einzelnen internetbasierten Funktionen gesammelt, die das Management dazu veranlassten, das Portalprojekt „MyMetro" zu initiieren, das bis 2007 allen 230.000 Mitarbeitern zentralisiert und personalisiert Informationen für Arbeiten und Leben, sowie Anwendungen und Workflows zur Verfügung stellen soll.[11] Dabei erfolgt der Start des Projektes in der Konzernzentrale in Düsseldorf, wobei hiervon ausgehend sukzessive weitere Standorte sowie die Konzerntöchter an das Portal angebunden werden sollen.

Szenario 3: Inkubator/Moderator

Im Zuge des Internet-Booms in den neunziger Jahren haben viele Großunternehmen eine Stabseinheit gegründet, um die Ausschöpfung der vielfältigen Nutzenpotenziale der Internettechnologie zu forcieren. Weiterhin sollten derartige Stabsabteilungen als Inkubator dienen, um die Gesamtorganisation für die hohe Bedeutung des „E-Business" zu sensibilisieren.[12] Insofern werden auch nach Ende der Goldgräberstimmung in der New Economy noch viele Portal-Initiativen von Inkubator-Einheiten angetrieben. Ein wesentlicher Vorteil liegt dabei in der Konsolidierung der vielfältigen in einem Unternehmen vorhandenen Interessen, da die Mitarbeiter der Inkubator-Einheit meistens auch aus verschiedenen Unternehmensfunktionen stammen (z. B. IT, Unternehmenskommunikation, Personal).[13] Der Inkubator wird somit nicht nur zum Initiator der Portalbestrebungen, sondern auch gleichzeitig Moderator bei der Implementierung eines Portals. Dies war beispielsweise beim Automobilhersteller Daimler Chrysler der Fall, der eine Stabseinheit Corporate E-Business unterhält, die maßgeblich bei der Planung und beim Aufbau des Unternehmensportals „DaimlerChrysler eLife" beteiligt war. Problematisch an einem derartigen Ansatz ist jedoch die generelle Position einer Stabsabteilung, die sich ausserhalb etablierter Linienstrukturen befindet und dadurch häufig mit nur geringen Ressourcen ausgestattet ist, teilweise aber auch immense Akzeptanzprobleme aufweist. Somit basiert der Erfolg einer Portalstrategie ausgehend von einer Inkubator-Ein-

---

[11] Vgl. LODERHOSE/WEBER (2002), S. 26.
[12] Vgl. MEHL/HANS (2001), S. 290 ff.
[13] Vgl. MEHL/HANS (2001), S. 299 f.

heit maßgeblich auf der persönlichen Überzeugungskraft der Verantwortlichen und deren Unterstützung durch das Top-Management.

Szenario 4: Funktionaler Business Case

Viele Unternehmen verfügen bereits in einzelnen Unternehmensbereichen über gut funktionierende, webbasierte (funktionale) Portale. Beispielsweise wurden gerade aus dem HR-Bereich Employee-Portale initiiert, mit Kernanwendungen wie HR Self Services, bei denen z. B. die Mitarbeiter ihre Personalstammdaten selbst pflegen oder Urlaubsanträge online ausfüllen. Ein wesentlicher Nutzen liegt dabei in der Reduktion manueller Tätigkeiten in der Personaladministration, sowie die Förderung der Eigenverantwortlichkeit der Mitarbeiter. Parallel dazu fanden auch in anderen Bereichen oftmals Roll-Outs von Portallösungen statt, so dass aus der Vielzahl funktionierender Anwendungen die Idee naheliegend ist, ein integriertes Unternehmensportal mit einem Single Sign-on zu etablieren. Insofern besteht die Portalstrategie im vorliegenden Fall darin, die Nutzendefinitionen („Business Cases") funktionaler Portalinitiativen so zu konsolidieren, dass sich daraus sukzessive eine integrierte Vorgehensweise ableiten lässt, die im Zeitverlauf weitere Initiativen aufnehmen kann. Somit entsteht letztlich ein horizontales Portal mit vielfältigen Anwendungen. Einen solchen Ansatz verfolgt z. B. ein global führendes Pharma-Unternehmen[14], das derzeit besonders Initiativen fördert, die einen stark funktional geprägten „Business Case" vorweisen – allerdings in einer Art und Weise, die eine spätere Integration verschiedener Initiativen ermöglicht.

Szenario 5: IT-getriebener Ansatz

Insbesondere Konzerne mit weitgehend autonomen Töchtern haben häufig äusserst heterogene IT-Strukturen. Vor diesem Hintergrund verstärken sich in wirtschaftlich angespannten Zeiten Bestrebungen, Synergien in der IT, im administrativen Bereich und/oder im Bereich Wissensmanagement durch Zentralisierung von Infrastruktur, Anwendungen und Informationen zu erzielen. Entsprechend zielt eine Portalstrategie bei diesem Ansatz primär darauf ab, die IT-Infrastrukturen zu konsolidieren und zu standardisieren, wie dies z. B. bei Siemens durch konzernweite Einführung von SAP Portals der Fall ist. Problematisch hieran ist, dass durch Zentralisierung den einzelnen IT-Verantwortlichen in den Tochtergesellschaften Kompetenzen entzogen werden, was nicht zu unterschätzende Widerstände verursachen kann. Der Ansatz wirkt zudem eher nüchtern, kaum visionär, so dass die Motivation der dezentralen Bereiche, hier proaktiv mitzuwirken, möglicherweise eher gering ist. Weiterhin lässt sich feststellen, dass die Business Cases im IT-getriebenen Ansatz oftmals nicht ausreichen, um konzernweite, horizontal ausgerichtete Initiativen finanzieren zu können. Dies wird gerade durch die eingefrorenen und teilweise gänzlich gestrichenen Budgets für IT-Projekte im Zuge der weltweiten Verschlechterung makroökonomischer Rahmenbedingungen für Unternehmen noch verstärkt. Entsprechend ist ein überwiegend IT-getriebener Ansatz, d. h. ein auch als IT-Investition gekennzeichnetes Projekt, derzeit in praxi nur schwer zu realisieren. Im besten Fall gelingt es durch Vorgaben einer zentralen IT-Einheit, Standards im Konzern so zu etablieren, dass alle dezentral ausgerichteten Initiativen zumindest miteinander „kompatibel" sind und somit wenigstens ein erster Schritt in Richtung auf die Harmonisierung der IT-Landschaft gelingt.

---

[14] Aus vertragsrechtlichen Gründen darf der Name des Kunden in diesem Zusammenhang nicht genannt werden.

Deutlich wird, dass es keinen „Königsweg" bei der Generierung einer Portalstrategie gibt, sondern diese vielmehr neben der Berücksichtigung marktbezogener Faktoren aus den unternehmensindividuellen, organisatorischen Umständen eines Unternehmens, aber auch der Höhe der zur Verfügung gestellten Ressourcen für das Portalprojekt, resultiert. Allerdings ist es als Gefahr anzusehen, ein Unternehmensportal ohne eine Portalstrategie errichten zu wollen. Gerade dies kann sich leicht bei unzureichender oder gänzlich fehlender Unterstützung durch das Top-Management einstellen, da hierdurch schnell der Eindruck entsteht, dass es sich bei den Portalbestrebungen lediglich um eine weitere IT-Initiative von vielen anderen handelt. Das Gegenteil ist der Fall, denn gerade die Personalisierung im Rahmen eines horizontalen Unternehmensportals wird das Bearbeiten von Aufgabenkomplexen und das Zusammenarbeiten im Team nachhaltig verändern, da z. B. Reibungsverluste für das Auffinden von Informationen weitestgehend wegfallen. Da dementsprechend nicht nur die Produktivität der Mitarbeiter, sondern gleichzeitig auch die Mitarbeiterzufriedenheit im Sinne einer unternehmensinternen Kundenorientierung erhöht wird, wird offensichtlich, dass ein Unternehmensportal zumindest imstande ist, eine ganzheitliche Management-Methode zur Unternehmenstransformation im digitalen Informationszeitalter zu sein,[15] so dass der Fokus hierbei sowohl auf organisatorischen und inhaltlichen als auch auf technologischen Aspekten liegt.

2.3 Gestaltungsdimensionen eines Unternehmensportals

Mit der Festlegung der Portalstrategie beginnt das eigentliche Portalprojekt, in dem vielfältige Gestaltungsdimensionen – sowohl im Bereich der Organisation als auch der Inhalte und Technologie – miteinander in Einklang zu bringen sind.

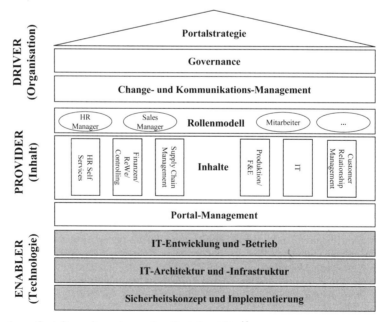

Abbildung 4: Gestaltungsdimensionen eines Portalprojektes[16]

---

[15] Vgl. HANSEN/DEIMLER (2002), S. 108.
[16] Vgl. IBM BUSINESS CONSULTING SERVICES (2002).

2.3.1 Gestaltungsdimension Organisation

In einem engen Zusammenhang mit der Portalstrategie steht die Frage der Führung und Steuerung (Governance) des Portalprojektes (Projektlogik), bzw. nach Implementierung die Regelung der Verantwortlichkeiten für das Unternehmensportal selbst (Betriebslogik). Aus den vorherigen Ausführungen lässt sich dabei schliessen, dass eine Unterstützung des Top-Managements für das Portalprojekt als wesentlicher Erfolgsfaktor anzusehen ist, selbst wenn der eigentliche Antrieb zur Einführung eines Portals originär bottom-up entstanden ist.[17] Problematisch ist, dass sich die unterschiedlichen Gestaltungsdimensionen oft in der Gründung zahlreicher Initiativen bzw. Arbeitsgruppen niederschlagen, die zudem häufig auf unterschiedlichen Hierarchieebenen, in unterschiedlichen Fachbereichen oder – innerhalb eines Konzerns – in verschiedenen Geschäftsbereichen agieren. Entsprechend besteht die Gefahr eines „Projektgruppen-Wildwuchses", d. h. es werden tendenziell recht schnell für alle aufkommenden Problemstellungen Projektgruppen gegründet. Darüber hinaus mangelt es häufig an einer integrierten und abgestimmten Vorgehensweise, so dass Redundanzen, also ähnliche Parallel-Entwicklungen in unterschiedlichen Bereichen, aber auch nicht zusammenpassende Resultate entstehen. Letztlich bleiben dann die Arbeitsergebnisse bestehen, ohne dass diese Parallelität Mehrwert generiert oder es erfolgt später eine Überarbeitung, in der die Abstimmung zur Integration in eine ganzheitliche Initiative erfolgt. Beides bedeutet einen erheblichen Ressourcenverbrauch, der – positiv interpretiert – den Beteiligten wesentliche Erfahrungen und Lerneffekte vermittelt, tatsächlich jedoch dazu führt, dass die Initiative schleppend voranschreitet und somit insgesamt an Dynamik und interner Akzeptanz verliert.

Gefragt ist also ein gezieltes Programm-Management, das die für das Portalprojekt zur Verfügung gestellten Ressourcen und Arbeitsergebnisse umfassend plant und steuert. Insofern liegt die Institutionalisierung des Projektmanagements durch Gründung eines Steuerungsausschusses, in dem alle wesentlichen Entscheidungsträger der beteiligten Fachbereiche vertreten sind, nahe. Durch klare Definition von Verantwortlichkeiten sowie eindeutige Zielvorgaben für die einzelnen Projektgruppen wird somit eine Konsistenz zwischen den Arbeitsgruppen hergestellt, was gleichbedeutend mit einem effektiven und effizienten Einsatz von Ressourcen ist. Der Steuerungsausschuss plant und steuert auch die Beschaffung und den Einsatz externer Ressourcen zur Durchführung des Projektes und dient als Eskalationsinstanz bei unvermeidlichen Problemen in der Abstimmung zwischen Funktionsbereichen und dezentralen Geschäftsbereichen. Entscheidend ist, dass sich dieses Gremium selbst ernst nimmt und ernst genommen wird, was letztlich durch die Bereitschaft hochrangiger Manager aus unterschiedlichsten Fachbereichen dokumentiert wird, sich regelmässig im Kreise des Steuerungsausschusses mit der Initiative auseinanderzusetzen. Hinsichtlich des Einsatzes externer Ressourcen ist zu erwähnen, dass viele Unternehmen nach wie vor die Meinung vertreten, komplexe Projekte gänzlich allein bewältigen zu können. Die Implementierung eines Unternehmensportals erfordert jedoch stets Spezialwissen – vom professionellen Programm-Management bis hin zu spezifischen Programmierkenntnissen – das in vielen Fällen effizienter extern beschafft werden kann. Auch sind fachbereichsübergreifende Projekte oftmals von derartig hoher politischer Brisanz und Komplexität, dass externe Berater mit entsprechenden Erfahrungen einen wesentlichen Beitrag in der Moderation des Implementierungsprozesses leisten können. Nicht zu vergessen sind Erfahrungen aus vergleichbaren Projekten, die ein externer Berater dazu nutzen kann, viele der möglichen Implementierungsfehler zu vermeiden. Andererseits wäre es jedoch ein gänzlich falscher Ansatz, das Portalprojekt überwiegend oder ausschliesslich von Externen durchführen zu lassen. Das Unternehmensportal betrifft letztlich jeden Mitarbeiter, da es auf lange Sicht das Arbeiten jedes Einzelnen im Unternehmen verän-

---

[17] Zur wichtigen Rolle des Top-Managements bei der Einführung eines Unternehmensportals vgl. übereinstimmend *FORRESTER RESEARCH* (2001), S. 10.

dern wird. Darüber hinaus gibt es im Portalumfeld keinen eigentlichen Endpunkt. Selbst nach dem „Go Live" des ersten Release sind kontinuierliche Weiterentwicklungen erforderlich, und auch der Regelbetrieb muss gewährleistet sein. Insofern sollten von Anbeginn des Portalprojektes möglichst viele Mitarbeiter an der Planung und Gestaltung beteiligt sein, so dass sowohl die Akzeptanz als auch die Bedienfähigkeiten der Mitarbeiter stetig zunehmen.

Im Rahmen der Betriebslogik steht die einfach auszuformulierende, aber dennoch oftmals schwer zu lösende Frage „wer was, wann, wo und wie macht" im Vordergrund. So kann beispielsweise der HR-Bereich ebenso zuständig für die Zentralisierung der Informationen und Anwendungen sein wie der IT-Bereich oder die Kommunikationsabteilung. Andererseits ist durch Service Level Agreements eine Regelung hinsichtlich der Kostenträger zu treffen, also welche Abteilungen bzw. Geschäftsbereiche in welcher Höhe mit den Investitions- und Betriebskosten für das Portal belastet werden. Gerade hier spielt das Change- und Kommunikations-Management eine nicht zu unterschätzende Rolle, denn viele Abteilungs- oder Bereichsleiter werden höhere zugeschlagene Overhead-Kosten nur dann billigend in Kauf nehmen, wenn sie von einem konkreten Mehrwert, den das Unternehmensportal für ihre Aufgabenbereiche darstellt, überzeugt werden. Insofern ist in diesem Zusammenhang die allgemeine Forderung anzuführen, dass die stets komplexe Thematik zu den Vorzügen eines Unternehmensportals im Unternehmen verständlich dargestellt werden muss. Dabei sollten die vielfältigen Nutzenaspekte kommuniziert werden, wobei das Argument der Kosteneinsparungen natürlich einen besonderen Fokus einnimmt. So wäre es z. B. ein überzeugendes Argument, dass durch ein Unternehmensportal Projektredundanzen zwischen den einzelnen Unternehmensbereichen vermieden werden können, denn allzuoft werden – wie zuvor dargestellt – in Unternehmen an verschiedenen Standorten Projektgruppen zu gleichen oder ähnlichen Thematiken gegründet, was sich durch Zentralisierung der Informationen vermeiden lässt. Andererseits hat es sich als besonders hilfreich für die Akzeptanz eines Portals bei Entscheidungsträgern und Mitarbeitern erwiesen, einzelne „Killer-Applikationen", wie die elektronische Materialbestellung oder das digitale Ausfüllen des Urlaubsantrags, schnell zu realisieren. Da derartige Applikationen auf breite Akzeptanz im Sinne einer Nutzenstiftung für alle Beteiligten stossen, schlägt sich dies auch positiv auf den generellen Implementierungserfolg des Unternehmensportals nieder. Wichtig für das Projektmanagement ist zudem, dass der Roll-out auch in dezentrale Unternehmensbereiche aktiv begleitet wird. Dies betrifft weniger umfassende Trainingsmaßnahmen, die im Gegensatz zur Einführung herkömmlicher Software (z. B. SAP R/3) durch Single Sign-on, Personalisierung und eine in sich schlüssige Benutzerführung ohnehin weniger erforderlich sind, als vielmehr die organisatorische und technologische Begleitung bei der Implementierung des Portals. Somit wäre es fatal, den einzelnen Unternehmensbereichen eine vollständige Projektverantwortung zu übertragen, da die Zentralisierung von Informationen und Anwendungen auch in großen Teilen ein zentralisiertes Projektmanagement erfordert.

2.3.2 Gestaltungsdimension Inhalte

Im Rahmen der Gestaltungsdimension Inhalte steht das zu entwerfende Rollenmodell im Vordergrund, wo es darum geht, festzulegen, wer auf welche Anwendungen zugreifen darf und wem welche Inhalte angezeigt werden. Dabei stellt eine Rolle eine Sammlung verwandter Tätigkeiten dar und darf nicht mit Zuständigkeiten verwechselt werden. Diese sind, z. B. bei SAP R/3, eine Sammlung von Organisationsdaten, die die Zugriffsberichtigungen des Nutzers auf bestimmte Daten vorgeben.[18] Somit sind Rollen für die Personalisierung der Informationen und Anwendungen für die tägliche Arbeit ausschlaggebend, wohingegen Zu-

---

[18] Vgl. online *SAP AG* (2002), S. 9.

ständigkeiten beispielsweise festlegen, dass ein Mitarbeiter im Rechnungswesen nur für einen bestimmten Buchungskreis Aufträge ausstellen darf.

Der Entwurf eines Rollenkonzeptes stellt Unternehmen vor große Herausforderungen, wie dies bei der Metro AG deutlich wird, wo das Rollenkonzept dem Projekt-Team „am meisten Kopfzerbrechen"[19] bereitet. Dies liegt vor allem daran, dass die Rollenzuordnung im Gegensatz zur Festlegung von Zuständigkeiten meist in den Verantwortungsbereich der Geschäftsbereiche und/oder einzelner Abteilungen fällt.[20] Entsprechend entsteht hier ein großer und teilweise langwieriger Abstimmungsbedarf zwischen dem Projektmanagement und den beteiligten Unternehmenseinheiten und Abteilungen. Darüber hinaus erweist sich beim derzeitigen Stand der Technologie das Anlegen und Administrieren von Rollen als recht aufwendig. Als hilfreich hat sich erwiesen, in den ersten Jahren die Gesamtanzahl der Rollen zu beschränken und erst mit der Evolution des Portals mittelfristig neue Rollen zu planen und zu implementieren. Durch die beschränkte Anzahl wird der Planungsprozess erleichtert, jedoch kann zeitgleich bereits eine Abgrenzung und damit grobe Personalisierung zwischen den verschiedenartigen Tätigkeiten vorgenommen werden. So ist im gekennzeichneten Fall z. B. bereits eine „HR-Community" oder „F&E-Community" ebenso problemlos darstellbar, wie z. B. die Rolle „Manager", was erste signifikante Schritte zur Personalisierung dokumentiert.

Bei der Integration der Inhalte und Anwendungen geht es darum, diese den einzelnen definierten Rollen sinnvoll zuzuordnen. Hierbei wichtig ist der Entwurf einer „Content Roadmap", die detailliert festlegt, was zu welchem Zeitpunkt mit welcher Integrationstiefe und -breite für welche Rollen verfügbar sein soll. Das Wort „Content" als englisches Synonym für Inhalte ist in diesem Zusammenhang jedoch missverständlich, da hiermit auch Anwendungen gemeint sind. Zudem befinden sich hinter den Inhalten und Anwendungen meist Geschäftsprozesse bzw. Workflows. Diese müssen bei der Etablierung des Portals nicht automatisch verändert werden. Vielmehr zielt ein Portal zunächst darauf ab, durch einheitliches Layout und Design sowie Personalisierung von Desktops die Geschäftsprozesse leichter beherrschen zu können, so dass sich die Nutzerschnittstelle ändert, nicht jedoch zwangsläufig die dahinterstehenden Prozesse. Diese Aussage dokumentiert einen wesentlichen Unterschied in der Implementierungslogik, z. B. im Vergleich zu klassischen ERP-Projekten. So ist es mit überschaubarem Zeitaufwand möglich, die elektronische Plattform weitestgehend auf Basis der vorhandenen Prozesse und innerhalb der vorhandenen IT-Landschaft aufzubauen. Mit der „Institutionalisierung" der Lösung können später sukzessive die jeweiligen Optimierungen – sowohl bei den Prozessen als auch bei den IT-Strukturen – vorgenommen und im Rahmen einer dann bereits bekannten und akzeptierten Benutzerführung implementiert werden.

Letztlich stellt jedoch ein funktionsübergreifendes Unternehmensportal das langfristig optimale Medium dar, um die noch nicht ausgeschöpften Geschäftsprozessoptimierungen zu realisieren. Dabei geht es sowohl um die großen Kernprozesse, deren Optimierungen eigene Projekte erfordern, als auch viele kleinere Prozesse mit Schwerpunkt im administrativen Bereich (z. B. Bestellung von Büromaterial), die heute die Mitarbeiter beschäftigen und oftmals viele Reibungsverluste und Aufwände verursachen. So hat das sehr benutzerfreundliche Medium den Vorteil, dass für den Anwender leicht, fast intuitiv sichtbar wird, um wieviel einfacher bestimmte Abläufe werden, sobald diese durch simple Workflows im Portal unterstützt werden. Evtl. Optimierungspotenziale können von den betroffenen Mitarbeitern selbst identifiziert und über einen Feedback-Mechanismus an die Portalbetreiber kommuniziert werden, die dann eine entsprechende Lösung (weiter)entwickeln. Dieser Feedback-Mechanismus kann

---

[19] Vgl. *LODERHOSE/WEBER* (2002), S. 26.

[20] Vgl. online *SAP AG* (2002), S. 9.

auch als „Demokratisierung der Prozessoptimierung" angesehen werden, da hierdurch erstmals die wirklich betroffenen Mitarbeiter ihre Abläufe beeinflussen können. Damit eröffnet sich ein bisher noch nicht genutzter und schwer quantifizierbarer Optimierungsspielraum, der im Kern ein Programm zur kontinuierlichen Verbesserung darstellt – in einer Art und Weise, die für die Mitarbeiter tatsächlich greifbar und umsetzbar ist.

Die Content Roadmap sieht in der Regel auch die Integration externer Inhalte vor. Dies kann eine Anbindung zu wichtigen Kooperationspartnern ebenso sein wie die Bereitstellung von Informationen externer Anbieter für die Mitarbeiter. So liefert beispielsweise die überregionale Wirtschaftszeitung Financial Times Deutschland branchenspezifische News-Channel.[21] Entsprechend könnte ein Automobilhersteller seinen Mitarbeitern durch Abonnement eines „Automotive Channel" aktuelle Brancheninformationen online bereitstellen.

Im Rahmen des Portal-Managements ist die Beherrschung der Content-Management-Prozesse besonders relevant. Dabei sind unter dem Begriff Content Management alle Aktivitäten zur systematischen Planung, Steuerung und Kontrolle des Informationsangebotes und der Informationsnachfrage im Unternehmensportal zu verstehen.[22] Als wichtig hat sich hier die Trennung von Inhalten und Layout erwiesen, wobei sich für das Layout ein De-facto-Standard durchgesetzt hat.

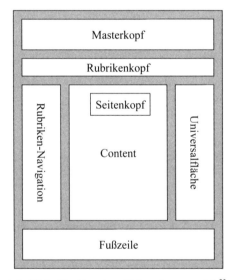

Abbildung 5:   *Typische inhaltliche Struktur eines Unternehmensportals*[23]

Hinsichtlich der internen und externen Inhalte, mit denen die Web-Seiten gefüllt werden, ist problematisch, dass sich die Inhalte meist unstrukturiert und in verschiedenen Formaten vorhanden sind bzw. angeliefert werden. Entsprechend sind hier sowohl technologische als auch inhaltliche Herausforderungen relevant.

---

[21]   Vgl. *KEUPER/HANS* (2003), S. 243.
[22]   Vgl. *STEIN* (2000), S. 310.
[23]   Vgl. online *WEBAGENCY* (2001).

2.3.3 Gestaltungsdimension Technologie

Aus den vorangegangenen Ausführungen ist festzuhalten, dass die Effektivität und Effizienz des gesamten Unternehmensportals in einem engen Zusammenhang mit der Personalisierung von Informationen und Applikationen steht. Insofern ist aus technologischer Sicht die alles entscheidende Determinante, dass die personalisierungsrelevanten Daten über den jeweiligen Anwender mit dem darzustellenden Content an einem zentralen Punkt zusammengeführt werden.[24] Um die verschiedenen internen und externen Content-Quellen einzugliedern, kommen sogenannte Portal-Frameworks zum Einsatz, die neben den Basisfunktionen eines Portals – wie die technologische Gewährleistung der Navigationsfähigkeit, der Sicherheitsarchitektur und Personalisierung – eine performante Integration der Inhalte ermöglichen. Beispielsweise werden in solchen Frameworks Techniken wie mehrstufiges Caching oder indexbasierte Suche verwendet, wobei Zugriffsprotokolle wie LDAP (Lightweight Directory Access Protocol) bei der Einbettung in heterogene Umgebungen hilfreich sind.[25] Hauptzweck ist jedoch die applikationsübergreifende Speicherung und Verwaltung personenbezogener Daten, d. h. von Personalisierungsdaten, Berechtigungen und Rollen. Hierdurch wird insbesondere eine integrierte Benutzerverwaltung mit den spezifischen Rollen und Sicherheitsprofilen ermöglicht, was gerade für dezentral operierende Großunternehmen entscheidend ist. Letztlich ist dies auch wichtig bei der Erstellung eines Sicherheitskonzeptes für das Portal. So muss technologisch gewährleistet sein, dass nur Personen mit entsprechender Berechtigung – festgelegt durch die Rollen und Sicherheitsprofile – auf die Portalumgebung und entsprechend auf Informationen und Anwendungen zugreifen können. Das angestrebte Single Sign-on muss darüber hinaus sicherstellen, dass durch die einmalige Authentifizierung des Nutzers ein Zugriff nur auf die Anwendungen möglich ist, die dieser nutzen darf.

Bei der Integration der Anwendungen geht es darum, geeignete Schnittstellen zu definieren, so dass alle Applikationen für den Nutzer im Portal verfügbar sind. Als aktueller Trend lassen sich hier Web Services anführen, mit deren Verwendung Unternehmen ihre Anwendungsfunktionalitäten kapseln und sie sowohl intern als auch extern web-basiert zur Verfügung stellen können. Dies hat dann nicht nur den Vorteil, dass Kooperationspartner ein Zugriff auf ausgewählte Anwendungen ermöglicht, sondern vielmehr auch eine Beschleunigung der internen Integration der verschiedenen Systeme in das Portal herbeigeführt wird. Weiterhin liegt eine technologische Herausforderung bei der Implementierung eines Portals in der Workflow-Unterstützung, um einen reibungslosen technischen Ablauf der verschiedenen Arbeitsprozesse sicherzustellen.

Während Benutzerverwaltung, Authentifizierung, Anwendungsintegration und Workflow-Unterstützung primär auf den Aufbau der Portalinfrastruktur fokussieren, steht beim Content Management der Inhalt des Netzwerkes im Vordergrund. Content-Management-Systeme helfen in diesem Zusammenhang dabei, die Informationsvielfalt im Portal beherrschen zu können. Dabei ist die grundlegende Idee eines Content-Management-Systems zwischen Inhalt und Layout der Informationsobjekte zu trennen, so dass die Informationen der Autoren formatunabhängig weiterverarbeitet und erst bei Auslieferung personalisiert, d. h. mit anderen Objekten verknüpft und in ein Format gebracht werden.[26] Wichtig ist hier, dass jeder einzelne Mitarbeiter leicht Informationen ins Portal entsprechend seiner zugewiesenen Rolle(n) einstellen kann. Dies gelingt, indem der Mitarbeiter tatsächlich nur für die Generierung von Inhalten verantwortlich ist. In Templates, die meist vom jeweiligen Prozessinhaber definiert werden, wird die Semantik, also die Strukturierung der Informationen, festgelegt. Sogenannte

---

[24] Vgl. SCHACKMANN/SCHÜ (2001), S. 624.
[25] Vgl. SCHACKMANN/SCHÜ (2001), S. 624.
[26] Vgl. STEIN (2000), S. 311.

Stylesheets gewährleisten dann ein einheitliches Look & Feel im Portal entsprechend den übergreifenden Richtlinien zum Corporate Design des Unternehmens.

Ein Content Repository dient als Speicherung und Ablage der erstellten Inhalte, wobei offenkundig eine zentrale Datenbank als Herzstück des Content Repository die Verwaltung der Inhalte im Gegensatz zur Ablage in Dateisystemen, die ähnlich wie der Explorer von Microsoft aufgebaut sind, erleichtert.[27] Für ein effektives und effizientes Datenbankmanagement, das vor allem den Informationszugriff, die Informationsaktualisierung und die Informationsverteilung umfasst, ist es in einem ersten Schritt notwendig, die Inhalte in kleinste logische Einheiten zu zerlegen. Zur semantischen Mikrostrukturierung der Inhalte hat sich die Extensible Markup Language (XML) durchgesetzt, wobei mit der Definitionssprache XML-Schema die Syntax und in einem Metadatenmodell die Semantik von XML-Dokumenten festgelegt wird. In XML-Schemata und ihren Vorläufern, den Document Type Definitions (DTDs), lassen sich Elemente und Attribute zur Beschreibung der Inhalte, sogenannte Tags, mit Angaben wie z. B. Urheber, Erstellungsdatum, Gültigkeit, Kategorie und Nutzungsrechte des Inhaltebausteins, definieren. Dabei liegt der wesentliche praktische Vorteil von XML-Schema respektive dem Metadatenmodell darin, dass hinreichende Strukturierungsinformationen zur bedarfsgerechten und automatischen Zusammenstellung von personalisierten Inhalten gegeben sind.

Letztlich ist eine Portalplattform mit allen beschriebenen Funktionalitäten relativ komplex, allerdings mit der stets wichtigen Anforderung, für den Nutzer so einfach und intuitiv wie möglich zu sein. Darüber hinaus ist eine enorme Flexibilität erforderlich, um permanente Änderungen problemlos einbinden zu können – bei gleichzeitiger Verfügbarkeit und entsprechender Performance und Stabilität unabhängig vom verwendeten Endgerät. Somit hängt der Erfolg einer Portallösung von einer sinnvollen technologischen Gesamtarchitektur ab, die einerseits sämtliche der dargestellten Anforderungen erfüllt, andererseits flexibel genug ist, um laufende Änderungen problemlos zu integrieren. Dennoch ist den vorherigen Ausführungen zu entnehmen, dass es aus technologischer Sicht eine überschaubare Anzahl von Kernproblemen gibt, deren Lösung einen wesentlichen Schritt bei der Realisierung darstellt. Hierbei sind zusammenfassend die Nutzerverwaltung und das damit in Verbindung stehende Sicherheitskonzept, die Anwendungsintegration und Workflow-Unterstützung, sowie die Abbildung der Content-Management-Prozesse zu nennen.

3 Das grenzenlose Unternehmensportal in einer grenzenlosen Unternehmung?

Der Artikel verdeutlicht die hohe Bedeutung und die Nutzenpotenziale von Unternehmensportalen im Zuge veränderter unternehmerischer Rahmenbedingungen, beispielsweise visualisiert durch zunehmende Arbeitsteilung und entsprechender Kooperationen zwischen Unternehmen. Dabei wurde offensichtlich, dass die Entscheidung für ein Unternehmensportal stets eine unternehmensstrategische Entscheidung ist, somit also weit mehr als eine weitere Investition in die IT-Landschaft darstellt. Entsprechend spielt die Formulierung einer adäquaten Portalstrategie eine ganz wesentliche Rolle für den späteren Erfolg des Portalprojektes. Allerdings stellt ein Portalprojekt eine Reise und kein Ziel dar. Die im vorliegende Artikel

---

[27] Vgl. BÜCHNER ET AL. (2001), S. 109 ff.

schwerpunktmässig beschriebene intrabetriebliche Integration funktionsbezogener Portale zu einem horizontalen Portal wird somit lediglich ein kurz- bis mittelfristiger Schritt sein, der zwar grösster Anstrengungen bei der Planung und Implementierung bedarf, allerdings auf lange Sicht betrachtet nur eine Etappe von vielen repräsentiert. So wird mit großer Sicherheit nach weitestgehendem Abschluss der intrabetrieblichen Integration die Verbesserung der informationstechnologischen Anbindung der wichtigsten Wertschöpfungspartner im Vordergrund stehen, da gerade im zwischenbetrieblichen Informations- und Kommunikationsaustausch noch immense Redundanzen und Reibungsverluste zu beobachten sind. Dies wirft jedoch nicht zu unterschätzende Probleme bei der IT-Anbindung auf, da Unternehmen beispielsweise mit einer unterschiedlichen Metadatenstruktur im Bereich Content Management arbeiten. Andererseits wird gerade bei zwischenbetrieblicher Vernetzung ein leistungsfähiges Sicherheitskonzept zum Herzstück des Unternehmensportals im Sinne dringend notwendiger Risikomanagement-Bestrebungen. Insofern wird es noch lange dauern, bis eine „grenzenlose Unternehmung" ohne Hindernisse bei der informationstechnologischen Anbindung bzw. massiver Sicherheitsbedenken kurzfristigen, projektbezogenen und rechtlich selbständigen Kooperationspartnern Zugriff auf relevante Inhalte und Applikationen im eigenen Portal ermöglicht. Dieser wird vielmehr im Kern auf langfristige und vertrauensvolle Partnerschaften beschränkt sein.

Interessant sind jedoch die enormen Fortschritte im Bereich der Informationstechnologie, die in absehbarer Zeit auch die Entwicklung der Unternehmensportale prägen werden. So zielen viele der derzeitigen IT-Anwendungen darauf ab, einen möglichst großen Teil der Realität in der virtuellen Welt abzubilden. Demgegenüber geht die Vision des *Pervasive Computing* gerade nicht davon aus, sich von der realen Welt abzukapseln und eine künstliche Welt aufzubauen.[28] Vielmehr soll sich die Informationstechnologie von der Verknüpfung mit Standardrechnern – wie PCs oder Notebooks – lösen und in die reale Welt und deren Abläufe eingebunden werden. Die Technik nimmt dabei zukünftig eine ähnliche Rolle ein wie die Schrift heute. So ist die Schrift ubiquitär, verwoben mit allen Lebensbereichen und tritt zugunsten der Anwendung, nämlich der Speicherung und Kommunikation von Information, gänzlich in den Hintergrund.[29] Das Pervasive Computing gilt als Fortführung mobiler Endgeräte und Anwendungen, d. h. es impliziert grundsätzlich die Unterstützung der Mobilität des Nutzers.[30] Insofern sind auch immer mehr personalisierte, mobile Anwendungen im Rahmen eines Unternehmensportals verfügbar, was bereits daran deutlich wird, dass schon heute in vielen Unternehmen die mobile Einwahl ins Unternehmensportal über einen Laptop möglich ist. Ein Mitarbeiter kann hierüber, aber in Zukunft auch vermehrt über einen bereitgestellten Personal Digital Assistant (PDA), jederzeit relevante Informationen des Portals abrufen. Entsprechend wird sich auch langfristig gar nicht mehr die Frage der privaten Nutzung von Internetzugängen oder die minutengenaue Überwachung der Arbeitszeit stellen, da Berufs- und Privatleben durch den mobilen Zugriff auf das Unternehmensportal immer mehr vermischen. Somit wird spätestens hier die Vision einer grenzenlosen Unternehmung Realität, ob dies nun für den jeweiligen Mitarbeiter eher als Vor- oder Nachteil angesehen wird. Während das o. g. Beispiel eine neue Qualität der Portabilität von Informationstechnologie beschreibt und das Pervasive Computing somit für „IT überall mithinnehmen können" steht, geht der ebenfalls dem Pervasive Computing zuzurechnende Ansatz von ubiquitären Informationsumgebungen davon aus, dass Informationstechnologie in räumliche Umgebungen eingebettet wird, also „IT überall vorhanden" ist.[31] Gerade diese Verknüpfung erscheint für ein Unternehmensportal sinnvoll. So

---

[28] Zum Pervasive Computing vgl. ausführlich KEUPER/HANS (2003), S. 50 ff. sowie ARK/SELKER (1999), S. 504 ff.
[29] Vgl. GELLERSEN (o. J.), S. 1.
[30] Vgl. online SATYANARAYANAN (2001), S. 2.
[31] Vgl. GELLERSEN (2001), S. 1 f.

könnte ein Facharbeiter eines Automobilherstellers je nach Aufenthaltsort in der Produktionslinie genau die Informationen auf ein mobiles Endgerät geschickt bekommen, die an der jeweiligen Stelle benötigt werden. Andererseits könnte ein Unternehmensberater auch automatisch durch Speicherung eines vorher im Portal gebuchten elektronischen Tickets eingecheckt werden, sobald dieser den Flughafen betritt. Im Handy-Display erscheinen dann alle für den Fluggast notwendigen Informationen von der Lage des Check-in-Schalters für Gepäck über das Abflug-Gate bis hin zum zugewiesenen Platz im Flugzeug. Nicht zuletzt vor dem Hintergrund der dadurch möglichen Rationalisierungspotenziale im Fluggastabfertigungsbereich arbeiten bereits viele Fluglinien, wie beispielsweise die Lufthansa, an entsprechenden Angeboten.[32]

Auch wenn einige der skizzierten Visionen noch weit entfernt scheinen, ist der technologischen Entwicklung von Unternehmensportalen mit Spannung entgegenzusehen. Mehr als jede andere Innovation wird ein Unternehmensportal das Leben des arbeitenden Menschen dramatisch verändern. Die zunehmende Vermischung von Berufs- und Privatleben eröffnet jedoch auch gesellschaftspolitischen Sprengstoff. So werden Gewerkschaften mit dem Argument der Ausbeutung des Arbeitnehmers mit großer Wahrscheinlichkeit gegen die direkten Konsequenzen eines ubiquitären Unternehmensportals opponieren. Dabei sollten in einer Diskussion nicht nur die durchaus stichhaltigen Risiken, sondern auch die enormen Chancen des mobilen Zugriffs und damit des mobilen Arbeitens angeführt werden, da im Zuge der zunehmenden Individualisierung der Gesellschaft hierdurch ein Arbeitnehmer sein Arbeitsleben individuell gestalten kann und somit die Lebensqualität gesteigert wird. Entsprechend ist im gesellschaftlichen Diskurs das Denken in teilweise verkrusteten Strukturen der traditionellen Industriegesellschaft zugunsten einer kritischen Aufgeschlossenheit gegenüber dem veränderten Leben und Arbeiten in einer sich abzeichnenden Informationsgesellschaft aufzugeben.

Quellenverzeichnis

ARK, W. S. / SELKER, T. (1999): A Look at Human Interaction with Pervasive Computers, in: IBM Systems Journal, 1999, Nr. 4, S. 504–507.

BÜCHNER ET AL. (2001): Web Content Management – Websites professionell betreiben, Bonn 2001.

DOBIÉY, D. (2001): Das Unternehmensportal: Die Schaltzentrale des digitalen Unternehmens, White Paper der Hewlett-Packard GmbH, Sindelfingen 2001.

FLEISCHMANN, R. (2001): @hp und die Auswirkungen auf das Unternehmen, Vortrag des Director Global HR Operations der Hewlett-Packard anlässlich eines Kaminabends von PwC-Consulting am 28.11.2001, Frankfurt am Main 2001.

FORRESTER RESEARCH INC. (Hrsg.) (2001): Making Enterprise Portals Pay, Cambridge, Ma. 2001.

GELLERSEN, H.-W. (o. J.): Ubiquitäre Informationstechnologien, online: http://www.inf.ethz.ch /vs/publ/papers/UbiqGell.pdf, Stand: unbekannt, Abruf 30.11.2001.

HANSEN, M. T. / DEIMLER, M. S. (2002): B2E – Mitarbeiter online führen, in: Harvard Business Manager, 2002, Nr. 3, S. 108–115.

---

32 Vgl. online LUFTHANSA (2000).

IBM BUSINESS CONSULTING SERVICES (2002): B2E – the placE2B, Capability Statement, firmeninterne Präsentation, Hamburg 2002.

KEUPER, F. (2002): Vorwort des Herausgebers, in: *KEUPER, F.* (Hrsg.), E-Commerce und M-Commerce – Ansätze, Konzepte, Geschäftsmodelle, Wiesbaden 2002, S. V–VII.

KEUPER, F. / HANS, R. (2003): Multimedia-Management – Zeitungs- und Publikumszeitschriftenverlage im digitalen Informationszeitalter, Wiesbaden 2003.

LISSAK, R. / BAILEY, G. (2002): A Thousand Tribes – How Technology Unites People in Great Companies, New York 2002.

LODERHOSE, B. / WEBER, B. (2002): MyMetro als Tor zur Metro-Welt, in: Lebensmittel Zeitung, 2002, Nr. 39, S. 26.

LUFTHANSA (Hrsg.) (2000): Revolution des Reisens – Lufthansa und Siemens Business Services beschliessen engere Zusammenarbeit, Pressemeldung vom 06.09.2000, online: http://www.lufthansa.com/dlh/de/htm/presse/p_meldungen/ns_press_2000_09_article24.html, Stand: 06.09.00, Abruf: 10.06.02.

MEHL, R. / HANS, R. (2001): Organisation im Internet-Zeitalter – „When Elephants Begin to Dance", in: *KEUPER, F.* (Hrsg.), Strategic E-Business – Strategien, strategische Konzepte und Instrumente aus Sicht von Beratungsgesellschaften, Wiesbaden 2001, S. 274–305.

META GROUP (2002): News: Neue Studie der Meta Group: Portale werden mission-critical, online: http://www.contentmanager.de/magazin/newsh2441_neue_studie_der_meta_group_portale_werden.html, Stand: 26.04.2002, Abruf: 18.12.2002.

SAP AG (Hrsg.) (2002): mySAPTM Technology – Sicherheit: Sichere Geschäftsabwicklung in offenen Umgebungen, White Paper der SAP AG, online: http://www.sap-ag.de/germany/media/50054678.pdf Stand: 2002, Abruf: 25.11.2002.

SATYANARAYANAN, M. (2001): Pervasive Computing: Vision and Challenges, online: http://www.stanford.edu/class/cs444n/handouts/pcs01.pdf, Stand: 2001, Abruf: 04.12.2001.

SCHACKMANN, J. / SCHÜH, J. (2001): Personalisierte Portale, in: Wirtschaftsinformatik, 2001, Nr. 6, S. 623–625.

STAFFELDT, K. / PFRÜNDER, M. / GAMERS, S. (2001): Die vernetzte Konsumgüterbranche, in: *KEUPER, F.* (Hrsg.), Strategic E-Business – Strategien, strategische Konzepte und Instrumente aus Sicht von Beratungsgesellschaften, Wiesbaden 2001, S. 239–269.

STEIN, T. (2000): Intranet-Organisation – Durch Content Management die Potenziale des unternehmensinternen Netzwerkzusammenschlusses nutzen, in: Wirtschaftsinformatik, 2000, S. 310–317.

WEBAGENCY (Hrsg.) (2001): Konzeption und Realisierung eines Internetportals, online: http://www.webagency.de/infopool/strategie/internetportal_print.html, Stand: 2001, Abruf: 19.03.2002.

Von Shared Services zu Portal Services

CARSTEN VON GLAHN und MARC SCHOMANN

SIEMENS BUSINESS SERVICES und ESPRIT CONSULTING AG

1	Einführung		75
2	Shared Services – die erste Welle		76
	2.1	Rahmenbedingungen	77
	2.2	Das klassische Shared-Service-Konzept	78
	2.3	Bewertung der erzielten Ergebnisse	80
3	Von Shared Services zu Portal Services		82
	3.1	Treiber	82
		3.1.1 Kostensituation der Unternehmen	83
		3.1.2 Dysfunktionalitäten von unternehmerischen Organisationen	83
		3.1.2.1 Zentralisierung	83
		3.1.2.2 Dezentralisierung	83
		3.1.2.3 Outsourcing	84
		3.1.3 Konsolidierung nach dem E-Business-Hype	84
	3.2	Katalysatoren	85
		3.2.1 IT-Technologie und ihre wachsende Bedeutung	85
		3.2.2 Neue Geschäftsmodelle	86
	3.3	Das Geschäftsmodell: Portal Services	87
		3.3.1 Kundenbedürfnisse	87
		3.3.2 Bündelung von Partner- und Zulieferleistungen	89
		3.3.3 Prozessmodell und Wertschöpfungskette	89
		3.3.3.1 Operative Kernprozesse	90
		3.3.3.2 Managementprozesse	91
		3.3.3.3 Unterstützungsprozesse	93
		3.3.4 Die Erfolgsfaktoren des Portal Service Broker	94
		3.3.5 Das richtige Preismodell	94
	3.4	E-Technologie als treibende Kraft der Portal Services	96
		3.4.1 Portaltechnologie und Billing- und Reporting-Anwendungen	96
		3.4.2 Portal Service Framework	98
	3.5	Die drei Gesichter des Portal Service Broker	99
		3.5.1 Der Portal Service Broker als Innovator	100
		3.5.2 Der Portal Service Broker als Change Manager	101
		3.5.3 Der Portal Service Broker als Kostenmanager	101

4	Portal Services – die Umsetzung		102
	4.1	Phasenmodell der Umsetzung	102
		4.1.1 Opportunity Assessment	103
		4.1.2 Portal-Services-Konzeption	103
		4.1.3 Roll-out	104
		4.1.4 Verankerung	104
	4.2	Erfolgsfaktoren	105
5	Portal Services – ein Ausblick		106
Quellenverzeichnis			108

1 Einführung

Die rasante konzeptionelle und technologische Evolution der drei digitalen Erlebniswelten des E-, M- und T-Business flankiert durch den Einsatz breitbandiger Internet-Technologien spiegelt sich mittlerweile nicht nur in gänzlich neuartigen Diensten, Services und Geschäftsfeldern wider. Es kann dabei konzertiert werden, dass die Fortentwicklung dieser Business-Zweige zugleich einen progressiven Einfluss auf bestehende organisatorische Ansätze ausübt. Eine Konzeption, die hierdurch eine weitere Dimension und zusätzliche Attraktivität erhält, ist der Shared-Service-Center-Ansatz. Entwickelt hat sich dieses Konzept aus der Praxis heraus Anfang der 90-iger Jahre in den USA und stieß rund fünf Jahre später auch in Europa zunehmend auf Interesse. Im betriebswirtschaftlichen Sinne versteht man unter dem Shared-Services-Konzept cinen Organisationsansatz zur Bereitstellung von internen Dienstleistungen für mehrere Organisationseinheiten mittels gemeinsamer Nutzung von Ressourcen innerhalb einer Organisationseinheit.[1]

Der konzeptionelle Nährboden lag dabei in dem Spannungsfeld der organisations-theoretischen Gegenpole von Zentralisierung und Outsourcing und ebnete den Weg für eine dritte Lösungsvariante zur effektiven Gestaltung einer Unternehmensorganisation.

Zum besseren Verständnis der technologiegetriebenen Entwicklungssprünge im Rahmen des praktischen Einsatzes der Shared-Services-Konzeption erfolgt zu Beginn dieses Aufsatzes zunächst eine Beschreibung des klassischen Ansatzes sowie eine Bewertung der in realiter erzielten Ergebnisse.

Darauf aufbauend folgt eine dezidierte Schilderung der konzeptionellen Transformation der Shared-Services-Konzeption hin zum Portal-Services-Ansatz. Besonderes Augenmerk liegt dabei auf den Themen (Innovations-)Treiber, Katalysatoren, das neuartige Geschäftsmodell im Allgemeinen sowie der E-Technologie als treibende Kraft der Portal Services einschließlich des unmittelbaren Einflusses auf die Informationstechnologie.

Nachfolgend wird die praktische Umsetzung der Portal-Services-Konzeption beschrieben. Die inhaltlichen Schwerpunkte werden dabei gebildet von den Erfolgsfaktoren und der typischen Gestaltung eines Phasenmodells sowie dem Check up.

Den Abschluss dieses Aufsatzes bildet ein kurzer Ausblick sowie der Versuch eine Antwort auf die Frage „Quo vadis – Portal Services?" auf Grundlage heutiger Erkenntnisse vorwegzunehmen.

Das in diesem Aufsatz vorgestellte Konzept der Portal Services basiert auf den Erkenntnissen einer praktischen Umsetzung in einem global operierenden Konzern der Elektroindustrie.

---

[1] Vgl. KAGELMANN (2001), S. 49.

2 Shared Services – die erste Welle

Zyklen sind uns aus den unterschiedlichsten Bereichen der Volks- und Betriebswirtschaft bekannt. So sprechen wir bei Schwankungen der gesamtwirtschaftlichen Aktivität um ihre trendmäßige Entwicklung von Konjunkturzyklen; bei Schwankungen des Wachstumstempos und des Beschäftigungsgrades der Produktionsfaktoren von Wachstumszyklen. Auch in der Organisationstheorie kennt man zyklische Phänomene, vor allem in Bezug auf die Zentralisierung und Dezentralisierung. Grundsätzlich liegen die Ziele der Zentralisierung hauptsächlich darin, Kosteneinsparungen durch Skaleneffekte zu erreichen und Synergien zu nutzen. Die Dezentralisierung wiederum hat zum Ziel, kleine Einheiten zu schaffen, die Hierarchien abzuflachen, Entscheidungen zu delegieren und eine höhere Prozessorientierung zu erreichen. In den 80er Jahren konnte man beobachten, dass Unternehmen aufgrund von Markteinflüssen dazu übergingen, ihre Organisationsformen zu überdenken. Es wurden vielfach selbstständig agierende Geschäftseinheiten gegründet, die einer Segmentierung von Produkten und Kundengruppen Rechnung trugen. Ziel dieser Dezentralisierung war es, wettbewerbliche Vorteile zu erzielen und auch die Flexibilität im Vergleich zu den bis dahin favorisierten Großorganisationen zu erhöhen. Es konnte in der Vergangenheit ein zyklischer Verlauf zwischen organisatorischer Zentralisierung und Dezentralisierung beobachtet werden.

Zur Zeit der zentralen Organisationsformen wurden diese durch zentralisierte IT-Abteilungen unterstützt, die sich zentrale IT-Systeme, so genannten Mainframes[2], zunutze machten. Der organisatorischen Dezentralisierung folgte mit kurzer zeitlicher Verzögerung eine Dezentralisierung der IT-Landschaft[3] mit Hilfe der Client-Server-Technologie[4]. Heute sind wir auf einer u. a. durch das Internet revolutionierten technologischen Basis wieder im Begriff die IT-Welt zu zentralisieren. Man kann die These aufstellen, dass auch von zyklischen Verläufen in der IT in Bezug auf Zentralisierungs- und Dezentralisierungstendenzen gesprochen werden kann.

---

[2] Als Mainframes bezeichnet man große Computersysteme, für den Betrieb von größtenteils proprietären Applikationen. Historisch betrachtet, werden Mainframes i. d. R. mit einem zentralisierten Ansatz in Verbindung gebracht.

[3] Vgl. *PICOT/REICHWALD/WIGAND* (2001), S. 215.

[4] Mit Client wird ein Rechner oder ein Programm bezeichnet, dass Daten von einem Server erhält, diese dort abruft und auch wieder an den Server zurücksendet. Der Server ist der Rechner oder das Programm, das Daten zur Verfügung stellt. Das gesamte Internet beruht auf dieser Client-Server-Struktur, sozusagen einem „Kunde-Dienstleister"-Verhältnis.

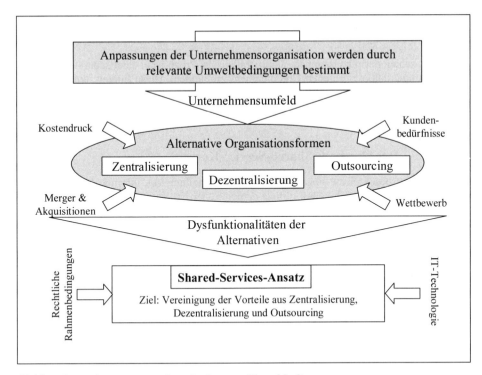

Abbildung 1: Anpassung von Organisationen an Umweltbedingungen

2.1 Rahmenbedingungen

Nach Jahren des Wachstums in relativ eindeutig definierten Märkten mit einer überschaubaren Marktgröße, sahen sich Unternehmen plötzlich mit einer Reihe von neuen Rahmenbedingungen konfrontiert. Man konnte nicht davon ausgehen, dass Marktwachstum eine Konstante sei. Märkte bekamen in ungewohnter Weise eine internationale Wettbewerbskomponente und viele Unternehmen schlossen sich dieser Globalisierung des Handelns und des Handels an. Der damit verbundene Kostendruck kombiniert mit einer Verkürzung von Lebenszyklen und Reaktionszeiten auf Marktentwicklungen führte zu Überlegungen, die wertschöpfenden Kernprozesse[5] des Unternehmens zu identifizieren und sich auf diese bei der Leistungserbringung zu konzentrieren. Unterstützende Prozesse wurden durch die Segmentierung im Unternehmen und die Globalisierung immer unüberschaubarer und komplizierter zu managen, was in der Konsequenz zu Verlusten in der Abwicklungsqualität führte. Durch die Einführung moderner IT-Systeme allein konnte das Problem steigender Komplexität nicht gelöst werden. Zu dieser Zeit stellte sich die Frage, ob ein Geschäftsmodell existiert, was die Vorteile der organisatorischen Segmentbildung im Unternehmen fördert, die entstandenen Nachteile in Form von Re-

---

[5] Als Kernprozess bezeichnet man eine genau definierte Wertschöpfung, die durch Konkurrenten schwer kopiert werden kann. Das Ergebnis dieser Prozesse stellt Produkte und Services dar, die den Umsatz eines Unternehmens und den gesamten Geschäftserfolg wesentlich beeinflussen.

dundanzen bei den administrativen und Unterstützungsprozessen[6] vermieden und die Veränderungen in der Weltwirtschaft berücksichtigt.

Die Lösung schien darin zu bestehen, nicht-strategische Prozesse in einer separaten Organisationseinheit innerhalb des eigenen Unternehmens zu bündeln. Diese Einheit, ein Shared Service Center, sollte die Durchführung solcher Prozesse und Aktivitäten als ihr Kerngeschäft ansehen.

2.2 Das klassische Shared-Service-Konzept

Shared Services beschreiben einen Ansatz zur Bereitstellung von internen Dienstleistungen für mehrere Organisationseinheiten mittels gemeinsamer Nutzung von Ressourcen innerhalb einer Unternehmung. Die organisatorischen Einheiten, die diese internen Dienstleistungen erbringen, werden als Shared Service Center bezeichnet. Shared Services zielen dabei explizit auf die Unterstützungsprozesses und nicht auf die Geschäftsprozesse ab. Basierend auf einer internen Kunden- und Lieferantenbeziehung werden verschiedene Organisationseinheiten (Mitarbeiter, Abteilungen, Geschäftseinheiten) mit standardisierten Dienstleistungen zu geringeren Kosten und höherem Service Level beliefert. Die Optimierung des Ressourceneinsatzes als oberstes Prinzip orientiert sich an dem Ziel durch die Zusammenlegung von Nicht-Kernprozessen die Wertschöpfung der einzelnen Geschäftseinheiten zu erhöhen und folglich die Wettbewerbsfähigkeit sowie den Unternehmenswert zu steigern.

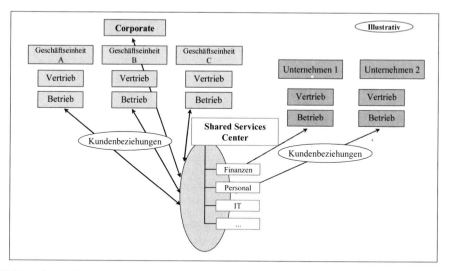

Abbildung 2: Organisatorischer Aufbau eines Shared Service Center

---

[6] Hierbei handelt es sich um Aufgaben und Prozesse, die nicht direkt einen Mehrwert für den Kunden darstellen.

Zu den typischen Charakteristika des klassischen Shared-Service-Konzepts zählen:[7]

- Aufbau eigenständiger organisatorische Einheiten innerhalb des Unternehmens
- Zusammenfassung der administrativen und anderen transaktionsintensiven Unterstützungsprozessen
- Wertschöpfungsorientierung durch Konzentration und Verringerung von Redundanzen im Unternehmen

Für das Shared-Service-Konzept wurden grundsätzlich administrative und andere Unterstützungsprozesse mit hochvolumigen Transaktionen eines Unternehmens als geeignet angesehen, die an mehreren Standorten – lokal oder überregional, national oder international – durchgeführt wurden. Informationen, die von strategierelevantem und/oder unternehmensweitem Interesse sind, z. B., Richtlinien, allgemeine Standards, sowie eine Konzentration von unternehmerisch bedeutenden Fertigkeiten waren weitere potenzielle Aspiranten der Shared-Service-Idee. Klassische innerbetriebliche Einsatzfelder von Shared Services waren im Finanz- und Rechnungswesen sowie teilweise im Personalbereich zu finden. Weiterhin war charakteristisch, dass man Shared Services hauptsächlich in großen und komplexen Organisationen vorfand, die über einen Jahresumsatz von mehr als fünf Milliarden Euro mit einer Vielzahl von Geschäftseinheiten verfügten.

Unternehmen, die mit großem Aufwand Shared Services einführten, versprachen sich eine ganze Reihe von positiven Effekten und Vorteilen, die weit über die Reduzierung von Personal hinausgingen:[8]

- Bei entsprechendem Transaktionsvolumen sollten sich Skaleneffekte vom Einkauf bis zur Bereitstellung realisieren lassen
- Aufgrund standardisierter und optimierter Prozesse sollte die Leistungserbringung effizienter als bei dezentralen Ansätzen erfolgen
- Verbesserte Ressourcenallokation durch die Zusammenlegung von vorher parallelen Prozessen wurde initiiert
- Bündelung von Investitionen in Technologie und Infrastruktur
- Optimierung des Ressourceneinsatzes
- Realisierung von Skaleneffekten durch Bündelung von Services
- Zentrale Bereitstellung von Expertenwissen

Damals wie heute sind weitreichende Veränderungsprozesse innerhalb von Unternehmen mit vielen Risiken und sich daran ableitenden Erfolgsfaktoren verbunden. Die damals geltenden Faktoren haben auch heute kaum ihre Gültigkeit eingebüßt. Als wichtigste Beispiele sind zu nennen:

---

[7] Vgl. *WISSKIRCHEN* (1999), S. 86 f.
[8] Vgl. *SCHULMAN* (1999), S. 16 f.

- Aktive Projektunterstützung durch das oberste Management und erfahrene Projektteams
- Eindeutige Ausrichtung der Initiative an der unternehmerischen Gesamtstrategie
- Einheitliche und leistungsfähige IT-Infrastruktur
- Klare organisatorische Zusammenhänge, Rollen und Verantwortlichkeiten
- Orientierung des Angebotsportfolios der Shared Services an Kundenerwartungen und -bedürfnissen
- Management-„buy-in" auf allen betroffenen hierarchischen Ebenen

2.3 Bewertung der erzielten Ergebnisse

Berichte von Unternehmen, die Anfang bis Mitte der 90er Jahre das Shared-Services-Konzept eingeführt haben, zeigen, dass es sich bei diesem Konzept um eine große Erfolgsgeschichte handelt. Betrachtet man allerdings die erzielten Resultate bzw. das Verhältnis aus Kosten und Nutzen, so fällt die Bilanz recht ernüchternd aus. Viele Unternehmen, wie z. B. HEWLETT PACKARD, MOTOROLA, XEROX, BAXTER, GE und AMERICAN EXPRESS, haben Investitionen in sehr großem Umfang getätigt, um die Vision für ihr Unternehmen Wirklichkeit werden zu lassen. Die angestrebten Ziele konnten jedoch nur von einigen wenigen Unternehmen auch tatsächlich erreicht werden. Im Rückblick stellt sich folgende Frage:

War es die richtige Zeit für den Shared-Services-Ansatz?

Wie in der Einleitung bereits angedeutet, fiel die von Unternehmen angestrebte Umsetzung von Shared Services mit einer Stärkung der dezentralen Kompetenzen sowie dem Segmentierungsgedanken in Unternehmen zeitlich zusammen. Auch die Informationstechnologie folgte im Rahmen des Aufschwunges der Client-Server-Technologie dem Zyklus in Richtung Dezentralisierung. Shared Services basieren im Gegenzug aber auf einer Zusammenfassung von Aktivitäten, der Konzentration von Qualifikationen, einer Prozessstandardisierung sowie der Zentralisierung von Rechnerleistungen und Services. Hier trafen also – mit leichter zeitlicher Verzögerung – zwei „Welten" aufeinander, die psychologisch, organisatorisch und technisch nur schwer vereinbar waren. Verfolgt man den zyklischen Trend, so kann unterstellt werden, dass die Erfolgsaussichten für einen weiterführenden Shared Services Ansatz bezogen auf den Zentralisierungsgrad der IT und der zeitlichen Einordnung Erfolg versprechend sind.

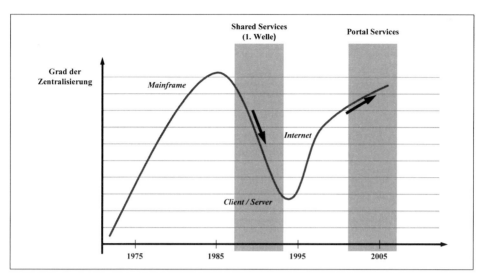

Abbildung 3: Zentralisierungszyklen der IT und Shared-Service-Wellen

Des Weiteren stellt sich folgende Frage:

Welche Fehler bei der Planung und Umsetzung begangen?

Beim Bestreben Shared Services umzusetzen, hatten viele Unternehmen eine internationale Projektdimension zu bewältigen hatten, die teilweise unterschätzt wurde. Weiterhin handelt es sich um das Reorganisieren komplexer interner Strukturen, die mit dem Verlust von Macht und Einfluss einer Reihe von Organisationseinheiten einhergingen, verbunden mit der Schwierigkeit, Umsetzungserfolge in Form eines „Return on Investment" zweifelsfrei nachzuweisen. Eine Reihe von Parametern und unterschätzten Risiken sind für den eingeschränkten Erfolg maßgeblich:

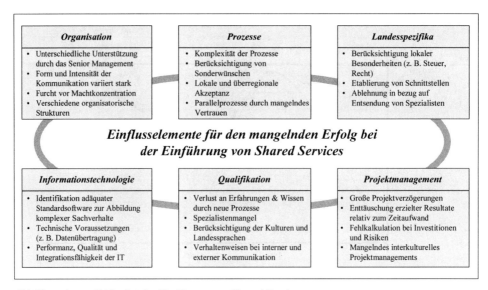

Abbildung 4:   Fehler bei der Einführung von Shared Services

Zwei im wesentlichen durch äußere Einflüsse getriebene Entwicklungen, nämlich die organisatorische Dezentralisierung von Unternehmen und die Ausrichtung der IT auf ein Shared-Services-Konzept, haben isoliert betrachtet ihre Berechtigung gehabt, folgten aber selten einem einheitlichen strategischem Gesamtkonzept.

3   Von Shared Services zu Portal Services

Ist ein Shared-Service-Ansatz heute noch zeitgemäß oder dokumentiert dieser am Ende gar eine der kurzlebigen betriebswirtschaftlichen Konzepte? Wie bewerten wir heute dieses Konzept und welche Potenziale birgt es für die Zukunft?

Der Shared-Services-Ansatz wird unter neuen Rahmenbedingungen derzeit wieder diskutiert. Im Folgenden werden diese neuen Treiber und Katalysatoren, ein zeitgemäßes Geschäftsmodell und die hieraus resultierenden neuen Rollen erläutert.

3.1   Treiber

IT-Abteilungen in Unternehmen müssen heutzutage die Bedürfnisse ihrer Kunden detailliert kennen. Vorhandenes Wissen im Unternehmen muss möglichst umgehend verfügbar sein,[9] denn IT-Verantwortliche interagieren mit ihren Kunden zunehmend „real-time". Neben der

---

[9]   Vgl. WELLS (2000), S. 79.

wachsenden Bedeutung der IT in allen Geschäfts- und Unterstützungsprozessen gehören zu den maßgeblichen Auslösern für eine zweite Welle der Shared Services:

- Unvereinbarkeit des Einsparungszwanges und der stetige Anstieg der IT-Kosten
- Dysfunktionalitäten von unternehmerischen Organisationen
- Konsolidierung nach dem E-Business-Hype

3.1.1 Kostensituation der Unternehmen

Der Wandel im unternehmerischen Umfeld vollzieht sich nicht nur mit zunehmender Geschwindigkeit, sondern auch immer häufiger in diskontinuierlichen Sprüngen und stellt die Unternehmen überdies durch die aktuelle konjunkturelle Situation weltweit vor große Herausforderungen. Viele Firmen weisen stagnierende oder sinkende Umsatzzahlen auf, was zu mangelnder Planungssicherheit bei Investitionen führt. Durch eine fortschreitende Markttransparenz für Kunden sowie den schnellen Zugriff auf Informationen, Services und Lieferanten über das Internet, wird eine Senkung des Preisniveaus auf vielen Märkten weiter vorangetrieben. Dies zwingt Unternehmen ihre Kostensituation kontinuierlich zu hinterfragen sowie entsprechende Einsparpotenziale rasch zu identifizieren und auszuschöpfen. Selten ist ein Unternehmen heutzutage allein auf einem bestimmten Markt vorzufinden oder kann sich längere Zeit in abgeschottete Nischen zurückziehen. Deshalb müssen sie sich auf die eigenen Kernkompetenzen konzentrieren, um dem ständigen Wettbewerbsdruck Stand zu halten.

3.1.2 Dysfunktionalitäten von unternehmerischen Organisationen

Klassische Organisationsformen zur effektiven und effizienten Abwicklung von Unterstützungsprozessen haben ihre Schwachstellen. Diese Dysfunktionalitäten[10] können bei den drei wesentlichen Alternativen dargestellt werden:

3.1.2.1 Zentralisierung

Zentrale Unternehmenseinheiten sind eine vielfach verwendete Alternative zur Organisation von Unterstützungsprozessen in Unternehmen. Dieser zentrale Lösungsansatz wird aber in vielen Fällen mit Schwächen in Verbindung gebracht, die vom Bürokratismus, fehlendem Kosten- und Qualitätsbewusstsein über mangelnde Kundenorientierung sowie Inflexibilität bezogen auf sich ändernde Markterfordernisse bis zur nicht vorhandenen Marktnähe reichen.

3.1.2.2 Dezentralisierung

Ein Bestandteil der organisatorischen Segmentierung (vgl. Abschnitt 2) der Unternehmen, ist das Neustrukturieren des Managens von Unterstützungsprozessen. Diese werden bei einem dezentralen Ansatz von den Geschäftseinheiten selbst organisiert und koordiniert, was den Aufbau von dezentralen Verwaltungsapparaten nach sich zieht. Eine größere Flexibilität und unternehmerische Freiheit zieht Ineffizienzen nach sich, hervorgerufen durch redundante Aktivitäten und Prozesse:

---

[10] Vgl. *KAGELMANN* (2001), S. 65.

a) Lokal unterschiedliche Abwicklung analoger Prozesse:
Problemlösungsmechanismen und -vorgehensweisen sind im Laufe der Zeit einer eigenen Dynamik unterworfen. Diese hängen von regionalen Gegebenheiten, externen Einflüssen, aber auch von der individuellen Kreativität der Mitarbeiter ab.

b) Ressourcen:
Sowohl Managemententscheidungen als auch die Durchführung von Unterstützungsprozessen folgen nicht immer effizienten Maßstäben. Hier wird das Bestreben Größenvorteile zu nutzen vernachlässigt und vorhandene Interdependenzen der Geschäftseinheiten komplizierter in der Gestaltung. Der Aufbau von Wissensdatenbanken bzw. ein unternehmensinterner Wissenstransfer wird äußert schwierig zu organisieren. Die in den einzelnen Geschäftseinheiten eingesetzten IT-Systeme und Applikationen entfernen sich im Laufe der Zeit immer mehr von vorhandenen Standards, was zu Inkompatibilitäten beim Datenaustausch und der -aggregation führt. Sämtliche Formen der Infrastruktur (räumliche oder technische) müssen mehrfach beschafft, gepflegt und verwaltet werden, was zu erheblichen Mehraufwendungen aus Sicht des Gesamtunternehmens führen kann.

3.1.2.3 Outsourcing

Die Defizite dieser dritten Organisationsform, dem Outsourcing[11], liegen in der Fremdvergabe selbst. Hier sind im wesentlichen folgende Punkte zu nennen:

- Abhängigkeit von Drittfirmen
- Know-how-Verlust
- Auslagerung möglicher künftiger Kernkompetenzen
- Mangelndes IT-bezogenes Controlling
- Unzureichende langfristige Kosteneinsparpotenziale durch vertragliche Bindung

3.1.3 Konsolidierung nach dem E-Business-Hype

E-Business führte zu Veränderungen im gesamten Geschäftsumfeld. Viele große Unternehmen waren aufgrund der Komplexität ihrer internen Prozesse nicht in der Lage sich den E-Business-Trend genauso schnell zu nutze zu machen, wie die unzähligen neu gegründeten Startup-Firmen. Mit zeitlicher Verzögerung reagierten jedoch auch die Unternehmen die traditionelle Segmente besetzten, mit einem „E-Business-Aktionismus". Es wurden eine Vielzahl von E-Business-Projekten in den unterschiedlichen Geschäftseinheiten initiiert und Budgets in großem Umfang bewilligt, um den aktuellen Trend nicht zu verpassen. Diese anfängliche Experimentierphase war durch starke Heterogenität von Services, einer hohen Anzahl an neuen Technologien und eine gewisse Orientierungslosigkeit in Bezug auf Ziele und Aufgaben gekennzeichnet.

---

[11] Outsourcing ist ein Kunstwort, das sich aus den englischen Begriffen „outside resource using" zusammensetzt. Herunter ist die Auslagerung von bislang im Unternehmen erbrachten Leistungen an einen externen Dritten zu verstehen. Diesem Dritten wird eine dauerhafte unternehmerische Verantwortung übertragen.

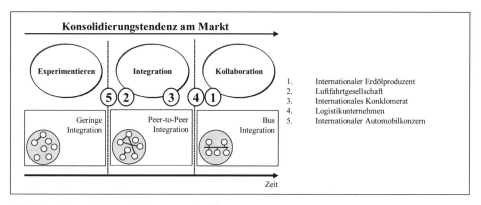

Abbildung 5:   IT-Konsolidierungsstadien[12]

Nach dem Ende dieser Entwicklung befinden sich die meisten großen Unternehmen heute in der Phase der Integration, d. h. erfolg- und ertragslose Projekte aus der Experimentierphase des E-Business werden abgebaut. Konzepte und Ansätze müssen auf eine fundierte betriebswirtschaftliche Basis gesetzt und stabilisiert werden. Zwischenzeitlich werden viele der noch weitergeführten Projekte miteinander verbunden, um eine einheitliche, genormte IT-Landschaft aufzubauen. In Zukunft werden sich diese Projekte an einer gemeinsamen Strategie orientieren müssen. Diese Kollaborationsphase ist dadurch gekennzeichnet, dass IT-Projekte und -Initiativen auf eine gemeinsame Strategie ausgerichtet werden, bei der die Zusammenarbeit und der Wissenstransfer auf Basis einer konsolidierten IT-Landschaft im Vordergrund stehen.

3.2   Katalysatoren

Neben den geschilderten Treibern gibt es noch einige Katalysatoren, die diese Entwicklung begünstigen, wie zum Beispiel:

- IT-Technologie und ihre wachsende Bedeutung
- Neue Geschäftsmodelle

3.2.1   IT-Technologie und ihre wachsende Bedeutung

Das Internet und die damit verbundenen technologischen Trends und Innovationen sind der Grundstein für neue Geschäftsmodelle. Neben Plattformtechnologien, wie z. B. Windows NT oder Linux, bildet die IT-Infrastruktur eine wesentliche Komponente der neuen technologischen Basis.[13] Des Weiteren gehören dazu Portale (vgl. Abschnitt 3.4.1), die den zentralen Einstiegspunkt für die Benutzer eines Inter-/Intra- oder Extranets darstellen sowie die Enter-

---

[12] Quelle: ESPRIT CONSULTING.

[13] Vgl. AMOR (1999), S. 74 ff.

prise Middleware[14], Sicherheitstechnologien[15], Content-Management-Systeme[16], moderne Abrechnungssysteme[17] und natürlich Applikationen.

3.2.2 Neue Geschäftsmodelle

Die Einführung des Internets hat bekanntermaßen die Nutzung von Informationen und den Zugriff auf diese stark vereinfacht sowie verändert. In Verbindung mit der neuen technologischen Basis, kristallisieren sich neuartige Geschäftsmodelle heraus, wie z. B. elektronische Marktplätze oder das „Application Service Providing":

a) Elektronische Marktplätze
Hierbei handelt es sich um die Bereitstellung einer Informationsumgebung in Form virtueller Handelsplätze zur Förderung der branchenübergreifenden geschäftlichen Zusammenarbeit zwischen Unternehmen. Intransparente und fragmentierte Märkte konsolidieren sich und die Marktreichweite wird erhöht. Die Beschaffung von Information, z. B. das Einholen von Vergleichsangeboten, wird wesentlich vereinfacht und verbilligt sich. Bekannte elektronische Marktplätze findet man vor allem in der Automobil- und Chemieindustrie.

b) Application Service Providing
Application Service Providing (ASP) ist ein Dienstleistungskonzept für das Bündeln von Services und dem Vermarkten dieses Bündels an eine Vielzahl von Nutzern („One-to-many"-Ansatz) über ein Netzwerk, z. B. dem Internet. Dabei kommen skalierbare Verrechnungssystematiken, so genannte „Pay-as-you-go"-Ansätze, zur Anwendung. Das bedeutet, dass ein fester Preis für die Nutzung einer Applikation, je Monat, je Nutzer bezahlt wird. Die vermarkteten Applikationen verbleiben im Eigentum des ASP-Anbieters, der auch die Verantwortung für die Einhaltung der zugesicherten Eigenschaften (Wartung, Upgrades, Performanz, etc.) übernimmt.[18] Teilweise findet man neben ASP den Begriff xSP[19] als Oberbegriff, der verschiedene Service Provider entlang der Wertschöpfungskette[20] umfasst. Neben dem ASP gibt es andere Service Provider, wie z. B. Netzwerk-Service Provider.

---

[14] Enterprise Middleware ist eine Software zur effizienten Verknüpfung von Applikationen mit der grundlegenden Funktionalität aller Betriebssysteme.

[15] Sicherheitstechnologien in der IT umfassen technische Komponenten zur Sicherstellung von unternehmensinternen oder externen (z. B. rechtlichen) Sicherheitsvorgaben, beispielsweise bezogen auf Authentifizierung, Zugriffsüberwachung, Verschlüsselung und digitale Signaturen.

[16] Ein Content-Management-System leistet das Erfassen, Pflegen, Speichern, Verwalten und Aufbereiten von Inhalten für online Medien und konventionelle Veröffentlichungen. Es unterstützt damit die systematische inhaltliche Darstellung des Unternehmens generell und insbesondere die Portfolio-Beschreibungen für Produkte, Lösungen sowie Dienstleistungen.

[17] Moderne Abrechnungssysteme stehen heute in Verbindung mit so genannten „Billing Engines", die Funktionen zur individuellen Leistungsverrechnung bereitstellen. Sie übernehmen Nutzungsdaten aus der Service-Komponente Accounting und berücksichtigen die Daten aus dem Vertragsmanagement.

[18] Vgl. FORIT INTERNET BUSINESS RESEARCH (2000), S. 9.

[19] Eingeführt wurde der Begriff xSP von der International Data Corporation (IDC) und IBM.

[20] Die Wertschöpfungskette umfasst Aktivitäten, die zur Entwicklung, Produktion, Vermarktung und Lieferung von Produkten und Services an Kunden durchgeführt werden. Wertschöpfungsketten können auch über Unterneh-

3.3 Das Geschäftsmodell: Portal Services

Ein Geschäftsmodell, das Unternehmen bei der Konsolidierung ihrer IT-Landschaft unterstützt sowie die aktuellen Herausforderungen (vgl. Abschnitt 3.1) adressiert, wird im folgenden beschrieben. Das Geschäftsmodell der Portal Services stellt eine Weiterentwicklung des Shared-Services-Ansatzes dar. Dabei wurde der Begriff Portal Services gewählt, da die Portaltechnologie eine wesentliche Voraussetzung für die Umsetzung des Geschäftsmodells ist. Im Rahmen dieses Modells übernimmt der so genannte Portal Service Broker eine besonders wichtige Funktion.

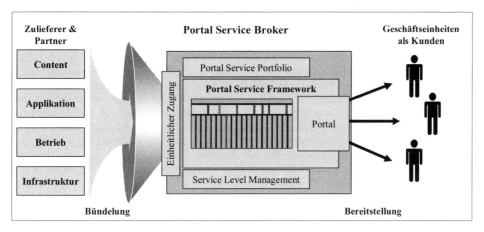

Abbildung 6:   *Der Portal-Service-Ansatz*

Die zentrale Aufgabe des Portal Services Broker ist das Identifizieren und Bündeln von IT-Services, das Verfügbarmachen von so genannten Servicepaketen über eine standardisierte IT-Architektur, dem Portal Service (PS-) Framework, sowie das Steuern der am Gesamtprozess beteiligten Zulieferer, Partner und Kunden. Der Ansatz, standardisierte Servicepakete durch einen Portal Service Broker unternehmensweit anzubieten und diese in einem einheitlichen PS-Framework zu integrieren, unterstützt Unternehmen, ihre fragmentierte IT-Infrastruktur zu konsolidieren und eine Komplexitätsreduktion herbeizuführen.

3.3.1 Kundenbedürfnisse

Im Geschäftsmodell der Portal Services ist die Kundenorientierung ein wesentlicher Erfolgsfaktor. Kunden können Geschäftseinheiten, Abteilungen oder Mitarbeiter sein. Sie stellen hohe Anforderungen an IT-Services hinsichtlich Kosten, Sicherheit und Verfügbarkeit.

a) Kostentransparenz und -reduktion
   Aufgrund des bestehenden Margen- und Kostendrucks sind Unternehmen gezwungen ihre Ausgaben auch im IT-Umfeld zu reduzieren. Geschäftseinheiten in Unternehmen haben oftmals einen sehr ungenauen Überblick über ihre gesamten IT-Kosten, d. h. die „Total

---

mensgrenzen hinweg miteinander verbunden werden, so dass z. B. Lieferanten und Kunden eingeschlossen werden.

Cost of Ownership"[21] der IT. Viele Unternehmen wollen diesen Zustand zu verbessern, um Einsparpotenziale ermitteln zu können. Durch nutzungsabhängige Preismodelle sowie durch eine nach Services aufgeschlüsselte Rechnungsstellung wird zum einen eine sehr hohe Kostentransparenz erreicht, zum anderen eine verursachungsgerechte Kostenzuordnung ermöglicht. IT-Kosten können auf diese Weise in kurzen Zyklen mit geringem Controlling-Aufwand erfasst, die einzelnen Services den Nutzern zugeordnet und Einsparpotenziale identifiziert werden. Durch diese Faktoren können Geschäftseinheiten flexibler auf sich verändernde IT-Bedürfnisse reagieren.

b) Sicherheit und Sicherheitsmanagement
Das Auslagern von sensiblen Firmendaten, von IT-Systemen oder Applikationen, wird von Kunden nach wie vor sehr kritisch betrachtet. Viele Unternehmen haben bereits ein VPN, „Virtual Private Network"[22], implementiert, um das Sicherheitsrisiko durch ein unternehmensinternes, nach außen abgeschottetes Netzwerk so gering wie möglich zu halten. Die Sicherheitsanforderungen im IT-Umfeld sind jedoch eine Problematik mit vielen Facetten. Einerseits für höchste Sicherheit zu sorgen und andererseits, spezielle Unternehmensdaten ausgesuchten Partnerfirmen, Kunden und Lieferanten zugänglich zu machen, stellt die IT-Abteilung und auch einen Portal Service Broker vor große Herausforderungen. Zentralisierte Systeme führen prinzipiell zu mehr Sicherheit für Daten und deren Zugriff als lokal betriebene und administrierte Systeme. Voraussetzung ist allerdings ein entsprechend professioneller Betrieb mit aufwändigen Sicherheits- und Backup-Einrichtungen beim Anbieter. Für das sensible Thema Sicherheit in der IT, ist ein besonderes Vertrauensverhältnis zwischen Kunde und Portal Service Broker eine erfolgskritische Komponente. Das bedeutet, dass nicht nur Netzwerke, Server, Daten und Applikationen strengsten Sicherheitsmaßnahmen unterliegen müssen und die Serviceangebote mit hohen Sicherheitsgarantien gekoppelt werden sollten, sondern dass Sicherheit und das damit verbundene Sicherheitsmanagement unternehmensintern offensiv kommuniziert werden sollte.

c) Stabile, hochverfügbare Services
Die an IT-Services gerichteten Erwartungen in Unternehmen können relativ einfach beschrieben, aber nur aufwändig realisiert werden: IT-Services sind Hilfsmittel, die je nach Bedarf an- und abgeschaltet, ständig verfügbar gemacht und abhängig von der Nutzungsintensität skalierbar bereitgestellt werden sollten. Hochverfügbarkeit und Stabilität von IT-Services entstehen weder aus sich heraus noch als zwingendes Resultat der Einführung entsprechender Technologien. Um nachhaltig einen hohen Grad an Verfügbarkeit realisieren zu können, sollten Unternehmen Strategien einer aktiven Problem-Prävention konzipieren und einführen. Sollten diese Konzepte von Fall zu Fall versagen, sind ebenso detailliert konzipierte sowie erfolgreich erprobte Problemlösungsmethoden dem Unternehmen zur Verfügung zu stellen.

Die Forderung und auch der Bedarf an sehr hohen Verfügbarkeitsraten für Applikationen wird in den kommenden Jahren steigen, jedoch nicht die Bereitschaft der Kunden, dies in

---

[21] „Total Cost of Ownership" ist eine Methode zur Ermittlung der kompletten Kosten für die IT eines Unternehmens oder einzelner Abteilungen durch Verteilung der Gesamtkosten auf einen einzelnen Arbeitsplatz. Wichtiges Merkmal ist die Einbeziehung direkter und indirekter Kosten.

[22] Bei einem "Virtual Private Network (VPN)" handelt es sich um ein privates Datennetz, das sich der öffentlichen Telekommunikationsinfrastruktur bedient. Der private Charakter wird mit Hilfe von Sicherheitstechnologien und -prozeduren gewährleistet.

gleichem Maß zu vergüten. Eine Reduzierung der Komplexität bei Entwicklung, Implementierung und Betrieb, die Bündelung des vorhandenen Fachwissens von Spezialisten, die konsequente Einführung unternehmensweiter Standards und eine Verbesserung der Service-Level-Managementprozessen[23], werden das zuvor beschriebene Dilemma beseitigen.

Die genannten Erwartungen führen jedoch zu Zielkonflikten. Beschränkte IT-Budgets führen schnell zu einem Verlust an Stabilität und Verfügbarkeit. Ebenso kann eine Erhöhung der Sicherheitsmaßstäbe zu Mehrkosten und damit zu reduzierter Flexibilität führen. Die Herausforderung für das Management liegt in der Harmonisierung und Optimierung dieser Parameter. Dazu bedarf es aber einer ganzheitlichen Betrachtung, die ein Portal Service Broker gewährleisten kann. Durch eine Standardisierung und Konsolidierung der IT-Infrastruktur in Verbindung mit unternehmensweit einheitlich angebotenen Servicepaketen, wird einer unverhältnismäßig große Kapitalbindung durch IT-Investitionen aus gesamtunternehmerischer Sicht entgegengewirkt. Die Vereinfachung der Infrastruktur durch eine klare Fokussierung auf wenige Standards in Bezug auf Anbieter, Betriebssysteme, Modelle und Konfigurationen, macht das Management der gesamten Infrastruktur zusätzlich bedeutend einfacher und günstiger.

3.3.2 Bündelung von Partner- und Zulieferleistungen

Ein Portal Service Broker trägt analog dem Händlerprinzip sehr wenig zur IT-Wertschöpfungskette bei. Er bedient sich einer Vielzahl von Partnern und Lieferanten, die ihm Einzelleistungen, Funktionen oder Services zur Verfügung stellen. Diese fasst der Portal Service Broker zu Servicepaketen zusammen und bietet sie seiner Klientel an. Auf Grundlage der IT-Gesamtstrategie des Unternehmens und der Bedürfnisse der internen Kunden selektiert der Portal Service Broker seine Zulieferer und Partner für die Bereitstellung seines Angebotsbündels.

Im Rahmen seiner definierten Rolle im Gesamtunternehmen obliegt dem Portal Service Broker auch die Verantwortung für die Verteilung der Einkünfte an die Beteiligten der Wertschöpfungskette. Diese Zuteilungen sind vom Bereitstellungsanteil der Servicepakete sowie dem Wertschöpfungsanteil entlang der Wertschöpfungskette abhängig und werden vertraglich vereinbart. Die Aggregation zu Servicepaketen bei gleichzeitiger Abhängigkeit von mehreren Partnern und Lieferanten ist mit Risiken behaftet. Die wesentlichen Themen, die im Rahmen eines Risikomanagements berücksichtigt werden sollten, sind das Vertragsmanagement, das Service-Level-Management, das Beziehungsmanagement[24], das Ausfallmanagement und die daraus resultierenden finanziellen Risiken.

3.3.3 Prozessmodell und Wertschöpfungskette

Ein Portal Service Broker muss die Aktivitäten und Prozesse entlang der Wertschöpfungskette steuern, um Servicepakete anbieten zu können. Aus der Analyse der verschiedenen Prozessmodelle von IT-Dienstleistern ist nachfolgendes Standard-Prozessmodell für Portal Service Broker entstanden:

---

[23] Service-Level-Management ist ein Prozess des Definierens, Überwachens und Managens des Servicegrades und der Qualität von IT-Leistungen, die zwischen Betreiber und Kunden vertraglich vereinbart wurden.

[24] Vgl. BERNHARD/LEWANDOWSKI/MANN (2001), S. 23.

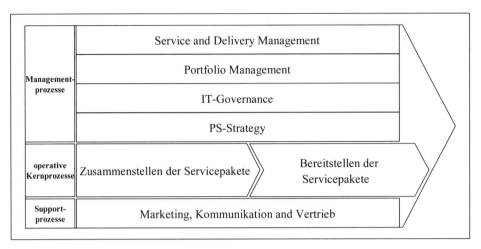

Abbildung 7: Das Prozessmodell der Portal Services

Das Prozessmodell ist in drei wesentliche Sektionen aufgeteilt: Neben den operativen Kernprozessen wird zwischen den Managementprozessen und den Unterstützungsprozessen unterschieden.

3.3.3.1 Operative Kernprozesse

Zu den operativen Kernprozessen, die das Herzstück des abgebildeten Prozessmodells bilden, gehört die Zusammenstellung von Servicepaketen und der sich anschließende Prozess der Bereitstellung der Services.

a) Zusammenstellen der Servicepakete
Der Portal Service Broker muss kontinuierlich für seine Kunden auf der Suche nach neuen Services sein, die den Anspruch „Best Practice"[25] erfüllen. Hierfür sollten sowohl der unternehmensinterne als auch -externe Markt herangezogen werden. Aufgrund der Größe vieler Unternehmen spielt auch die unternehmensinterne Betrachtung eine wesentliche Rolle, da für spezifische Problemstellungen im Unternehmen bereits Softwarelösungen eingeführt wurden und Erfahrungswerte vorliegen können. Diese Applikationen werden anhand vorher definierter Kriterien technisch und betriebswirtschaftlich in Hinblick auf eine übergreifende Nutzbarkeit für Geschäftseinheiten bewertet. Weiterhin ist es erforderlich potenzielle Services, die einen Teil des neuen Servicepaketes werden könnte, auf ihre Integrationsfähigkeit in das Portal Service Framework zu untersuchen. Externe Recherchen dienen ergänzend zum Benchmarking gegenüber den internen Applikationen sowie der Verfolgung von Markttrends.

Servicepakete werden auf der Grundlage erhobener Kundenanforderungen und Business Pläne, die über die Wirtschaftlichkeit des Einsatzes des Servicepaketes Aufschluss geben, zusammengestellt.

---

[25] Best Practice bezeichnet das höchste Leistungsniveau, das Unternehmen erreichen sowie erfolgreiche, bewährte Praktiken, die nach Stand des Wissens zur Erreichung besserer Ergebnisse eingesetzt werden.

Servicepakete bestehen aus einer oder mehreren Applikationen und IT-Services, wie z. B. dem Content Management und dem Hosting sowie der Gewährleistung aller sicherheitsrelevanten Maßnahmen.

Applikationen und weitere Bestandteile, die für den Kunden im spezifischen Servicepaket zusammengestellt wurden, müssen in die operative Umgebung integriert werden. Diese Integration reicht von der Berücksichtigung der IT-Architektur, der Netzwerkumgebung und Integrationsfähigkeit der Applikationen über die Anbindung an sämtliche bereits vorhandene Bausteine bis hin zur Bereitstellung auf einer zentralisierten Hosting-Plattform.

Der abschließende Schritt im Rahmen der Zusammenstellung von Servicepaketen stellt die Pilotierung dar. Daran anknüpfend werden in Zusammenarbeit mit einer repräsentativen Geschäftseinheit die bereits in das PS-Framework integrierten Servicepakete im Gesamtkontext untersucht, getestet und optimiert.

b) Bereitstellen der Servicepakete
Neben der Zusammenstellung von Servicepaketen bildet die operative Bereitstellung eine weitere Aktivität des Portal Service Broker. Analog zu den üblichen Marktmechanismen, müssen Kunden – in diesem Fall unternehmensinterne Geschäftseinheiten – von den ökonomischen und technischen Vorteilen des gesamten Ansatzes und der angebotenen Servicepakete überzeugt werden. Neben den notwendigen (internen) Marktrecherchen, die vor der Aufnahme ins PS-Angebotsportfolio durchgeführt werden, sollten in Zusammenarbeit mit den Geschäftsgebieten Assessments durchgeführt werden. Diese evaluieren einerseits die kurz-, mittel- und langfristigen IT-Bedürfnisse der Geschäftsgebiete, andererseits beschreiben sie die individuellen Chancen und Möglichkeiten der Nutzung des PS-An-gebotes.

Aus den Ergebnissen dieser Assessments werden die für die Geschäftseinheit passenden Servicepakete aus dem vorhandenen Portfolio ausgewählt und angeboten. Bevor die Bereitstellung der Servicepakete für die Geschäftseinheit realisiert ist, müssen die vorhandene IT-Umgebung und der operative Betrieb der Geschäftseinheit an das PS-Framework angebunden werden. Sobald der Zugriff auf Applikationen und Dateninhalte unter Berücksichtigung der vereinbarten Zugriffssicherheit, Performanz und Verfügbarkeit gewährleistet ist, können sich Nutzer mit Hilfe von Registrierungs- und Authentifizierungsmechanismen anmelden und die freigeschalteten Servicepakete nutzen.

3.3.3.2 Managementprozesse

Unter den Managementprozessen werden hier Service und Delivery Management, Portfolio Management, Governance und Strategie verstanden. Diese Prozesse unterstreichen, dass es sich bei einem Portal Service Broker weder um den klassischen Herausgeber von Richtlinien eines Konzernstabes noch um den typischen Betreiber von IT-Leistungen handelt. Der Portal Service Broker handelt nach übergeordneten Interessen des Konzerns und muss diese gleichzeitig mit unternehmerischer Verantwortung im Sinne der messbaren Leistungserbringung verknüpfen.

a) Service und Delivery Management
Unabhängig von der physikalischen Erbringung der IT-Leistungen, ist der Portal Service Broker für die Verfügbarkeit der vereinbarten Servicepakete im Sinne des „Single-Point-of-Contact"-Prinzips verantwortlich. Er muss in seiner Rolle Services definieren, verhan-

deln, implementieren, überwachen und managen (Service Level Management). Weiterhin ist er verpflichtet sicherzustellen, dass vertragliche Vereinbarungen und Regeln zu Partnern sowie internen und externen Leistungserbringern juristisch einwandfrei und gemäß der Konzernrichtlinien gestaltet sind (Vertragsmanagement). Weiterhin wird die Gewährleistung eines störungsfreien operativen Betriebes von ihm erwartet. Ergänzend hierzu zählen die Überwachung der Rollen und Verantwortlichkeiten aller am Gesamtprozess beteiligten Parteien, die Durchführung von pro- und reaktiven Diagnosen und dem damit verbundenen Reporting, die Abwicklung der anfallenden administrativen Notwendigkeiten sowie eine „Hotline" zur Kundenunterstützung.

b) Portfolio Management
Das Portfolio Management eines Portal Service Broker besteht im Wesentlichen aus zwei Hauptkomponenten: dem Business Service Development und dem Business Service Management. Die Auswahl, Entwicklung und Evaluierung von neuen Serviceideen steht im Mittelpunkt des Business Service Development. Auf Basis von Marketing- und Vertriebsinformationen über Trends am Markt und der Entwicklung der Kundenwünsche werden grundlegende technologische und wirtschaftliche Voraussetzungen, die Marktreife sowie die Kompatibilität zur eigenen Portfoliostrategie überprüft. Die erfolgreiche Zusammenarbeit mit Servicepartnern und die Aggregation der von diesen zur Verfügung gestellten Leistungen ist eine Schlüsselfunktion, bei der auch Risiken durch ein konsequentes Partnermanagement minimiert werden müssen. Erfolgsversprechende Serviceideen werden den Business Teams übergeben, die diese im Rahmen des Business Service Management aufnehmen und gegebenenfalls entwickeln.

Notwendige Investitionsentscheidungen bei der Entwicklung neuer Services sind im Rahmen des übergeordneten Portfoliomanagements zu treffen.

c) IT-Governance
Die erfolgreiche Verbindung von Informationstechnologien mit der Unternehmensstrategie und -kultur sowie die Einbindung von Kunden, Lieferanten, Geschäftspartnern und sonstigen Interessengruppen eines Unternehmens, basieren im wesentlichen auf einem effizienten und effektiven Austausch von Informationen. Damit dieses im Unternehmen auch umgesetzt wird, ist eine „Governance" erforderlich.

Der Portal Service Broker kann sich zum Gestalter der IT-Landschaft innerhalb eines Unternehmens entwickeln. „IT-Governance" bedeutet die Verantwortung und Fähigkeit zur Gestaltung und Durchsetzung von IT-Strategien, IT-Prozessen und IT-Architekturen. Darüber hinaus werden Vorgehensmodelle für die Planung und Organisation, die Implementierung und dem Betrieb sowie Kundenunterstützung und die Überwachung der IT-Performanz integriert und institutionalisiert. Es werden Rollen und Verantwortlichkeiten festgeschrieben, Messgrößen definiert, Werkzeuge zur Steuerung eingeführt sowie Anreizsysteme verabschiedet.

d) Strategie der Portal Services
Die PS-Strategie muss nicht nur die Unternehmensstrategie unterstützen, sondern ein integraler Bestandteil werden. Legt man diese Maßgabe zugrunde, müssen die grundlegenden Rahmenbedingungen und Ziele für das beschriebene Geschäftsmodell festgelegt und die aktuelle Strategie einem stetigen Überprüfungsprozess unterzogen werden. Neben der Unternehmensgesamtstrategie, werden auch aktuelle Markttrends und Kundenbedürfnisse in die Betrachtung einbezogen. Weiterhin werden regionale, kulturelle und rechtliche Ge-

gebenheiten der internen Kunden der Portal Services berücksichtigt, sowie Bewertungskriterien für Lieferanten und Partner erarbeitet.

3.3.3.3 Unterstützungsprozesse

Zur Umsetzung des Geschäftsmodells der Portal Services sind interne Strukturen notwendig, die ein Marketing, eine interne Kommunikation und einen Vertrieb für das Leistungsangebot ermöglichen.

a) Marketing
Das Marketing für Portal Services umfasst grundsätzlich Aufgaben, die denen der Vermarktung von IT-Produkten und IT-Dienstleistungen ähnelt. Die Maßnahmen werden um die Bekanntmachung eines neuen Geschäftsmodells in der IT im Unternehmen ergänzt. Das Marketing ist auch für die Verfolgung aktueller Trends verantwortlich, was die ständige Analyse und Aktualisierung der Markt- und Kundenanforderungen sowie eine Markt- und Wettbewerbsbeobachtung umfasst.

b) Kommunikation
Der Erfolg eines jeden Veränderungsprozesses hängt im wesentlichen von der Akzeptanz der resultierenden Veränderungen durch direkt Beteiligte ab. Hierfür muss ein Vorgehensmodell entwickelt werden, dass geplante Veränderungen, die Auswirkungen in der Organisation sowie Chancen und Risiken für das Unternehmen erläutert. Für den hier beschriebenen Fall ist, neben der viel zitierten Grunderkenntnis, dass Kommunikation eine Kernaktivität zur erfolgreichen Erreichung der Projektziele ist, der Schwerpunkt für die Gestaltung der Kommunikation auf die Chief Information Officer (CIOs) und deren Mitarbeiter in den Geschäftseinheiten zu fokussieren.

c) Vertrieb
Dem internen Kunden soll grundsätzlich nicht durch Direktive vorgeschrieben werden, ob und welche Servicepakete er nutzt, sondern er muss sowohl vom Ansatz als auch von den Servicepaketen überzeugt sein. Hierfür sind vertriebliche Aktivitäten einzuplanen, die Erfolg versprechende Vertriebskanäle identifizieren und servicebezogen bewerten, vertriebliche Maßnahmen je Servicepaket und Kundengruppe ableiten, den individuellen Kundennutzen vertrieblich darstellen sowie Meßsysteme und -mechanismen in Anlehnung an strategische Vorgaben einführen und steuern. Ein mit den Geschäftseinheiten einzuführendes Beziehungsmanagement sowie das Institutionalisieren eines Feedback-Mechanismus zur Pflege eines kontinuierlichen Verbesserungsprozesses gehört zu den weiteren Aufgaben eines PS-Vertriebs.

Die wesentlichen Eigenschaften des Portal-Service-Prozessmodells lässt sich wie folgt zusammenfassen:

- Das Zusammen- und Bereitstellen der angebotenen Servicepakete stellt die Kernaufgaben des Portal Service Broker dar, d. h. dies sind auch die Kernprozesse der gesamten Wertschöpfungskette
- Zur Realisierung des Geschäftsmodells dienen Managementprozesse, wie Service und Delivery Management, Portfolio Management oder IT-Governance
- Zur Unterstützung des Geschäftsmodells dienen Aktivitäten, wie Marketing, Kommunikation und Vertrieb. Sie sind eine wichtige Voraussetzung zur Realisierung ei-

ner unternehmensweiten Einführung und der kontinuierlichen Verbesserung bzw. Anpassung des Ansatzes

3.3.4 Die Erfolgsfaktoren des Portal Service Broker

Der Führungsstil einer Unternehmensleitung in Bezug auf die Durchsetzung nachhaltiger Veränderungen variiert innerhalb eines Landes aber auch über die Landesgrenzen hinaus sehr stark. Dies hängt mit der Struktur der Organisation, der Mentalität der Mitarbeiter, der Gesetzgebung, aber auch mit der Präsenz und dem Einfluss von Betriebsräten und Gewerkschaften in den Unternehmen zusammen. Folglich wird auch der Erfolg eines Portal Service Broker von solchen Parametern geprägt sein. Die Voraussetzung für nachhaltige Veränderungen und einen langfristigen Erfolg ist, dass der Portal Service Broker interne Kunden durch Leistung und nicht durch ein Mandat der Unternehmensleitung überzeugt.

Sollte eine Geschäftseinheit grundsätzlich die Zusammenarbeit mit einem Portal Service Broker ablehnen, muss diese den Nachweis erbringen, dass im Vergleich zu den vom Portal Service Broker angebotenen Paketen die eigenen Lösungen langfristig effektiver und effizienter sind. Gelingt der Geschäftseinheit dieser Nachweis in einem vorher festgelegten Zeitrahmen nicht, wird diese verpflichtet, sich dem Modell anzuschließen. Bedient sie sich tatsächlich Applikationen und Prozesse, die zur Lösung von spezifischen Problemen besser geeignet sind, müssen diese von der Geschäftseinheit nicht ersetzt werden. Der Portal Service Broker wiederum muss in diesem Fall diese Applikationen und Prozesse in sein Portfolio aufnehmen.

3.3.5 Das richtige Preismodell

Ein wichtiger Faktor für den Erfolg des Portal Service Broker ist die Gestaltung eines flexiblen Preismodells, das die Anforderungen und das Nutzungsverhalten der Kunden in angemessener Weise berücksichtigt. Bei der nachfolgend aufgeführten Auswahl an möglichen Preismodellen wird von einer monatlichen Verrechnung ausgegangen:[26]

- Feste Gebühr: Der Kunde zahlt für jeden Nutzer einen festgelegten Betrag an den Portal Service Broker. Der einzelne Nutzer hat die Möglichkeit sich aus dem gesamten Angebotsportfolio des Portal Service Broker zu bedienen.

- Feste Gebühr je Nutzer und Service: Der Kunde zahlt für den einzelnen Nutzer eine feste Gebühr für die angemieteten Servicepakete und Zusatzleistungen unabhängig von der Nutzungsintensität oder -dauer.

- Transaktionsbasierte Gebühr: Die einzelnen Transaktionen eines Nutzers werden einzeln registriert und abgerechnet. Bei der Transaktion selbst kann zwischen der genutzten Datenmenge, der Login-Zeit oder sogar der Anzahl an Maus- bzw. Tastaturanschlägen unterschieden werden.

Werden Applikationen in Geschäftseinheiten teilweise nur unregelmäßig genutzt, können nutzungs- oder transaktionsbasierte Preismodelle einen deutlichen Kostenvorteil gegenüber dem klassischen Lizenzmodell bieten. Die transaktionsbasierte Gebühr stellt die größte Kos-

---

[26] Vgl. KONS (2002), S. 3.

tentransparenz her und ermöglicht es dem Kunden weniger für einen limitierten Nutzerzugriff – hervorgerufen z. B. durch unterschiedliche Arbeitsintensität, Urlaub oder Krankheit – zu bezahlen. Dieses Modell stellt aber gleichzeitig höchste und bis jetzt in den wenigsten Fällen realisierte Anforderungen an Applikationen und einem damit verbundenen technischen Abrechnungsmechanismus.

Unter Berücksichtigung der bereits formulierten Kundenbedürfnisse und technischen Möglichkeiten erweist sich das nachfolgend beschriebene Preismodell für Portal Services als geeignet heraus. Dieses Modell orientiert sich an den Preiskomponenten für Telefondienstleistungen.

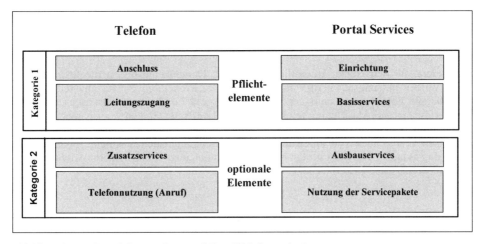

Abbildung 8: Portal-Service-Preismodell und Telefonanalogie

Unterschieden werden im Rahmen dieses Preismodells zwei Kategorien:

Kategorie 1 besteht aus den so genannten Pflichtelementen, d. h. Einrichtungs- und Basisservices. Kategorie 2 besteht aus optionalen Elementen und beinhaltet die so genannten Ausbauservices sowie die Servicepakete. Die Unterscheidung in Pflicht- und Optionalelemente macht bereits deutlich, dass Kunden, die sich entschließen Mitarbeiter als Nutzer registrieren zu lassen, Kategorie 1 obligatorisch beziehen müssen und dafür eine „Grundversorgung" an Portal Services erhalten. Bei Kategorie 2 haben Kunden jedoch Wahlfreiheit bei Servicepaketen und Ausbauservices.

Kategorie 1:
Für den Zugang zu den Portal Services müssen die von einem Kunden registrierten Nutzer an das Portal Service Framework technisch angebunden werden, was die Erhebung eines einmaligen Einrichtungspauschalbetrages („setup fee") je Nutzer bedeutet. Diese Einrichtungsgebühr ist vergleichbar mit der Freischaltung eines Telefonanschlusses durch ein Telekommunikationsunternehmen. Für die nun zugriffsberechtigten Nutzer fällt jeweils eine monatliche Grundgebühr an, die Basisservices enthält, wie z. B. Portalzugang, monatliche nutzungsba-

sierte Abrechnung und Single Sign On[27]. Die Grundgebühr fällt unabhängig von der Nutzungsart, -dauer oder -intensität der Portal Services als Pauschalbetrag an.

Kategorie 2:
Im Rahmen der optionalen Services, gibt es die Ausbauservices, welche aus zusätzlichen Dienstleistungen für den einzelnen Nutzer bestehen und vergleichbar sind mit Nebenanschlüssen, Lautsprechern oder speziellen Freisprechanlagen für die Telefonanlage. Je nach Struktur des PS-Portfolios kann es sich hierbei beispielsweise um Übersetzungsdienstleistungen oder gar um spezielle Zugriffsrechte zu Datenbanken oder proprietären Systemen handeln. Diese Services erhöhen die monatliche Grundgebühr je Nutzer. Der Abrechnungsmodus ist hier prinzipiell von der Form der Ausbauservices abhängig, wird aber in der Regel auch als monatlicher Pauschalpreis dem Kunden in Rechnung gestellt, um das Tarifsystem möglichst einfach zu gestalten.

Die andere, für den Nutzer wesentliche, optionale Komponente bilden die Servicepakete. Diese werden nutzungsabhängig vom Portal Service Broker pro Nutzer abgerechnet. Wie oben bereits beschrieben, kann der Detaillierungsgrad bis zur transaktionsbasierten Nutzungserfassung und Abrechnung reichen. Die Wahl des so erzeugten Transparenzgrades der angefallenen Kosten je Servicepaket oder sogar je Applikation ist von technischen, wirtschaftlichen, aber auch von arbeitsrechtlichen Randbedingungen abhängig. Unter Berücksichtigung aktueller Kundenanforderungen wird ein nutzungs- bzw. nutzerbasiertes Preismodell auf Mo-natsbasis je Servicepaket empfohlen.

3.4 E-Technologie als treibende Kraft der Portal Services

Zwei technologische Entwicklungen des E-Business haben sich als treibende Kräfte der Portal Services erwiesen. Hierbei handelt es sich um

- Unternehmensportale und
- Billing- und Reporting-Anwendungen.

Beide Entwicklungen werden im folgenden kurz beschrieben und anschließend im Rahmen eines Portal Service Framework zusammenfassend dargestellt.

3.4.1 Portaltechnologie und Billing- und Reporting-Anwendungen

Nach Ansicht der *DELPHI GROUP* stellt die Entwicklung und der Einsatz von Unternehmens-Portalen eine der wenigen nachhaltigen Trends der New Economy dar.[28]

In der Literatur finden sich zahlreiche Portal-Definitionen. So unterscheidet *COLLINS* nach dem Einsatzzweck neun verschiedene Portaltypen. Hierzu zählen u. a. Information Portals,

---

[27] Single Sign On bedeutet, dass sich ein Benutzer nur einmal am Portal authentifizieren muss und alle für ihn verfügbaren Applikationen ohne erneute Anmeldung mit denselben Benutzerdaten nutzen kann.

[28] Vgl. *THE DELPHI GROUP* (2001), S. 1.

Von Shared Services zu Portal Services 97

ERP (Enterprise Resource Planning) Portals, Employee Portals, Knowledge Portals etc.[29] Andere Portaldefinitionen leiten sich aus den verschiedenen Nutzergruppen (z. B. Mitarbeiter, Kunden, Lieferanten) ab.

Abbildung 9: Portaltypen

In diesem Beitrag soll unter einem Portal ein internetbasiertes, ortsunabhängiges „Eingangstor" zu personalisierten Informationen und Anwendungen verstanden werden.

Durch den Einsatz von Unternehmensportalen lassen sich die in der folgenden Abbildung dargestellten Nutzenpotenziale erzielen.

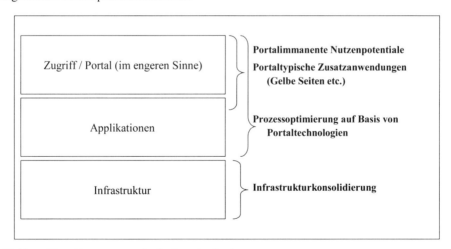

Abbildung 10: Nutzenpotenziale der Portaltechnologie

---

[29] Vgl. COLLINS (2001), S. 28 ff.

Portalimmanente Nutzenpotenziale werden durch den Einsatz der Portaltechnologie selbst realisiert. Hierzu zählen z. B. Effizienzsteigerungen durch den so genannten Single Sign On, mit dem der Mitarbeiter sich einmal für alle ihm zugeordneten Anwendungen im Portal anmeldet. Prozessoptimierungen werden durch die Beseitigung von Medienbrüchen aufgrund der Integration verschiedener am Geschäftsprozess beteiligter IT-Systeme erreicht. Der Einsatz von Portaltechnologie kann zu erheblichen Kosteneinsparungen aufgrund der Konsolidierung der IT-Infrastruktur (z. B. Reduzierung der Webserver) führen.

Für die technische Umsetzung des Portal-Services-Konzeptes bietet sich die Portaltechnologie insbesondere aufgrund ihrer Möglichkeit der Gewährung eines personalisierten Zugangs zu den IT-Services an.

Die Unternehmensportale der neuen Generation integrieren nach der GARTNER GROUP insbesondere die Funktionalitäten der Kollaboration, des Wissens- und des Content Management. Hierdurch werden die Zusammenarbeit zwischen Service Providern, Portal Service Broker und den internen Kunden der Portal Services unterstützt.[30]

Billing- und Reporting-Anwendungen sind ein wichtiger Baustein des Portal Service Management. So ist die technische Umsetzung der in Abschnitt 3.3.5 beschriebenen Preismodelle nur durch Billing-Anwendungen möglich, die eine kontinuierliche Verfolgung der Nutzung von Portal Services ermöglichen. Ein Reporting, das Auskunft über das Nutzungsverhalten der Mitarbeiter gibt und damit ein Planungsgrundlage bietet, bedarf einer Datenbank bzw. eines Data Warehouse mit ausreichenden statistischen Auswertungsmöglichkeiten.

Billing- und Reportinganwendungen müssen die Zusammenstellung bzw. Auswertung von Abrechnungsdaten, die Abrechnungserstellung und die Abrechnungszustellung verrichten.[31]

Insbesondere in den letzten Jahren sind zahlreiche Billing- und Report-Anwendungen entwickelt worden, welche die angesprochenen Anforderungen erfüllen. Hierzu zählt z. B. INFRANET™ der Firma PORTAL.

Hohe Anforderungen werden auch an die so genannten „Mediation-Systeme" gestellt, die sich zwischen der IT-Infrastruktur und den Billing-Anwendungen befinden. Die Mediation-Systeme sind für die Messung der Leistungsdaten zuständig, die die wesentliche Grundlage für die Abrechnung bilden.[32]

3.4.2 Portal Service Framework

Fast man die Portaltechnologie und die Billing- und Reporting-Anwendungen zusammen, so ist bereits die Grundlage geschaffen für ein Portal-Service-Framework. Das Portal Service Framework basiert dabei auf einem so genannten Layer-Konzept.

---

[30] Vgl. CALDWELL/GILBERT/HAYWARD (2002), S. 1.
[31] Vgl. FACTOR (2002), S. 194.
[32] Vgl. LUCAS/SCHWEITZER (2002), S. 10.

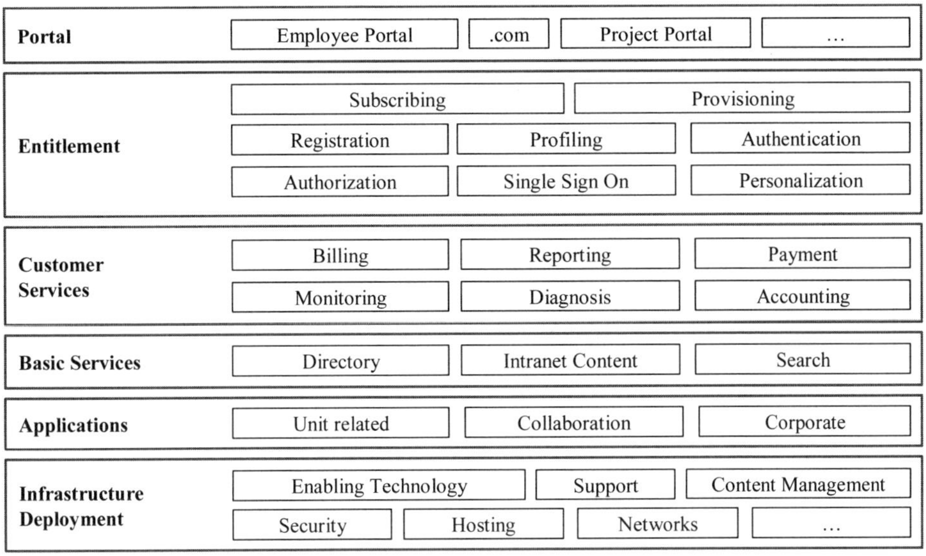

Von Shared Services zu Portal Services

Portal	Employee Portal	.com	Project Portal	...
Entitlement	Subscribing		Provisioning	
	Registration	Profiling	Authentication	
	Authorization	Single Sign On	Personalization	
Customer Services	Billing	Reporting	Payment	
	Monitoring	Diagnosis	Accounting	
Basic Services	Directory	Intranet Content	Search	
Applications	Unit related	Collaboration	Corporate	
Infrastructure Deployment	Enabling Technology	Support	Content Management	
	Security	Hosting	Networks	...

Abbildung 11: Exemplarisches Portal Service Framework

Der Zugang erfolgt über das unternehmensweite, zentrale Portal. Im Entitlement Layer sind alle Komponenten enthalten, die für den personalisierten, sicheren Zugang erforderlich sind. Analog hierzu beinhaltet der Customer Services Layer Komponenten, die dem Kunden Informationen über die Häufigkeit, Dauer und Kosten der Nutzung von Anwendungen bzw. Services bieten.

Für die Zusammenstellung der kundenindividuellen Servicepakete stehen die Komponenten des Application Layer zur Verfügung. Zu diesen Komponenten zählen Basisdienste wie z. B. Suchmaschinen, Telefonbücher, die von allen Kunden genutzt werden, und komplexe Anwendungen wie z. B. Customer Relationship-Management-Systeme, auf die nur von ausgewählten Nutzern Zugriff haben.

Der Layer Infrastructure Deployment bietet sämtliche Komponenten zur Bereitstellung und Unterhaltung der technischen Infrastruktur.

3.5 Die drei Gesichter des Portal Service Broker

Das Angebot der Portal Services erzwingt eine Rollenänderung der IT im Unternehmen. Dies bedeutet ein vollkommen neues Grundverständnis, eine neue Ausrichtung der Aktivitäten und damit auch ein neues Verständnis für den Einfluss und die Bedeutung der Mitarbeiter aus den IT-Bereichen und des Chief Information Officer. Der „neuen" IT lassen sich drei wesentliche Rollen als Portal Service Broker zuordnen.[33]

---

[33] Vgl. BROADBENT (2000), S. 1.

3.5.1 Der Portal Service Broker als Innovator

Die klassische Sichtweise, dass IT- Systeme der Organisation und die Organisation der Strategie folgen, ist heute nicht nur nicht mehr gültig, sondern vielfach auf den Kopf gestellt worden. So basieren erfolgreiche Einführungen von IT-Systemen auf Eigenschaft einer simultanen Anpassung von Strategie, Organisation und IT-Systemen.

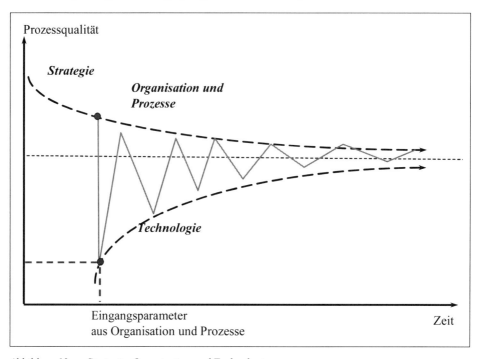

Abbildung 12: Strategie, Organisation und Technologie

Innovationen in der Informations- und Kommunikationstechnologie sind heute in vielen Fällen die Treiber von Veränderungen in der Unternehmensstrategie und den Geschäftsprozessen. So kommt dem Portal Service Broker bei der Entwicklung, Auswahl und Bereitstellung der IT-Dienstleistungen eine herausragende Rolle bei der Gestaltung der Geschäftsprozesse zu.[34]

So hat zum Beispiel die Einführung eines Customer-Relationship-Management-Systems einen großen Einfluss auf die Vertriebs- und Marketingprozesse im Unternehmen. Da die Hersteller von CRM-Systemen unterschiedliche Implementierungsansätze verfolgen, determiniert die Systemauswahl des Portal Service Broker ablauf- und aufbauorganisatorische Strukturen der internen Kunden.

---

[34] Vgl. HERMES (2000), S. 195 f.

3.5.2 Der Portal Service Broker als Change Manager

Der Portal Service Broker muss sich im Gesamtunternehmen und nicht nur in seinem Bereich als Manager von Veränderungen verstehen. Als Meinungsbildner und Meinungsführer muss er Anstöße geben für neue Entwicklungen, sie initiieren, vorantreiben und realisieren. Er begleitet die Weiterentwicklung des Unternehmens über sämtliche Geschäftsprozesse und Geschäftsfelder hinweg. Dabei ist der Portal Service Broker Wissens- und Know-how-Vermittler im Unternehmen und ermöglicht und unterstützt so die Unternehmensentwicklung.

Denken in fachübergreifenden Zusammenhängen ist dabei eine erfolgskritische Fähigkeit des Portal Service Broker.

Im Spannungsfeld divergierender Interessen der verschiedenen Unternehmensbereiche muss er sowohl seiner Aufgabe als Dienstleister, aber auch seiner Verantwortung zur Durchsetzung von Rahmenrichtlinien (IT-Governance) gerecht werden.

Viele Unternehmen haben der steigenden Bedeutung der IT-Services dadurch Rechnung getragen, dass sie den IT-Verantwortlichen Plätze in der Geschäftsleitung eingeräumt haben. So ist der Chief Information Officer in vielen Großunternehmen Mitglied des Vorstandes.

3.5.3 Der Portal Service Broker als Kostenmanager

Das Management der IT-Kosten, die einen stetig steigenden Anteil an den Gesamtkosten des Unternehmens ausmachen, ist zu einem wesentlichen Einflussfaktor der Wettbewerbsfähigkeit von Unternehmen geworden.

Dabei wird unter Kostenmanagement häufig nur die Aufdeckung von kurzfristig wirksamen Einsparungspotenzialen (z. B. durch das Verschieben von IT-Projekten) verstanden. Ein aktives Kostenmanagement durch den Portal Service Broker geht aber weit über diesen Ansatz hinaus.

Eine signifikante Kostenreduktion lässt sich durch die folgenden ausgewählten Aktivitäten des Portal Service Broker erreichen:

- Senkung der Bereitstellungskosten der Portal Services durch den gebündelten Einkauf von IT-Dienstleistungen (z. B. Unternehmenslizenzen)
- Erhöhung des Nutzungsgrades von Anwendungen und Infrastrukturen durch eine zentrale Bereitstellung
- Auswahl von IT-Systemen unter Wirtschaftlichkeitsgesichtspunkten
- Senkung der Prozesskosten durch die Identifikation und Vermittlung von Best Practices im Unternehmen

Die Umsetzung eines derartigen Kostenmanagements erfordert ausgesprochene Controlling-Fähigkeiten des Portal Service Broker.[35]

---

[35] Vgl. SCHELLMANN (1997), S. 195 ff.

Das IT-Controlling ist eine wichtige Aufgabe des Portal Service Broker. Da sein Handeln alle Geschäfts- und Unterstützungsprozesse des Unternehmens betrifft, beeinflusst er somit einen Großteil der Gesamtkosten.

4 Portal Services – die Umsetzung

Die wesentliche Schwierigkeit in der Umsetzung der Portal Services liegt einerseits in der großen Anzahl der beteiligten Organisationseinheiten und andererseits in der komplexen Verlagerung von IT-bezogenen Tätigkeitsfeldern im Unternehmen. So bedeutet z. B. die Entlastung dezentraler IT-Abteilungen durch die Nutzung der Portal Services auch die Notwendigkeit zum Abbau von Mitarbeitern bzw. zur Verlagerung von Ressourcen.

Eine erfolgreiche Umsetzung der Portal Services erfordert ein zielgerichtetes und möglichst erprobtes Vorgehen sowie die Beachtung der in Abschnitt 4.2 dargestellten Erfolgsfaktoren.

4.1 Phasenmodell der Umsetzung

Die Einführung der Portal Services erfolgt in einem Projektvorgehen in vier Phasen, die in den folgenden Abschnitten erläutert werden.

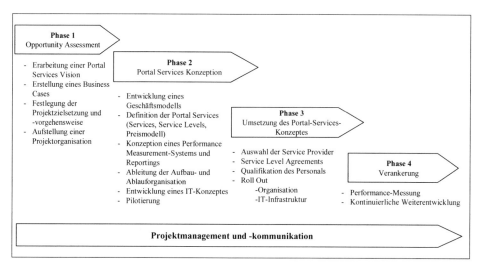

Abbildung 13: Phasenmodell

Diese Vorgehensweise wurde in dem Projekt, das als Fallstudie diesem Artikel zugrunde liegt, erprobt.

4.1.1 Opportunity Assessment

Zielsetzung der ersten Projektphase ist die Entwicklung einer klaren Zielrichtung zur Einführung der Portal Services und die Planung der Vorgehensweise zur Erreichung dieser Zielrichtung.

Hierzu bedarf es der neben der Erarbeitung einer Portal Services Vision auch der Identifikation und Beschreibung der wesentlichen Nutzenpotenziale (Value Proposition).

Durch die Erarbeitung eines Business Case sollen die Chancen und Risiken der Portal Services beschrieben sowie alle Kosten und Einsparungen, die mit der Einführung und dem Betrieb der Portal Services in Verbindung stehen, dargestellt werden.

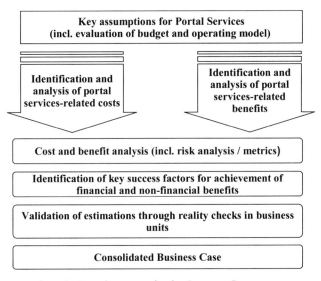

Abbildung 14: Exemplarische Vorgehensweise für den Business Case

Zum Abschluss der Phase 1 erfolgt die Projektplanung.

4.1.2 Portal-Services-Konzeption

Im Mittelpunkt der Konzeptionsphase steht die Definition der Services, Prozesse und Systemanforderungen.

Im Rahmen der Service-Definition werden die Services detailliert beschrieben. Weiterhin werden die anzubietenden Service Levels (z. B. zeitliche Verfügbarkeit eines Customer Response Centers) festgelegt. Auf Basis dieser Vorgaben werden die Bereitstellungskosten geschätzt und anschließend die Services bepreist. Ein Weg zur Auswahl relevanter Services (inkl. Service Levels) wäre bspw. die Durchführung von Kundenbefragungen im Vorwege. Eine detaillierte auf die Bedürfnisse des Unternehmens zugeschnittene Entwicklung der in Abschnitt 3.3.3 beschriebenen Prozesse und eine tätigkeitsbezogene Abschätzung der benötigten Mitarbeiterkapazitäten bilden die Grundlage für den organisatorischen Aufbau der Portal Services.

Der Aufbau eines Performance-Measurement-Systems dient nicht nur der Überwachung der Einhaltung vereinbarter Service Levels, sondern auch der ganzheitlichen Leistungsbewertung der Portal Service Organisation. So sollten neben operativen Kennzahlen insbesondere auch wertorientierte Kennzahlen zur Erhebung des Wertbeitrages der Portal Services für das Gesamtunternehmen Bestandteil des Performance-Measurement-Systems sein.[36]

Von großer Bedeutung ist die Entwicklung eines IT-Konzeptes auf Basis der aus der Service- und Prozessdefinition resultierenden Systemanforderungen. Hierbei ist neben der Skalierbarkeit der angestrebten Lösungen insbesondere die Integrationsfähigkeit von Applikationen und Infrastrukturen zu beachten.

Vor der Umsetzung des Portal-Service-Konzeptes im Gesamtunternehmen empfiehlt sich die pilotweise Einführung in einem Unternehmensbereich bzw. einer Geschäftseinheit. Dabei kann sich der Pilot sowohl auf ausgewählte Anwendungen und Prozesse als auch auf ausgewählte Organisationseinheiten beziehen.

4.1.3 Roll-out

In der dritten Projektphase findet unter Berücksichtigung der Ergebnisse der pilotweisen Einführung die Umsetzung des Konzeptes im Gesamtunternehmen statt.

Schwerpunkte dieser Projektphase sind neben der organisatorischen und technischen Konzeptumsetzung insbesondere die Auswahl geeigneter Service Provider sowie der Abschluss von Service Level Agreements zwischen dem Portal Service Broker einerseits und den internen Kunden und Service Providern andererseits. Im Rahmen des Rollouts wird auch die Organisation des Portal Service Broker eingeführt. Zu dieser Einführung sind die Etablierung der bereits beschriebenen Management- und Unterstützungsprozesse sowie die Einstellung und Schulung der Mitarbeiter der Portal Services notwendig.

Ein erfolgreicher Rollout wird dabei von einem kontinuierlichen Change Management begleitet.

4.1.4 Verankerung

Inhalte der vierten und abschließenden Projektphase sind die Einführung des Performance-Measurement-Systems sowie die Weiterentwicklung der Portal Service Organisation.

Durch intensive Kundenbefragungen in den Einführungsphasen soll frühzeitig ein Anpassungsbedarf des Leistungsangebotes und des Prozessmodells der Portal Services identifiziert werden.

---

[36] Vgl. KRCMAR (2000), S. 281 f.

Von Shared Services zu Portal Services

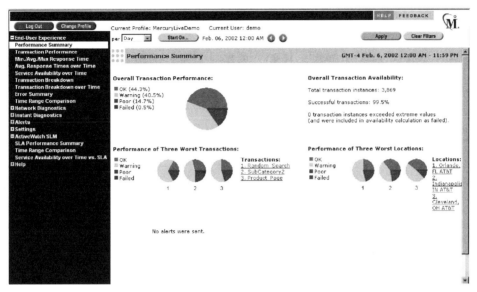

Abbildung 15: Beispiel für ein Performance Monitoring[37]

4.2 Erfolgsfaktoren

Im Rahmen des diesem Artikel zugrunde liegenden Projektes haben sich insbesondere die folgenden Faktoren als erfolgskritisch für die Portal-Services-Einführung erwiesen:

- Geschwindigkeit und Qualität
- Controlling der Einsparungen
- Governance

Aufgrund der großen Bedeutung der IT-Services für das operative Geschäft der Unternehmen müssen jegliche Veränderungen in der Bereitstellung der Services schnell und präzise vollzogen werden.

Die Komplexität der benötigten IT-Dienstleistungen in den Unternehmen ist häufig sehr hoch. Daher ist es sinnvoll einen inkrementellen Ansatz für die Umsetzung der Portal Services zu wählen, da so die Qualität und Realisierungsgeschwindigkeit erheblich erhöht werden. Damit wird frühzeitig der Grundstein für eine hohe Akzeptanz innerhalb des Gesamtunternehmens gelegt.

Bei der Einführung der Portal Services steht den großen Einsparungspotenzialen ein hoher Investitionsbedarf gegenüber. Zur Erzielung eines positiven Return on Investment ist ein

---

[37] Quelle: MERCURY INTERACTIVE.

Controlling der Einsparungen unerlässlich. Die Kosteneinsparungen sollten über drei Werkzeuge gesteuert werden:

- Im Rahmen des. Opportunity Assessment werden in ausgewählten Unternehmensbereichen Aussagen über die Wirtschaftlichkeit der Umsetzung der Portal Services erarbeitet.
- Die erfassten Daten werden im Business Case konsolidiert und auf das Gesamtunternehmen hochgerechnet. Hierdurch lassen sich fundierte Aussagen über Gesamtwirtschaftlichkeit bzw. mögliche Einsparziele treffen.
- Aufbauend auf dem Business Case erfolgt die Erstellung eines Kennzahlensystems, welches die Messbarkeit des Erfolges der Portal Services sicherstellt.

Das Volumen an Kosteneinsparungen, das vor allem in den dezentralen Unternehmensbereichen realisiert werden kann, ist beträchtlich. Aber auch wenn diese Einsparungen direkt wieder in die Bereiche zurückfließen, halten die Verantwortlichen häufig trotzdem an ihren lokalen IT-Systemen und Service Providern fest. Die Möglichkeit einer aktiven Einflussnahme des Portal Service Broker im Rahmen seiner IT-Governance spielt daher eine wichtige Rolle bei der Umsetzung der Portal Services.

5 Portal Services – ein Ausblick

Der Portal-Service-Ansatz ist die logische Fortentwicklung des Shared-Services-Gedanken auf der Grundlage einer konsequenten Ausrichtung an den neuen verfügbaren Technologien. Unternehmen werden ihr Portfolio immer mehr fokussieren und sich von Aktivitäten, die nicht zu ihrem Kerngeschäft gehören, trennen. Folgender Grundtenor wird den Umgang mit diesen so genannten „Nicht-Kernaktivitäten" künftig prägen:

- Handelt es sich bei der intern erbrachten Leistung um eine Aktivität die den primären Geschäftszielen dient?
- Sind die vom Unternehmen definierten Kernaktivitäten so viel versprechend, dass am Markt mindestens eine weltweite Positionierung unter den besten drei Anbietern möglich ist?
- Sind vorhandene administrative oder Unterstützungsprozesse des Unternehmens notwendig oder substituierbar?

Obwohl sich Unternehmen immer mehr auf ihre Kernkompetenzen konzentrieren müssen, bleibt eine Unternehmenswelt ohne administrative und unterstützende Aktivitäten auch weiterhin undenkbar. Die nachfolgende Generation der Portal Services könnte durch eine neue Dimension des Outsourcings abgelöst werden. Die beim Portal-Service-Ansatz unternehmensweit standardisierten und einheitlich intern angebotenen Applikationen, müssen nicht zwangsläufig als interne Einheit bestehen bleiben. Denkbar ist, dass sich am Markt Anbieter etablieren werden, die ein bestimmtes Sortiment an standardisierten Applikationen für ganze Branchen anbieten werden. Dieses könnte sich durchsetzen, sofern die dadurch realisierbaren Effekte die vorher beschriebenen Vorteile eines internen Portal Service Broker übersteigen.

Nicht nur die Standardisierung von Applikationen und die damit verbundene Trennung von den unzähligen in den meisten Unternehmen vorhandenen individuell entwickelten proprietären Applikationen und Systemen, sondern auch eine Unternehmensintegration wird die große Herausforderung der Zukunft sein. Verfügbare Inhalte, unabhängig von deren Verwendung, sollen möglichst schnittstellenfrei, ohne Medienbrüche und vor allem singulär gepflegt und weiterentwickelt werden. Es darf somit keine Rolle mehr spielen, ob eine Unternehmensinformation ein Buchhaltungssystem oder eine Standardapplikationen speist oder einfach nur im Intranet über ein Portal als abrufbare Information verfügbar gemacht wird.

Ein ganz wesentliches Thema wird Mobilität in der nächsten Generation spielen.[38] Dieses ausführlich erläuterte PS-Modell bietet alle notwendigen Voraussetzungen eine Transformation in die mobile Kommunikationswelt zu ermöglichen:

- Das Geschäftsmodell der Portal Services funktioniert in der mobilen Kommunikationswelt analog.
- Komponenten des Frameworks müssen ggf. ausgetauscht (z. B. durch mobile Portale, andere Netzwerke) oder erweitert werden.
- Das Applikationsportfolio wird dem Thema Mobilität Rechnung tragen; neue Einsatzfelder werden besetzt werden, so z. B. das Flottenmanagement sowie Bereiche in der Logistik.
- Der Broker wird seine Servicepakete an die Mobilitätsbedürfnisse seiner Kunden anpassen, was durch veränderte Arbeitsweisen sowie neue Formen der Zusammenarbeit im und über die Grenzen des Unternehmens hinaus hervorgerufen wird.
- Auf Seiten des Nutzers werden mobile Endgeräte und deren ergonomische Einschränkungen in den Vordergrund rücken und damit das Modell beeinflussen.
- Übertragene Inhalte, genutzte Applikationen und die dafür notwendige bzw. zur Verfügung gestellten Bandbreiten muss der Broker kommender Generationen überdies auswählen und managen.

Der einzelne Mitarbeiter, der gleichzeitig Nutzer von Servicepaketen und damit indirekter Kunde des Portal Service Broker ist, wird als Ressource des unternehmensweit verfügbaren Wissens immer wichtiger. Mit dieser Aufwertung des Einzelnen wird sein Anspruch nach individueller Behandlung und Unterstützung in gleichem Maße zunehmen. Der flexible Zuschnitt auf nutzerspezifische Anforderungen in Bezug auf Endgeräte, Applikationen, Netzwerke, verbunden mit Qualitätsoptionen wird sich nur mit Hilfe eines unternehmensweit einheitlichen Ansatzes weiterentwickeln und befriedigen lassen.

Heute ist der Portal Service Broker ein Mediator zwischen externen Service Providern und internen Organisationseinheiten (Bereiche, Abteilungen etc.). Denkbar ist, dass in einem etablierten Portal-Services-Modell interne Organisationseinheiten, die einen Prozess besonders gut beherrschen oder eine Applikation besonders effizient betreiben selbst zum Service Provider werden und über den Portal Service Broker ihre Dienstleistung offerieren.

---

[38] Vgl. *BOND/CORCORAN/ROBSON* (2000), S. 47 ff.

Ebenso ist denkbar, dass der Mitarbeiter selbst zum internen Kunden der Portal Services wird und so eine noch an die Kundenbedürfnisse zielgerichtetere Erbringung der Dienstleistung möglich wird.

Quellenverzeichnis

AMOR, D. (1999): The E-Business (R)evolution – Living and Working in an Interconnected World, Hewlett-Packard, Upper Saddle River, NJ 1995.

BERNHARD, M. G. / LEWANDOWSKI, W / MANN, H. (2001): Service Level Management in der IT – Wie man erfolgskritische Leistungen definiert und steuert, Symposion, Düsseldorf 2001.

BOND, K / CORCORAN, E. / ROBSON, J. (2000): Mobile Portals and ASPs, Analysis Research Limited; Cambridge, UK 2000.

BROADBENT, M. (2000): Today's CIO Energizes, Enables, Executes and Exploits, A Gartner Group White Paper, Stamford 2000.

CALDWELL, F. / GILBERT, M. / HAYWARD, S. (2002): The Smart Enterprise Suite Is Coming: Do We Need It?, A Gartner Group White Paper, Stamford 2002.

COLLINS, H. (2001): Corporate Portals: Revolutionizing Information Access to Increase Productivity and Drive the Bottom Line, Boston 2001.

FACTOR, A. (2002): Analyzing Application Service Providers, Palo Alto 2002.

FORIT INTERNET BUSINESS RESEARCH (2000): Application Service Providing – Software über das Internet; Befragung, Geschäftsmodelle, Zukunftschancen, Frankfurt a. M. 2000

HERMES, B. (2000): IT-Organisation in dezentralen Unternehmen: Eine Analyse idealtypischer Modelle und Empfehlungen, Wiesbaden 2000.

KAGELMANN, U. (2001): Shared Services als alternative Organisationsform, Wiesbaden 2001.

KONS, O. V. (2002): Automatisierte Rechnungsstellung mit Billing-Systemen; ASP Konsortium, online: http://www.aspkonsortium.de/de/download/154.pdf, Stand: 11.06.2002, Abruf: 25.06.2002.

KRCMAR, H. (2000): Informationsmanagement, 2. Aufl., Berlin 2000

LUCAS, M./ SCHWEITZER, L. (1998): Mediation in a Multi-Service IP Network, in Billing World, S. 9-15

PICOT, A. / REICHWALD, R. / WIGAND, R. T. (2001): Die Grenzenlose Unternehmung, Wiesbaden 2001.

SCHELLMANN, H. (1997): Informationsmanagement: Theoretischer Anspruch und betriebliche Realität, Wiesbaden 1997.

SCHULMAN, D. S. ET AL. (1999): Shared Services – Adding Value to the Business Units, New York, NY 1999

THE DELPHI GROUP (2001): Business Portals: The New Media for e-Business Interchange, A Delphi Group White Paper, Boston 2001.

WELLS, D. ET AL. (2000): Enterprise Portals – New Strategies for Information Delivery, London 2000.

WISSKIRCHEN, F. ET AL. (1999): Der Shared Services Ansatz als neue Organisationsform von Geschäftsbereichsorganisationen, in: *WISSKIRCHEN, F.* (Hrsg.), Outsourcing-Projekte erfolgreich realisieren: Strategie, Konzept, Partnerauswahl, Stuttgart 1999, S. 79–111.

Teil II:

M-Business – Mobile-Erlebniswelt

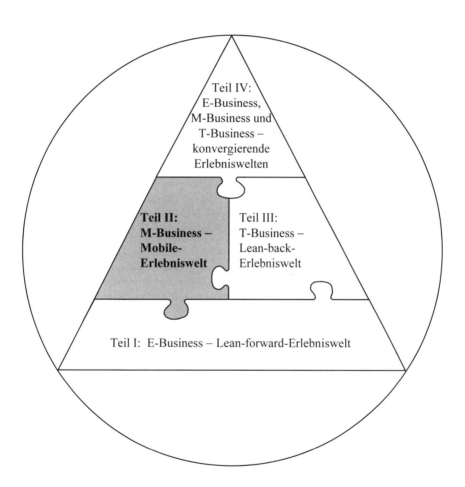

Mobile Marketing –
Chancen und Erfolgsfaktoren des mobilen Mediums als Direktmarketing-Instrument der Zukunft

BERND ETTELBRÜCK und SUNG HA

DETECON INTERNATIONAL GMBH, DETECON & DIEBOLD CONSULTANTS

1	Einleitung		115
2	Mobilfunk als technologische Basis von Mobile Marketing		116
	2.1	Netzwerktechnologien und die Entwicklung von Hochgeschwindigkeits-Mobilfunknetzen	116
	2.2	Mobile Endgeräte	118
	2.3	Servicetechnologien	119
	2.4	Lokalisierungstechnologien	121
3	Einordnung des Mobile Marketing in das Direktmarketing		121
	3.1	Definition, Abgrenzung und Konzepte von Mobile Marketing	121
	3.2	Instrumente des Mobile Marketing	124
4	Player und Wertschöpfungskette		125
5	Einsatz und Erfolgsfaktoren		126
	5.1	Kritische Erfolgsfaktoren des Mobile Marketing	126
	5.2	Use Cases und erfolgreiche Einsatzgebiete von Mobile Marketing	129
6	Zusammenfassung und Ausblick		131
Quellenverzeichnis			132

1 Einleitung

Die rasante Entwicklung der letzten Dekade im Bereich der Informations- und Kommunikationstechnologie lässt sich veranschaulichend mit stilistischen Mitteln dokumentieren. Eine Vielzahl von Schlagwörtern hat den Markt erobert: E-Commerce, Digitalisierung, Informationszeitalter, Konvergenzmärkte, B2B, B2C, M2M, P2P und Mobile Commerce. Sie haben einen geradezu selbstverständlichen Weg in unseren Sprachgebrauch und unser Denken gefunden. Zum wechselseitigen Nutzen: Mobile Marketing als Direktmarketing-Instrument ist nur dann erfolgreich, wenn die neuen Technologien von Anbietern und Nachfragern gleichermaßen gelebt, genutzt und akzeptiert werden.

Vor dem Hintergrund der einzigartigen Entwicklung der Mobilfunkwelt der letzten Jahre und der Zukunftsaussicht auf breitbandige Mobilfunknetze, mit der Inhalte multimedial übertragen werden können, wurde bereits seit längerem von Medien, Mobilfunkanbietern und Ausrüstern das Potenzial von Mobile Marketing akzentuiert. In Verbindung mit der Ortung über die Mobilfunknetze sollten nicht nur M- und E-Commerce, sondern gleichzeitig ein bis dato nicht verfügbares Direktmarketing-Instrument über mobile Endgeräte entstehen und damit eine digitale, mobile Komponente zum bestehenden Kommunikationsmix hinzufügt werden.
Die Chance, Marketing-Botschaften über den mobilen Kanal zu transportieren, lässt Träume eines jeden Marketingtreibenden wahr werden: ein Kanal, durch den der Kunde direkt und individuell an jedem Ort ansprechbar ist. Mobile Endgeräte sind jederzeit zugänglich, werden für geschäftliche und private Zwecke genutzt und selten mit anderen geteilt oder verliehen. Sie sind der permanente Draht des Einzelnen zur Außenwelt – und umgekehrt. Nachrichten, Werbebotschaften, Services können an die persönlichen Bedürfnisse, die Zeit und den Ort angepasst werden. One-to-One-Marketing ermöglicht damit nahe am Point of Sale (virtuell und physikalisch), nahe am Point of Impulse und nahe an den zeitkritischen Bedürfnissen der Nutzer zu agieren. Doch das Marketing-Medium birgt nicht nur Vorteile sondern auch Gefahren. Der Missbrauch von Kundendaten kann schnell zu einem Negativimage führen, das auch seriösen Anbieten unter Umständen schadet. Die Gewährleistung eines sensiblen und vertrauensvollen Umgangs ist daher unabdingbar.

Die Marktforscher von Frost and Sullivan prognostizieren, dass bis 2006 65% aller Mobilfunknutzer mobile Werbebotschaften akzeptieren. Der geschätzte europäische Gesamtmarkt wird dabei 7,4 Mrd. € betragen.[1] Ovum rechnet mit einem Umsatz allein in Deutschland von 1,15 Mrd. € für das Jahr 2005. Eine aktuelle Studie von Forrester belegt darüber hinaus, dass 56% der Marketingtreibenden Mobile-Marketing-Aktivitäten für die nächsten 12–24 Monate planen.[2]

Die hohen Erwartungen an Mobile Commerce als neuem Direktmarketing-Kanal wurden bis dato noch nicht erfüllt. Daher gilt es, die Chancen und Risiken für Werbetreibende abzuwägen, die Eignung von Mobile Marketing zur Intensivierung der Kundenbeziehungen zu bewerten und kritische Erfolgsfaktoren für den zukünftigen Erfolg abzuleiten.

---

[1] Vgl. OBERMAIER (2001).
[2] Vgl. SCHMIDT/JUSZCYK (2001).

2 Mobilfunk als technologische Basis von Mobile Marketing

Herkömmliche Formen des Marketings stoßen im Mobile Commerce und in der Übertragung auf mobile Endgeräte auf eine Reihe von Limitationen und technologische Hürden wie z. B. Displaygröße, unterschiedliche Gerätespezifikationen und Mobilfunknetze mit geringer Bandbreite. Daher folgt zunächst ein kurzer Exkurs in die Kerntechnologien, der Basis des Mobile Marketing. Schließlich ermöglicht sie die Aufbereitung, den Transport und die Darstellung von Kommunikationsmaßnahmen für den Kunden.

2.1 Netzwerktechnologien und die Entwicklung von Hochgeschwindigkeits-Mobilfunknetzen

Grundlage für die gängigen mobilen Netzwerke und das Mobile Commerce bildet das *Global System for Mobile Communication (GSM)*, die meist verbreitete Mobilfunktechnologie der Welt. In Europa fungiert es seit längerem als „Quasi"-Standard. Weltweit wird es in über 160 Ländern von über 500 Mio. Nutzern verwendet. Ausschlaggebend für diese Nachfrage sind neben der Sprachverbindung die GSM Datentransferraten von maximal 14,4 Kbit/s. Ein Nachteil dieser Technologie ist allerdings, das sie leitungsvermittelt ist, d. h. für die Dauer der Verbindung wird jeweils ein Kanal zum Senden und zum Empfangen benötigt.

Auf Basis des bestehenden Mobilfunknetzes haben die Netzbetreiber deshalb Lösungen entwickelt, die zur Erhöhung der Bandbreite und der Übertragungseffizienz bei mobilen Datendiensten beitragen. Im Rahmen dieser so genannten 2,5. Generation sind zwei Ansätze zu unterscheiden:

Die *High Speed Circuit Switched Data (HSCSD)* Technologie ist eine konsequente Erweiterung zu GSM. Stehen dort lediglich maximal 14,4 Kbit/s über einen Datenkanal zur Verfügung, ermöglicht HSCSD durch die Zusammenfassung von Datenkanälen (Kanalbündelung) und einer höheren Modulation pro Zeitschlitz eine theoretisch maximale Übertragungsrate von 54 Kbit/s. Der Nachteil: auch hier handelt es sich um ein leitungsvermitteltes Protokoll. Alle Datenkanäle werden ausschließlich für einen Benutzer reserviert. Die Folge: die ohnehin schon ausgelasteten Leitungsreserven der GSM-Netze werden weiter strapaziert.

Das *General Packet Radio System (GPRS)* gilt als bedeutendste neue Netzwerk-Technologie für die Entwicklung des Mobile Commerce. Seine Besonderheit: der Zugriff auf das Internet und auf Services erfolgt mit variablen Datenübertragungsraten von theoretischen 171,2 Kbit/s. Wie HSCSD ist auch GPRS als Teil des GSM-Standards definiert, allerdings arbeitet es nicht mehr leitungsvermittelt sondern die Verbindung basiert auf dem Internet Protokoll TCP/IP und ermöglicht damit die Implementierung von paketvermittelter Datenübertragung. Die Verbindung zum Netz kann ständig offengehalten werden, ohne die Kapazität zu beeinträchtigen. Die Leitung wird nur belegt, wenn Daten übertragen werden. Neben der hohen Bandbreite ist das Feature „Always on – Always connected" der wirkliche Nutzen für die Entwicklung und Verbreitung von Diensten.

Ab Anfang 2003 sollen die GSM-Netzwerke durch die Netzwerke der 3. Generation ergänzt werden, die auf dem „*Universal Mobile Telecommunications Service*", kurz *UMTS*-Standard, basieren. Vergleichbar mit GPRS werden Daten paketbasiert übertragen. Theoretisch sind hier Übertragungsraten von zwei Mbit/s für den stationären Betrieb und 384 Kbit/s für den mobilen Betrieb möglich. Allerdings werden diese Bandbreiten in der Praxis kaum erreicht. Die eher begrenzten Ressourcen werden durch die Netzbetreiber auf etwa 128Kbit/s limitiert. Daneben wird die Bandbreite je nach Anzahl der User und der freien Ressourcen weiter sinken, so dass Übertragungsraten von 60 KBit/s für die erste Ausbauphase realistisch erscheinen.

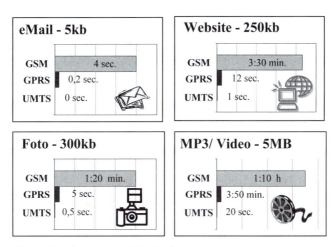

Abbildung 1:   Netzwerktechnologien im Vergleich

Zusammenfassend sollen noch einmal die verschiedenen Netzwerktechnologien mit ihren theoretischen und realistischen Übertragungsraten dargestellt werden:

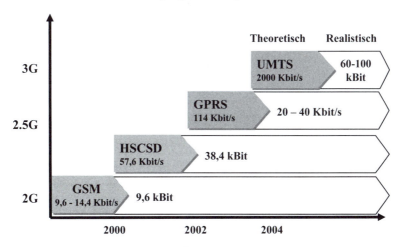

Abbildung 2:   Theoretische und realistische Übertragungsraten

2.2 Mobile Endgeräte

Grundsätzlich ist ein mobiles Endgerät mit entsprechender Verbindung der Traum eines jeden Werbetreibenden. Die persönliche Bindung des Nutzers an sein mobiles Endgerät und die Möglichkeit, immer und überall erreichbar zu sein, weisen dem Marketing über das mobile Endgerät eine Ausnahmestellung zu. Zu den mobilen Endgeräten zählen vor allem Mobiltelefone und Personal Digital Assistants (PDAs), welche die Funktion eines E-Mail-Client, elektronischen Kalenders und Adressbuchs übernehmen. Hier sind für die Zukunft zwei gegenläufige Trends zu beobachten:

- Die Modularisierung von Geräten, d. h. das Mobiltelefon oder auch der PDA kann durch verschiedene Module (MP3-Player, Kamera etc.) flexibel und je nach Bedarf erweitert und angepasst werden.

- Die Integration zu einem All-In-One-Gerät, das die Funktionen des PDA und Telefons in einem Gerät vereint. In der Zukunft werden wahrscheinlich weitere Funktionen integriert werden.

Ein mobiles Endgerät besitzt folgende Basiseigenschaften. Es ist ein *persönliches Gerät*, da der Besitzer die alleinige Kontrolle über die Nutzung hat. Nur er entscheidet, wann, wo und zu welchem Zweck es benutzt wird. Somit kommt dem Gerät eine Schlüsselrolle beim Angebot persönlicher Services zu – egal ob diese per Sprach- oder Datenverkehr transportiert werden. Services und Marketingaktivitäten können dem Benutzer jederzeit, an jedem Ort angeboten werden. Das mobile Endgerät erweist sich darüber hinaus nicht nur als Kommunikationsinstrument sondern auch als Träger von privaten Informationen wie z. B. Telefonnummern, Terminkalender und persönlichen Nachrichten. Seine umfassende Nutzung ist folglich ein Vertrauensbeweis des Nutzers in die Sicherheitstechnologie und die angebotenen Services, darunter Aktienkurse, Nachrichtenschlagzeilen etc.

Nach wie vor ist es Fakt, dass die mobilen Endgeräte Limitationen besitzen. Zunächst stellt ein mobiles Endgerät nur *begrenzte Rechenleistung und Speichermöglichkeiten* zur Verfügung. Dadurch wird erschwert, komplexe Anwendungen darzustellen bzw. zu speichern. Trotz moderner Technik sind mobile Endgeräte immer durch eine *begrenzte Batterieleistung* in ihrer Einsatzfähigkeit eingeschränkt. Andere Leistungen, wie z. B. die Rechenleistung oder die Bandbreite, werden dadurch beeinträchtigt. Dem Wunsch der Benutzer nach einem portablen und handlichen Kommunikationsmedium muss durch eine entsprechende *Größe des Gerätes* Rechnung getragen werden. Die Folge sind *begrenzte Ein- und Ausgabemöglichkeiten*, auf der einen Seite bedingt durch die kleinen Displays, die eine Darstellung der meisten Webseiten und deren multimedialer Inhalte nahezu unmöglich machen, auf der anderen Seite bedingt durch kleine Tastenfelder, die trotz verschiedener Eingabehilfen, z. B. per Stift, keine umfangreichen Eingaben erlauben.[3]

Diese technischen Limitationen ziehen weitere Probleme in der Nutzbarkeit nach sich. Die Ursache liegt darin, dass die meisten mobilen Endgeräte über *einfache Benutzerinterfaces* verfügen – mit dem Ziel, eine möglichst breite Zielgruppe anzusprechen. Ferner dienen diese spezifischen Endgeräte primär dem Zweck der Sprach- und nicht der Datenkommunikation, eignen sich also weniger für andere Anwendungen. Auch agieren die meisten Benutzer von

---

[3] Vgl. CASALINI (2001).

mobilen Endgeräten in einer stark *restriktiven Operationsumgebung*, d. h. in Umgebungen, in denen der Benutzer vielen externen Einflüssen ausgesetzt ist und das Gerät üblicherweise einhändig bedient, z. B. unterwegs oder während der Fahrt.

In Deutschland verfügen derzeit rund 54 Mio. Nutzer über ein Mobilfunktelefon. Das entspricht einer Penetration von ca. 65%. Durch die Möglichkeit, viele Menschen direkt und persönlich anzusprechen, kommt dem mobilen Endgerät – als Träger und Speicher der Botschaft – in der mobilen Werbung eine wichtige Rolle zu. Eine Kategorisierung von mobilen Endgeräten stellt folgende Abbildung dar:

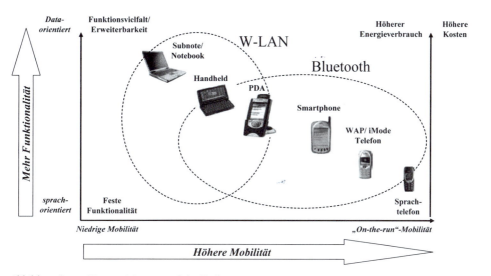

Abbildung 3: Kategorisierung mobiler Endgeräte

2.3 Servicetechnologien

Die Servicetechnologien sind bei der Nutzung von Mobile Marketing ein wichtiger Faktor, da sie festlegen, wie Botschaften für den Kunden aufbereitet werden.

Eine Schlüsselanwendung in der mobilen Datenübertragung heißt zum jetzigen Zeitpunkt noch *SMS (Short Message Service)*. Dieser Dienst wird seit 1992 angeboten und erlaubt den Nutzern, bis zu 160 alphanumerische Zeichen zu senden und zu empfangen. Die Zahl von einer Milliarde verschickten Kurznachrichten in Deutschland belegt die Akzeptanz dieser Anwendung, die noch weit vor den Zahlen anderer europäischer Länder liegt. Bei Betrachtung der Nutzungsintensität, gemessen an Versendung und Empfang von Kurznachrichten, lässt sich feststellen, dass Nutzer mehr Kurznachrichten empfangen als senden. Dies ist auf die Nutzung von Push-Diensten wie Börsenbenachrichtigungen oder Veranstaltungshinweisen zurückzuführen und lässt die Bereitschaft, Marketingangebote in Form von Mobile Coupons zu erhalten, erkennen.

Der *„Multimedia Messaging Service" (MMS)* bietet seit Mitte diesen Jahres die Möglichkeit, Nachrichten mit multimedialen Inhalten anzureichern und zu kombinieren, d. h. eine Textnachricht enthält gleichzeitig noch ein Bild oder einen Sound Clip. MMS ist ein offener Standard, der das das Wireless Application Protocol (WAP) als zugrunde liegende Service-Technologie nutzt und daher relativ technologie- und netzwerkunabhängig ist.

Theoretisch kann MMS über 2G-, 2.5G- und 3G-Netzwerke übertragen werden. Schneller geht es jedoch mit GPRS, das mit seinen höheren Übertragungsraten die dominante Netzwerktechnologie für MMS sein wird. Der Rollout von MMS bedeutet nicht nur, dass die Netzwerkinfrastruktur erweitert und aufgerüstet werden muss, sondern auch neue, MMS unterstützende Endgeräte notwendig sind.

MMS ermöglicht nicht nur die multimediale Erweiterung sondern auch den Datentransfer zwischen mobilen Endgeräten oder zwischen einem Endgerät und dem Internet, z. B. einer E-Mail-Adresse. Dabei können mehrere Empfänger gleichzeitig adressiert werden (Gruppenmessaging). Ebenso kann ein Teilnehmer Profile erstellen, in dem er die Behandlung eingehender Messages definiert wie z. B. die Weiterleitung an eine E-Mail-Adresse, die Dauer der Speicherung beim Betreiber oder die Umwandlung in andere Formate wie Fax oder E-Mail. Das Profil enthält auch Angaben zu dem Terminal, so dass Messages endgerätekonform dargestellt werden. Alles in allem sind die technologischen Möglichkeiten für das Mobile Marketing enorm hoch.

Das *Wireless Application Protocol (WAP)* wird heute schon von vielen Endgeräten unterstützt. Dieses Protokoll bezeichnet einen offenen Standard und beinhaltet ein Regelwerk für mobile Datenübertragung. Die Anwendung des WAP-Standards ermöglicht, Inhalte des Internets sowie verwandte Anwendungen und Dienste auf einem mobilen Endgerät darzustellen. Das Wireless Application Protocol bedient sich der Seitenbeschreibungssprache Wireless Markup Language (WML), die die Daten komprimiert und schneller übertragen kann als das HTTP-Protokoll. Leider war bei der Einführung der ersten WAP-fähigen Endgeräte und der Vermarktung des neuen Standards weder die notwendige Netzwerk-Infrastruktur gegeben noch verfügten die Anbieter von Services und Inhalten über relevante und nutzerfreundliche Anwendungen. Die Nutzer waren von dem Angebot entsprechend enttäuscht.

Es bleibt zu hoffen, dass die WAP-Technologie mit der Verbreitung von GPRS, das sowohl die Nutzerfreundlichkeit erhöhen, als auch die Kosten reduzieren wird, eine zweite Chance bekommt.

Anfang des Jahres wurde auch in Deutschland das japanische Erfolgsmodell „i-mode" von dem Mobilfunkanbieter E-Plus eingeführt. Da dieser Standard neue Möglichkeiten für die mobile Werbung und Mobile Coupons verspricht, sei die Technologie kurz vorgestellt. i-mode ist, technisch gesehen vergleichbar mit WAP. Der Unterschied besteht primär darin, dass i-mode ein komplettes Paket anbietet, einen Standard für die Darstellung, neue bunte Endgeräte, die für die Nutzung von Content und Services optimiert sind, sowie eine Vielzahl von Content-Anbietern, die ein ansprechendes und breites Angebot realisiert haben.

2.4 Lokalisierungstechnologien

Die fortschreitenden Lokalisierungstechnologien können maßgeblich dazu beitragen, dem Kunden auf Basis seines Standortes eine Nachricht oder ein Angebot mit höchstmöglicher Relevanz zu schicken.

Zurzeit existieren zur Lokalisierung zwei Arten von Technologien:

- Die *zellbasierte Ortung* funktioniert mit jedem üblichen Endgerät. Dabei ist die Ortung relativ ungenau, da lediglich die Zellinformation benutzt wird, in der das mobile Endgerät eingebucht ist. Je nach Zellgröße schwankt auch die Genauigkeit der Ortung – derzeit zwischen 300m und 3km. Der Vorteil ist, dass die zellbasierte Ortung sehr kostengünstig ist. Es existieren weitere Technologien, mit der die zellbasierte Ortung verbessert werden kann, z. B. über verschiedene Verfahren der Triangulation. Diese erfordern jedoch einen erheblichen Investitionsaufwand auf der Seite des Netzwerks und damit des Mobilfunkanbieters.

- Das *Global Positioning System (GPS)*, welches bereits in anderen kommerziellen Bereichen, wie z. B. Automobil, Schifffahrt aber auch dem Militär weit verbreitet ist, bietet eine sehr viel genauere Art der Ortung. Es basiert auf 24 Satelliten, die die Erdkugel komplett abdecken und ihre Position und Zeit ständig übermitteln. Daher kann über einen Empfänger die Position mit einer Genauigkeit von 10–20m bestimmt werden. Die Benutzung der Satelliten ist frei, jedoch müssen die Endgeräte mit einem entsprechenden Empfänger ausgerüstet werden.

Wichtig ist an dieser Stelle anzumerken, dass sich die Genauigkeit der netzwerkbasierten Ortung in den nächsten Jahren nicht entscheidend verbessern wird. Allerdings wird mit der fortschreitenden Miniaturisierung auch die Verbreitung von GPS in mobilen Endgeräten zunehmen.

3 Einordnung des Mobile Marketing in das Direktmarketing

3.1 Definition, Abgrenzung und Konzepte von Mobile Marketing

Die Summe aus wirtschaftlichen und sozioökonomischen Entwicklungen verantwortet die wachsende Bedeutung und Anwendung des Direktmarketings. Einige dieser Einflussfaktoren sind verstärkte Konkurrenz, Sättigungstendenzen von zahlreichen Märkten und die Differenzierung bzw. Fragmentierung von Marktsegmenten mit kleineren und speziellen Nischenangeboten.

Der Aufwand der Marktkommunikation ist in den letzten Jahren konsequent angestiegen, nicht nur durch Streuverluste der medialen Überflutung, sondern auch durch die Kenntniszunahme des Kunden. Seine Einordnung in klassische Zielgruppensegmente wird immer aufwendiger und kostenintensiver. Dieser Entwicklung tritt das Direktmarketing entgegen.

Bis heute hat sich keine eindeutige, anerkannte Begriffsbestimmung von Direktmarketing durchgesetzt. Dennoch haben sich in den verschiedensten Definitionen Kernelemente herauskristallisiert, die konstitutive Bestandteile des Direktmarkcting darstellen:

Das Direktmarketing ist ein zielgerichteter Kommunikationsprozess mit einem bekannten Empfänger, welcher

- mit Hilfe verschiedener Medien oder in Form einer persönlichen Kommunikation,
- direkt und individuell angesprochen wird,
- mit dem Ziel, eine messbare Reaktion und/oder Transaktion zu erreichen,
- die an jedem beliebigen Ort geschehen kann.

Diese Kernelemente spiegeln sich auch in der Definition des Direktmarketing nach DDV (Deutscher Direktmarketing Verband) wieder: „*Das Direktmarketing umfasst alle Marketingaktivitäten, bei denen Medien mit der Absicht eingesetzt werden, in einem Kommunikationsprozess eine interaktive Beziehung zu Zielpersonen herzustellen, um sie zu einer individuellen, messbaren Reaktion zu veranlassen*"[4].

Letztendlich ist die Zielsetzung jeder Direktmarketing-Aktivität die zielgerichtete und wechselseitige Kommunikation zwischen Kunde und Anbieter mit der Strategie einer langfristigen Kundenbindung. Unternehmen können durch Direktmarketing dem Wunsch der Kunden nach maßgeschneiderten Angeboten und individueller Behandlung genüge tun. Das Mobile Marketing, definiert als Direktmarketing über mobile Endgeräte und Netzwerke, bietet dabei einen vielschichtigen Kanal, der etablierte Kanäle wie Post, Internet oder Telefon ergänzt.

Die Ziele des Direktmarketings lassen sich weiter kategorisieren in vier Hauptaufgaben:[5]

1) **Verkauf**
    - Erhöhung der Kauffrequenz
    - Werbung neuer Kunden durch Empfehlung zufriedener Kunden (Aktion "Kunden werben Kunden")
    - Übermittlung von Sonderverkaufsaktionen (Angeboten, Coupons etc.)

2) **Information**
    - Vermittlung von Informationen an den Kunden zur Erhöhung der Kundentransparenz
    - Verbesserung des Images
    - Verbesserung des Bekanntheitsgrades

---

[4] Vgl. KRAETKE (2002).
[5] Vgl. LOOK (2001).

3) **Kundenbindung**
   - Erhöhung der Kundenloyalität zur Marke und zum Handel, der diese Marken offeriert
   - Kundenaktivierung und -pflege
   - Sammlung von Kundendaten
   - Maßnahmen wie Gewinnspiele etc.

4) **Direkte Rückkopplung bei Einsatz neuer Medien**
   - Direktes Feedback der Kunden über Maßnahmen
   - Direkte Erfolgsmessung

Ob die Ziele erreicht werden, lässt sich im Mobile Marketing über die „Responsequote" leicht und zuverlässig ermitteln. Die Quote spiegelt den Anteil positiver Reaktionen auf die durchgeführte Kommunikationsmaßnahme wider.

Einige Konzepte, die das Prinzip des Direktmarketings sinnvoll erweitern, sollen im folgenden kurz dargestellt werden:

Das *One-to-One-Marketing* basiert auf dem Prinzip, den Kunden nicht nur personalisiert, wie im Direktmarketing üblich, sondern auch individualisiert anzusprechen. Während eine Personalisierung bereits durch eine persönliche Ansprache mit Namen erreicht wird, setzt eine Individualisierung, d. h. eine Ansprache des Kunden mit maßgeschneiderten Angeboten, die Erstellung von Konsumenten-Profilen voraus. Dies stellt die Grundlage für die Entwicklung des Customer Relationship Management (CRM) dar.

Zwingende Voraussetzung für das One-to-One-Marketing, insbesondere im Mobile Marketing, ist die Anwendung des *Permission Marketing*. Hierbei gibt der Kunde vorab sein Einverständnis, vom Anbieter angesprochen zu werden. Dies schließt ein, dass der Nutzer jederzeit seine Erlaubnis zum Erhalt von Werbung modifizieren oder zurückziehen kann. Eine Missachtung dieses Grundsatzes hat in der Vergangenheit zu irreparabel geschädigten Kundenbeziehungen geführt. Die Einhaltung der Prinzipien hingegen erlaubt dem Werbetreibenden, standortbezogene und personalisierte Werbebotschaften zu versenden, die eine Beziehung zum Kunden aufbauen und nachhaltig vertiefen.[6]

Um die Erlaubnis von Kunden für Werbeaktionen zu erhalten, existieren verschiedene Konzepte. Bei der „*Opt-out*" Methode wird grundsätzlich vorausgesetzt, dass der Nutzer einer Kommunikationsmaßnahme zustimmt, ansonsten dem Anbieter seine Ablehnung mitteilt. Dieser Vorgang stellt keine seriöse Form des Permission Marketing dar, da die Privatsphäre des Nutzers ungeschützt ist. Bei dem „*Opt-in*" Verfahren gibt der User aktiv seine Zustimmung zum Erhalt von Nachrichten. Das „*Double Opt-in*" Verfahren geht noch einen Schritt weiter und verlangt eine doppelte Nutzerbestätigung.[7]

---

[6] Vgl. KRAETKE (2002).
[7] Vgl. KRAETKE (2002).

Zuletzt sei hier als ein weiteres Unterscheidungsmerkmal die Differenzierung zwischen Push- und Pull-Werbung im Mobile Commerce vorgestellt:

Unter *Push-Werbung* versteht man Nachrichten, die dem Nutzer proaktiv zugesandt werden wie beispielsweise Kurznachrichten oder Anrufe. Der Nutzer hat hierfür im Vorfeld sein Einverständnis gegeben, der Werbetreibende bestimmt, wann dem Nutzer die Botschaft zugestellt wird. Push-Marketing ist vornehmlich für Unternehmen geeignet, die bereits eine Beziehung zu ihrem Kunden aufgebaut haben. Für Neukunden-Akquisition erweist sich diese Werbeform als ungeeignet. Während bei dem Push-Prinzip die Zustellung der Information zeitversetzt zur Anforderung erfolgt, sind Anforderung und Zustellung von Informationen beim *Pull-Prinzip* zeitgleich. Demzufolge zählen Nachrichten zur Pull-Werbung, wenn der Nutzer sie aktiv abruft oder bei seiner Informationssuche darauf stößt, z. B. bei Werbebannern.

3.2 Instrumente des Mobile Marketing

Unter den in Kapitel 2 dargestellten Möglichkeiten und Limitationen des Mobilfunkmarktes – hinsichtlich der Netze, Endgeräte und Service Technologien – lassen sich zum heutigen Zeitpunkt zwei Hauptinstrumente für das Mobile Marketing ableiten, SMS und WAP Dienste.

Erstere sind heute bereits sehr stark verbreitet, da sie grundsätzlich für alle mobilen Endgeräte geeignet sind. Zwei Formen können dabei unterschieden werden:[8]

- Bei der *Commercial SMS* steht dem Werbetreibenden die gesamte SMS für die Werbebotschaft zur Verfügung
- Die *Sponsored SMS* umfasst in der Regel 30 Zeichen, die vor oder nach der eigentlichen Botschaft eingeblendet werden.

WAP dagegen bietet aufgrund der technischen Möglichkeiten – Einbindung von Grafiken, Logos, Links und Call-Back-Funktionalitäten – ein sehr viel größeres Einsatzspektrum. Dennoch hat sich die Nutzung von WAP noch nicht durchgesetzt, es existieren zurzeit nur wenige Beispiele in Form von Banner-Werbung oder Interstitials. Dabei liegt die Hoffnung der Werbetreibenden auf der steigenden Penetration von WAP mit der Verbreitung von GPRS, UMTS und multimedialen Endgeräten.[9]

Ein weiterer Schritt zur Verbreitung von Mobile Marketing wird die von der WAA (Wireless Advertising Association) getriebene Standardisierung von Werbeformaten auf mobilen Endgeräten sein (GSM-Telefone, WAP-Geräte und PDAs), ähnlich den Formaten in der Printwerbung. Damit soll vor allen Dingen die Akzeptanz durch Werbetreibende erhöht werden und Mobile Marketing als weiterer Kanal etabliert werden. Der propagierte Standard sieht vor, dass SMS Werbenachrichten bis zu 160 Zeichen, als Sponsored Message bis zu 34 Zeichen enthalten sollen. Für die WAP Werbung gilt, dass Grafiken ein bestimmtes Format nicht überschreiten dürfen und Interstitials nach maximal fünf Sekunden wieder verschwinden.[10]

---

[8] Vgl. *MANHARDT* (2001).
[9] Vgl. *MANHARDT* (2001).
[10] Vgl. *MANHARDT* (2001).

4 Player und Wertschöpfungskette

Die Grundlage des Mobile Marketing ist der traditionelle Kommunikationsprozess mit den vier konstitutiven Elementen Kommunikator, Botschaft, Träger der Botschaft und Rezipient. Als Kommunikator tritt das werbetreibende Unternehmen auf, das durch den Dialog mit einer bestimmten Zielgruppe anvisierte Werbeziele erreichen möchte. Es versendet eine Werbebotschaft an potenzielle Konsumenten, zum Beispiel einen Mobile Coupon mit dem Versprechen, einen Preisnachlass bei Kauf eines Produkts zu erhalten. Da die Botschaft vom Werbetreibenden nicht persönlich übertragen werden kann, benötigt dieser zum Transfer seiner Werbemittel eine Anwendungstechnologie wie SMS oder MMS. Der Empfänger kann dabei Konsument und Kommunikator zugleich sein. Stichwort: Interaktion. Als Werbewirkung erhofft sich das Unternehmen den Anstoß einer Transaktion durch den Konsumenten.[11]

Da die Transaktionskosten den Transaktionsnutzen übersteigen, benötigt der Werbetreibende Beteiligte, die die Durchführung mittragen. In der traditionellen Wertschöpfungskette der Werbung sind häufig Werbe-Agenturen und Media-Agenturen unterstützend tätig. Die Werbeagentur setzt die strategischen Kommunikationsziele in einen Kommunikationsplan um, plant die Kommunikationsmittel und -wege und übernimmt zusätzlich die operative Umsetzung der Werbebotschaft. Die Media-Agentur platziert die Werbebotschaft optimal, d. h. zielgruppengerecht bei den Werbeträgern wie Fernseh- oder Print-Medien.

Im Falle des Mobile Marketing wird eine weitere Stufe notwendig – die des Mobilfunkanbieters. Dieser ist für den Transport der Nachricht verantwortlich. Ihm vorangestellt ist die Stufe des Media Owners (Content Provider und Portalanbieter), sofern diese Funktion nicht durch den Mobilfunkanbieter selbst abgedeckt wird. Der Media Owner nutzt die bereits bestehenden Beziehungen zum Kunden, um eine genaue Zielgruppe für die Kampagne zu definieren. Das folgende Schaubild von Ovum soll die grundsätzliche Wertschöpfungskette des Mobile Marketing verdeutlichen:[12]

---

[11] Vgl. KRAETKE (2002)
[12] Vgl. OVUM (2002).

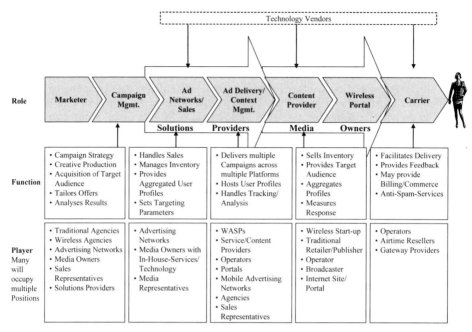

Abbildung 4:   Wertschöpfungskette des Mobile Marketing

Letztendlich bedeutet dies, dass zusätzlich zu den bestehenden Rollen und Wertschöpfungsstufen neue Anbieter wie z. B. Coupon Portale, Mobilfunkanbieter oder Agenturen eine entscheidende Rolle für die Verbreitung von Mobile Marketing spielen werden.

5   Einsatz und Erfolgsfaktoren

5.1   Kritische Erfolgsfaktoren des Mobile Marketing

In der Vergangenheit wurde immer wieder ein Szenario herangezogen, um Mobile Marketing in Verbindung mit Location Technology und Database Marketing zu veranschaulichen. Ein Szenario mit doppeltem Nutzen, denn es kann gleichzeitig auch dazu genutzt werden, die Problembereiche des Mobile Marketing aufzuzeigen und daraus Erfolgsfaktoren für die Zukunft abzuleiten: [13]

„Der Nutzer geht an einem Starbuck's Cafe vorbei, das Telefon klingelt und ein Coupon für einen 50% Discount ist angekommen, der in diesem Cafe für die nächsten 10 Minuten gültig ist."

---

[13]   Vgl. *CATLETT* (2001).

- **Technologische Barrieren:**
  Das dargestellte Beispiel ist schon aus technischer Sicht nicht realisierbar. Tausende von Nutzern ständig zu orten und mit einer in den Profilen hinterlegten Präferenz von zulässigen Werbungen zu vergleichen, benötigt wahrscheinlich die Rechenleistung der NASA und übersteigt jede realistische technische Umsetzung.

- **Business Modell und Wertschöpfungskette:**
  Das Beispiel ist eher unwahrscheinlich, da es voraussetzt, dass die Nutzerdaten und Präferenzen in einer zentralen Datenbank gespeichert und abrufbar sind. Nahcliegender ist der Fall, dass ein Nutzer einem Unternehmen die Erlaubnis zur Kommunikation erteilt – ohne Kenntnis des Mobilfunkbetreibers. Da letzterer aber als einziger Player im Besitz der Ortsinformationen ist, wird die ortsgerechte Zuordnung von Angeboten und Nutzern mehr als schwierig.

- **Ökonomischer Nutzen:**
  Der ökonomische Nutzen des Angebots wird eher gering sein. Zum einen, weil die „Cost of Delivery" zu hoch sind, da zu viele Wertschöpfungsstufen involviert sind und die versendeten Coupons in irgendeiner Form kontrolliert werden sollten, zum anderen, weil Starbucks bereits einen etablierten Brand Namen und eine entsprechende Nachfrage hat. Sehr schnell kann ein negativer Effekt auftreten, wenn nicht alle Personen, die einen Coupon bekommen haben, das entsprechende Angebot wahrnehmen können. Darüber hinaus müsste der Kaffee hoch subventioniert werden, denn wie die oben beschriebene Wertschöpfungskette darstellt, wollen drei bis fünf weitere Partner neben dem Mobilfunkprovider und Starbuck's an der Aktion verdienen. Dieser Kaskadeneffekt, d. h. Margenaufschlag auf jeder Wertschöpfungsstufe verteuert insbesondere niedrigpreisige Güter überproportional und macht das mobile Marketing für solche Produkte nicht attraktiv.

- **Privacy-Bedenken:**
  Diese Art von Kampagne ruft Bedenken gegenüber dem Eindringen in die Privatsphäre des einzelnen Nutzers hervor. Selbst wenn er einer Aktion zugestimmt hat, kann er diese Art von Mobile Marketing als störend und belästigend empfinden.

- **Starbuck's hat kein Interesse an dieser Form von Mobile Marketing**
  Allerdings hat Starbuck's befürwortet, mit Mobile Marketing einen Hebel für ihre Läden zu entwickeln, z. B. über die Annahme von Vorbestellungen oder Suchfunktionen für den nächsten Laden.

Die ARC Group hat in einer Umfrage nach den Haupthemmnissen von Mobile Marketing gefragt:[14] Neben technischen Limitationen wie Displaygröße und Nutzbarkeit der Endgeräte war der meistgenannte Grund die mögliche Missachtung der Privatsphäre des Nutzers. Die Umfrage lieferte auch gleich Lösungsansätze: kreative Botschaften trotz Limitationen auf Seite der Endgeräte, Einholung der Erlaubnis des Nutzers und gewissenhafte und kontinuierliche Profilierung. Damit kann sich Mobile Marketing trotz der oben genannten Problembereiche als wertvolles Direktmarketing-Instrumentarium etablieren.

---

[14] Vgl. *ARC GROUP* (2001).

Haupthemmnisse für den Erfolg von Mobile Marketing	1 Hoher Einfluss	2	3	4 Wenig Einfluss
Text basiert/limitierte Grafiken	38 %	33,1%	22%	6,9%
Format/kleine Bildschirme	38,8 %	37,1%	20,8%	3,3%
Eindringen in Privatsphäre	51,4 %	25,7%	16,7%	6,1%
Nicht geeignet für Markenaufbau	10,2 %	25,3%	40,8%	23,7%
Noch unerprobtes Medium	25,3 %	31,8%	31,8%	11%
Fehlende Industrie-Standards	22,9 %	36,7%	33,1%	7,3%
Bandbreiten-Limitationen	27,8 %	33,9%	27,3%	11%
Payment-Sicherheit	31,8 %	34,7%	22,4%	11%
Nutzbarkeit der Endgeräte	41,6 %	39,2%	12,2%	6,9%
Andere	8,2 %	4,9%	36,7%	50,2%

Tabelle 1:   Haupthemmnisse für den Erfolg von Mobile Marketing

Zunächst muss jeder Werbetreibende sich selbst in puncto gewünschter Ziel- und Umsetzung der Kommunikationsmaßnahme befragen:

- Verletzt das Angebot die Regeln der Businessethik?
- Bietet das Angebot eine dem Kunden transparente Wertversprechnung, die auch eingehalten werden kann?
- Welche vom Kunden wahrgenommenen Privacy-Bedenken können auftreten? Wird er sich durch das Angebot belästigt fühlen?
- Schadet das Angebot meinem Ansehen und meinem bisherigen Brand-Image?
- Ist das angedachte Angebot mit den heute verfügbaren Technologien durchführbar?

Die Beantwortung der Fragen sollte in die eigentliche Konzeption der Mobile-Marketing-Maßnahmen münden. Letztendlich müssen folgende Faktoren erfüllt sein:[15]

1. Die Einholung der *Erlaubnis des Nutzers*, Marketingmaßnahmen durchzuführen, d. h. die Anwendung des Prinzips des Permission Marketing. Dies schließt nicht nur Inhalt der Maßnahme, sondern auch Art, Zeit und Ort der Kontaktaufnahme ein.

2. Die konsequente und sorgfältige *Auswahl der Zielgruppe*, da nicht alle Zielgruppen gleichermaßen empfänglich sind für das Mobile Marketing.

3. Der *Inhalt der Werbebotschaft* muss leicht verständlich, umsetzbar und für den Nutzer werthaltig sein.

4. Die *Durchführung der Mobile-Marketing-Kampagne* sollte einen Entertainment-Charakter haben. Zusätzlich darf beim Nutzer nicht das Gefühl entstehen, dass die Teilnahme kostenpflichtig ist.

---

[15] Vgl. BIRKEL (2002).

5. Das Mobile Marketing ist dann am effektivsten, wenn die *Integration in den gesamten bestehenden Kommunikationsmix* gelingt. Der mobile Kanal ist nur einer von vielen möglichen Direktmarketing-Kanälen. Eine Nutzung mehrerer Kanäle sorgt für Abwechslungsreichtum und erhöhte Aufmerksamkeit mit dem Ziel maximaler Wirkung.

Insbesondere Punkt 1 spiegelt sich in der folgenden Umfrage der ARC Group wieder, die sich mit den wichtigsten Eigenschaften des Mobile Marketing befasst hat – vorausgesetzt, der User hat in den gezielten Transfer personalisierter Angebote eingewilligt:[16]

Welches sind die kritischen Eigenschaften von Mobile Marketing für den Erfolg	1 kritisch	2	3	4 weniger kritisch
Personalisiertes Medium	68%	26,6%	5,3%	2%
„Call to Action" – Direkte Antwort Möglichkeiten	48%	41,4%	9%	1,6%
Interaktives Profiling	37,7%	45,5%	14,8%	2%
Verbreitet bei jungen Kunden	23%	46,3%	26,6%	4,5%
One-to-Many-Kommunikation	16%	40,6%	31,6%	11,9%
Nutzer können Opt-In betreiben	56,6%	30,7%	11,1%	1,6%
Ortsspezifisch	44,7%	40,2%	11,1%	4,1%
Andere	9,8%	8,2%	35,7%	46,3%

Tabelle 2:   Kritische Eigenschaften von Mobile Marketing für den Erfolg

Nachfolgend sollen zwei Beispiele für bereits erfolgreiche Kampagnen beschrieben werden, die verdeutlichen, dass Mobile Marketing keine Zukunftsvision bleiben muss.

5.2   Use Cases und erfolgreiche Einsatzgebiete von Mobile Marketing

Die Münchner Firma 12snap hat sich in den letzten Jahren als eines der führenden Mobile-Marketing-Unternehmen in Europa etabliert. Diese zeigt sich auch für mehrere erfolgreiche Kampagnen in diesem Jahr verantwortlich:

Im Februar 2002 haben 12snap und die Fastfood Kette Mc Donald's die bis dahin größte handelsbasierte Mobile-Marketing-Kampagne in Europa durchgeführt. Diese lief unter dem Motto „Text a monster" über einen Zeitraum von vier Wochen in über 1.200 Mc Donald's Filialen in Großbritannien und sollte die bestehende Kooperation von Mc Donald's mit Disney PIXAR unterstützen. Dazu wurden auf über 13 Mio. Pommes Frites Packungen sechs verschiedene Trickfilmfiguren des Disney Films „Monster AG" hinter einem Aufklappfenster versteckt. Dahinter verbarg sich ein Code und eine SMS Nummer an die der „Monster Code" geschickt werden konnte (parallel war auch eine online Absendung möglich). Der Nutzer wurde direkt im Anschluss per „Monster SMS" darüber informiert, ob sie gewonnen haben oder nicht – Preise im Wert von mehreren Millionen Euro standen zur Verfügung darunter 500 Philips 28" Flachbildschirm-Fernseher, 2.000 DVD-Spieler, 5.000 MP3-CD-Player, 1.000

---

[16]   Vgl. *ARC GROUP* (2001).

DVD-Sets von Toy Story 1 + 2, 370.000 Klingeltöne und Handy-Logos. Damit waren nicht nur die Gewinnchancen der Teilnehmer sehr hoch, die Response-Raten dieser Kampagne lagen im zweistelligen Millionenbereich. Gleichzeitig wurde die Aktion durch TV-Spots, Werbung am Point of Sale und im Internet unterstützt.[17]

Abbildung 5:   *Bsp. einer handelsbasierten Mobile-Marketing-Kampagne*[18]

Dasselbe Modell läuft aktuell im Rahmen der Commenwealth-Spiele in Großbritannien. Der Konsumgüterhersteller Cadbury bietet mit der "Txt 4 Gold"-Onpack-Promotion Millionen "interaktiver Schokoriegel" der Marken Cadbury Dairy Milk, Fruit & Nut, Whole Nut, Boost, Crunchie, Caramel, Twirl, Snowflake, Time Out und Double Decker an. Auf jeder Packung dieser Marken befindet sich ein Code, der sich auf ein sportliches Event der "Commonwealth Games" bezieht. Den Code können die Teilnehmer per SMS absenden und sofort eine Gewinnbenachrichtigung erhalten. Auch in dem Beispiel von Cadbury sind attraktive Preise im Wert von 1 Million £ (1,6 Millionen €) zu gewinnen, z. B. eine Reise und Gutscheine und Tickets für die "Commonwealth Games". Auch wird diese Kampagne am Point of Sale, durch eine nationale Rundfunk-Kampagne und die Cadbury Website kommuniziert, unterstützt von zwei führenden Sport-Stars aus UK.[19]

Weitere erfolgreiche Kampagnen in diesem Jahr in Deutschland liefen in Form eines Tippspiels zur Fußballweltmeisterschaft 2002 in Korea und Japan mit dem Sportartikelhersteller Adidas und für den Launch der Xbox von Microsoft Anfang des Jahres.

Abschließend bleibt zu sagen, dass die genannten Beispiele nur einen Ausschnitt aus der Welt des Mobile Marketing eines Anbieters zeigt. Auch wenn die großen und erfolgreichen Kampagnen bis dato eher vermehrt im europäischen Ausland zu finden waren, werden diese in Deutschland, dem größten europäischen Mobilfunkmarkt, an Bedeutung gewinnen. Form und Gestaltung der Kampagnen haben noch zu einem Großteil einen Gewinnspiel-Charakter mit der Aussicht auf attraktive Preise, verbunden mit einem Brand-Name-Anbieter und eingebunden in einen Kommunikationsmix verschiedenster Kanäle und Medien.

---

[17]   Vgl. *ZUCKER.KOMMUNIKATION* (2002).
[18]   Vgl. online: *TEXTAMONSTER.CO.UK*.
[19]   Vgl. *ZUCKER.KOMMUNIKATION* (2002).

6 Zusammenfassung und Ausblick

Wie die Ausführungen zeigen, verspricht das Thema Mobile Marketing eine Vielzahl von neuen, bislang unbekannten Möglichkeiten. Die Ursachen für die problematische Einführung von Mobile Marketing sind weniger technisch begründet. Schließlich sind mit den Mobilfunknetzen der 2.5. und 3. Generation, SMS, MMS, WAP und i-mode sowie modernen, multimedial fähigen Mobilfunkgeräten, gute Grundlagen für die Umsetzung von Mobile Marketing geschaffen. Allerdings existieren eine Vielzahl von kritischen Erfolgsfaktoren, die bei der Umsetzung berücksichtigt werden müssen.

Im Vordergrund stehen stets das *ethische Handeln* der Werbetreibenden und das Respektieren der Privatsphäre des Nutzers. Dazu gehört die Einholung der Erlaubnis, Marketingaktivitäten durchzuführen, da alle Aktivitäten, die auf den mobilen Kanal abzielen, egal ob Anrufe oder Nachrichten, eine Form der privaten und persönlichen Kommunikation darstellen. Jedes unwillkommene Eindringen birgt die Gefahr, dass das Angebot und die dahinter stehende Marke negativ beeinflusst werden. Das *Permission Marketing* stellt somit nicht nur ein „Best Practice" dar, sondern vielmehr die einzig realistische Strategie, Mobile Marketing zu betreiben.

Werbekampagnen müssen auf die Bedürfnisse und Wünsche der Zielgruppe abgestimmt sein; die *Botschaften,* die an ein mobiles Endgerät gesendet werden, dem Empfänger einen Mehrwert bieten, sei es durch Entertainment oder durch die Exklusivität des Angebots. Dabei muss die Botschaft einfach und transparent sein: „the medium is the message".

Ein Dialog zwischen Kunde und Anbieter gewinnt durch Mobile Marketing neue Dimensionen. Gezielte Interaktion wird möglich. Das bedeutet nicht nur, dass es einen direkten Antwortkanal gibt (der zwar nicht unbedingt durch das Mobile angestoßen werden muss), sondern richtige Konversation. Aus diesem Grund ist der letzte Erfolgsfaktor die *Integration* des mobilen Marketing-Kanals in bestehende Kampagnen als zusätzlichen und speziellen Träger im Kommunikationsmix.

Die Zukunft wird davon abhängig sein, inwieweit die Vorteile des Mobile Marketing mögliche Nachteile dominieren und wie beim Konsumenten das mobile Medium in seiner Gesamtheit wahrgenommen wird. Das Pro: Es entsteht ein effektiver One-to-One-Kommunikationskanal, der mit wenig Aufwand personalisiert werden kann. Das Contra: Es ist ein allgegenwärtiges Tool, mit einer nicht vergleichbaren Reichweite, und damit ein nutzbarer Kanal für viele Zielgruppen.

Der Schlüssel zu erfolgreichem Marketing über mobile Endgeräte ist, das Vertrauen der Konsumenten zu erlangen und zu festigen. Die Einhaltung von Sicherheit und die Achtung der Privatsphäre sind feste Grundbausteine, auf denen personalisierte Werbebotschaften aufbauen. Die Nutzer werden es nicht akzeptieren, wenn ihnen ungewünschte Nachrichten zugesandt werden für Produkte und Services, die sie nicht explizit angefordert haben. Um effizient mit dem Konsumenten kommunizieren zu können und die besonderen Eigenschaften des mobilen Endgerätes positiv zu nutzen, muss die Erlaubnis des Nutzers über Inhalt, Zeit, Ort und Methode eingeholt werden. Diese Erlaubnis ebnet den Weg für eine profitable und langfristige Konversation.

In der Zukunft wird die Grenze zwischen einer Marketing-Botschaft und informellem Inhalt weiter verschwimmen. Die Nachrichten müssen neben der eigentlichen Werbebotschaft Inhalte von Interesse vermitteln. Mobile Endgeräte sind in erster Linie dazu da, die persönliche Produktivität zu erhöhen und zu verbessern, das Leben des einzelnen zu vereinfachen. Das Medium ist ein Teil des Lebens geworden, ist aber bei weitem nicht der einzige Informationskanal sondern nur ein Part einer Marketing-Strategie. Das gilt für die Anbieter – ebenso wie für die Anwendersicht. Der Schlüssel zum Erfolg ist die Fähigkeit, die richtigen Nachrichten in der richtigen Umgebung abzugeben. Die mobile Kommunikation darf nie der alleinige Kommunikationskanal einer Marketingstrategie sein. Das Medium ist zu sehr limitiert in den Fähigkeiten, eine komplette Nachricht zu übertragen. Keine Firma wird allein von Mobile Commerce bestehen, wo schon reine E-Commerce-Firmen genügend Probleme haben. Aber Unternehmen, die eine physische Präsenz besitzen (Laden, Katalog oder Webseite) und über einen entsprechenden Markennamen verfügen, können in besonderem Maße von Mobile Marketing profitieren. Die Limitationen der mobilen Endgeräte und der mobilen Netze bedeuten, dass die Werbetreibenden gefordert sind, eine Botschaft gewinnbringend an den Nutzer zu kommunizieren. In einer Zukunft mit mehr technischen Möglichkeiten müssen Botschaften kreativer, werthaltiger und unterhaltsamer werden, um zukünftig aus der Botschaften-Flut herauszuragen. Am Ende bedeutet dies, dass ein durchaus positives Fazit für den Erfolg von Mobile Marketing gezogen werden kann. Als neues Instrument ist es für eine Vielzahl von Marketingaktionen ein bereicherndes Werkzeug. Das Fallen des Rabattgesetzes und der Zugabeverordnung im letzten Jahr werden zusätzlich stimulierend auf die Werbemaßnahmen wirken. Allerdings besteht nur ein schmaler Grat zwischen der Versendung eines werthaltigen und passenden Angebots und einem ungewollten Eindringen in die Privatsphäre des Nutzers. Der Schlüssel zum Erfolg von Mobile Marketing in der Zukunft wird der verantwortungsvolle Umgang und Handeln jedes einzelnen Werbetreibenden.

Quellenverzeichnis

ARC GROUP (2001): Mobile Marketing Industry Survey.

BIRKEL, M. (2002): 12Snap— unleashing the power of mobile marketing.

CASALINI, A. (o. J.): Expanding email advertising to wireless target.

KRAETKE, V. (2002): Mobile Coupons – ein attraktives Direktmarketing Instrument für den deutschen Markt?.

LOOK, CH. (2001): Möglichkeiten und Grenzen des Direkt Marketings im Rahmen des Mobile Commerce.

MANHARDT, K. (2001): Grenzen für Mobilfunkreklame, online: http://www.funkschau.de.

O. V. (2002): online: http://www.textamonster.co.uk/home_page.asp.

OVUM (2001): Wireless Marketing: Rhetoric, Reality and Revenues.

ZUCKER.KOMMUNIKATION (2002): MONSTER-SMS Kampagne, online: http://www.12snap.de.

ZUCKER.KOMMUNIKATION (2002): Nestlé macht noch mehr mobil, online: http://www.12snap.de.

Ein Ansatz zur Bewertung von Telekommunikationsunternehmungen und von deren abgrenzbaren Unternehmungsteilen

GERRIT BRÖSEL und HUBERT DECHANT

PwC DEUTSCHE REVISION SCHWERIN und TECHNISCHE UNIVERSITÄT ILMENAU

1	Die Problemstellung	134
2	Die Grundlagen der Bewertung	136
	2.1 Die Bewertungsanlässe	136
	2.2 Die Konzeptionen der Bewertung	138
	2.3 Die Funktionen der Bewertung und ihre Wertarten	140
	2.4 Die Grundsätze der Bewertung von Telekommunikationsunternehmungen und von deren Unternehmungsteilen	142
3	Die Abgrenzung der Zukunftserfolge	143
	3.1 Die grundlegenden Prinzipien zur Abgrenzung der Zukunftserfolge	143
	3.2 Ein Ansatz zur Prognose der Zukunftserfolge	146
	3.2.1 Die Prognose der Einzahlungen	146
	3.2.2 Die Prognose der Auszahlungen	151
4	Die Transformation der Zukunftserfolge	155
	4.1 Das Zukunftserfolgswertverfahren	155
	4.2 Die Berücksichtigung der Unsicherheit	157
5	Eine Zusammenfassung	159
Symbolverzeichnis		159
Quellenverzeichnis		162

1 Die Problemstellung

Die Euphorie, die vor, während und teilweise auch nach der Versteigerung der „Universal Mobile Telecommunications System"-Lizenzen (UMTS-Lizenzen)[1] im Jahre 2000 auf den Seiten der Telekommunikationsunternehmungen herrschte, scheint verflogen. Ernüchterung macht sich breit, und mindestens zwei der sechs UMTS-Lizenznehmer haben bereits ihre Hoffnungen begraben.[2] „Wir haben die Chancen von UMTS eindeutig überschätzt"[3], ist vom Vorstandsvorsitzenden der MOBILCOM AG, Herrn DR. THORSTEN GRENZ, zu vernehmen. Hinsichtlich der bei der UMTS-Auktion erzielten astronomischen Preise und der derzeitigen wirtschaftlichen Probleme einiger Lizenznehmer ist es fraglich, ob die präsumtiven Lizenznehmer ihre maximal zahlbaren Preise vor der Gebotsabgabe mithilfe theoretisch fundierter Methoden ermittelt haben oder diese Grenzpreise überhaupt kannten. Gibt eine Telekommunikationsunternehmung ihre UMTS-Pläne auf, fällt die Lizenz an den Regulierer zurück, wenn diese Unternehmung nicht bis zum 31. Dezember 2003 über ein UMTS-Netz verfügt, welches mindestens 25% der Bevölkerung erreicht. Ein Verkauf der einzelnen Lizenz ist vertraglich ausgeschlossen. Nunmehr hofft jedoch die MOBILCOM AG darauf, ihre Tochterunternehmung MOBILCOM MULTIMEDIA GMBH, die sowohl über das bisher fertiggestellte UMTS-Netz als auch über die UMTS-Lizenz verfügt, an einen Interessenten verkaufen zu können.[4]

Im Mittelpunkt der nachfolgenden Ausführungen steht deshalb die Bewertung von Telekommunikationsunternehmungen und von ihren abgrenzbaren Unternehmungsteilen, also auch von einer UMTS-Lizenz, *vor* deren Erwerb: Welchen Preis kann der rational handelnde präsumtive Erwerber[5] einer Telekommunikationsunternehmung oder einer UMTS-Lizenz maximal für diese zahlen, ohne sich durch den Erwerb schlechter zu stellen als bei Unterlassung dieser Handlung? Unter dem Begriff des „*Wertes*" soll eine *Subjekt-Objekt-Objekt-Beziehung* verstanden werden.[6] Der Wert drückt aus, welchen Nutzen sich der präsumtive Erwerber – das Bewertungssubjekt – aus dem Bewertungsobjekt im Hinblick auf die zur Verfügung stehenden Vergleichsobjekte verspricht.[7] Der zu ermittelnde Wert hat den Charakter einer Entscheidungsgrenze und ist abhängig vom Zielsystem sowie vom Entscheidungsfeld des Bewertungssubjekts. Der Erwerb der Telekommunikationsunternehmung oder von dessen Unternehmungsteilen ist ökonomisch nicht nachteilig, wenn dessen Wert mindestens dem zu zahlenden Preis entspricht.[8]

---

[1] Zur rechtlichen Analyse der Versteigerung der UMTS-Lizenzen vgl. PIEPENBROCK/SCHUSTER (2001).

[2] Vgl. hierzu O. V. (2002), S. 18.

[3] O. V. (2003b), S. 14.

[4] O. V. (2003a), S. 11.

[5] Rationales Handeln erfordert jedoch unabhängig von der gewählten Marktinstitution (also auch bei einer Auktion) eine Bewertung des zu erwerbenden oder zu veräußernden (also auch des zu er- oder versteigernden) Objekts durch die präsumtiven Erwerber und die präsumtiven Veräußerer. Vgl. zur Auktion REICHWALD/HERMANN/BIEBERBACH (2000).

[6] Vgl. hierzu MATSCHKE (1972), S. 147 und SIEBEN (1988), S. 87.

[7] Der Wert eines Gutes ergibt sich hinsichtlich des Ziel- und Präferenzsystems des Bewertungssubjekts gemäß der von HERMANN HEINRICH GOSSEN sowie CARL MENGER (und der so genannten Wiener Schule) begründeten subjektiven Wertlehre aus seinem Grenznutzen und ist somit individuell (das heißt subjektiv); vgl. HERING (2000), S. 435. Siehe zu den Ursprüngen der subjektiven Wertlehre GOSSEN (1854) und MENGER (1871).

[8] Vgl. HERING (1999), S. 1. Zur Abgrenzung von Wert und Preis siehe ENGELS (1962), S. 37 ff., MÜNSTERMANN (1966), S. 151, OLBRICH (2000), S. 459.

Die Bewertung wird im entscheidungsorientierten Sinne in folgende Schritte unterteilt:

1. Abgrenzung und Quantifizierung der relevanten Zukunftserfolge
2. Transformation der ermittelten Zukunftserfolge in einen Entscheidungswert
3. Abwägung von (subjektivem) Wert und (objektivem) Preis

Die Abgrenzung und Quantifizierung der relevanten Zukunftserfolge wird im Rahmen der Unternehmungsbewertungstheorie bislang vernachlässigt. Sie obliegt den jeweiligen Fachleuten der Branche. Die Charakteristika des Telekommunikationsmarktes verschärfen die ohnehin vorliegenden Ermittlungsprobleme: Schnelllebigkeit, hohe Wettbewerbsintensität und rasanter technologischer Wandel zeichnen den Telekommunikationsmarkt aus. Vergangenheitsorientierte mathematisch-statistische Prognoseverfahren erweisen sich als unbrauchbar. Als *Hauptaufgabe der Bewertung* wird die Transformation der aus fundierten Schätzungen ermittelten qualitativen und quantitativen Informationen über künftige Erfolge in einen Wert, der die mit der Bewertung verfolgte Funktion erfüllt, angesehen.[9] Dieser Wert soll dem Entscheidungssubjekt zur Entscheidungsunterstützung dienen. Die nicht formalisierbare Abwägung zwischen Preis und Entscheidungswert, in welche die individuellen Risikoneigungen des Entscheidungssubjekts einfließen, schließt sich an und erfordert transparente Informationsgrundlagen.[10]

Ziel dieser Ausführungen ist die Unterstützung der ersten zwei Bewertungsschritte. Hierzu werden im zweiten Kapitel die *Grundlagen der Bewertung* dargestellt. Nach einer einleitenden Systematisierung von Bewertungsanlässen wird die Entwicklung der Unternehmungsbewertungstheorie von der objektiven über die subjektive zur funktionalen Konzeption beschrieben. Wie jede Rechnung muss auch die Bewertungsrechnung zweckorientiert erfolgen. Die sich anschließenden Ausführungen geben deshalb einen Überblick über die Hauptfunktionen der herrschenden funktionalen Bewertungslehre und ihre Wertarten. Schließlich werden die Grundsätze der Bewertung von Telekommunikationsunternehmungen und von deren abgrenzbaren Unternehmungsteilen vorgestellt. Das *dritte Kapitel* befasst sich mit der bisher in der Bewertungsliteratur zumeist vernachlässigten Abgrenzung und Quantifizierung der relevanten Zukunftserfolge. Dabei werden einerseits die bei der Ermittlung der zukünftigen Erfolge zu beachtenden grundlegenden Prinzipien dargestellt und andererseits ein heuristischer Ansatz präsentiert, welcher die Zukunftserfolgsermittlung unterstützt. Bevor die Ergebnisse des Beitrags zusammengefasst werden, wird im *vierten Kapitel* ein theoretisch fundiertes Modell zur Transformation der Zukunftserfolge in die gesuchte Größe präsentiert, wobei ein besonderes Augenmerk auf die Berücksichtigung der Unsicherheit gelegt wird.

---

[9] Auf Grund der in der Realität herrschenden Unsicherheit über zukünftige entscheidungsrelevante Sachverhalte ist es *ex ante* nicht möglich, einen eindeutigen Wert zu ermitteln. Wird hier von der Ermittlung eines Wertes gesprochen, welcher der Entscheidungsunterstützung dienen soll, ist unter dem Begriff Entscheidungswert vielmehr eine Bandbreite möglicher Werte zu verstehen; vgl. HERING (1999), S. 2 ff.

[10] Siehe auch HERING (1999), S. 26.

2 Die Grundlagen der Bewertung

2.1 Die Bewertungsanlässe

Die Anlässe für Unternehmungsbewertungen und Bewertungen von Unternehmungsteilen sind vielgestaltig. Eine Systematisierung dieser Anlässe, die letztlich die modelltheoretische Analyse unterstützt und adäquate Bewertungsmodelle ableiten lässt, ist auf MATSCHKE zurückzuführen. Anlässe, die im Zusammenhang mit einer Änderung der Rechtsverhältnisse[11] stehen, lassen sich klassifizieren in Konfliktsituationen vom Typ des Erwerbs/der Veräußerung und vom Typ der Fusion/Spaltung, eindimensionale und mehrdimensionale Konfliktsituationen, jungierte und disjungierte Konfliktsituationen sowie dominierte und nicht dominierte Konfliktsituationen.[12]

Den *Konfliktsituationen vom Typ des Erwerbs/der Veräußerung*[13] werden jene Bewertungsanlässe subsumiert, bei denen sich die Rechtsverhältnisse an der zu bewertenden Unternehmung oder an den zu bewertenden Unternehmungsteilen dergestalt ändern sollen, dass *entweder* eine der Konfliktparteien (Verkäufer und zugleich Veräußerer) ihr Eigentum am Bewertungsobjekt zugunsten einer anderen Konfliktpartei (Käufer und zugleich Erwerber) aufgibt und dafür eine Gegenleistung (Kaufpreis) von dieser erhält *oder* die eine Partei (Lizenzgeber und zugleich Veräußerer) einer anderen Partei (Lizenzgeber und zugleich Erwerber) das Bewertungssubjekt überträgt und dafür von dieser als Entschädigung eine Geldzahlung (Lizenzentgelt) erhält.[14] In der *Konfliktsituation vom Typ der Fusion/Spaltung* kommt es hingegen nicht zu einem Wechsel der Eigentümer. Von einer Konfliktsituation vom Typ der Fusion[15] wird gesprochen, wenn mehrere Unternehmungen vereinigt werden sollen und die Eigentümer dieser zu bewertenden Unternehmungen Eigentum an der aus der Vereinigung entstehenden wirtschaftlichen Einheit erhalten werden.[16] Spiegelbildlich zur Fusion lässt sich die Konfliktsituation vom Typ der Spaltung beschreiben.[17]

---

[11] Vgl. SIEBEN (1993), Sp. 4320 f. zu Unternehmungsbewertungsanlässen ohne Änderung der Eigentumsverhältnisse, worunter z. B. Unternehmungsbewertungen im Rahmen der Ermittlung von steuerlichen Bemessungsgrundlagen zählen. Wie BÖRNER dabei von entscheidungsunabhängigen Anlässen zu sprechen, ist nicht gerechtfertigt, weil beispielsweise auch Bewertungen auf Grund von Kreditwürdigkeitsprüfungen durchaus Entscheidungen nach sich ziehen; vgl. BÖRNER (1980), S. 112 ff.

[12] Vgl. MATSCHKE (1975), S. 33 ff.; zur Unterscheidung in dominierte und nicht dominierte Konfliktsituationen vgl. MATSCHKE (1979), S. 30 ff. Der Typ der Fusion wurde um den Typ der Spaltung ergänzt durch MANDL/RABEL (1997), S. 14 f. Siehe zur graphischen Übersicht möglicher Ausprägungen von Konfliktsituationen OLBRICH (1999), S. 13.

[13] Um in die Bewertungsanlässe auch die Ersteigerung von Lizenzen (z. B. UMTS-Lizenz) zu integrieren, wurden die Konfliktsituationen vom Typ des Kaufs/Verkaufs und der Lizenznahme/Lizenzvergabe – in enger Anlehnung an MATSCHKE – zur Konfliktsituation vom Typ des Erwerbs und der Veräußerung zusammengefasst. Vgl. zu dieser Erweiterung auch BRÖSEL (2002), S. 54.

[14] Vgl. MATSCHKE (1975), S. 31.

[15] Zu den Verfahren der Unternehmungsbewertung im Rahmen der Fusion vgl. MATSCHKE (1975), S. 327 ff., MATSCHKE (1984), REICHERTER (2000).

[16] Vgl. MATSCHKE (1975), S. 31.

[17] Vgl. MANDL/RABEL (1997), S. 14 f.

Um in Verhandlungssituationen eine Einigung zwischen den konfligierenden Parteien herbeizuführen, ist eine Verständigung über bestimmte Bedingungen erforderlich. Diese werden als konfliktlösungsrelevante Sachverhalte bezeichnet. Hinsichtlich der Anzahl dieser Einigungsbedingungen wird in eindimensionale und mehrdimensionale Konfliktsituationen unterschieden.[18] Von *eindimensionalen Konfliktsituationen* wird gesprochen, wenn für die Einigung der konfligierenden Parteien lediglich ein konfliktlösungsrelevanter Sachverhalt von Bedeutung ist. In den Konfliktsituationen vom Typ des Kaufs/Verkaufs ist es gewöhnlich die Höhe des Preises, in den Konfliktsituationen vom Typ der Lizenznahme/Lizenzvergabe das Lizenzentgelt und in den Konfliktsituationen vom Typ der Fusion/Spaltung die Verteilung der Anteile an der durch Fusion entstehenden neuen wirtschaftlichen Einheit oder an den durch Spaltung neu entstehenden Unternehmungen. Eine *mehrdimensionale Konfliktsituation* liegt hingegen vor, wenn die Lösung des Konflikts zwischen den Parteien von weiteren Parametern abhängig ist. Konfliktlösungsrelevante Sachverhalte lassen sich in originäre und derivative konfliktlösungsrelevante Sachverhalte unterteilen.[19] Wirken Parameter unmittelbar entscheidungsfeldverändernd, sind sie den *originären konfliktlösungsrelevanten Sachverhalten* zuzuordnen. Damit es beispielsweise zur Änderung der Rechtsverhältnisse an einer Unternehmung kommt, ist es für die konfligierenden Parteien erforderlich, sich über diese Parameter zu verständigen. Deshalb stehen die originären Sachverhalte zueinander in einem Komplementaritäts- oder Ergänzungsverhältnis.[20] Unter die *derivativen konfliktlösungsrelevanten Sachverhalte* fallen diejenigen, die nur mittelbar das Entscheidungsfeld des Bewertungssubjekts verändern. Die derivativen Parameter dienen dazu, die Ausprägungen der originären Sachverhalte herzuleiten oder zu begründen, und stehen somit in einer Mittel-Zweck-Beziehung zu diesen originären Verhandlungsgegenständen.

Um eine *disjungierte oder unverbundene Konfliktsituation* handelt es sich, wenn eine Konfliktpartei das Objekt in einer einzigen Konfliktsituation bewertet, die in keiner Beziehung zu anderen Verhandlungen steht. Gewöhnlich wird in der Literatur nur diese Situation betrachtet.[21] Die *jungierte oder verbundene Konfliktsituation* liegt hingegen vor, wenn sich das Entscheidungssubjekt zugleich in mehreren Verhandlungssituationen befindet und sich daraus Interdependenzen ergeben. Eine isolierte Betrachtung der einzelnen Konfliktsituationen bildet dabei die Sachlage nicht zutreffend ab.[22]

Mit der Unterscheidung zwischen dominierten und nicht dominierten Konfliktsituationen stellt sich die Frage, ob eine Änderung der Rechtsverhältnisse am Bewertungsobjekt von einer der konfligierenden Parteien beherrscht wird oder nicht. So wird unter einer *nicht dominierten Konfliktsituation* verstanden, dass keine der Konfliktparteien die Veränderung der Rechtsverhältnisse des Bewertungsobjekts allein, also gegen den Willen und ohne Mitwirkung der anderen Partei, realisieren kann.[23] Eine *dominierte Konfliktsituation* liegt dagegen vor, wenn eine der konfligierenden Parteien in der Lage ist, die Rechtsverhältnisse an der zu

---

[18] Vgl. hierzu MATSCHKE (1975), S. 38 ff., MATSCHKE (1993).
[19] Vgl. MATSCHKE (1975), S. 56 ff.
[20] Unter die originären konfliktlösungsrelevanten Sachverhalte fallen neben der Höhe des Entgelts z. B. der Umfang der Unternehmung sowie Regelungen über Wettbewerbsverbote. Allein schon die vielfältigen Gestaltungsformen des Entgelts sind den originären Parametern zuzuordnen.
[21] Ausnahmen finden sich bisher allein bei MATSCHKE (1975), S. 336 ff., HERING (1999), S. 68 ff. und BRÖSEL (2002), S. 98 ff., die sich allesamt auch mit jungierten Konfliktsituationen befassen.
[22] Vgl. MATSCHKE (1975), S. 34 f.
[23] Vgl. MATSCHKE (1979), S. 31 ff.

bewertenden Unternehmung auch gegen den erklärten Willen der anderen konfligierenden Partei durchzusetzen.[24]

Die Problematik der Bewertungssituation sei am Beispiel der UMTS-Versteigerung des Jahres 2000 dargestellt: Vertragsgegenstand und folglich Bewertungsobjekt waren die UMTS-Lizenzen, also das Recht zum „… Betreiben von Übertragungswegen für das Angebot von Mobilfunkdienstleistungen der dritten Generation (UMTS/IMT-2000) für die Öffentlichkeit im Gebiet der Bundesrepublik Deutschland durch die Lizenznehmerin oder andere."[25] Im Rahmen der Versteigerung war lediglich das gebotene Lizenzentgelt entscheidungsrelevant. Hinsichtlich der Bedeutung der UMTS-Lizenzen und der Dimension der erreichten Entgelte kann davon ausgegangen werden, dass die Bewertungssubjekte, die Telekommunikationsunternehmungen, zur selben Zeit keinen Erwerbs- oder Veräußerungsverhandlungen durchführten, die in einer direkten Beziehung zur UMTS-Versteigerung standen oder ähnliche Dimensionen auswiesen. Zwar wurden die Regeln der Versteigerung von staatlicher Seite vorgegeben, es stand aber jeder zugelassenen Telekommunikationsunternehmung frei, sich an der Versteigerung zu beteiligen oder auszusteigen. Insgesamt handelte es sich bei der UMTS-Versteigerung aus Sicht der Telekommunikationsunternehmungen um eine *eindimensionale, nicht dominierte, disjungierte Konfliktsituation vom Typ des Erwerbs*. Vor diesem Hintergrund beschränkt sich der nachfolgend präsentierte Ansatz zur Bewertung von Telekommunikationsunternehmungen und ihren Unternehmungsteilen auf diese Konfliktsituation.

2.2 Die Konzeptionen der Bewertung

Im Zentrum der *objektiven Unternehmungsbewertung*, die bis in die sechziger Jahre als herrschende Literaturmeinung[26] galt, stand die Ermittlung eines objektiven Wertes der Unternehmung. Die Bestimmung dieses Wertes sollte entpersonifiziert, also losgelöst von subjektiven Interessen, erfolgen. Der zu ermittelnde Wert haftet der Unternehmung – nach Ansicht der Vertreter dieser Konzeption – an und ist von einem „normalen" Unternehmer realisierbar.[27] Diese Theorie wollte dem Anspruch genügen, einen unparteiischen Wert zu bestimmen, um Interessengegensätze zwischen konfligierenden Parteien zu überwinden, ohne dabei jedoch Bezug auf die Interessen der Parteien zu nehmen. Aus diesen Gründen orientierten sich die Vertreter dieser Konzeption bei der Ermittlung des objektiven Wertes vornehmlich an vergangenen und gegenwärtigen Verhältnissen. Die Ermittlung des objektiven, substanzorientierten[28] Wertes liefert auf Grund der Abstraktion vom Bewertungssubjekt und von der jeweiligen Aufgabenstellung keine hinreichende Entscheidungsunterstützung.

---

[24] Vgl. MATSCHKE (1979), S. 33 ff., MATSCHKE (1981), S. 117 f. Zur Unterscheidung in *fragmentierte* und *nicht fragmentierte* dominierte Konfliktsituationen siehe HERING/OLBRICH (2001), S. 23 ff.

[25] Teil A Punkt 1 der UMTS-Musterlizenz – Lizenz zum Betreiben von Übertragungswegen für das Angebot von Mobilfunkdienstleistungen der dritten Generation (UMTS/IMT-2000) für die Öffentlichkeit im Gebiet der Bundesrepublik Deutschland.

[26] Siehe z. B. MELLEROWICZ (1952), VIEL (1955), LACKMANN (1962).

[27] Vgl. MELLEROWICZ (1952), S. 60.

[28] Zur kritischen Betrachtung des Substanzwertes vgl. MATSCHKE (1990).

Einen dazu konträren Standpunkt vertraten die Verfechter der *subjektiven Unternehmungsbewertungstheorie*, deren Anschauung die objektive Unternehmungsbewertungslehre abzulösen suchte.[29] Die Ermittlung des subjektiven Wertes erfolgt unter Bezugnahme auf die Vorstellungen und Planungen eines konkreten Bewertungsinteressenten. Für jedes Bewertungssubjekt kann die Unternehmung insofern einen grundsätzlich verschiedenen, spezifischen Wert haben, der den Grenzpreis der Unternehmung aus Sicht des jeweiligen Bewertungssubjekts widerspiegelt.[30] Diese Konzeption der Unternehmungsbewertung wird charakterisiert durch die fundamentalen Grundsätze der Bewertung: das Prinzip der Gesamtbewertung, das Prinzip der Zukunftsbezogenheit und das Prinzip der Subjektivität.[31]

Die kontroversen Anschauungen objektiver und subjektiver Theorie wurden letztlich mit dem Konzept der *funktionalen Unternehmungsbewertung*[32] überwunden. Zentraler Punkt der seit Mitte der siebziger Jahre herrschenden Lehre ist die Zweckabhängigkeit[33] des Unternehmungswertes. Der Wert einer Unternehmung wird mit Bezugnahme auf die Vorstellungen und Planungen des konkreten Bewertungsinteressenten unter expliziter Berücksichtigung der verfolgten Aufgabenstellung der Unternehmungsbewertung ermittelt. „Die Unternehmung hat nicht bloß für jeden Bewertungsinteressenten einen spezifischen Wert, sondern kann auch je nach Aufgabenstellung einen durchaus unterschiedlichen Wert haben."[34] Die Bewertung erfolgt zweckabhängig; *der* Unternehmungswert und *das* Verfahren zu seiner Ermittlung existieren nicht. Die funktionale Bewertungstheorie stützt sich dabei gleichermaßen auf die Grundsätze der Gesamtbewertung, der Zukunftsbezogenheit sowie der Subjektivität, hier ergänzt durch den Grundsatz der Zweckabhängigkeit.

---

[29] Maßgeblichen Anteil am Erfolg der subjektiven Unternehmungsbewertung hatten BUSSE VON COLBE, KÄFER und schließlich MÜNSTERMANN; vgl. BUSSE VON COLBE (1957), MÜNSTERMANN (1966) sowie den Nachdruck der Aufsätze von KÄFER (1996).

[30] In der Literatur ist die Notwendigkeit des Subjektbezugs im Rahmen von Bewertungen schon durch SCHMALENBACH erkannt worden; vgl. SCHMALENBACH (1917/1918), S. 4.

[31] Vgl. MÜNSTERMANN (1966), S. 18 ff.

[32] Zu den grundlegenden Arbeiten der funktionalen Unternehmungsbewertung, die auch unter der Bezeichnung „Kölner Funktionenlehre" bekannt ist, zählen u. a. MATSCHKE (1969), MATSCHKE (1971), MATSCHKE (1972), MATSCHKE (1975), MATSCHKE (1976), SIEBEN (1976), MATSCHKE (1979) sowie die Beiträge der ersten Kölner BFuP-Tagung vom 18./19. November 1976 in GOETZKE/SIEBEN (1977).

[33] Vgl. zum Zweckadäquanzprinzip MOXTER (1983), S. 5 ff.

[34] MATSCHKE (1995), S. 973.

2.3 Die Funktionen der Bewertung und ihre Wertarten

Nur, wenn von der jeweilgen Funktion der Bewertung ausgegangen wird, lassen sich die erforderlichen Verfahrensregeln zur Wertermittlung sinnvoll ableiten.[35] Im Rahmen der Konzeption der funktionalen Bewertung wird in *Haupt- und Nebenfunktionen*[36] unterschieden, denen ein Wert dienen kann. Die folgenden Ausführungen beschränken sich auf die Darstellung der Hauptfunktionen, worunter die Entscheidung[37], die Vermittlung sowie die Argumentation fallen, und der mit ihnen verbundenen Wertarten.

Der *Entscheidungswert* ist das Ergebnis einer Bewertung im Rahmen der *Entscheidungsfunktion*. „Der Entscheidungswert zeigt einem Entscheidungssubjekt bei gegebenem Ziel- oder Präferenzsystem und bei gegebenem Entscheidungsfeld an, unter welchen Bedingungen oder unter welchem Komplex von Bedingungen die Durchführung einer bestimmten vorgesehenen Handlung das ohne diese Handlung erreichbare Niveau der Zielerfüllung gerade noch nicht mindert."[38] Mit anderen Worten gilt der Entscheidungswert als äußerste Grenze der Konzessionsbereitschaft des Entscheidungssubjekts in einer bestimmten Konfliktsituation. Der Entscheidungswert wird durch vier Merkmale[39] charakterisiert: Er wird hinsichtlich einer definierten Handlung ermittelt (*Merkmal der Handlungsbezogenheit*) und bezieht sich auf ein bestimmtes Entscheidungssubjekt sowie dessen Zielsystem (*Merkmal der Subjekt- und Zielsystembezogenheit*). Er ist eine kritische Größe (*Merkmal des Grenzwertes*), die ausschließlich für ein konkretes Entscheidungsfeld und für die daraus ableitbaren Alternativen gültig ist (*Merkmal der Entscheidungsfeldbezogenheit*).[40]

Zielt eine Bewertung auf die Änderung der Rechtsverhältnisse und ist für die Einigung der Konfliktparteien lediglich die Höhe des Kaufpreises oder des Lizenzentgelts von Bedeutung, so entspricht der Entscheidungswert dem Grenzpreis oder dem Grenzentgelt einer Verhandlungspartei in dieser Konfliktsituation. Aus Sicht des präsumtiven Erwerbers ist der Entscheidungswert als Preisobergrenze genau das Entgelt, das er gerade noch zahlen kann, ohne durch den Erwerb einen wirtschaftlichen Nachteil hinnehmen zu müssen.[41] In Verhandlungssituationen und insbesondere bei Versteigerungen sollte dieses kritische Entgelt zweifelsohne mit Rücksicht auf die Stärke der eigenen Verhandlungsposition ein Wert hinter „vorgehaltener Hand" sein.[42]

---

[35] Vgl. MATSCHKE (1981), S. 115.

[36] Als Nebenfunktionen der Unternehmungsbewertung gelten u. a. die Vertragsgestaltungsfunktion (a), die Steuerbemessungsfunktion (b) und die Kommunikationsfunktion (c). Siehe zu (a) SANFLEBER (1990), SIEBEN/LUTZ (1995), zu (b) SIELAFF (1977), MOXTER (1983), S. 64 ff. sowie zu (c) COENENBERG/SIEBEN (1976), Sp. 4063.

[37] HERING weist darauf hin, dass die Entscheidungsfunktion häufig als Beratungsfunktion bezeichnet wird, obwohl der Beratungszweck auch den anderen Funktionen innewohnt; vgl. HERING (1999), S. 3.

[38] MATSCHKE (1972), S. 147. Der Entscheidungswert basiert somit auf den investitionstheoretischen Grundsätzen der Zielsetzungs- und Entscheidungsfeldbezogenheit; vgl. zur erforderlichen investitionstheoretischen Fundierung von Bewertungen u. a. HERING (1999), S. 11 ff.

[39] Vgl. MATSCHKE (1972), S. 147, MATSCHKE (1975), S. 26.

[40] Siehe hierzu auch SIEBEN/SCHILDBACH (1994), S. 15 ff., insbesondere S. 42 ff.

[41] Vgl. MATSCHKE (1969), S. 59.

[42] Vgl. SIEBEN (1988), S. 86.

Wird eine Bewertung im Rahmen der *Vermittlungsfunktion*[43] durchgeführt, ist das Ergebnis der *Arbitrium-, Vermittlungs- oder Schiedsspruchwert*. Dem Gutachter kommt hierbei die Rolle des unparteiischen Dritten zu. Mit dem Arbitriumwert soll ein für die konfligierenden Parteien zumutbarer Kompromiss hinsichtlich der Bedingungen über die Änderungen der Rechtsverhältnisse gefunden werden, der die Interessen der Parteien angemessen berücksichtigt.[44] Der Arbitriumwert darf, um als zumutbar zu gelten, die Grenzen der Konzessionsbereitschaft der konfligierenden Parteien nicht verletzen (*Grundsatz der Rationalität des Handelns*).[45] Voraussetzung dafür ist die Existenz eines Einigungsbereichs: Der Entscheidungswert[46] des Erwerbers muss folglich über dem Entscheidungswert des Veräußerers liegen. Gemäß dem *Grundsatz der parteienbezogenen Angemessenheit* obliegt es dem Gutachter, den Arbitriumwert auf der Grundlage eines gewählten Gerechtigkeitspostulats innerhalb des so genannten Arbitriumbereichs zu bestimmen.[47]

Das Ergebnis einer Bewertung in der *Argumentationsfunktion* wird *Argumentationswert*[48] genannt. Der Argumentationswert ist ein parteiischer Wert, dessen Bedeutung in der Beeinflussung des Verhandlungspartners liegt. Mit diesem taktischen Wert soll die eigene Verhandlungsposition verbessert und ein günstigeres Verhandlungsresultat erreicht werden. Argumentationswerte werden zumeist in Form von angeblichen Entscheidungs- oder Arbitriumwerten in den Verhandlungsprozess eingebracht.[49] Zweckdienliche Argumentationswerte setzen sowohl die Kenntnis des eigenen Entscheidungswertes[50] als auch eine Vermutung über den gegnerischen Entscheidungswert voraus.

---

[43] Vgl. MATSCHKE (1971), MATSCHKE (1979), MOXTER (1983), S. 22.

[44] Vgl. MATSCHKE (1969), S. 57, MATSCHKE (1984), S. 562.

[45] Vgl. MATSCHKE (1979), S. 48 f.

[46] Dem Entscheidungswert kommt damit bei der Vermittlungsfunktion eine zentrale Rolle zu.

[47] Vgl. MATSCHKE (1971), S. 519, MATSCHKE (1979), S. 112.

[48] Siehe MATSCHKE (1976).

[49] Die Argumentationsfunktion wird aus Sicht der Wirtschaftsprüfer als nicht mit dem Berufsstand vereinbar angesehen. Im Unterschied zur Kölner Funktionenlehre wird dem Wirtschaftsprüfer im Rahmen der Unternehmungsbewertung, neben den Funktionen als Berater des Bewertungssubjekts (im Sinne der Entscheidungsfunktion) und als Schiedsgutachter (im Sinne der Vermittlungsfunktion), in erster Linie die Rolle eines neutralen Gutachters zugewiesen, der als zentrale Größe einen „objektivierten Wert" ermitteln soll; vgl. INSTITUT DER WIRTSCHAFTSPRÜFER (1983), S. 472 ff. Dieser „objektivierte" Wert soll dem Wert der Unternehmung unter der Prämisse der Fortführung des bisherigen Unternehmungskonzepts entsprechen, der im Wesentlichen mangels unzureichender Konkretisierung von noch nicht eingeleiteten zukünftigen Maßnahmen und personenbezogenen Wertfaktoren abstrahiert; vgl. SIEPE (1998), S. 5 f. Einwände gegen die statische Orientierung des Modells des „objektivierten" Unternehmungswertes wurden insbesondere erhoben, weil die Bewertung eine Einbettung in die Planungen des Bewertungssubjekts verlangt. Aus der Planungsabhängigkeit folgt die Zukunftsbezogenheit; vgl. zur Kritik z. B. LUTZ (1981), S. 151 f., SCHILDBACH (1995). Ein neuerlicher Versuch zur Normierung der Verhaltensweisen und Bewertungsverfahren für den Berufsstand wurde inzwischen vorgelegt; vgl. INSTITUT DER WIRTSCHAFTSPRÜFER (2000). Die Aussagefähigkeit des „objektivierten" Wertes wird in Anbetracht der unveränderten Vernachlässigung entscheidender Wertdeterminanten Ansatzpunkt fortwährender Kritik sein; vgl. z. B. HOMMEL/BRAUN/SCHMOTZ (2001).

[50] Auch die Bestimmung eines Argumentationswertes setzt somit die Kenntnis des eigenen Entscheidungswertes voraus.

2.4 Die Grundsätze der Bewertung von Telekommunikationsunternehmungen und von deren Unternehmungsteilen

Als die der funktionalen Bewertungstheorie zugrunde liegenden bedeutenden Prinzipien[51] gelten neben dem Grundsatz der Zweckabhängigkeit die Grundsätze der Gesamtbewertung, der Zukunftsbezogenheit und der Subjektivität. Hinsichtlich des *Prinzips der Gesamtbewertung*[52] ist nicht die Summe der Einzelwerte der Vermögensteile dieser Unternehmung oder dieses Unternehmungsteils bewertungsrelevant; vielmehr ist es erforderlich, die im Rahmen der Konfliktsituation zur Disposition stehende Telekommunikationsunternehmung oder den relevanten Unternehmungsteil als wirtschaftliche Einheit zu betrachten. Im Falle einer isolierten Bewertung der betrieblichen Einzelwerte besteht die Gefahr der Vernachlässigung positiver, aber auch negativer Kombinationseffekte innerhalb des als Einheit zu betrachtenden Bewertungsobjekts, weil die Summe der Einzelwerte nicht mit dem Gesamtwert des Bewertungsobjekts identisch sein muss.[53] Es ist jedoch nicht ausgeschlossen, dass die Summe der Einzelwerte dem Gesamtwert entspricht.[54]

Das *Prinzip der Zukunftsbezogenheit*[55] besagt bezüglich der Bewertung von Telekommunikationsunternehmungen und -unternehmungsteilen, dass für das Bewertungssubjekt nur der Nutzen bewertungsrelevant ist, den ihm das Bewertungsobjekt in der Zukunft stiftet. „Für das Gewesene gibt der Kaufmann nichts."[56] Die in der Vergangenheit liegenden Erfolge einer Unternehmung können lediglich als möglicher Indikator zukünftiger Erfolge betrachtet werden. Bei der Bewertung von Produktinnovationen, wie der UMTS-Lizenz, ergibt sich das Problem, dass eine Trendextrapolation auf der Basis der Ergebnisse vorangegangener Perioden überhaupt nicht oder nur sehr eingeschränkt als Prognosehilfe herangezogen werden können. Aus der Zukunftsbezogenheit resultiert das Problem der Unsicherheit[57], weil dem Bewertungssubjekt im Bewertungszeitpunkt der genaue zukünftige Nutzen des Bewertungsobjekts und alle zukünftigen Handlungsalternativen und -konsequenzen nicht bekannt sind.

Die Bestimmung des Wertes von Telekommunikationsunternehmungen oder ihren Unternehmungsteilen erfordert gemäß dem *Prinzip der Subjektivität*[58] die Einbettung des Bewertungsobjekts in die Planungen des Bewertungssubjekts.[59] Signifikant ist somit die Zielsystem-, Entscheidungsfeld- und Handlungsbezogenheit des Wertes. Dementsprechend ist der Wert durch die vom Bewertungssubjekt verfolgten Ziele, durch die aus dem Entscheidungsfeld verfügbaren finanz- und realwirtschaftlichen Handlungsmöglichkeiten und -beschränkungen sowie durch die von der Unternehmung für das Bewertungsobjekt geplante Verwendung determiniert. Ferner ist Ausfluss des Subjektivitätsprinzips, dass die vom Bewertungs-

---

[51] Vgl. zu diesen Ausführungen MATSCHKE/BRÖSEL (2003).
[52] Vgl. zum Prinzip der Gesamtbewertung, das in der Literatur auch als Prinzip der Bewertungseinheit zu finden ist, AULER (1926/1927), S. 42, BALLWIESER/LEUTHIER (1986), S. 548.
[53] Vgl. MÜNSTERMANN (1966), S. 18.
[54] Dies ist möglich, wenn z. B. eine sofortige Weiterveräußerung der Unternehmung geplant ist.
[55] Vgl. auch BALLWIESER/LEUTHIER (1986), S. 548.
[56] MÜNSTERMANN (1966), S. 21.
[57] Vgl. auch KEUPER (2002), S. 458 f.
[58] Vgl. auch MOXTER (1983), S. 23.
[59] Der Subjektbezug, der das Fundament der modernen Bewertungstheorie der Kölner und Greifswalder Schule darstellt, bleibt bisher in der angelsächsischen Bewertungslehre weitestgehend unberücksichtigt; vgl. OLBRICH (2000), S. 458 f.

subjekt erwarteten individuellen positiven und negativen Verbundeffekte bei der Wertermittlung berücksichtigt werden müssen. Auf Grund unterschiedlicher Planungen, Synergiepotenziale[60] sowie Verwertungsmöglichkeiten und -beschränkungen[61] haben Telekommunikationsunternehmungen und ihre Unternehmungsteile für jedes Bewertungssubjekt einen individuellen Wert. Aus identischen Nutzenerwartungen verschiedener Bewertungssubjekte folgt keinesfalls ein identischer Wert des Bewertungsobjekts, wenn z. B. allein die den Subjekten alternativ zur Verfügung stehenden Kapitalverwendungsmöglichkeiten differieren.[62]

3 Die Abgrenzung der Zukunftserfolge

3.1 Die grundlegenden Prinzipien zur Abgrenzung der Zukunftserfolge

Für den präsumtiven Erwerber sind im Rahmen der Bewertung alle durch das Bewertungsobjekt hervorgerufenen künftigen Erfolge von Bedeutung. Das Bewertungsobjekt stiftet dem Bewertungssubjekt im Falle des Erwerbs einen künftigen Nutzen und trägt damit zu dessen Zielerfüllung bei. Die Ermittlung dieser für das Bewertungssubjekt relevanten Erfolge aus dem Bewertungsobjekt steht nicht im Mittelpunkt der Bewertungstheorie. Abgrenzung und Quantifizierung des durch die zu bewertenden Telekommunikationsunternehmungen gestifteten Nutzens obliegen vielmehr den Fachleuten der Telekommunikationsbranche. Die Gewinnung der Zukunftserfolge, wechselseitige Abhängigkeiten und die Veränderungen der Zukunftserfolge während des im Rahmen der Bewertung betrachteten Zeitraumes werden gewöhnlich in der Literatur vernachlässigt.[63] Die Qualität eines durch bestimmte Modelle ermittelten Wertes für die Telekommunikationsunternehmung wird jedoch determiniert durch die Qualität der Informationen sowie der abgegrenzten und quantifizierten künftigen Erfolge, die für die Bewertung zur Verfügung gestellt werden. Durch die in der Telekommunikationsbranche gegebenen hohen Risiken steigen die Anforderungen an die Prognose zukünftiger Erfolgsströme. Sollen mit der Bewertung sinnvolle Ergebnisse erzielt werden, ist der aus der Unternehmung resultierende Erfolg zweckentsprechend abzugrenzen und zu quantifizieren. Vor diesem Hintergrund werden nunmehr mit dem Gesamtertrags-, dem Zufluss- und dem Verbundberücksichtigungsprinzip die wesentlichen Grundsätze dargestellt, die bei der Abgrenzung der durch das Bewertungsobjekt induzierten künftigen Erfolge zu beachten sind.[64]

Prinzipiell ist für den präsumtiven Erwerber gemäß dem *Gesamtertragsprinzip*[65] unter dem künftigen Erfolg die *Summe aller Vorteile* zu verstehen, die ihm infolge des Erwerbs der Telekommunikationsunternehmung oder von dessen Unternehmungsteilen zuflössen. Unter die-

---

[60] Siehe zu Synergie- oder Verbundeffekten MOXTER (1983), S. 91 ff., WEBER (1991), OLBRICH (1999), S. 20 ff.
[61] Hierunter fallen z. B. der Bestand an eigenen Vertragskunden und das vorhandene Festnetz.
[62] Vgl. BALLWIESER/LEUTHIER (1986), S. 549.
[63] Siehe hierzu auch DECHANT/TROST (2001), S. 234.
[64] Vgl. zu den folgenden Ausführungen MOXTER (1983), S. 75 ff. und S. 91 ff.
[65] Vgl. hierzu MOXTER (1983), S. 75 ff.

se Vorteile fallen sowohl finanzielle als auch nichtfinanzielle Elemente. Neben zu verzeichnenden Einzahlungsüberschüssen kann beispielsweise der Erwerb einer Telekommunikationsunternehmung den Bekanntheitsgrad und das Ansehen eines Bewertungssubjekts beeinflussen. Auf Grund mangelnder Quantifizierungsmöglichkeiten erweist sich die Beurteilung der nichtfinanziellen Vorteile als besonders schwierig. Ausgehend vom individuellen Zielsystem des Bewertungssubjekts ist es erforderlich, alle interessierenden Sachverhalte zu identifizieren und deren Gewichtung zu bestimmen.[66] Im vorliegenden Falle wird davon ausgegangen, dass sich das Interesse der Bewertungssubjekte vornehmlich auf finanzielle Vorteile oder auf einen finanziellen Nutzen richtet, das heißt, Bewertungssubjekte streben nach einem Zufluss, der in Form von Zahlungen an die jeweiligen Eigner der bewertenden Unternehmung (Entnahmen oder Ausschüttungen) sowie Auszahlungsersparnissen der Eigner auftreten und gemessen werden kann. Hinsichtlich dieser Entnahmezielsetzung sollen im Rahmen der Ausführungen allein die monetären Vorteile als bewertungsrelevant gelten und zur Ermittlung des Entscheidungswertes herangezogen werden. Diese vereinfachte Annahme darf aber keinesfalls dazu führen, nichtfinanzielle Vorteile zu vernachlässigen oder unberücksichtigt zu lassen. Vielmehr sollen durch den Entscheidungsträger neben dem Entscheidungswert, in dem lediglich finanzielle Vorteile berücksichtigt werden, auch die nichtfinanziellen Vorteile bei der Preisbestimmung abgewogen werden, denn grundsätzlich besteht der Zukunftserfolg aus den gesamten Vorteilserwartungen.[67]

Maßgeblich für die Bewertung von Telekommunikationsunternehmungen ist entsprechend dem *Zuflussprinzip*[68] der Vorteilsstrom, der dem präsumtiven Erwerber mit dem Erwerb des Bewertungsobjekts zufließt. Die Eigner der bewertenden Unternehmung sind gemäß der erläuterten Entnahmezielsetzung an einem finanziellen Zufluss in Form einer Entnahme, Auszahlung oder Ausschüttung interessiert, der ihnen zur Befriedigung ihrer Konsumwünsche zur Verfügung steht. Hierunter fallen auch Auszahlungsersparnisse, die durch Leistungen der Unternehmung an ihre Eigner hervorgerufen werden.

Der Einfluss des Bewertungsobjekts auf die Bedürfnisbefriedigung der Eigentümer ist über die dadurch ausgelösten Zahlungskonsequenzen messbar.[69] Als Rechengröße zur Beurteilung des künftigen Nutzens des Bewertungsobjekts dienen somit *Zahlungsgrößen*. Ein- und Auszahlungen sind objektiv nachprüfbar, weil sie weder bilanziellen Bewertungseinflüssen noch Periodisierungsüberlegungen unterliegen. Die Beschränkung auf Geldzu- und -abflüsse als relevante finanzielle Größen vermeidet die Gefahr von Doppelzählungen.[70] Als Zahlungsgrößen kommen sowohl Einzahlungsüberschüsse als auch Auszahlungsersparnisse in Betracht. Erfolgsgrößen haben dabei nur einen Einfluss auf die Bewertung, wenn sie die Höhe der Zahlungen beeinflussen.[71] Die zu bewertenden Telekommunikationsunternehmung oder dessen zu bewertende Unternehmungsteile werden im Rahmen der Bewertung als ein unsicherer künftiger Zahlungsstrom gedeutet. Der relevante Zahlungsstrom, der dem Bewertungsobjekt

---

[66] Siehe hierzu das Erfolgsermittlungsmodell in MATSCHKE (1975), S. 75 ff.

[67] Vgl. auch SERFLING/PAPE (1995), S. 815.

[68] Vgl. zum Zuflussprinzip MOXTER (1983), S. 79 ff.

[69] Dieser Zusammenhang ergibt sich, weil der Kapitalwert der Ausschüttungen an die Eigner einer Unternehmung genau der Summe der Kapitalwerte aller vorteilhaften Investitions- und Finanzierungsobjekte entspricht; vgl. HERING (1999), S. 17 f.

[70] Vgl. hierzu das Beispiel von MOXTER (1983), S. 79 f.

[71] Die Höhe der Zahlungsgrößen wird z. B. beeinflusst durch erfolgsabhängige Steuerzahlungen; vgl. auch HERING (1995), S. 9.

zuzurechnen ist, ergibt sich somit aus den kontinuierlich oder diskontinuierlichen auftretenden Einzahlungen und Auszahlungen.[72]

Treten beim Erwerb einer Telekommunikationsunternehmung oder von dessen Unternehmungsteilen Eingliederungseffekte auf, sind diese bei der Ermittlung des Zukunftserfolgs zu beachten. Der bewertungsrelevante Vorteilsstrom im Sinne der (Ein-)Zahlungsüberschüsse ZÜ ergibt sich in der Periode oder zum Zeitpunkt t somit gemäß dem *Verbundberücksichtigungsprinzip*[73] aus der Differenz der zu verzeichnenden Erfolge der bewertenden Unternehmung mit ($ZÜ^{mBO}$) und ohne ($ZÜ^{oBO}$) dem Bewertungsobjekt:

$$ZÜ_t = ZÜ_t^{mBO} - ZÜ_t^{oBO}.$$

Da sich die Zahlungsüberschüsse jeweils als Differenz zwischen den Einzahlungen (inklusive der Auszahlungsersparnisse) E und Auszahlungen A ergeben, resultiert hieraus:

$$ZÜ_t = \left(E_t^{mBO} - A_t^{mBO}\right) - \left(E_t^{oBO} - A_t^{oBO}\right) \text{ sowie}$$
$$ZÜ_t = E_t^{mBO} - E_t^{oBO} - A_t^{mBO} + A_t^{oBO}.$$

Zur Ermittlung der bewertungsrelevanten Zahlungsüberschüsse ist demnach die Ermittlung der Einzahlungen der bewertenden Unternehmung mit (E_t^{mBO}) und ohne (E_t^{oBO}) dem Bewertungsobjekt sowie der Auszahlungen der bewertenden Unternehmung mit (A_t^{mBO}) und ohne (A_t^{oBO}) dem Bewertungsobjekt erforderlich.

In der Telekommunikationsbranche können Verbundeffekte z. B. in Form von Auszahlungsersparnissen bei der bewertenden Unternehmung in Anbetracht ansonsten erforderlicher Netzerweiterungen oder -optimierungen sowie Kundenmanagement- und Kundenabrechnungssysteme auftreten. Insbesondere beim Agieren in neuen Märkten lässt sich durch Unternehmungswachstum auf Grund einer Akquisition oft eine herausragende Stellung gegenüber den Konkurrenten erreichen; unter Umständen mit der Konsequenz einer mehr als nur additiven Verknüpfung der beiden unternehmungsbezogenen Marktanteile. Kostenseitig kann sich beispielsweise eine Fixkostendegression durch größere Produktionsmengen ergeben. Darüber hinaus kann es auch zu negativen Verbundeffekten, wie z. B. „doppeltes Personal", kommen. Da die jeweiligen Verbundeffekte durch die Synthese von der erwerbenden und der zu erwerbenden Unternehmung generiert werden, spiegelt das Verbundberücksichtigungsprinzip sowohl das Prinzip der Gesamtbewertung als auch das Prinzip der Subjektivität wider. Neben diesem zu beachtenden Problem der Erfolgsabhängigkeit ist das Verbundberücksichtigungsprinzip außerdem im Falle einer jungierten Konfliktsituation relevant. Liegt eine solche verbundene Konfliktsituation vor, muss folglich berücksichtigt werden, dass der Entscheidungswert der einen Unternehmung jeweils in Abhängigkeit des Verhandlungsergebnisses um die andere Unternehmung zu bestimmen ist.[74]

---

[72] Zur Vereinfachung wird in der Unternehmungsbewertung ebenso wie in der Investitionsrechnung ein hypothetischer diskontinuierlicher Zahlungsstrom unterstellt; vgl. auch MATSCHKE (1993), S. 58.
[73] Siehe MOXTER (1983), S. 91 ff., der statt vom Erfolg vom Ertrag spricht.
[74] Vgl. MATSCHKE (1975), S. 336 ff.

3.2 Ein Ansatz zur Prognose der Zukunftserfolge

3.2.1 Die Prognose der Einzahlungen

Die sorgfältige[75] Abgrenzung und Quantifizierung der relevanten Zahlungen durch die in der Telekommunikationsbranche agierenden Fachkräfte erfordern die strikte Einhaltung der dargestellten Prinzipien. Nachfolgend wird ein für Telekommunikationsunternehmungen entwickelter heuristischer Ansatz zur Unterstützung der Prognose zukünftiger Erfolgsströme dargestellt, welches in einer führenden deutschen Telekommunikationsunternehmung eingesetzt wird.[76] Dieser Prognoseansatz gliedert sich im Hinblick auf die dargestellte Formel zur Ermittlung der bewertungsrelevanten Zahlungsüberschüsse $ZÜ_t$ in die Bestandteile „Einzahlungsprognose" mit einem Markt- und Umsatzmodell (zur Ermittlung der jeweiligen E_t^{mBO} und E_t^{oBO}) sowie „Auszahlungsprognose" mit einem Investitions- und Kostenmodell (zur Ermittlung der jeweiligen A_t^{mBO} und A_t^{oBO}). Mit diesem Ansatz soll nicht nur die fundierte Prognose der Zahlungsüberschüsse unterstützt werden; der Ansatz ermöglicht zudem eine größere Transparenz der Schätzungen und lässt die Verfahren zur Berücksichtigung der Unsicherheit eine größere Aussagekraft gewinnen, weil die Wirkungen bestimmter Parameterkonstellationen untersucht und transparent aufgezeigt werden können.

Die Bewertung von Unternehmungen mit großen Investitionen in den UMTS-Standard muss vor allem an den Produkten ansetzen, wobei insbesondere die durch den UMTS-Standard hervorgerufenen innovativen Produkte zu berücksichtigen sind. Die Prognose der Zukunftserfolge wird am Fall einer Produktinnovation demonstriert, weil diese auf Grund der hohen Kapitalbindung über einen langen Zeitraum und der vielen Unwägbarkeiten besonders sorgfältig zu erfolgen hat. Einen wesentlichen Schwerpunkt dieser Ausführungen wird die mögliche Datengewinnung bilden.[77] Die Prognose der Einzahlungen erfordert die Ermittlung der möglichen Absatzmengen – hier identisch mit den Kundenzahlen – und der Produktpreise, welche wiederum die Basis zur Schätzung der Umsatzgrößen darstellen. Der Ansatz zur Einzahlungsprognose wird in die folgenden zehn Schritte unterteilt:

Schritt 1: **Segmentierung**
Im ersten Schritt erfolgt die Segmentierung des Marktes.[78] Dabei sind zuerst die einzelnen Kundensegmente s (z. B. Kundensegmente Haushalte und Geschäftskunden) zu bestimmen. Anschließend erfolgt für jedes Kundensegment die Schätzung der Größe des Segments S_t^s sowie der bedürfnisgerechten Produktvarianten, wie z. B. unterschiedliche Bandbreiten. Hinsichtlich der Bestimmung des jeweiligen Kundensegmentumfangs S_t^s kann z. B. auf das Statistische Bundesamt als Quelle zurückgegriffen werden. Für die Entwicklung von Produktvarianten sind, über die Analyse der technischen Machbarkeit hinaus, Verbraucherbefragungen durchzuführen.

---

[75] Siehe weiterführend die Ausführungen zur Sorgfaltsprüfung in OLBRICH (2002), S. 695 ff.
[76] Nachfolgende Darstellungen zum Prognosemodell erfolgen in enger Anlehnung an DECHANT/TROST (2001). Zur praktischen Anwendung siehe zudem DECHANT/BRASSLER (2003).
[77] Einzelheiten der technischen Realisierung bleiben hier unberücksichtigt.
[78] Der Index t bezeichnet die jeweilige Periode als Zeitraum zwischen den Zeitpunkten t – 1 und t (hier Jahr) oder den jeweiligen Zeitpunkt (z. B. bezieht sich die Bestandsgröße „Kunden" auf das Jahresende).

Bezeichnung	Variable/Formel	Art der Ermittlung
Bestimmung der Kundensegmente	S	Unternehmungs-entscheidung
Umfang der jeweiligen Kundensegmente	S_t^s	Schätzung
Produktvarianten	Index h	Analyse

Tabelle 1:   Kundensegmentierung

Schritt 2:   Interdependente Schätzung vom potentiellen Marktumfang und von möglichen Absatzpreisen

In einem zweiten Schritt werden der potentielle Marktumfang und die möglichen Absatzpreise für die jeweiligen Segmente s durch eine interdependente Schätzung ermittelt. Zur Vereinfachung wird hier auf die mengenseitige Berücksichtigung der Kundenverteilung auf die Produktvarianten verzichtet, was der Betrachtung eines „Durchschnittskunden" entspricht. Diese Kundenverteilung wird erst zu einem späteren Zeitpunkt (Schritt 6 und 7) in die Preis- und Erlöskalkulationen einbezogen.

Die Schätzung von *potentiellen Penetrationsraten* PP_t^s ist bei Produktinnovationen meist schwierig, weil neben der vermeintlichen Nachfrage u. a. auch die technischen Restriktionen (z. B. Engpässe bei den Zulieferern von Equipment) und die aus unternehmerischen Entscheidungen resultierenden Einschränkungen berücksichtigt werden müssen. Häufig ist es sogar notwendig, mehrere multiplikativ verknüpfte Penetrationsraten zu modellieren. Aktuelle sowie vergangene Penetrationsraten können z. B. einschlägigen Fachzeitschriften entnommen oder durch Spezialstudien ermittelt werden. Zudem stellt die Gesellschaft für Konsumforschung auf Anfrage detailliertes Datenmaterial zur Verfügung und gibt einen mithilfe von Befragungen ermittelten Prognosewert für das folgende Jahr an. Es ist zu beachten, dass diese Daten jedoch nur sehr beschränkt Aufschluss über mehr als ein Jahr in der Zukunft liegende Penetrationsraten geben. Aus unterschiedlichen Quellen stammende Penetrationsraten weichen häufig erheblich voneinander ab. Sogar Spezialstudien geben teilweise keine klare Abgrenzung der Marktsegmente und lassen offen, ob technische oder weitere Restriktionen bereits berücksichtigt sind. Auch bei der Übertragung von Penetrationsraten von „Vorreiterländern" auf den betrachteten Markt ist hinsichtlich unterschiedlicher Gewohnheiten und Spezifika höchste Vorsicht geboten. Vor diesem Hintergrund ist die originäre Schätzung als Methode zu präferieren.[79] Jede Penetrationsrate ist über eine Identifikation und Ranglozierung der Produkttreiber (z. B. monatliche Nutzungszeit, Geschwindigkeit und Komfort der Datenübertragung, hochbitratige Anwendungen, Status, Preis) und ihrer Ausprägung in dem nach Zielgruppen (z. B. Studenten, Singles mit hoher Bildung Familien mit hohem Einkommen, Kinder in höheren Schulen) kategorisierten Segment abzuschätzen.

Penetrationsraten sind in enger Abstimmung mit den erwarteten Preisen zu bemessen.[80] Bei der hierzu notwendigen gewissenhaften Analyse der Kundenbedürfnisse steht die Frage im

---

[79] An dieser Stelle sei auf den Prozess der Marktforschung verwiesen; siehe KOPPELMANN (1997), S. 114 ff.
[80] Dargestellt am Beispiel UMTS ist anschließend für jede Zielgruppe unter Gewichtung der Treiber eine Penetrationsrate UMTS und zwar ausgehend von der zielgruppenspezifischen Penetrationsrate Mobilfunk zu schätzen. Unter Einbeziehung der jeweiligen Größe der Zielgruppe und der Penetrationsrate Mobilfunk sowie der Anzahl

Mittelpunkt: „Welche Zielgruppen haben welchen Nutzen und wie hoch ist dafür deren Zahlungsbereitschaft?" Insbesondere für die Schätzung der Marktpreise $p_{h,t}^{s,M}$ und $g_{h,t}^{s,M}$ sind Verbraucherbefragungen eine unverzichtbare Informationsquelle. Der verwendete Index M macht deutlich, dass es sich – in Abgrenzung zu den nachfolgend verwendeten unternehmungsspezifischen Größen (Index U) – um marktspezifische Größen handelt.

Bezeichnung	Variable/Formel	Art der Ermittlung
potentielle Penetrationsraten	$PP_t^s \in [0;1]$	Schätzung
segmentspezifische Absatzpreise – Monatsgebühren	$p_{h,t}^{s,M}$	Schätzung
– einmalige Anschlussgebühren	$g_{h,t}^{s,M}$	Schätzung

Tabelle 2:   Interdependente Schätzung vom potentiellen Marktumfang und von möglichen Absatzpreisen

Schritt 3:   Ermittlung der potentiell adressierbaren Kundensegmente
Die Ermittlung der potentiell adressierbaren Kundensegmente erfolgt nunmehr im dritten Schritt durch die Multiplikation der jeweiligen Kundensegmente S_t^s mit den korrespondierenden potentiellen Penetrationsraten PP_t^s.

Bezeichnung	Variable/Formel	Art der Ermittlung
Anzahl der potentiell adressierbaren Kunden pro Segment	$S_t^s \cdot PP_t^s$	Berechnung

Tabelle 3:   Ermittlung der potentiell adressierbaren Kundensegmente

Schritt 4:   Festlegung eines Tarif- und Angebotmodells
Es sind strategische Entscheidungen der Unternehmung, ob der Gesamtmarkt oder nur Teilmärkte adressiert und wie schnell die Adressatenkreise erweitert werden sollen. Der Adressierungsgrad wird formal über einen so genannten segmentspezifischen Potenzialausschöpfungskoeffizienten $\alpha_t^{s,U}$ mit $\alpha_t^{s,U} \in [0;1]$ erfasst. Insbesondere für auf die Festnetzkommunikation fokussierte Unternehmungen ist diese Entscheidung von weitreichender Bedeutung. Als Einflussgrößen kommen u. a. das Leitbild der Unternehmung, die Liefer- und Produktionszeiten, die Risiko- und Kooperationsbereitschaft, die Lukrativität der regionalen Marktpotenziale, die Investitionshöhe sowie die Finanzlage einschließlich des Verschuldungspotenzials der Unternehmung in Frage. Hauptsächlich in den Anfangsjahren der Marktdurchdringung werden die Erfahrungen gemacht, dass ein schneller Einstieg in den flächendeckenden Massenmarkt häufig die Unternehmungsprozesse überfordert, was sich u. a. in einem schlechten Service äußerte. Die Anzahl der pro Segment adressierbaren Kunden ergibt sich schließlich aus der Größe des Kundensegments S_t^s, der Penetrationsrate PP_t^s und dem Potenzialausschöpfungskoeffizienten $\alpha_t^{s,U}$.

---

der Haushalte sind dann die zielgruppenspezifischen Penetrationsraten UMTS in eine durchschnittliche Penetrationsrate UMTS zu überführen.

Darüber hinaus ist im Rahmen des Tarif- und Angebotsmodells die preisliche Positionierung – hier dargestellt über segmentspezifische Preisanpassungskoeffizienten ($q_{h,t}^{s,U}$) – gegenüber den Wettbewerbern festzulegen.[81] In der praktischen Anwendung sind Kalkulationen für verschiedene solcher Tarif- und Angebotsmodelle durchzuführen, wobei die Dynamik der Marktpreise in Abhängigkeit von der Preisentscheidung der Unternehmung zu berücksichtigen ist. Aus den im Schritt 2 geschätzten Marktpreisen $p_{h,t}^{s,M}$ und $g_{h,t}^{s,M}$ lassen sich über einen unternehmungsspezifischen Preisanpassungskoeffizienten $q_{h,t}^{s,U}$ die entsprechenden produktsegmentspezifischen Monatspreise $p_{h,t}^{s,U}$ und Anschlussgebühren $g_{h,t}^{s,U}$ ableiten.

Bezeichnung	Variable/Formel	Art der Ermittlung
Potenzialausschöpfungskoeffizient, so dass:	$\alpha_t^{s,U}$	Unternehmungsentscheidung
Anzahl der adressierbaren Kunden =	$S_t^s \cdot PP_t^s \cdot \alpha_t^{s,U}$	Berechnung
Preisanpassungskoeffizient, so dass:	$q_{h,t}^{s,U}$	Unternehmungsentscheidung
produktsegmentspezifische Monatspreise =	$p_{h,t}^{s,U} = q_{h,t}^{s,U} \cdot p_{h,t}^{s,M}$	Berechnung
produktsegmentspezifische Anschlussgebühren =	$g_{h,t}^{s,U} = q_{h,t}^{s,U} \cdot g_{h,t}^{s,M}$	Berechnung

Tabelle 4:   *Festlegung eines Tarif- und Angebotmodells*

Schritt 5:   **Schätzung des Marktanteils und Berechnung der Kundenzahlen**

Die Schätzung des Marktanteils der Unternehmung im jeweiligen (Teil-)Segment $MA_t^{s,U}$ erfolgt im Schritt 5 unter Rückgriff auf die im Schritt 4 anvisierten Potenziale. Die Ermittlung des von der bereits festgelegten Tarifgestaltung abhängigen potentiellen Marktanteils sollte auf strategische Analysen[82] der Unternehmung und der wesentlichen Wettbewerber der relevanten strategischen Gruppe fundieren. Analyseobjekte sind u. a. die bisherigen Marktanteile, Produktstrategie und -portfolio, Vertriebs- und Produktionskapazität sowie Unternehmungskooperationen. Anschließend können die segmentspezifischen Kundenzahlen (gleichbedeutend mit der Produktmenge) der Unternehmung $m_t^{s,U}$ aus der Größe des Kundensegments S_t^s, der Penetrationsrate PP_t^s, dem Potenzialausschöpfungskoeffizienten $\alpha_t^{s,U}$ und diesem Marktanteil $MA_t^{s,U}$ berechnet werden.

Bezeichnung	Variable/Formel	Art der Ermittlung
Marktanteil	$MA_t^{s,U}$	Schätzung
Kundenzahl	$m_t^{s,U} = S_t^s \cdot PP_t^s \cdot \alpha_t^{s,U} \cdot MA_t^{s,U}$	Berechnung

Tabelle 5:   *Schätzung des Marktanteils und Berechnung der Kundenzahlen*

---

[81] Vgl. KOTLER/BLIEMEL (2001), S. 114 ff.
[82] Hierunter fallen z. B. die Stärken- und Schwächen- sowie die Potenzialanalyse.

Schritt 6: Schätzung der Nachfrageverteilung
Nunmehr erfolgt im sechsten Schritt die Schätzung der bislang vernachlässigten Verteilung der Nachfrage (nachfolgend als Nachfrageverteilung bezeichnet) $\beta_{h,t}^{s,U}$ auf die unterschiedlichen Produktvarianten der jeweiligen Segmente.

Bezeichnung	Variable/Formel	Art der Ermittlung
unternehmungsspezifische Nachfrageverteilung	$\beta_{h,t}^{s,U}$ mit $0 \leq \beta_{h,t}^{s,U} \leq 1$, $\sum_h \beta_{h,t}^{s,U} = 1$	Schätzung

Tabelle 6: Schätzung der Nachfrageverteilung

Schritt 7: Berechnung der (Durchschnitts-)Preise
Im Anschluss an die Ermittlung der Nachfrageverteilung $\beta_{h,t}^{s,U}$ kann mit dieser und den produktvariantenspezifischen Monatspreisen $p_{h,t}^{s,U}$ sowie den Anschlussgebühren $g_{h,t}^{s,U}$ der durchschnittliche Monatspreis $p_t^{s,U}$ sowie die durchschnittliche Anschlussgebühr $g_t^{s,U}$ berechnet werden, welche ebenfalls als unternehmungsspezifische Durchschnittspreise zu charakterisieren sind.

Bezeichnung	Variable/Formel	Art der Ermittlung
unternehmungsspezifischer durchschnittlicher Monatspreis	$p_t^{s,U} = \sum_h \beta_{h,t}^{s,U} \cdot p_{h,t}^{s,U}$	Berechnung
unternehmungsspezifische durchschnittliche Anschlussgebühr	$g_t^{s,U} = \sum_h \beta_{h,t}^{s,U} \cdot g_{h,t}^{s,U}$	Berechnung

Tabelle 7: Berechnung der (Durchschnitts-)Preise

Schritt 8: Umsatzprognosen
Mit diesen Größen können dann die prognostizierten Jahresumsätze aus den Monats- und den einmaligen Anschlussgebühren insgesamt für das jeweilige Segment und kumuliert über alle Segmente bestimmt werden. Entsprechen die betrachteten Perioden t einem Jahr, sind zur Berechnung des Jahresumsatzes aus Monatsgebühren $UP_t^{s,U}$ die Monatspreise $p_t^{s,U}$ mit Zwölf und dem durchschnittlichen Jahresbestand an Kunden zu multiplizieren. Für die Berechnung des Jahresumsatzes aus einmaligen Anschlussgebühren $UG_t^{s,U}$ sind die Anschlussgebühren $g_t^{s,U}$ mit dem jährlichen Bestandszuwachs zu multiplizieren.

Bezeichnung	Variable/Formel	Art der Ermittlung
Jahresumsatz aus Monatsgebühren	$UP_t^{s,U} = \dfrac{m_t^{s,U} + m_{t-1}^{s,U}}{2} \cdot p_t^{s,U} \cdot 12$	Berechnung
Jahresumsatz aus einmaligen Anschlussgebühren	$UG_t^{s,U} = (m_t^{s,U} - m_{t-1}^{s,U}) \cdot g_t^{s,U}$	Berechnung
Jahresumsatz je Segment	$U_t^{s,U} = UP_t^{s,U} + UG_t^{s,U}$	Berechnung
kumulierter Jahresumsatz	$U_t^{U} = \sum_s U_t^{s,U}$	Berechnung

Tabelle 8: Umsatzprognosen

Schritt 9: Schätzung der durchschnittlichen Einzahlungsverschiebung

Vor der Überleitung der ermittelten Umsätze in die Einzahlungen sind die Zahlungsverschiebung z und der Zahlungsausfall $x \in [0;1]$ zu schätzen.[83]

Bezeichnung	Variable/Formel	Art der Ermittlung
Tage bis zum Zahlungseingang	z	Schätzung
Zahlungsausfall	x	Schätzung

Tabelle 9: Schätzung der durchschnittlichen Einzahlungsverschiebung und des Zahlungsausfalls

Schritt 10: Berechnung der Einzahlungen

In einem letzten Schritt wird nun – unter Berücksichtigung der durchschnittlichen Zahlungsverschiebung und der durchschnittlichen Zahlungsausfallrate – aus der Umsatzprognose eine Einzahlungsprognose abgeleitet.

Bezeichnung	Variable/Formel	Art der Ermittlung
Einzahlungen	$E_t^U = \left(U_{t-1}^U \cdot \dfrac{z}{365} + U_t^U \cdot \dfrac{365-z}{365} \right) \cdot (1-x)$	Berechnung

Tabelle 10: Berechnung der Einzahlungen

3.2.2 Die Prognose der Auszahlungen

Mit dem Ansatz zur Prognose der Auszahlungen wird eine Methodik präsentiert, welche den Übergang von der leistungswirtschaftlichen Betrachtungsweise zur zahlungsbezogenen finanzwirtschaftlichen Sichtweise zuverlässig unterstützt. Folgende Aspekte sind bei der Datenerhebung zu beachten:

- Da bei der Bewertung die Zahlungsgrößen relevant sind, müssen die ermittelten Kosten um die zahlungsunwirksamen Bestandteile (z. B. Abschreibungen) bereinigt werden. So werden beispielsweise die Abschreibungen über die Investitionsauszahlungen berücksichtigt. Für eine Bewertung nach Steuern wären dagegen die Abschreibungen in modifizierter Form anzusetzen.

- Im Allgemeinen sind die Stückkostensätze der variablen Kosten nicht konstant, sondern werden auf Grund beschaffungs- und produktionsseitiger Skaleneffekte von der Absatzmenge determiniert.

- Auch Fixkosten gelten nur innerhalb bestimmter Absatzmengenbereiche als fix und müssen entsprechend als sprungfix (und damit ebenfalls als von der Absatzmenge abhängig) modelliert werden.

---

[83] Beide Variablen sind hier vereinfachend als konstant über die Zeit angenommen.

Schritt 1: **Identifikation der Wertschöpfungskette mit ihren einzelnen Wertschöpfungsgliedern**

Auf Grund der Komplexität des Geflechtes der zu schätzenden Kosten ist es sinnvoll, im ersten Schritt eine differenziertere Kostenkategorisierung vorzunehmen. Dabei sind die einzelnen Wertschöpfungsglieder entlang der Wertschöpfungskette[84] zu identifizieren. Als Wertschöpfungsglieder kommen in der vorliegenden Entscheidungssituation beispielsweise die UMTS-Entwicklung und UMTS-Bereitstellung, das Marketing, der Vertrieb, die Auftragsabwicklung und die Kundenbetreuung in Betracht. Für jedes einzelne Wertschöpfungsglied sind die verschiedenen, zu Auszahlungen führenden Komponenten zu identifizieren und – wie nachfolgend beschrieben – zu kategorisieren sowie zu schätzen.[85]

Die zu ermittelnden Auszahlungen können in Auszahlungen, die sich auf in der Bilanz wieder zu findende Positionen beziehen (im Weiteren als Investitionsauszahlungen bezeichnet), und in die Auszahlungen, welche die laufenden auszahlungswirksamen Kosten betreffen, unterschieden werden. Während die Investitionsauszahlungen nunmehr mit der Bezeichnung I und i abgebildet werden, erfolgt die Darstellung der laufenden auszahlungswirksamen Kosten mit K und k, wobei die Kleinbuchstaben die Investitionsauszahlungen und die auszahlungswirksamen Kosten pro Stück bezeichnen. Als auszahlungswirksame Kosten und als Investitionsauszahlungen ergeben sich nach Unterteilung in variable (v) und sprungfixe (sf) Größen:

$$K = k_v(m) \cdot m + K_{sf}(m) \text{ und } I = i_v(m) \cdot m + I_{sf}(m).^{86}$$

Liegt ein relativ hoher Block an zusätzlich zuzuschlüsselnden auszahlungswirksamen Kosten und Investitionsauszahlungen vor, wie es beispielsweise bei der UMTS-Lizenz der Fall ist, so empfiehlt sich eine Unterteilung in direkt ausgelöste auszahlungswirksame Kosten und Investitionsauszahlungen (Index „d") sowie in zusätzlich in Anspruch genommene auszahlungswirksame Kosten und Investitionsauszahlungen (Index „in"). Die in Anspruch genommenen auszahlungswirksamen Kosten und Investitionsauszahlungen betreffen jene Auszahlungen, die in Kombination mit anderen Produkten und somit nicht ausschließlich durch das betrachtete Produkt – im vorliegenden Beispiel: UMTS – verursacht werden. Somit ist es erforderlich, die entsprechenden Bestandteile verursachungsgerecht aufzuteilen. Schließlich lassen sich folgende entscheidungsrelevante Investitionsauszahlungen und auszahlungswirksame Kosten identifizieren:

$$I = [i_v^d(m) + i_v^{in}(m)] \cdot m + I_{sf}^d(m) + I_{sf}^{in}(m) \text{ und } K = [k_v^d(m) + k_v^{in}(m)] \cdot m + K_{sf}^d(m) + K_{sf}^{in}(m).$$

Schritt 2: **Bestimmung der einzelnen Komponenten der auszahlungswirksamen Kosten und der Investitionsauszahlungen**

Im Schritt 2 sind für jedes Wertschöpfungsglied die jeweiligen Komponenten der auszahlungswirksamen Kosten und der Investitionsauszahlungen $k_v^d(m)$, $k_v^{in}(m)$, $K_{sf}^d(m)$, $K_{sf}^{in}(m)$, $i_v^d(m)$, $i_v^{in}(m)$, $I_{sf}^d(m)$ und $I_{sf}^{in}(m)$ zu ermitteln. Die bei dieser Ermittlung beste-

---

[84] Vgl. zur „neuen" Mobilfunk-Wertschöpfungskette u. a. BOROWICZ/SCHERM (2002), S. 62 ff.

[85] Aus Vereinfachungsgründen werden bei der nachfolgenden formalen Beschreibung die Indizes für das jeweils betrachtete Wertschöpfungsglied und für das betrachtete Jahr t nicht angeführt.

[86] Im hier betrachteten Fall handelt es sich bei i_v um Investitionen in das kundenbezogene Equipment (Umlaufvermögen).

henden Probleme der Informationsgewinnung betreffen hauptsächlich die Besonderheiten der technischen Produktrealisierung sowie den Entwicklungsstand von Planungsrechnungen und Datenpools in der Unternehmung. Innerhalb dieses Schrittes wird eine möglichst vollständige Identifikation und Schätzung der auszahlungswirksamen Kosten und der Investitionsauszahlungen durch die Analyse entlang der Wertschöpfungskette unterstützt.

Als größte Herausforderung kann die Abschätzung des Wertschöpfungsgliedes „UMTS-Entwicklung und UMTS-Bereitstellung" angesehen werden, weil hierfür – auf Grund der produktspezifischen Besonderheiten und des Innovationsgrades – keine unmittelbaren Vergleichszahlen zur Verfügung stehen und in der Regel auch eine institutionalisierte Kostenrechnung in Anbetracht der technisch komplexen Zusammenhänge keine Hilfestellung leisten kann. Die Ableitung der auszahlungswirksamen Kosten- und die Investitionsauszahlungskomponenten erfolgt vielmehr aus dem technischen Konzept, in dem der Analyst von technischen Spezialisten Informationen in hinreichender Genauigkeit erhalten oder wenigstens nachträglich einfordern soll. Hierbei besteht das Problem, dass zumeist mehrere technische Realisierungsalternativen möglich sind und die Komponenten sowie Prozesse von der gewählten Realisierung abhängig sind. Da hierüber zum Bewertungszeitpunkt gewöhnlich noch wenig Klarheit besteht, sollte sich im Rahmen der Auszahlungsprognose auf wenige wahrscheinliche Szenarien konzentriert werden. Die entscheidenden Determinanten für die Schätzung der Einkaufspreise sind die technologische Entwicklung, der Wettbewerbsdruck am Einkaufsmarkt und die Verhandlungsposition der bewertenden Unternehmung. Dabei ist zu beachten, dass sich z. B. die Verhandlungsposition nicht nur im Zeitablauf, sondern schon allein durch den Erwerb des Bewertungsobjekts ändern kann. Zur Abschätzung mengenabhängiger auszahlungswirksamer Kosten und Investitionsauszahlungen kann u. a. auf das Erfahrungskurvenkonzept zurückgegriffen werden.

Wie bereits dargestellt, treten auszahlungswirksame Kosten- und Investitionsauszahlungskomponenten mit fixem Charakter – soweit sie sich dem Produkt zurechnen lassen – meist in sprungfixer Form auf, welche dann in Abhängigkeit von der Häufigkeit, vom Ausmaß der Sprünge und vom Vereinfachungsgrad variabel, fix oder sprungfix modelliert werden können. Bei der Auszahlungsprognose ist diesbezüglich zu berücksichtigen, inwieweit Leerkapazitätskosten durch andere Produkte sinnvoll verringert werden können. Voraussetzung hierfür sind funktionierende Schnittstellen zwischen Marketing, Kapazitätsmanagement und Unternehmungsleitung.

Bezeichnung	Variable/Formel	Art der Ermittlung
auszahlungswirksame Kostenkomponenten	$k_v^d(m)$, $k_v^{in}(m)$, $K_{sf}^d(m)$, $K_{sf}^{in}(m)$	Analyse/Schätzung
Investitionsauszahlungskomponenten	$i_v^d(m)$, $i_v^{in}(m)$, $I_{sf}^d(m)$, $I_{sf}^{in}(m)$	Analyse/Schätzung
auszahlungswirksame Kosten =	$K = [k_v^d(m) + k_v^{in}(m)] \cdot m + K_{sf}^d(m) + K_{sf}^{in}(m)$	Berechnung
Investitionsauszahlungen =	$I = [i_v^d(m) + i_v^{in}(m)] \cdot m + I_{sf}^d(m) + I_{sf}^{in}(m)$	Berechnung

Tabelle 11: Bestimmung der Komponenten der auszahlungswirksamen Kosten und Investitionsauszahlungen

Schritt 3: Ermittlung der durchschnittlichen Auszahlungsverschiebung

Analog zum Schritt 9 der Einzahlungsprognose ist hier, z. B. auf Grund eines eingeräumten Zahlungszieles oder auf Grund von Zahlungsverzögerungen, eine durchschnittliche Auszahlungsverschiebung zu berücksichtigen.

Bezeichnung	Variable/Formel	Art der Ermittlung
Tage bis zum Zahlungsausgang	y	Unternehmungsentscheidung/Schätzung

Tabelle 12: Ermittlung der durchschnittlichen Auszahlungsverschiebung

Schritt 4: Berechnung der Auszahlungen

Die Addition der in Schritt 2 berechneten Werte für alle Wertschöpfungsglieder ergibt – gegebenenfalls unter erforderlicher Berücksichtigung der durchschnittlichen Auszahlungsverschiebung – die periodenbezogene Gesamtauszahlungsprognose.[87]

Bezeichnung	Variable/Formel	Art der Ermittlung
Addition der Auszahlungskomponenten =	$A_t^{WK} = K^{WK} + I^{WK}$	Berechnung
Kumulation über die Wertschöpfungskette =	$A_t^U = \sum_{WK} A_t^{WK,U}$	Berechnung
Auszahlungen =	$A_t = A_{t-1}^U \cdot \frac{y}{365} + A_t^U \cdot \frac{365-y}{365}$	Berechnung

Tabelle 13: Berechnung der Auszahlungen

---

[87] An dieser Stelle wird der Index t wieder eingeblendet.

Der dargestellte heuristische Ansatz bietet eine Hilfestellung zur Ermittlung der relevanten Erfolge im Sinne des bereits dargestellten Zusammenhangs: $ZÜ_t = E_t^{mBO} - E_t^{oBO} - A_t^{mBO} + A_t^{oBO}$.

4 Die Transformation der Zukunftserfolge

4.1 Das Zukunftserfolgswertverfahren

Die unter Berücksichtigung der grundsätzlichen Prinzipien zur Zukunftserfolgsabgrenzung und u. U. mithilfe des dargestellten heuristischen Ansatzes ermittelten Informationen über Streuungen, Bandbreiten und Interdependenzen der künftigen Zahlungsüberschüsse bilden den Ausgangspunkt zur Transformation dieser Informationen in einen Wert, welcher als Entscheidungsgrundlage dienen soll.

Um der Notwendigkeit einer Reduktion der mit der Zukunftserfolgsermittlung „erzielten" Komlexität des Bewertungskalküls zu entsprechen, werden nachfolgend die Möglichkeiten und Grenzen des Verfahrens des Zukunftserfolgswertes, eines Partialmodells, betrachtet. Im Partialmodell fungieren als Rechengröße nicht die Ausschüttungen an die Unternehmungseigner, sondern einzelne Zahlungsreihen. Das *Dualitätstheorem der linearen Optimierung*[88] ermöglicht es, dass durch das Bewertungsobjekt induzierte Zahlungsströme von der bewertenden Unternehmung dezentral beurteilt werden können und gleichzeitig die getroffene Zielsetzung verfolgt wird. Bei Verwendung der investitionstheoretisch korrekten Steuerungszinsfüße in Partialmodellen bleiben die Interessen der Eigner gewahrt.[89]

Während der Terminus des Entscheidungswertes den Zweck des Bewertungskalküls hervorhebt, stellt der Zukunftserfolgswert begrifflich auf die spezielle Wertermittlungsmethode ab.[90] Im Unterschied zum Totalmodell[91], in dem der Nutzen des Basisprogramms mit dem des Bewertungsprogramms verglichen wird, erfolgt beim Zukunftserfolgswertverfahren eine Gegenüberstellung des Bewertungsobjekts mit dem vorteilhaftesten Alternativinvestitionsprogramm. Die Ermittlung des Entscheidungswertes mit dem Zukunftserfolgswertverfahren hat dabei mit dem Prinzip der Subjektivität, dem Prinzip der Gesamtbewertung und dem Prinzip der Zukunftsbezogenheit die drei fundamentalen Grundsätze der Bewertung zu berücksichtigen.

Der *Zukunftserfolgswert* ZEW als Variante des Gegenwartswertkalküls entspricht dem Barwert der mit den Kalkulationszinsfüßen[92] r_t abgezinsten künftigen Erfolge $ZÜ_t$ des Bewer-

---

[88] Siehe zur Dualitätstheorie u. a. DANTZIG (1966), S. 148 ff., HERING (1995), S. 78 ff.
[89] Vgl. HERING (1999), S. 19 und zum Beweis für den vorliegenden Zusammenhang HERING (1995), S. 90.
[90] Vgl. MATSCHKE (1975), S. 23 f.
[91] Siehe hierzu z. B. die Bewertung mit dem Zustands-Grenzpreismodell (ZGPM) in HERING (1999), S. 29 ff. und S. 188 f., HERING (2000), S. 437 ff.; siehe zur Erweiterung des Modells um Produktionsaspekte HERING (2002), S. 74 ff. und um nichtlineare Aspekte PFAFF/PFEIFFER/GATHGE (2002); zur Anwendung des ZGPM siehe u. a. BRÖSEL (2002), S. 91 ff., OLBRICH (2002), S. 686 ff., BRÖSEL (2003), MATSCHKE/BRÖSEL (2003).
[92] Zur Bedeutung des Kalkulationszinsfußes in der Unternehmensbewertung vgl. z. B. BALLWIESER (2002), S. 736.

tungsobjekts im Sinne von Einzahlungsüberschüssen. Die Kalkulationszinsfüße dienen als Vergleichsmaßstab und resultieren aus der besten alternativen Kapitalverwendungsmöglichkeit des Entscheidungssubjekts. Unter Vernachlässigung nichtfinanzieller Restriktionen[93] ergibt sich der Zukunftserfolgswert von Telekommunikationsunternehmungen oder von ihren abgrenzbaren Unternehmungsbestandteilen gemäß folgender Formel der so genannten „vereinfachten" Bewertung:[94]

$$ZEW = \sum_t \frac{Z\ddot{U}_t}{\prod_{\tau=1}^{t}(1+r_\tau)}.$$

Die Kenntnis der Grenzzinsfüße einer jeden Periode ist also die Grundlage der dezentralen Anwendung des Partialmodells „Zukunftserfolgswertverfahren". Die Ermittlung der für die einzelnen Perioden gültigen endogenen Grenzzinsfüße erfordert auf dem unvollkommenen Kapitalmarkt allerdings eine Totalbetrachtung.[95] Da die Steuerungszinsfüße erst durch die optimale Lösung des Totalmodells selbst definiert werden, wird vom *Dilemma der wertmäßigen Kosten oder der Lenkpreistheorie*[96] gesprochen. Die hinsichtlich des Kalkulationszinses verbreitete Forderung nach dem internen Zins des günstigsten Vergleichsobjekts[97] ist lediglich für den Spezialfall einperiodiger Grenzobjekte zu vertreten.[98] Die Kalkulationszinsfüße werden auf dem unvollkommenen Kapitalmarkt durch das Entscheidungsfeld und durch die individuellen Konsumpräferenzen des jeweiligen Bewertungssubjekts determiniert.[99]

In der praktischen Anwendung ist jedoch zu erwarten, dass diese Lenkpreisproblematik durch das hauptsächlich mit der Zukunftserfolgsermittlung auftretende Unsicherheitsproblem stark überlagert wird. Deshalb ist anzuraten, sich bei der Bewertung nicht auf einen bestimmten Prozentsatz festzulegen, sondern eine Bandbreite von potentiellen Grenzzinsfüßen zu berücksichtigen.[100] Ist sich die bewertende Unternehmung über die Schwächen des Zukunftserfolgsmodells bewusst und berücksichtigt sie diese bei der Anwendung des zur Verfügung stehenden investitionstheoretisch fundierten „Bewertungsinstrumentariums", ermöglicht dieses Partialmodell eine zuverlässige Wertermittlung für Akquisitionsobjekte der „Alten" und der „Neuen Wirtschaft" sowie eine theoretisch fundierte Entscheidungsunterstützung.[101]

---

[93] Zur Problematik der Berücksichtigung nichtfinanzieller Restriktionen im Zukunftserfolgswertverfahren siehe BRÖSEL (2002), S. 157 ff.

[94] Vgl. hierzu die Ausführungen zur „vereinfachten" Bewertung sowie die Formel (21) in LAUX/FRANKE (1969), S. 210 ff.

[95] Gemäß dem Marginalprinzip sind die Grenzobjekte des besten alternativen Portefeuilles als Vergleichsobjekte heranzuziehen; vgl. hierzu MOXTER (1983), S. 141 sowie ausführlich HERING (1999), S. 34 ff. Zur Wahl des Kalkulationszinses in der Praxis der Unternehmensbewertung siehe die empirische Analyse in PRIETZE/WALKER (1995), S. 205 ff.

[96] Siehe HIRSHLEIFER (1958), S. 340, HAX (1964), HERING (1995), S. 69 ff., ROLLBERG (2001), S. 136 ff.

[97] Vgl. beispielsweise MÜNSTERMANN (1966), S. 151.

[98] Siehe hierzu HERING (1999), S. 38 f.

[99] Vgl. HERING (1995), S. 12.

[100] Siehe zu den Problemen bei der Wahl des Kalkulationszinsfußes BALLWIESER (2002).

[101] Vgl. OLBRICH (2002), S. 688. Zur ausführlichen Kritik an den für die „Neue Wirtschaft" vorgeschlagenen Bewertungsmethoden, der Bewertung mithilfe der Geldverbrennungsrate, dem Multiplikatorverfahren und dem Sachoptionsverfahren, siehe OLBRICH (2002), S. 688 ff.

4.2 Die Berücksichtigung der Unsicherheit

Die Erfolgsschätzungen in der Telekommunikationsbranche sind in Anbetracht der großen Unsicherheit durch mehrwertige Erwartungen geprägt. Grundlage der Bewertung bilden die zur Verfügung gestellten Erfolgserwartungen, die (schon unter Anwendung subjektiver Komplexitätsreduktion[102]) auf subjektive Bandbreiten eingeengt und denen bestenfalls durch fundierte Schätzungen ermittelte Eintrittswahrscheinlichkeiten zugeordnet worden sind. Unter diesen Bedingungen ist eine „optimale" Lösung des zielsetzungsdefekten[103] Bewertungsproblems *ex ante* nicht definiert. Heuristische Verfahren[104] zur Berücksichtigung der Mehrwertigkeit der Zukunftserwartungen des Bewertungssubjekts lassen sich in Unsicherheit verdichtende und Unsicherheit offen legende Bewertungsmethoden unterteilen.

Bei *Unsicherheit verdichtenden Bewertungsmethoden* wird die Unsicherheit entweder auf der Ebene der Eingangsdaten oder auf der Ebene des Zielwertes komprimiert. Die Berücksichtigung des Unsicherheitsproblems auf der *Ebene der Eingangsdaten* kann einerseits durch die Verwendung von mit Sicherheitszu- oder -abschlägen korrigierten Planungsdaten oder andererseits durch die Einengung der für unsicher gehaltenen Parameter auf faktische Einwertigkeit erfolgen. Diese „Berichtigung" der Zahlungsgrößen[105] oder der Zinssätze[106] ermöglicht anschließend eine Bewertung mit deterministischen Modellen.[107] Der Nachteil dieser Methoden besteht jedoch darin, dass Planungsdaten willkürlich korrigiert, Parameterstreuungen nicht berücksichtigt sowie die Dynamik der Zustände im Zeitablauf nicht abgebildet werden und somit die Aussagefähigkeit des ermittelten (Punkt-)Wertes gering ist.[108] Die Komprimierung der Unsicherheit auf der *Ebene des Zielwertes* erfolgt hingegen dergestalt, dass die Informationen über die Bandbreiten und die Verteilung der mehrwertigen Eingangsgrößen des Bewertungsproblems ausdrücklich dazu genutzt werden, um hieraus einen einheitlichen

---

[102] Bezüglich der im Vorfeld vollzogenen Komplexitätsreduktion sei insbesondere auf die diskontinuierliche Betrachtung eventuell kontinuierlich anfallender Zahlungsströme hingewiesen.

[103] Zu Strukturdefekten bei Entscheidungsproblemen siehe ADAM (1996), S. 10 ff.

[104] Siehe zu nachfolgenden Ausführungen zur Berücksichtigung der Unsicherheit die ausführliche Analyse von Planungsmethoden unter Unsicherheit in HERING (1995), S. 173 ff. sowie die zusammenfassenden Darstellungen in ROLLBERG (1999), S. 106 ff. und ROLLBERG (2001), S. 189 ff.

[105] Die Anpassung der Zahlungsgrößen findet z. B. im Rahmen der *Sicherheitsäquivalenzmethode* statt. Bei dieser Methode erfolgt eine Aggregation der in Bandbreiten oder als subjektive Wahrscheinlichkeitsverteilungen vorliegenden Zahlungsgrößen in so genannte Sicherheitsäquivalente. Auf der Basis des *BERNOULLI*-Prinzips und mit der erforderlichen Kenntnis der Risikopräferenzen des Entscheidungssubjekts werden die unsicheren Zukunftserfolgsströme in einen sicheren Strom transformiert, den das Bewertungssubjekt als gleichwertig einschätzt. Mit anderen Worten, unter dem sicherheitsäquivalenten Erfolg wird derjenige sichere Erfolg verstanden, der dem Bewertungssubjekt genauso viel wert ist, wie die geschätzte unsichere Erfolgsbandbreite. Soll die Entscheidungswertfindung nicht zu einem intuitiven Abwägungsprozess führen, sind – was enorme praktische Schwierigkeiten erwarten lässt – bei der Bestimmung der Sicherheitsäquivalente die Risikonutzenfunktionen aller Bewertungssubjekte zu berücksichtigen; siehe BALLWIESER (1981), S. 101 ff.

[106] Die Anpassung der Zinssätze erfolgt beispielsweise bei der *Risikozuschlagsmethode*. Hierbei werden zur Entscheidungswertermittlung die Erwartungswerte der Einzahlungsüberschüsse und willkürlich risikoangepasste Zinssätze verwendet. Die Höhe des gewählten Zu- oder Abschlags zur Berücksichtigung des Risikos ist nicht rational begründbar. Vgl. zur Risikozuschlagsmethode und zur Kritik HERING (1995), S. 183 ff.

[107] Beide Vorgehensweisen werden jedoch auch aus der Sicht der Wirtschaftsprüfer vorgeschlagen; vgl. INSTITUT DER WIRTSCHAFTSPRÜFER (2000), S. 833.

[108] Siehe HERING (1995), S. 178.

Punktwert als Handlungsempfehlung zu bestimmen.[109] Bei allen vorgestellten Varianten der Unsicherheit verdichtenden Methoden wird unter Informationsverlust versucht, die mehrwertigen Erwartungen des komplexen Bewertungsproblems in einem Punktwert zu komprimieren, um somit die Unsicherheit künstlich „wegzurechnen". Dem Bewertungssubjekt wird schließlich ein einwertiger Entscheidungswert mit eher geringer Aussagekraft geliefert.[110]

Als Ergebnis der *Unsicherheit offen legenden* (oder aufdeckenden) *Bewertungsmethoden* wird dem Entscheidungssubjekt der Entscheidungswert als Bandbreite oder als Verteilung zur Verfügung gestellt. Da bei Unsicherheit eine „optimale" Lösung des Bewertungsproblems *ex ante* nicht definiert ist, entsprechen Bandbreiten viel mehr der Natur des Entscheidungswertes. Zur Aufdeckung der Auswirkungen der Unsicherheit kann auf die Sensitivitäts-[111] und die Risikoanalyse[112] zurückgegriffen werden.[113]

Die Transformation der durch Fachleute der Telekommunikationsbranche geschätzten Erfolgserwartungen endet im Rahmen der Entscheidungsfunktion mit der Ermittlung eines Entscheidungswertes. Dieser Wert soll dem Entscheidungssubjekt zur Entscheidungsunterstützung dienen. Die Abwägung zwischen Preis und Entscheidungswert, in welche die individuellen Risikoneigungen des Entscheidungssubjekts einfließen, schließt sich an den Bewertungsvorgang an und erfordert transparente Informationsgrundlagen.[114] Auf Grund der mangelnden Zweckmäßigkeit von Unsicherheit verdichtenden Methoden liegt die Verwendung von Unsicherheit offen legenden Bewertungsmethoden nahe. Diese Methoden schaffen die notwendige „Transparenz hinsichtlich der subjektiv für möglich gehaltenen Entscheidungskonsequenzen [...] [und dienen somit] in anschaulicher und nachvollziehbarer Form"[115] als Entscheidungsgrundlage.

---

[109] Unter diese Methoden fallen beispielsweise die stochastische Optimierung und die unscharfe lineare Optimierung. Die *stochastische Optimierung* interpretiert die einzelnen Eingangsdaten des Bewertungsproblems als Zufallsvariable mit bekannten Wahrscheinlichkeitsverteilungen, um letztendlich die mehrwertigen Erwartungen zu einem Punktwert zu verdichten; vgl. ROLLBERG (1999), S. 107. Im Unterschied dazu erfolgt die Komprimierung der Unsicherheit im Rahmen der auf die *Fuzzy Logic* zurückzuführenden *unscharfen linearen Optimierung* lediglich unter Berücksichtigung der Bandbreiten der einzelnen Koeffizienten des Bewertungsproblems; vgl. HERING (1995), S. 218 ff., KEUPER (1999), S. 93 ff.

[110] Für MOXTER sind einwertige Erfolgsprognosen nicht realitätsgerecht, eine Komprimierung der Daten auf einen Punktwert als Entscheidungswert hält MOXTER indessen für statthaft; siehe MOXTER (1983), S. 117 und S. 156.

[111] Mit *Sensitivitätsanalysen* wird die Empfindlichkeit der Bewertungsergebnisse auf die Veränderung der Planungsdaten untersucht; vgl. weiterführend z. B. DINKELBACH (1979).

[112] Die simulative und die analytische Methode der *Risikoanalyse* leiten aus den gegebenen Verteilungen der Planungsgrößen eine statistische Verteilung für den Zielwert ab; vgl. weiterführend u. a. HERTZ (1964), HERING (1995), S. 207 ff.

[113] Siehe zur Befürwortung der Unsicherheit offenlegenden Bewertungsmethoden beispielsweise COENENBERG (1970), S. 804, SIEGEL (1992), S. 26, HERING (1999), S. 26 f.

[114] Siehe auch HERING (1999), S. 26.

[115] HERING (1995), S. 181 (Hervorhebungen im Original).

5 Eine Zusammenfassung

In der theoriegeleiteten Unternehmungsbewertungsdiskussion wird bezüglich des ohne Zweifel gravierenden Datengewinnungsproblems auf die Einbeziehung von Branchenexperten verwiesen. Vor diesem Hintergrund stellt dieser Beitrag mit den Erläuterungen zu den Bewertungsanlässen, den Konzeptionen, den Funktionen und den Grundsätzen funktionaler Bewertungstheorie die Grundlagen für die Bewertung von Telekommunikationsunternehmungen und von deren Unternehmungsteilen bereit. Im Mittelpunkt stehen anschließend die Datengewinnung sowie die Transformation der zukünftigen Erfolge in einen Entscheidungswert. Die Abgrenzung und Quantifizierung der relevanten Zukunftserfolge wird mittels einer entwickelten Heuristik unterstützt. Darin werden ein Erlösmodell sowie ein Investitions- und Kostenmodell integriert. Diese liefern mit der transparenten Offenlegung der Parameter, Variablen und letztlich Treiber die Basis für eine adäquate unsicherheitsberücksichtigende Transformation der Zukunftserfolge in die gesuchte Größe. Der Ansatz lässt sich beliebig erweitern, wie z. B. um die Modellierung einer durchschnittlichen Kundenverweildauer oder um die Einbeziehung in vollständige Finanzpläne, und wurde auch bereits für andere Anwendungsfelder, wie Bewertung von Markterschließungsstrategien im Festnetzgeschäft und für die Bewertung von Geschäftsmodellen für „Application Service Providing" erfolgreich eingesetzt.

Symbolverzeichnis

A_t^{mBO} Auszahlungen der bewertenden Unternehmung mit dem Bewertungsobjekt in t

A_t^{oBO} Auszahlungen der bewertenden Unternehmung ohne dem Bewertungsobjekt in t

$\alpha_t^{s,U}$ unternehmungsbezogener segmentspezifischer Potenzialausschöpfungskoeffizient

$\beta_{h,t}^{s,U}$ unternehmungs- und segmentspezifische Nachfrageverteilung

E_t Einzahlungen in t

E_t^{mBO} Einzahlungen der bewertenden Unternehmung mit dem Bewertungsobjekt in t

E_t^{oBO} Einzahlungen der bewertenden Unternehmung ohne dem Bewertungsobjekt in t

$g_{h,t}^{s,M}$ marktbezogener segmentspezifischer Absatzpreis pro Produktvariante (einmalige Anschlussgebühr)

$g_{h,t}^{s,U}$	unternehmungsbezogene segmentspezifische Anschlussgebühr pro Produktvariante
$g_{t}^{s,U}$	unternehmungsbezogene segmentspezifische durchschnittliche Anschlussgebühr
h	Index für Produktvarianten am Markt
I	Investitionsauszahlung
$I_{sf}^{d}(m)$	direkt ausgelöste sprungfixe Investitionsauszahlungen
$i_{v}^{d}(m)$	direkt ausgelöste variable Investitionsauszahlungen
$I_{sf}^{in}(m)$	in Anspruch genommene sprungfixe Investitionsauszahlungen
$i_{v}^{in}(m)$	in Anspruch genommene variable Investitionsauszahlungen
K	auszahlungswirksame Kosten
$K_{sf}^{d}(m)$	direkt ausgelöste auszahlungswirksame sprungfixe Kosten
$k_{v}^{d}(m)$	direkt ausgelöste auszahlungswirksame variable Stückkosten
$K_{sf}^{in}(m)$	in Anspruch genommene auszahlungswirksame sprungfixe Kosten
$k_{v}^{in}(m)$	in Anspruch genommene auszahlungswirksame variable Stückkosten
M	Index für den Marktbezug
m bzw. $m_{t}^{s,U}$	Kundenzahl/Verkaufsmenge
$MA_{t}^{s,U}$	unternehmungsbezogener segmentspezifischer Marktanteil
$p_{h,t}^{s,M}$	marktbezogener segmentspezifischer Absatzpreis pro Produktvariante (Monatspreise)
$p_{h,t}^{s,U}$	unternehmungsbezogener segmentspezifischer Monatspreis pro Produktvariante
$p_{t}^{s,U}$	unternehmungsbezogener segmentspezifischer durchschnittlicher Monatspreis
PP_{t}^{s}	Penetrationsrate des Kundensegments s in der Periode t
$q_{h,t}^{s,U}$	unternehmungsbezogener segmentspezifischer Preisanpassungskoeffizient pro Produktvariante
r_{t}	endogener Grenzzinsfuß der Periode t

s	Index für Kundensegmente
S_t^s	Umfang des Kundensegments s in der Periode t
t	Index für den Zeitpunkt; Periode als Zeitraum zwischen den Zeitpunkten t – 1 und t
U	Index für den Unternehmungsbezug
$U_t^{s,U}$	unternehmungsbezogener Jahresumsatz je Segment
U_t^U	unternehmungsbezogener kumulierter Jahresumsatz
$UG_t^{s,U}$	unternehmungsbezogener Jahresumsatz aus einmaligen Anschlussgebühren je Segment
$UP_t^{s,U}$	unternehmungsbezogener Jahresumsatz aus Monatsgebühren je Segment
WK	Glieder der Wertschöpfungskette der Unternehmung
x	Zahlungsausfall
y	Tage bis zum Zahlungsausgang
z	Tage bis zum Zahlungseingang
ZEW	Zukunftserfolgswert
$Z\ddot{U}_t$	bewertungsrelevanter Vorteilsstrom im Sinne der Zahlungsüberschüsse in t
$Z\ddot{U}_t^{mBO}$	Zahlungsüberschuss der bewertenden Unternehmung mit dem Bewertungsobjekt in t
$Z\ddot{U}_t^{oBO}$	Zahlungsüberschuss der bewertenden Unternehmung ohne dem Bewertungsobjekt in t

Quellenverzeichnis

ADAM, D. (1996): Planung und Entscheidung, 4. Aufl., Wiesbaden 1996.

AULER, W. (1926/1927): Die Bewertung der Unternehmung als Wirtschaftseinheit, in: Welt des Kaufmanns, 8. Jg. (1926/1927), S. 41–46.

BALLWIESER, W. (1981): Die Wahl des Kalkulationszinsfußes bei der Unternehmensbewertung unter Berücksichtigung von Risiko und Geldentwertung, in: BFuP, 33. Jg. (1981), S. 97–114.

BALLWIESER, W. (2002): Der Kalkulationszinsfuß in der Unternehmensbewertung: Komponenten und Ermittlungsprobleme, in: WPg, 55. Jg. (2002), S. 736–743.

BALLWIESER, W. / LEUTHIER, R. (1986): Betriebswirtschaftliche Steuerberatung: Grundprinzipien, Verfahren und Probleme der Unternehmensbewertung, in: DStR, 24. Jg. (1986), S. 545–551 und S. 604–610.

BÖRNER, D. (1980): Unternehmensbewertung, in: *ALBERS, W. ET AL.* (Hrsg.), Handwörterbuch der Wirtschaftswissenschaften, Bd. 8, Stuttgart et al. 1980, S. 111–123.

BOROWICZ, F. / SCHERM, E. (2002): Wettbewerb im Mobilfunkmarkt – die Folgen von UMTS, in: *KEUPER, F.* (Hrsg.), Electronic Business und Mobile Business, Wiesbaden 2002, S. 677–708.

BRÖSEL, G. (2002): Medienrechtsbewertung. Der Wert audiovisueller Medienrechte im dualen Rundfunksystem, Wiesbaden 2002.

BRÖSEL, G. (2003): Zur Bewertung von Film- und Übertragungsrechten aus Sicht öffentlich-rechtlicher Fernsehveranstalter, erscheint in: ZögU, 26. Jg. (2003), Heft 1.

BUSSE VON COLBE, W. (1957): Der Zukunftserfolg, Wiesbaden 1957.

COENENBERG, A. G. (1970): Unternehmungsbewertung mit Hilfe der Monte-Carlo-Simulation, in: ZfB, 40. Jg. (1970), S. 793–804.

COENENBERG, A. G. / SIEBEN, G. (1976): Unternehmungsbewertung, in: *GROCHLA, E. / WITTMANN, W.* (Hrsg.), Handwörterbuch der Betriebswirtschaft, 4. Aufl., Stuttgart 1976, Sp. 4062–4079.

DANTZIG, G. B. (1966): Lineare Programmierung und Erweiterungen, Berlin, Heidelberg, New York 1966.

DECHANT, H. / BRASSLER, A. (2003): Business-Case: Internet, in: *BRÖSEL, G. / KEUPER, F.* (Hrsg.), Medienmanagement, München/Wien 2003, S. 65–84.

DECHANT, H. / TROST, R. (2001): Wirtschaftlichkeitsbewertung von Produktinnovationen im Telekommunikationssektor, in: Journal für Betriebswirtschaft, 51. Jg. (2001), S. 234–242.

DINKELBACH, W. (1979): Sensitivitätsanalysen, in: *BECKMANN, J. / MENGES, G. / SELTEN, R.* (Hrsg.), Handwörterbuch der mathematischen Wirtschaftswissenschaften, Bd. 3, Wiesbaden 1979, S. 243–247.

ENGELS, W. (1962): Betriebswirtschaftliche Bewertungslehre im Licht der Entscheidungstheorie, Köln/Opladen 1962.

GOETZKE, W. / SIEBEN, G. (Hrsg.) (1977): Moderne Unternehmungsbewertung und Grundsätze ihrer ordnungsmäßigen Durchführung, Köln 1977.

GOSSEN, H. H. (1854): Entwickelung der Gesetze des menschlichen Verkehrs, und der daraus fließenden Regeln für menschliches Handeln, Braunschweig 1854.

HAX, H. (1964): Investitions- und Finanzplanung mit Hilfe der linearen Programmierung, in: ZfbF, 16. Jg. (1964), S. 430–446.

HERING, TH. (1995): Investitionstheorie aus der Sicht des Zinses, Wiesbaden 1995.

HERING, TH. (1999): Finanzwirtschaftliche Unternehmensbewertung, Wiesbaden 1999.

HERING, TH. (2000): Konzeptionen der Unternehmensbewertung und ihre Eignung für mittelständische Unternehmen, in: BFuP, 52. Jg. (2000), S. 433–453.

HERING, TH. (2002): Bewertung von Produktionsfaktoren, in: KEUPER, F. (Hrsg.), Produktion und Controlling, Festschrift für M. Layer, Wiesbaden 2002, S. 57–81.

HERING, TH. / OLBRICH, M. (2001): Zur Bewertung von Mehrstimmrechten, in: ZfbF, 53. Jg. (2001), S. 20–38.

HERTZ, D. B. (1964): Risk Analysis in Capital Investment, in: Harvard Business Review, 42. Jg. (1964), S. 95–106.

HIRSHLEIFER, J. (1958): On the Theory of Optimal Investment Decision, in: Journal of Political Economy, 66. Jg. (1958), S. 329–352.

HOMMEL, M. / BRAUN, I. / SCHMOTZ, TH. (2001): Neue Wege in der Unternehmensbewertung?, in: DB, 54. Jg. (2001), S. 341–347.

INSTITUT DER WIRTSCHAFTSPRÜFER (1983): Stellungnahme HFA 2/1983: Grundsätze zur Durchführung von Unternehmensbewertungen, in: WPg, 36. Jg. (1983), S. 468–480.

INSTITUT DER WIRTSCHAFTSPRÜFER (2000): IDW Standard: Grundsätze zur Durchführung von Unternehmensbewertungen (IDW S 1), in: WPg, 53. Jg. (2000), S. 825–842.

KÄFER, K. (1996): Zur Bewertung der Unternehmung, Nachdruck von Aufsätzen Karl Käfers aus den Jahren 1946 bis 1973 zum 98. Geburtstag des Autors, hrsg. von C. HELBLING, Zürich 1996.

KEUPER, F. (1999): Fuzzy-PPS-Systeme – Einsatzmöglichkeiten und Erfolgspotentiale der Theorie unscharfer Mengen, Wiesbaden 1999.

KEUPER, F. (2002): Unscharfe, kapitalwertbasierte Verfahren zur Unternehmensbewertung, in: ZfB, 72. Jg. (2002), S. 457–476.

KOPPELMANN, U. (1997): Produktmarketing, 5. Aufl., Berlin 1997.

KOTLER, P. / BLIEMEL, F. (2001): Marketing Management, 10. Aufl., Stuttgart 2001.

LACKMANN, F. (1962): Theorien und Verfahren der Unternehmungsbewertung, 2. Aufl., Berlin 1962.

LAUX, H. / FRANKE, G. (1969): Zum Problem der Bewertung von Unternehmungen und anderen Investitionsgütern, in: Unternehmensforschung, 13. Jg. (1969), S. 205–223.

LUTZ, H. (1981): Zum Konsens und Dissens in der Unternehmensbewertung, in: BFuP, 33. Jg. (1981), S. 146–155.

MANDL, G. / RABEL, K. (1997): Unternehmensbewertung, Wien, Frankfurt am Main 1997.

MATSCHKE, M. J. (1969): Der Kompromiß als betriebswirtschaftliches Problem bei der Preisfestsetzung eines Gutachters im Rahmen der Unternehmungsbewertung, in: ZfbF, 21. Jg. (1969), S. 57–77.

MATSCHKE, M. J. (1971): Der Arbitrium- oder Schiedsspruchwert der Unternehmung – zur Vermittlerfunktion eines unparteiischen Gutachters bei der Unternehmungsbewertung –, in: BFuP, 23. Jg. (1971), S. 508–520.

MATSCHKE, M. J. (1972): Der Gesamtwert der Unternehmung als Entscheidungswert, in: BFuP, 24. Jg. (1972), S. 146–161.

MATSCHKE, M. J. (1975): Der Entscheidungswert der Unternehmung, Wiesbaden 1975.

MATSCHKE, M. J. (1976): Der Argumentationswert der Unternehmung – Unternehmungsbewertung als Instrument der Beeinflussung in der Verhandlung, in: BFuP, 28. Jg. (1976), S. 517–524.

MATSCHKE, M. J. (1979): Funktionale Unternehmungsbewertung, Bd. II, Der Arbitriumwert der Unternehmung, Wiesbaden 1979.

MATSCHKE, M. J. (1981): Unternehmungsbewertung in dominierten Konfliktsituationen am Beispiel der Bestimmung der angemessenen Barabfindung für den ausgeschlossenen oder ausscheidungsberechtigten Minderheits-Kapitalgesellschafter, in: BFuP, 33. Jg. (1981), S. 115–129.

MATSCHKE, M. J. (1984): Die Bewertung ertragsschwacher Unternehmungen bei der Fusion, in: BFuP, 36. Jg. (1984), S. 544–565.

MATSCHKE, M. J. (1990): Substanzwert in der Unternehmensbewertung, in: LÜCK, W. (Hrsg.), Lexikon der Betriebswirtschaft, Berlin 1990, S. 1106–1109.

MATSCHKE, M. J. (1993): Einige grundsätzliche Bemerkungen zur Ermittlung mehrdimensionaler Entscheidungswerte der Unternehmung, in: BFuP, 45. Jg. (1993), S. 1–24.

MATSCHKE, M. J. (1995): Unternehmungsbewertung: Anlässe und Konzeptionen, in: CORSTEN, H. (Hrsg.), Lexikon der Betriebswirtschaftslehre, 3. Aufl., München, Wien 1995, S. 971–974.

MATSCHKE, M. J. / BRÖSEL, G. (2003): Zur Bewertung kleiner und mittlerer Unternehmungen mit dem Zustands-Grenzpreismodell unter besonderer Berücksichtigung möglicher Folgen von „Basel II", erscheint in: MEYER, J.-A. (Hrsg.), Unternehmensbewertung von kleinen und mittleren Unternehmen (KMU) – Jahrbuch der KMU-Forschung 2003, München 2003.

MELLEROWICZ, K. (1952): Der Wert der Unternehmung als Ganzes, Essen 1952.

MENGER, C. (1871): Grundsätze der Volkswirthschaftslehre, Wien 1871.

MOXTER, A. (1983): Grundsätze ordnungsmäßiger Unternehmensbewertung, 2. Aufl., Wiesbaden 1983.

MÜNSTERMANN, H. (1966): Wert und Bewertung der Unternehmung, Wiesbaden 1966.

OLBRICH, M. (1999): Unternehmungskultur und Unternehmungswert, Wiesbaden 1999.

OLBRICH, M. (2000): Zur Bedeutung des Börsenkurses für die Bewertung von Unternehmungen und Unternehmungsanteilen, in: BFuP, 52. Jg. (2000), S. 454–465.

OLBRICH, M. (2002): Zur Unternehmungsnachfolge im elektronischen Geschäft, in: *KEUPER, F.* (Hrsg.), Electronic Business und Mobile Business, Wiesbaden 2002, S. 677–708.

O. V. (2002): UMTS-Regeln bleiben unverändert, in: Handelsblatt vom 16. September 2003, S. 18.

O. V. (2003a): Büdelsdorfer Mobilcom will ihr UMTS-Netz notfalls abreißen, in: Handelsblatt vom 24./25. Januar 2003, S. 11.

O. V. (2003b): „Wir haben die Chancen von UMTS eindeutig überschätzt", in: FAZ vom 28. Januar 2003, S. 14.

PIEPENBROCK, H.-J. / SCHUSTER, F. (Hrsg.) (2001): UMTS-Lizenzvergabe, Baden-Baden 2001.

PFAFF, D. / PFEIFFER, TH. / GATHGE, D. (2002): Unternehmensbewertung und Zustands-Grenzpreismodelle, in: BFuP, 54. Jg. (2002), S. 198–210.

PRIETZE, O. / WALKER, A. (1995): Der Kapitalisierungszinsfuß im Rahmen der Unternehmensbewertung, in: DBW, 55. Jg. (1995), S. 199–211.

REICHERTER, M. (2000): Fusionsentscheidung und Wert der Kreditgenossenschaft, Wiesbaden 2000.

REICHWALD, R. / HERMANN, M. / BIEBERBACH, F. (2000): Auktionen im Internet, in: WISU, 29. Jg. (2000), S. 542–552.

ROLLBERG, R. (1999): Simultane Investitions-, Finanz- und Produktionsprogrammplanung, in: *BURCHERT, H. / HERING, TH.* (Hrsg.), Betriebliche Finanzwirtschaft, München/Wien 1999, S. 96–110.

ROLLBERG, R. (2001): Integrierte Unternehmensplanung, Wiesbaden 2001.

SANFLEBER M. (1990): Abfindungsklauseln in Gesellschaftsverträgen, Düsseldorf 1990.

SCHILDBACH, TH. (1995): Der Verkäufer und das Unternehmen „wie es steht und liegt", in: ZfbF, 47. Jg. (1995), S. 620–632.

SCHMALENBACH, E. (1917/1918): Die Werte von Anlagen und Unternehmungen in der Schätzungstechnik, in: ZfhF, 12. Jg. (1917/1918), S. 1–20.

SERFLING, K. / PAPE, U. (1995): Theoretische Grundlagen und traditionelle Verfahren der Unternehmensbewertung, in: WISU, 24. Jg. (1995), S. 808–819.

SIEBEN, G. (1976): Der Entscheidungswert in der Funktionenlehre der Unternehmensbewertung, in: BFuP, 28. Jg. (1976), S. 491–504

SIEBEN, G. (1988): Unternehmensstrategien und Kaufpreisbestimmung, in: Festschrift 40 Jahre Der Betrieb, Stuttgart 1988, S. 81–91.

SIEBEN, G. (1993): Unternehmensbewertung, in: *WITTMANN, W. ET AL.* (Hrsg.), Handwörterbuch der Betriebswirtschaft, Teilband 3, 5. Aufl., Stuttgart 1993, Sp. 4315–4331.

SIEBEN, G. / LUTZ, H. (1995): Abfindungsklauseln in Gesellschaftsverträgen, in: BFuP, 47. Jg. (1995), S. 200–213.

SIEBEN, G. / SCHILDBACH, TH. (1994): Betriebswirtschaftliche Entscheidungstheorie, 4. Aufl., Düsseldorf 1994.

SIEGEL, TH. (1992): Methoden der Unsicherheitsberücksichtigung in der Unternehmensbewertung, in: WiSt, 21. Jg. (1992), S. 21–26.

SIEGMUND, G. (1999): Technik der Netze, 4. Aufl., Heidelberg 1999.

SIELAFF, M. (1977): Die Steuerbemessungsfunktion der Unternehmensbewertung, in: GOETZKE, W. / SIEBEN, G. (Hrsg.), Moderne Unternehmungsbewertung und Grundsätze ihrer ordnungsmäßigen Durchführung, Köln 1977, S. 105–119.

SIEPE, G. (1998): Die Unternehmensbewertung, in: INSTITUT DER WIRTSCHAFTSPRÜFER (Hrsg.), Wirtschaftsprüfer-Handbuch 1998, Bd. II, 11. Aufl., Düsseldorf 1998, S. 1–142.

VIEL, J. (1955): Theorie und Praxis der Unternehmungsbewertung, in: Der Wirtschaftstreuhänder, 4. Jg. (1955), S. 57–59.

WEBER, E. (1991): Berücksichtigung von Synergieeffekten bei der Unternehmensbewertung, in: BAETGE, J. (Hrsg.), Akquisition und Unternehmensbewertung, Düsseldorf 1991, S. 97–115.

Teil III:

T-Business – Lean-back-Erlebniswelt

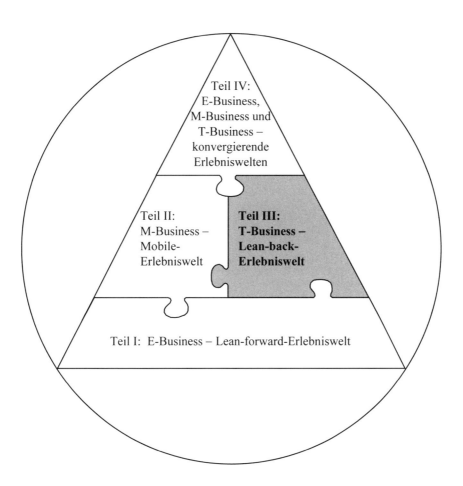

T-Commerce und iTV –
Multi-Channel-Commerce als Chance

CHRISTOPH HÜNING und JÜRGEN MORATH

DETECON INTERNATIONAL GMBH, DETECON & DIEBOLD CONSULTANTS

1	Krise im T-Commerce-Markt?		171
	1.1	Begriffsbestimmung T-Commerce	171
	1.2	Standortbestimmung T-Commerce 2002: Katerstimmung?	173
2	Crisis? What Crisis?		173
	2.1	E-Commerce: besser als sein Ruf	173
	2.2	Hoffnungsschimmer für T-Commerce	175
3	Multi-Channel-Commerce: E+M+T = C?		182
	3.1	Kundenorientierte Konvergenz: C-Commerce als Ziel	182
	3.2	Komplexitätsmanagement als Multi-Channel-Herausforderung	184
4	Partnering im Multi-Channel-Commerce		185
	4.1	Partnering als Voraussetzung für Multi-Channel-Commerce	185
	4.2	Formen und Dimensionen des Partnering	186
	4.3	Partnering im Multi-Channel-Commerce	189
	4.4	Key-Success-Factors für erfolgreiches Partnering	194
5	Ausblick: T-Commerce auf der Schwelle zum Erfolg		196
Quellenverzeichnis			198

1 Krise im T-Commerce-Markt?

1.1 Begriffsbestimmung T-Commerce

Detecon definiert T-Commerce als die Umsätze, die über das Medium TV als Distributionskanal erzielt werden. T-Commerce ist damit weit mehr als E-Commerce über das TV-Gerät, also mehr als ein Tausch von PC und TV als Ausgabemedium des WWW:

- Zunächst zählen die „echten" TV-Angebote in das T-Commerce-Offering. Bereits weiter verbreitet sind hierbei klassische Pay-TV-Angebote, bspw. von Premiere in Deutschland. Für diesen Bereich ist ein neuer Schub durch die Bereitstellung von On-Demand-Angeboten, d. h. den Abruf von Filmen und Angeboten zur Wunschzeit, zu erwarten. Im Verbund mit einer nutzungsorientierten Abrechnung (pay per view) kann hier eine starke Konkurrenz für den Markt der Videotheken entstehen.

- Als Haupttreiber der zweiten Idee neben dem TV-Angebot, nämlich das TV-Gerät als Online-Device zu nutzen, sind die zukünftig möglichen Anwendungen wie
  - Streaming,
  - Online-Gaming,
  - Fast Internet,
  - Mail,
  - EPG und insbesondere
  - interactice TV (iTV)

  zu erwarten. Über diese Services kann sich das TV-Gerät zum Mittelpunkt der Kommunikationsinfrastruktur in den Haushalten entwickeln, basierend auf dem Angebots-Mix aus Entertainment (Gaming, Streaming), Information (Internet, EPG) und Kommunikation (Mail), den sich jeder Kunde individuell nach seinen Bedürfnissen konfigurieren kann.

Positiv für die Chancen einer erfolgreichen Entwicklung von T-Commerce ist insbesondere die Nutzung des meistverbreiteten Endgeräts als Ausgabe- und Interaktionsmedium zu sehen. So liegt trotz des Internet- und Handy-Hypes der vergangenen Jahre das Fernsehgerät in jeder Nutzungsstatistik weit vorne.

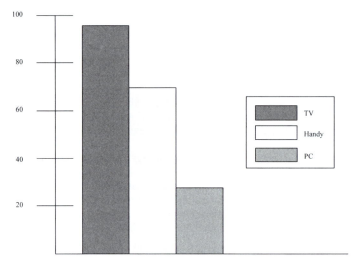

Abbildung 1: Verbreitung von Endgeräten in privaten Haushalten 2002 (%)[1]

Auch in aktuellen Umfragen wird das TV-Gerät noch immer als das Unterhaltungs- und Informationsmedium Nummer 1 genannt, auf das eigentlich kein Konsument verzichten kann.[2]

Eng hiermit verbunden ist jedoch das Problem des „Lean-back"-Nutzungsverhaltens des durchschnittlichen Fernsehzuschauers, das für die Inanspruchnahme der o. a. Dienste näher an das „Lean-forward"-Nutzungsverhalten des E-Commerce migrieren muss. Ebenso stellt das in Deutschland gegenwärtig abrufbare Free-TV-Angebot eine hohe Hürde für die Akzeptanz von Pay-Angeboten dar.

Als Zwischenstufe für die Akzeptanz von T-Commerce und iTV ist die Annahme des digitalen Fernsehens (dTV) zu sehen. Die Verbreitung von dTV-Anschlüssen lag 2001 weltweit bei 62 Mio. Detecon rechnet mit einer Steigerung auf über 300 Mio. im Jahr 2005.

Basis dieser Betrachtungen und vielfältiger unterstützender positiver Prognosen war zumeist die implizit enthaltene Erwartung der Aufrüstung der alten TV-Breitbandkabelnetze hinsichtlich Digitalisierung und Interaktivität (Rückkanalfähigkeit). Auf diesem Multimedia-Highway sollten die TV-Geräte aus der Ecke des rein passiven Infotainment-Geräts in die interaktive Online-Welt gleiten.[3]

Was hat sich im Markt getan, welche Trends sind erkennbar?

---

[1] Quelle: Detecon-Research.

[2] Laut Studie des IFAK-Instituts nennen 44% der Deutschen das TV-Gerät als das unverzichtbare Medium Nr. 1 vor dem Radio (23%) und Printprodukten (21%). Das Internet nannten lediglich 7%. Auch bei der relativen Stärke im direkten Vergleich zu Konkurrenzmedien verbucht das TV die höchsten Werte sowohl für Unterhaltung (72%) als auch Information (54%). Vgl. www.wuv.de, Nachricht vom 21.08.2002.

[3] Zu grundlegenden Fragen und Definitionen des T-Commerce-Markts, vgl. ausführlich *HÜNING/MORATH* (2001).

1.2 Standortbestimmung T-Commerce 2002: Katerstimmung?

Kein Kongress, keine Fachmesse verging in 2001, ohne dass die Zukunft von T-Commerce und iTV in den schillerndsten Farben geschildert worden wäre. Für den deutschen TV-Markt war insbesondere der durch einen Vorvertrag besiegelte Verkauf des TV-Kabelnetzes der Deutschen Telekom AG an Liberty Media wegweisend, da sich viele Hoffnungen und Erwartungen an diesen Verkauf und die anschließende Aufrüstung des Kabelnetzes koppelten.

Im Februar 2002 untersagte das Bundeskartellamt diesen Deal, da Liberty Media keine Pläne zur umfassenden Aufrüstung des Netzes oder zum Angebot interaktiver TV- bzw. Telephoniedienste vorlegen wollte. Die Befürchtung der Kartellbehörde war, dass das Breitbandkabel ausschließlich als „Abspielstation" für Content aus den internationalen Medienbeteiligungen von Liberty diene. Kaum jemand hat ahnen können, welche Signalwirkung von dieser Entscheidung ausging. Auf den ersten Blick jagt seit diesem Tag der deutsche TV-Markt von Krise zu Krise:

- Auf der Content-Seite musste der größte deutsche Betreiber eines Pay-TV-Senders, die Kirch Media AG, im Frühjahr 2002 Insolvenz beantragen. Insbesondere die nicht mehr handelbaren Kostenstrukturen aufgrund der erworbenen Sport- und Filmrechte zwangen die Kreditgeber und Inhaber zu diesem Schritt.

- Auch auf der Seite der Networks wurden nicht haltbare Kostenstrukturen und Business-Pläne zur Falle der Betreiber. Zunächst wurde in den bereits verkauften DTAG-Regionen durch die Firmen ish und iesy ein Ausbau-Stopp mit entsprechendem Personalabbau verkündet. Später musste die ish-Muttergesellschaft Callahan sogar Insolvenz anmelden.

Nur große Optimisten wagen in der aktuellen Situation, von T-Commerce mit seinem Hauptargument iTV als Chance zu sprechen.

Jedoch würde dies bedeuten, dass eine unglaubliche Zahl von Analysten, Beratern und Industrieexperten mit ihren Prognosen in einem bisher nicht gekannten Maße falsch lagen.

Und, kann ein Markt in der Krise sein, der als Markt im eigentlichen Sinne erst in der Entstehung, also noch nicht existent war?

2 Crisis? What Crisis?

2.1 E-Commerce: besser als sein Ruf

Noch vor einem guten Jahr war Deutschland geprägt von einer New-Economy-Euphorie, jedoch vollzieht sich seit längerem geradezu ein New-Economy-Crash, dessen Ende noch nicht absehbar ist.

Neben den o. a. Beispielen aus dem T-Commerce-Umfeld müssen auch die Player im M-Commerce den wirtschaftlichen Realitäten und ihren damit verbundenen Maßstäben Tribut zollen. Zuletzt äußerte sich dieses in Abschreibungen auf die deutschen UMTS-Lizenzen durch KPN (E-Plus) und Telefonica/Sonera (Quam) in Höhe von mehreren Mrd. Euro, eine in dieser offensichtlichen Form bisher unbekannte Geldvernichtung.[4]

Die aktuelle Diskussion von E-, M- und T-Commerce-Themen wird geprägt durch Negativschlagzeilen. Neben faktischen Ereignissen wie dem Absturz des Nemax in Verbindung mit Insolvenzen von Internetunternehmen ist bei genauer Betrachtung eine, den Trend noch verstärkende, Berichterstattung und Kommentierung zu registrieren – ein aus der Hochphase des Themas wohlbekanntes Phänomen, das diesmal seine Wirkung wiederum nicht verfehlt – wenn auch mit umgekehrten Vorzeichen.

Dass die Lage um die deutschen Internetmärkte ernst ist, steht außer Frage, jedoch muss die Frage erlaubt sein, ob sie so hoffnungslos ist, wie mancher Bericht glauben macht. Denn sowohl aus Anbieter- als auch aus Kundensicht sind die grundlegenden Trends als positiv zu bewerten:

- So weist das Marktforschungsunternehmen IDC in seiner jüngsten Studie „eWorld 2002" nach, dass die E-Commerce-Ausgaben von Unternehmen im vergangenen Jahr bei stagnierenden Gesamt-IT-Ausgaben um 20% stiegen. Internetaktivitäten machen somit durchschnittlich 12% des IT-Budgets aus. Insbesondere für transaktionsorientierte, also interaktive, Online-Anwendungen erwartet IDC einen lang anhaltenden Boom.[5]

- Und auch die generelle Befürchtung bzw. Hysterie, dass die Kunden E-Commerce in jeder Ausprägung als gescheitert betrachten, kann durch klare Fakten widerlegt werden, etwa durch die der GfK: Im Frühjahr 2002 stieg in sechs europäischen Ländern (Deutschland, Frankreich, Großbritannien, Spanien, Belgien, Niederlande) die Zahl der Online-Consumer auf 31,4 Prozent der Bevölkerung gegenüber 27,7 Prozent im Herbst 2001. Der von diesen Usern getätigte Umsatz betrug im selben Zeitraum 11,5 Milliarden Euro, was einem Plus von 170 Prozent entspricht.[6]

Es ist davon auszugehen, dass die Zahlen im zweiten Beispiel nahezu ausschließlich über PC-basierten E-Commerce realisiert werden. Für die Bereiche des M- und T-Commerce lässt sich hieraus positiv ableiten, dass keine E-Müdigkeit auf Seiten der User besteht und dass technologischer Fortschritt immer genau dann auf Akzeptanz stößt, wenn er kundenorientiert genutzt wird. Im Vorgriff auf die Entwicklung eines Multi-Channel-Commerce bietet sich hier ein „Best Practice"-Vorgehen an, also die Übertragung sowohl der positiven als auch der negativen Erfahrungen von E-Commerce auf die M- und T-Welten.

---

[4] Vgl. www.ftd.de/umts, Meldung vom 06.08.2002 in Verbindung mit www.emar.de, Meldung vom 21.08.2002.
[5] Vgl. Wirtschaftswoche Online, Meldung vom 09.08.2002.
[6] Vgl. www.emar.de, Meldung vom 12.08.2002.

2.2 Hoffnungsschimmer für T-Commerce

Auch wenn der Bereich des T-Commerce auf den ersten Blick als im Verschwinden begriffen erscheinen mag, kann eine genauere Betrachtung hilfreich sein, um auf hoffnungsvolle Potenziale zu stoßen. Denn keine der obigen Negativmeldungen hat das Geschäft tatsächlich zum Erliegen bringen können, die gebeutelten Unternehmen selbst sind weiter aktiv:

- Fortsetzung des DTAG-Kabelnetzverkaufs mit neuen Bieterkonsortien inklusive Liberty Media (eine Reduktion der ursprünglich erwarteten 5,5 Mrd. € gilt als sicher)
- Erneute Vergabe der Fußballbundesligarechte an Kirch/Premiere
- Verhandlungen zur Übernahme der KirchMedia mit dem Ziel, das TV-Geschäft weiterzuführen (Free- und Pay-TV)

Diese Indizien lassen erste Schlüsse zu, dass die momentan vorherrschenden Probleme nicht grundsätzlich auf das Thema insgesamt zurückzuführen sind und das nach wie vor Chancen bestehen. Es wird offenbar, dass ein nachhaltiges Management unverzichtbar ist, insbesondere da ansonsten die finanziellen Konsequenzen des Agierens nicht mehr abzusehen sind.

Wenn die Aussage stimmt, dass E-Commerce eine Zukunft hat, so ist auch die Aussage richtig, dass T-Commerce eine sehr gute Ausgangsposition hat, um einen erheblichen Anteil des Umsatzpotenzials zu erlangen. Denn die o. a. Ausgangsposition, als Device gerade das TV-Gerät zu nutzen, das den klassischen Mittelpunkt der heimischen Aktivitäten hinsichtlich Infotainment ausmacht, ist auch für den Bereich des E-Commerce und der Multimedianutzung ideal. Internationale Studien belegen, dass auch im Jahr 2006 der Großteil der Internetnutzung von zu Hause erfolgen wird. Zwar weisen mobile User eine höhere Zuwachsrate auf, in absoluten Zahlen bleibt jedoch das Internet ein Medium für den Bereich der eigenen vier Wände. Und in diesem Umfeld werden sich TV und PC um den User streiten, wobei die höhere Verbreitung des TV-Geräts bereits oben ausführlich dargelegt wurde. Eine kluge Differenzierung des Angebots in Abhängigkeit vom gewählten Device bietet sich hier an.

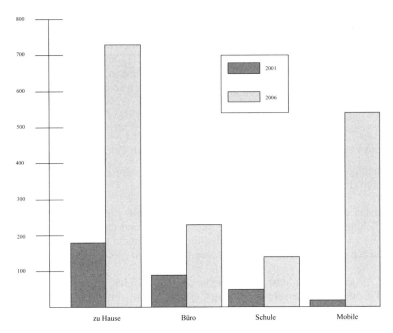

Abbildung 2: Internet user by place of use (Mio.)[7]

Nationale Angebote
Auf der Basis dieser Beobachtungen lässt sich das folgende Beispiel für erfolgreichen T-Commerce in Deutschland feststellen und erklären:[8]

Während der Sender tm3 noch in 2001 große Verluste geschrieben hat, ist es seinem Nachfolgesender Neun Live gelungen, gegen den allgemeinen Trend der deutschen Medien seinen Umsatz auszuweiten und im zweiten Quartal 2002 ein ausgeglichenes EBITDA zu erzielen. Dies schafft Neun Live mit sog. „Call in"-Angeboten, die 43 Millionen Anrufer im Quartal nachfragen, bei offensichtlich relativ geringen Produktionskosten des Programms.

Das Angebot ist ohne Zweifel als die einfachste Form von iTV anzusehen.

Auch in weiteren Feldern des T-Commerce sind positive Signale erkennbar:
So speist der Kabelnetzbetreiber Telecolumbus den RTL-Shop ein, der Magdeburger Kabelnetzbetreiber ewt bietet seinen Kunden Fast-Internet-Zugänge an und die Kabel Deutschland GmbH vermarktet ihr Digital-TV-Bouquet „DigiKabel" seit August 2002. Charakteristisch für diese Angebote ist ihre Positionierung im direkten Marktumfeld des TV-Kabels in zum Teil aufgerüsteter, d. h. digitalisierter Form.

---

[7] In Anlehnung an OVUM (2001), S. 37.
[8] Vgl. www.set-top-box.de, Meldung vom 01.08.2002.

Die o. a. Definition des T-Commerce ist jedoch unabhängig vom Übertragungsmedium (TV-Kabel, Satellit) und auch das Beispiel Neun Live zeigt, dass gerade in der Startphase TV-Angebote erfolgreich sein können, die nicht auf ein komplett digitalisiertes und aufgerüstetes Kabelnetz aufbauen. Für den Gesamtmarkt sind diese Erfolgsmeldungen gerade in der aktuellen Branchensituation essenziell. Für die weitere Betrachtung müssen daher zwingend auch alternative Zugangswege einbezogen werden. So ist es durchaus denkbar, T-Commerce vollständig über DSL anzubieten. Oder die kombinierte Nutzung eines One-Way-Broadcastkanals (Satellit, analoge BK-Netze) mit UMTS als High-Speed-Rückkanal kann eine sinnvolle Weiterentwicklung sein.

Das Hamburger Telekommunikationsunternehmen HanseNet bietet seinen DSL-Kunden folgendes Video-on-Demand-Offering: Für eine monatliche Grundgebühr von zusätzlich 4,90 Euro wird eine Set-Top-Box zur Verfügung gestellt, die zwischen TV-Gerät und DSL-Modem geschaltet wird. Jeder abgerufene Film kostet einmalig zwischen 3 und 6 Euro. Ein entsprechendes Music-On-Demand-Angebot ist in Vorbereitung.[9]

Internationaler Benchmark
Der nicht eindeutig spezifizierte Eindruck des deutschen Markts lässt sich in nahezu jeder Ausprägung international verifizieren. Ziel einer jeden iTV-Applikation muss aus Anbietersicht die Churn-Reduzierung in Verbindung mit einem hohen Umsatzpotenzial sein. Die bisherigen internationalen Erfahrungen lassen bereits eine erste Einteilung der existierenden Anwendungen zu, wenn auch zu berücksichtigen ist, dass sich die Entwicklung in einem relativ hohen Tempo bewegt und lediglich Momentaufnahmen möglich sind.

So können die bisher gelaunchten Angebote des T-Commerce, insbesondere auch unter Einbeziehung internationaler Erfahrungen, nach ihrem bisherigen und potenziellen Erfolg geclustert werden:[10]

---

[9] Vgl. HANSENET (2002).
[10] Vgl. DRESDNER KLEINWORT WASSERSTEIN (2002), S. 42 ff. Die Erwartungen für den deutschen Markt aus dem Jahr 2001 zeigen HÜNING/MORATH (2001), S. 209 ff.

„Winner"	„Loser"
Wettangebote BSkyB, einer der weltweit führenden iTV-Anbieter, hat im ersten Quartal 2002 mehr als 40% seiner iTV-Erlöse über Wetten erzielt, bei weiter steigenden Prognosen. Jedoch ist hier anzumerken, dass die im UK-Markt gewonnenen Erfahrungen nicht direkt übertragbar sind, da das Wetten in Deutschland auch offline nicht in vergleichbarem Maße stattfindet.	**Internet on TV** Aufgrund technischer Besonderheiten können WWW-Inhalte nicht direkt auf das TV-Gerät übertragen werden. Zusätzlich ist der Sitzabstand vom TV-Gerät anders als beim PC, so dass nur sehr einfache Internetanwendungen möglich wären, die jedoch keine Akzeptanz beim Kunden hervorrufen.
Gaming Das Gaming-Angebot von OpenTV wurde im ersten Jahr mehr als 1,4 Mrd.-fach genutzt. Spiele, die bspw. auf einer hochwertigen Auflösung basieren, werden jedoch weiterhin auf dem PC konsumiert werden, das TV-Gerät zielt stärker in den „leichten" Unterhaltungs- und Ablenkungsbereich.	**Walled Garden** TV-Banking ist die einzige bisher bekannte Applikation, für die die Idee eines „Walled"-Ansatzes sinnvoll erscheint. Ansonsten hat sich u. a. in den ersten Feldversuchen von BSkyB gezeigt, dass eine künstliche Beschränkung des Angebots als nicht attraktiv bewertet wird.
Enhanced TV Die Möglichkeit für den Zuschauer, das Programm direkt zu beeinflussen bzw. direkt in das Geschehen einzugreifen, bleibt eines der Hauptargumente für erfolgreichen T-Commerce. Hintergrundinformationen auf Abruf und Bestellmöglichkeiten gehören ebenfalls in das Feld des enhanced broadcasting. Hierfür sind jedoch umfangreiche infrastrukturtechnische Investitionen notwendig, die aktuell noch die prognostizierte Entwicklung hemmen.	**Interactive Advertising** Das Feld interaktiver Werbung kann aktuell als noch nicht eindeutig zu bewerten angesehen werden. Das Problem liegt hier jedoch eher darin begründet, dass die sehr hohen Erwartungen nicht kurzfristig erfüllt wurden. Aktuell sind sowohl bei AT&T Broadband (US) als auch bei der Kirch Media AG („iText") neue Ansätze zu verzeichnen.
Voting Die Abstimmungen im Rahmen der UK-Version von „Big Brother" auf BSkyB überraschten mit einem 30%-Anteil der Stimmen über iTV.	**„Schwache" iApps** Viele Anbieter haben erste Angebote gelauncht und als interaktiv vermarktet, aus der offensichtlichen Überlegung, dass diese besser sein als gar kein interaktives Angebot. Hieraus resultieren bspw. überdimensionierte Wetter-Applikationen, deren Nutzwert gegen Null geht und die im Gegenzug den User davon abhalten, iTV erneut auszuprobieren.

Tabelle 1: Winner vs. Loser, Teil I

„Winner"	„Loser"
Community Content Insbesondere für lokale Anbieter stellt es einen Mehrwert dar, mit lokalem/regionalem Content eine hohe Kundenbindung zu erzielen. Insight Communications (US) und Kingston (UK) sind Beispiele für Anbieter, die mittels dieser Strategie ihre Churn-Raten signifikant verbessern konnten.	**interactive sports** Sport via TV gehört offensichtlich in den Entertainment-Bereich, in dem der Zuschauer passive Unterhaltung sucht und nicht selber aktiv werden möchte. Die Auswahl der richtigen Kameraposition wird hier gern dem professionellen Regisseur überlassen.
eMail Obwohl die Adaption des WWW auf das TV-Gerät wenig erfolgsversprechend ist, bleibt eMail ein Hauptargument zugunsten iTV. Insbesondere für TV-Kunden ohne PC-basierten Internetzugang bleibt das TV-Gerät die einzige Möglichkeit, an eMail als dem kommenden Kommunikationsinstrument zu partizipieren.	
EPG/PVR[11] Sowohl der EPG als auch der PVR sind Instrumente, die es dem User ermöglichen, seinen TV-Konsum zu strukturieren, zu planen und zu der von ihm gewünschten Zeit zu konsumieren. In dieser Kombination können sie als absolute „Must-have"-Bestandteile eines iTV-Angebots gesehen werden, um hinsichtlich der Attraktivität des Offerings unter Convenience-Gesichtspunkten konkurrenzfähig zu sein.	

Tabelle 1: Winner vs. Loser, Teil II

Zusammenfassend lässt sich für den deutschen T-Commerce-Markt ableiten, dass das Potenzial nach wie vor vorhanden ist, jedoch das Umfeld deutlich schwieriger und die Kunden vorsichtiger geworden sind. Für die Einführung neuer Services und der damit zusammenhängenden eigenen Positionierung in der Wertschöpfungskette müssen vielfältige Optionen geprüft werden. Internationale Erfahrungen zeigen jedoch, dass ein Einstieg lohnenswert sein kann:

---

[11] EPG: Electronic Program Guide, PVR: Personal Video Recorder (beide Applikationen sind in die Set-Top-Box integriert).

	Kingston	**BSkyB**
Anbieter	• regionaler Anbieter für Nordwest-England • erster iTV-Anbieter auf xDSL-Basis	• größter Pay-TV-Anbieter in UK • weltweiter Pionier für dTV und iTV • Angebot über Satellit
Service Offering	• Markteinführung: Sep. 2000 • dTV, Internet, VoD • > 6 MB / sek.	• > 96 digitale Spartenkanäle • SkyActive (früher: Open) als Plattform für Shopping und interaktive Dienste
Kunden	• 185.000 Kunden • davon 10.000 iTV-Abonnenten	• 5,7 Mio. angeschlossene Haushalte • mehr als 45% der Kunden nutzen regelmäßig SkyActive • 650.000 Shopping Orders in 6 Monaten • > 1 Mio. Mail-Accounts
Preise	• 25 € / Monat inkl. 60 Kanälen, 3.000 Stunden VoD-Content sowie Internet-Access	• einmalig 450 € für STB • 15 € / Monat für digitale Free-Kanäle • Zugang zu SkyActive inklusive • Pay-TV-Kanäle

Abbildung 3: iTV-Benchmarks UK

Marktprognosen

Auch die Marktforschungsinstitute rechnen international weiter mit einem signifikanten T-Anteil am gesamten E-Commerce-Markt. So erwartet Ovum für 2005 Umsätze von 45 Mrd. $ weltweit, ein Volumen, das ausschließlich durch E-Transaktionen über das TV-Gerät generiert wird, ohne iTV- und Pay-TV-Umsätze.

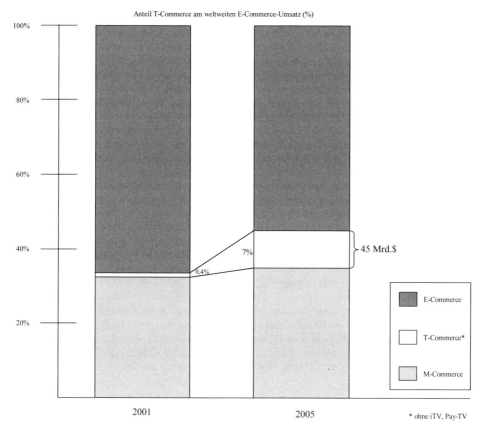

Abbildung 4: Anteil T-Commerce am weltweiten E-Commerce-Umsatz (%)[12]

Laut Datamonitor werden in Europa diese interaktiven Services lediglich 11% der gesamten T-Commerce-Umsätze ausmachen. Das Volumen für europäisches digitales Pay-TV wird gleichzeitig auf mehr als 40 Mrd. $ in 2006 vorhergesagt.

---

[12] In Anlehnung an OVUM (2001), S. 138.

3 Multi-Channel-Commerce: E+M+T = C?

3.1 Kundenorientierte Konvergenz: C-Commerce als Ziel

Der Hype um E-Commerce ist verebbt, die M-Commerce-Welle um UMTS & Co ist aus Kundensicht noch immer weit entfernt, von T-Commerce ist in der öffentlichen Wahrnehmung nahezu nichts zu spüren. Aber dennoch investieren Unternehmen viel Geld und Hoffnungen in die neuen Geschäftsmodelle, denn sicher ist, dass sich technologische Trends nicht aufhalten lassen, nur weil die ersten Einschätzungen und Erwartungen zu euphorisch waren.

Jedoch zeigt die Häufung von Insolvenzen im Internet-Umfeld, dass ein ganzheitliches Marktverständnis zwingend notwendig ist. Ansonsten bleibt von einer guten Idee oft nur eine historische Fußnote.

Für die Entwicklung realistischer Business-Szenarien ist das Ausbleiben von Euphorie jedoch nicht nachteilig, bietet sich doch so die Gelegenheit, eine nachhaltige strategische Planung durchzuführen und sich an die Spitze einer Entwicklung zu setzen anstatt kurzfristigen Trends hinterherzurennen und trotzdem sicher zu spät zu kommen.

In der Gesamtbetrachtung des Medienmarktes belegen die Online-Medien drei Bereiche: Information, Unterhaltung und Kommunikation. Das Fernsehen ist aktuell noch das dominierende Unterhaltungsmedium und stark im Informationsbereich, es fehlt nahezu jede Form von Kommunikation/Interaktion. Für die Etablierung von Online-Medien ist jedoch die Kombination von Content und Interaktion ein vielversprechender Erfolgsfaktor und somit als Zielrichtung ideal.[13]

Bei der Entwicklung von stabilen Business-Modellen in den Feldern E-, M- und T-Commerce ist eine Einbeziehung der Konvergenz (sog. C-Commerce) in die Planungen unverzichtbar. Hierbei bedeutet Konvergenz in ihrer stärksten und ursprünglichen Ausprägung (und nicht als beliebtes Schlagwort), dass sich Anbieter, die bisher nur auf einem Channel (E, M oder T) aktiv sind, horizontal in die Richtung der beiden anderen orientieren, somit auf ein Multi-Channel-Portfolio hinarbeiten. Parallel wird eine vertikale Ausweitung des Geschäftsmodells angestrebt, um die vollständige Erfüllung von Kundenanforderungen und -bedürfnissen anbieten oder wenigstens steuern/vermarkten zu können.

Detecon hat zur Abbildung solcher cross-digitaler Multi-Channel-Modelle eine „Neun-Sektoren-Matrix" entwickelt. Durch die Eintragung der relevanten Player und der durch sie realisierten Offerings wird schnell deutlich, dass es übergreifend einheitliche Tendenzen hinsichtlich der Ausdehnungsrichtung und -intensität gibt.

---

[13] Vgl. hierzu auch PROGNOS (2002), S. 70 ff.

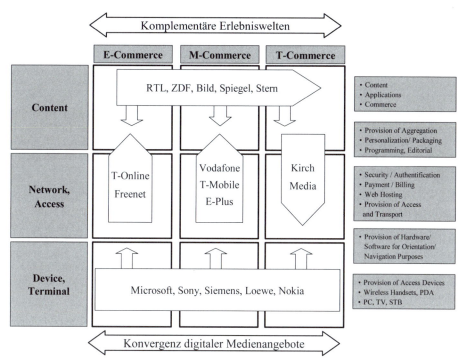

Abbildung 5: Neun-Sektoren-Matrix der digitalen Erlebniswelten[14]

Wie die Matrix zeigt, ist eine komplette, d. h. cross-digitale Abdeckung sämtlicher Channel durch einen einzigen Anbieter bisher nicht erfolgt und ausschließlich durch eigene Kapazitäten kurzfristig auch nicht wahrzunehmen. Die Bestrebungen der Player nach einer möglichst weitgehenden Abdeckung sind jedoch bereits erkennbar.

Dies ist auch als logische Konsequenz *echter* Konvergenz zu sehen: Aus Sicht des Anwenders und Kunden verschwimmen die Grenzen zwischen den unterschiedlichen Medien und den angebotenen Inhalten, dies wird als Mehrwert und Fortschritt bewertet. Entsprechend ist es schwer vermittelbar, dass durch die Anbieter selbst aus technologischen Gründen oder aus der Begrenzung des Unternehmensauftrags Medienbrüche eingeführt werden müssen, die der Kunden nachteilig empfindet. Als Reaktion auf diese Erwartungen bleibt aus Unternehmenssicht keine Alternative zur Integration konvergenter Services.

---

[14] Vgl. HÜNING/KEUPER (2002), S. 28.

3.2 Komplexitätsmanagement als Multi-Channel-Herausforderung

Aus Steuerungsgründen ist offensichtlich, dass kein Unternehmen alle Ausprägungen aus einer Hand anbieten kann. Dennoch ist ein multikonvergentes Agieren am Markt essenziell. Daher sind Lösungen gefragt, mit deren Hilfe gleichzeitig Synergien (aus Unternehmenssicht) und Mehrwerte (aus Kundensicht) geschaffen werden.

Als grundsätzliches Ziel sämtlicher cross-digitaler Multi-Channel-Strategien ist offenkundig die Ausdehnung der eigenen Aktivitäten auf die jeweils fehlenden digitalen Erlebniswelten zu sehen, bei gleichzeitiger Erweiterung der eigenen Aktivitäten entlang der TIMES-Wertschöpfungskette, um im Ergebnis gleichzeitig ein horizontal sowie vertikal konvergentes Unternehmen zu entwickeln und zu etablieren.

Plant ein Unternehmen die cross-digitale Ausweitung hin zu einem Multi-Channel-Angebot, so wächst die zu beherrschende Komplexität überproportional: Als logischen Ablauf dargestellt, generiert eine cross-digitale Multi-Channel-Strategie eine deutlich höhere Marktkomplexität, als sie von dem bisher bearbeiteten Markt ausging. Reflexhaft reagieren Unternehmungen mit einer entsprechend diversifizierten Organisationsstruktur, um eine adäquate Marktbearbeitung sicherstellen zu können, was wiederum in eine höhere Unternehmenskomplexität mündet. Essenzielle Herausforderung für die Unternehmensführung wird also die Integrationskomplexität i. S. d. Optimierung der Unternehmenskomplexität.

Eine Fokussierung darf weder nur auf die neuen noch nur auf die alten Services erfolgen, da in jedem Fall mit einer Schwächung der nicht fokussierten Seite zu rechnen ist. Im Gegenzug ist der Aufbau neuer Geschäftsfelder bei gleichzeitiger Bewahrung bestehender Felder ein hochgradig diffiziles Unterfangen. Hier muss jedes Unternehmen ein ausgefeiltes Konzept besitzen, wer welchen Teil der Wertschöpfung ausführen soll.

Bei der Betrachtung von möglichen Multi-Channel-Ansätzen wird deutlich, dass gewisse Teile der Wertschöpfungsketten von E-, M- und T-Commerce identisch sind. Nur einige bestimmte Teile der C-Commerce-Angebote sind wirklich E-, M- oder T-spezifisch. Allen anderen Bereiche stehen in dem Sinne zur Diskussion und damit zur Disposition, dass Partner zu ihrer Ausübung gesucht werden, die diese Services auch in den anderen Bereichen anbieten und somit horizontal über alle drei C-Commerce-Säulen.

- Als Beispiel kann die Warenlogistik dienen. Es existieren bereits etablierte Kooperationsmodelle zwischen Logistik-Dienstleistern und Anbietern von PC-basiertem E-Commerce, bspw. Amazon. Für den Logistiker ist es nun nebensächlich, ob die Bestellungen der Bücher und CDs durch den Kunden ausschließlich über den PC oder zusätzlich über das TV-Gerät bzw. ein UMTS-Handy getätigt werden. Der Ablauf von Versand und Lieferung bleibt identisch. Neu zu gestalten sind selbstverständlich die prozessualen und systemseitigen Schnittstellen

Die mittels der Neun-Sektoren-Matrix identifizierten Kernkompetenzlücken sollten entsprechend durch strategische Kooperation geschlossen werden.

Auf diese Weise bleibt den C-Commerce-Anbietern die Chance, sich auf die speziellen Teile ihres Service Offerings zu konzentrieren, etwa auf TV-spezifische Anwendungen (T-Commerce) bzw. Dienste mit dem Fokus auf Mobilität (M-Commerce).

Durch die Hinzunahme von Spezialisten für nicht branchenspezifische Aufgaben vermindert sich zum einen die rein innerbetriebliche Komplexität, zum anderen aber steigt automatisch die Komplexität des Managements von Partnerschaften, so dass eine fundierte Partnering-Strategie unverzichtbarer Bestandteil der Unternehmensstrategie werden muss.

Aus „make or buy" wird „make/co-operate/buy":
Die klassische Frage des „Make-or-buy"-Prinzips stellt sich in den meisten Fällen nicht, da die zu integrierenden Fähigkeiten nicht so schnell entwickelt werden können, dass die Reaktionsgeschwindigkeit den Anforderungen der schnelllebigen TIME-Branchen entspricht. Daher wird die Auswahl von Kooperationspartnern sowie das Management dieser Kooperationen zu einer Hauptaufgabe erfolgreicher strategischer Unternehmensführungen im TIME-Umfeld.

Unter Berücksichtigung von Kostenaspekten im Verhältnis zu strategischer Bedeutung sehen sich die Anbieter im C-Commerce vor die o. a. „make/co-operate/buy"-Entscheidung gestellt.

4 Partnering im Multi-Channel-Commerce

4.1 Partnering als Voraussetzung für Multi-Channel-Commerce

Der oben beschriebene Multi-Channel-Ansatz zeigt deutlich: die Player der E-, M- und T-Commerce-Welt müssen zusammenarbeiten. Ein profitabler Eintritt oder eine Expansion in diese neuen Welten ist nur möglich, wenn die Anbieter sich auf Ihr Kerngeschäft konzentrieren und darüber hinaus flexibel genug sind, ihre Angebote entsprechend mit Partnern abzustimmen und effizient in die Wertschöpfungskette von anderen Märkten zu integrieren. Ökonomisch gesehen verbinden sich mit E-, M- und T-Commerce enorme Erwartungen, zunächst aber auch erhebliche Investitionen in Content, Infrastruktur und Markt. Dies setzt zwangsläufig voraus, dass Unternehmen dort, wo es opportun ist, auf Vorleistungen anderer vorgelagerter Unternehmen zurückgreifen. Erfolgreiche Unternehmen tun dies aber nicht nur innerhalb ihrer eigenen Branchenwertschöpfungskette, sondern greifen auch auf andere Branchen zurück. Dabei kommt es zur Zusammenarbeit unterschiedlicher Intensität und Institutionalisierung mit Lieferanten, Kunden, Konkurrenten und anderen branchenfremden Unternehmen.

Unternehmen wie beispielsweise Cisco zeigen, dass das Engagement einer Firma sich nur dort auszahlt, wo dauerhaft ein Wettbewerbsvorteil zu erzielen oder zu halten ist. Im Umkehrschluss heißt das allerdings nicht, dass Cisco sich völlig aus diesen Märkten zurückzieht – lediglich der Fokus der Aktivitäten hat sich geändert. Leistungen werden über ein Partnerschaftsnetzwerk produziert, zugekauft, in die eigene Wertschöpfung integriert und gewinnbringend weiterverkauft. Das Beispiel zeigt die Gründe für Kooperationen auf: es geht um strategische Wettbewerbsvorteile. Diese Wettbewerbsvorteile können Qualitäts-, Kosten- sowie Zeitvorteile sein oder aber auch simpel der Versuch der Verteilung des unternehmerischen Risikos auf mehrere Schultern. Dementsprechend geben Unternehmen in entsprechenden Detecon-Untersuchungen immer wieder folgende Motive für Unternehmenskooperationen an:

- Ressourcenbündelung und damit Ausnutzung von Synergie-Effekten z. B. durch gemeinsame Nutzung von Technologien
- Überwindung von Handelsbarrieren bzw. Internationalisierung und damit Zugang zu neuen Märkten
- Zugang zu Know-how, das bisher so nicht zur Verfügung stand
- Teilung des Risikos bei der Produktentwicklung oder bei der Erschließung von Märkten
- Erhöhung der Auslastung für hochspezialisierte Abteilungen

4.2 Formen und Dimensionen des Partnering

In der Praxis wird sehr oft der Begriff des Partnering verwendet. Tatsächlich existiert dieser Begriff in dieser Form in der Literatur nicht bzw. nur eingeschränkt. Hier hat sich der Begriff der Collaboration oder der Kooperation durchgesetzt.

Das Wort Kooperation stammt aus dem Lateinischen und bedeutet „Zusammenarbeiten".[15] Kooperationen zeichnen sich i. d. R. durch vier Merkmale aus:

- Rechtliche und wirtschaftliche Selbständigkeit der Partner.[16] Wirtschaftliche Selbständigkeit ist dann gegeben, wenn die Unternehmung zu jeder Zeit in der Lage ist, die Kooperation ohne Existenzgefährdung autonom aufzulösen.[17]
- Freiwilligkeit der Partner, die Kooperation einzugehen.[18]
- Erwartung der Verbesserung der wirtschaftlichen Situation gegenüber einer individuellen Vorgehensweise.[19]
- Koordination von Teilaufgaben der Unternehmung.[20]

Kooperationen grenzen sich auf Grund dieser Merkmale eindeutig von Konzentrationen ab. Eine Konzentration liegt vor, wenn die ökonomische Selbständigkeit eines beteiligten Unter-

---

[15] Co- = zusammen, gemeinsam, und opera = Arbeit, Handlung.
[16] Vgl. GROCHLA (1970), S. 3.
[17] Vgl. TRÖNDLE (1987), S. 16. Dieser benutzt aber einen engeren Selbständigkeitsbegriff, so dass bei ihm keine wirtschaftliche Selbständigkeit existiert; ähnlich auch RÖSSL (1994), S. 43.
[18] Vgl. RÖSSL (1994), S. 42.
[19] Vgl. BLOHM (1980), Sp. 1113.
[20] Vgl. GROCHLA (1970), S. 2.

nehmens aufgegeben wird. Entsprechend werden diverse Unterformen verzeichnet, auf die jedoch hier nicht besonders eingegangen wird. Die folgende Abbildung gibt einen kurzen Überblick über Unternehmensverbindungen.

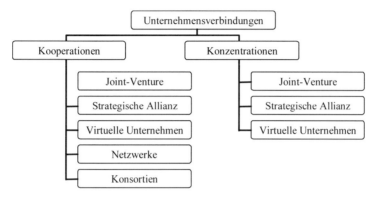

Abbildung 6:   Unternehmensverbindungen

Hinsichtlich der Ausgestaltung von Kooperationen werden entsprechend der Richtung der Partnerschaft primär drei Dimensionen unterschieden:[21]

- Horizontal
- Vertikal
- Diagonal bzw. lateral

Vertikale Kooperation
Bei vertikalen Kooperationen arbeiten Unternehmungen verschiedener Wertschöpfungsstufen, aber gleicher Branchen zusammen.[22] Eine Kooperation zwischen Hersteller und Zulieferer kann als Beispiel für eine solche Kooperation dienen. Wichtiges Merkmal ist die Existenz eines Vor- und Nachlagerungsverhältnisses. Die Unternehmung kann das benötigte Vorprodukt entweder am Markt über den Preis, durch Integration über Autorität oder eben durch Kooperation erwerben.

Horizontale Kooperation
Die horizontale Kooperation beschreibt eine Zusammenarbeit von Unternehmungen, die auf derselben Wertschöpfungsstufe stehen und in der gleichen Branche tätig sind.[23] Diese Art der Kooperationsform wird vor allem von Unternehmungen benutzt, die in unterschiedlichen Ländern, aber in gleichen Branchen tätig sind.

---

[21]   Vgl. *REISS* (1990), S. 33.
[22]   Vgl. *TRÖNDLE* (1987), S. 59.
[23]   Vgl. *CUMMINGS* (1992).

Bei horizontaler Kooperation stehen die beteiligten Unternehmen mit ihren Produkten am Markt in Konkurrenz.

Diagonale Kooperation
Eine diagonale Kooperation entsteht, wenn Unternehmen verschiedener Branchen zusammenarbeiten.[24] Dieser Fall wäre dann gegeben, wenn z. B. die Werbung komplementärer Güter gemeinsam gestaltet wird oder aufgrund räumlicher Nähe ein Fuhrpark besser genutzt werden kann. Wichtiges Element ist hier, dass die kooperierenden Unternehmungen nicht in direkter Konkurrenz miteinander stehen. Diese Art der Kooperation steht in engem Zusammenhang mit der Durchsetzung von Standards und Systemen bei Produkten. Die Kooperationspartner wollen durch Verknüpfung der Branchen einen Standard setzen, der von den Konkurrenten nicht erreicht werden kann. Gerade im Großanlagengeschäft werden Komplettlösungen gefordert, die die Abstimmungen mehrerer Unternehmungen unterschiedlicher Branchen erfordert.

Eine genaue Einteilung in eine der drei Richtungen ist nicht immer ganz einfach, da große internationale Unternehmungen oftmals nur in Teilbereichen kooperieren. Dort existieren dann vertikale und horizontale Spannungsverhältnisse.

Wertschöpfungsfokus
Eine weitere Unterteilung von Kooperationen wird meist nach dem Fokus der sich ergänzenden Funktionsbereiche vorgenommen, z. B. Beschaffungs-, Entwicklungs- oder Content- und Marketing-Partnerschaften. In diesem Zusammenhang kann man auch von X- und Y-Kooperationen sprechen.[25] Bringen die Kooperationspartner unterschiedliche, also komplementäre Fähigkeiten in die Kooperation ein, so spricht man von X-Kooperationen. Bei Y-Kooperationen sind dagegen gleiche Fähigkeiten, also Fähigkeiten aus demselben Funktionsbereich der Wertkette Gegenstand der Kooperation.

Weitere Unterteilungen nach Intensität der Bindung, Dauer, Funktion etc. sollen hier nicht betrachtet werden, da sie für den methodischen Ansatz dieses Beitrages irrelevant sind.

Die nachfolgende Tabelle gibt einen Überblick über die möglichen Kooperationsformen:

---

[24] Oft wird auch der Begriff Konglomerat verwendet, vgl. TRÖNDLE (1987), S. 59.
[25] Vgl. STRAUTMANN (1993), S. 25 f.

Typ	Kurzbeschreibung
Joint Venture	Gemeinschaftliches Unternehmen Gemeinsame Führung und Kontrolle Eigenes Management, welches Einheit leitet Ziel des gemeinsamen Vorhabens
Konsortium	Spezielles Aufgabengebiet Auflösung nach Aufgabenerfüllung Ziel des Risk-Sharings zwischen den Partnern
Franchising	Lizenzsystem, mit Vorgabe von Produkten, Lieferanten, Marketing
Strategische Allianz	Horizontale Kooperation Ziel der strategischen Wettbewerbsverbesserung
Strategische Netzwerke	Kombination verschiedener Funktionsbereiche Ziel der unternehmensübergreifenden Aufgabenlösung
Virtuelle Netzwerke	Problembezogene, temporäre Zusammenstellung auf Basis einer informellen Vernetzung Ziel der unternehmensübergreifenden Aufgabenlösung

Tabelle 2: Kooperationsformen

4.3 Partnering im Multi-Channel-Commerce

Multi-Channel-Commerce wird i. S. e. Push-Pull-Prinzips von der zunehmenden Konvergenz auf der Medien-, Telekommunikations- und IT-Seite sowohl gezogen als auch angeschoben.[26] Einerseits übt die Konvergenz der Inhalte, der Übertragungsmedien sowie der Endgeräte einen Sog i. S. e. Multi-Channeling bei den Anbietern auf den entsprechenden Wertschöpfungsstufen aus. Andererseits fordern und fördern diese aber auch die Konvergenz durch das von ihnen betriebene Multi-Channeling. Es ist hier von einem sich selbst verstärkenden Kreislauf zu sprechen, in dem nicht mehr getrennt werden kann, ob eine Sog- oder eine Druckwirkung vorliegt. Die nachfolgende Darstellung zeigt diesen Zusammenhang der Konvergenz von Inhalten, Übertragungsmedien und Endgeräten schematisch auf.

---

[26] Vgl. *HÜNING/MORATH* (2001), S. 195 f.

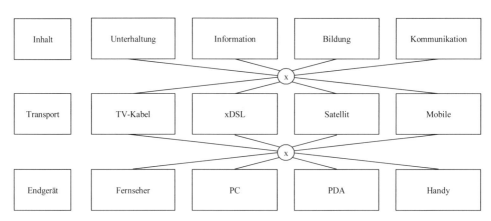

Abbildung 7: Konvergenz von Inhalten, Transport und Endgeräten

Noch deutlicher zeigt sich die Konvergenz in der Darstellung der Wertschöpfungskette sowie der relevanten Player auf der E-, M- und T-Commerce-Seite. Dabei werden aber auch mögliche Partnering-Potenziale augenfällig. Simplifiziert lässt sich die Wertschöpfungskette der Märkte für E-, M- und T-Commerce auf einer oberen Aggregationsebene wie folgt darstellen:

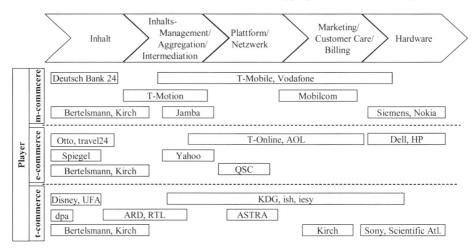

Abbildung 8: Wertschöpfungskette und Player

Diese vereinfachte Darstellung der Wertschöpfung in den jeweiligen Märkten sowie die Zuordnung einzelner Player zeigt ganz deutlich, dass bei einem geschickten Partnering sowohl auf der Inhalte-, Vermarktungs-, Abrechnungs- und Hardwareebene Überschneidungen bestehen. Stellt man sich die einzelnen Wertschöpfungsketten vor, so kommt man schnell zum Schluss, dass ein geeignetes Partnering hier strategische Wettbewerbsvorteile im Sinn der beschriebenen Kosten-, Qualitäts-, und Zeitvorteile heben kann.

Die bisher beschriebenen Partnering-Formen sowie die in Kapitel 3 dargestellten Möglichkeiten des Multi-Channel-Commerce lassen diverse Möglichkeiten der Kooperation zu. Entsprechend der vorgenommen Trennung in vertikale, horizontale und diagonale Kooperationen lassen sich Partnerschaften innerhalb einer Branche, über Branchen sowie über alle Wertschöpfungsstufen hinweg vorstellen. Insbesondere auch Kooperationen zwischen Wettbewerbern sind nichts Ungewöhnliches. Detecon hat in diversen Untersuchungen diesen Umstand immer wieder nachweisen können. Schätzungen gehen davon aus, dass 50% der Kollaborationen zwischen Wettbewerbern stattfinden.

Grundsätzlich lassen sich für ein Multi-Channel-Commerce durch E-, M- und T-Commerce-Player folgende Partnerschaften vorstellen:

- Inhalte-Partnerschaften i. S. v. Einkaufspartnerschaften
- Produktions-Partnerschaften
- Vertriebs-Partnerschaften

Inhalte-Partnerschaften
„Content is King" – dieser Slogan wurde lange Zeit als das Geheimnis eines jeden erfolgreichen E-Commerce-Anbieters propagiert. Neue Bedeutung hat dieser Slogan für den Einsatz der breitbandigen Übertragungsmedien wie UMTS, TV-Kabel und xDSL bekommen. Hier geht es zunehmend um die multimediale Verknüpfung von Information, Unterhaltung, Bildung und Kommunikation wie im obigen Schaubild dargestellt. Einfache Inhalte wie zu Anfang der digitalen Revolution sind heute kein Garant mehr für erfolgreiches Geschäft. Daher wachsen die Ansprüche an die Inhalte ständig. T-Commerce macht erst dann Sinn und wird die entsprechenden Konsumenten vor den interaktiven Bildschirm holen, wenn eine Symbiose aus der für den Nutzer passiven Filmwelt und der für den User entsprechend aktiven Internet-Welt geschaffen wird. Gleiches trifft für die M-Commerce-Welt zu. Der häufig prognostizierte Run auf UMTS wird wohl nur einsetzen, wenn die entsprechenden Anwendungen vorhanden sind, die eine gelungene Symbiose aus der Telefonie-Welt und einer entsprechenden Dienste-Welt darstellen.

Hier setzt aber das Hauptproblem an. Content ist teuer. Noch teurer ist es aber, diesen Content speziell auf einen Channel anpassen zu lassen. Angesichts des Kostendrucks, unter dem alle Player leiden, kann dies für viele Akteure das frühe Aus bedeuten. An diesem Punkt wird die Einkaufskooperation relevant. Sie soll durch Bündelung der Einkaufsvolumina Preisvorteile über erhöhte Abnahmemengen von Lieferanten erzielen. Hierbei spielt es zunächst keine Rolle, dass die sich zusammenschließenden Player letztlich Konkurrenten auf dem jeweiligen Markt sind (horizontale Kooperation). Beispielhaft wäre der gemeinsame Einkauf von interaktiven TV-Formaten durch iTV-Anbieter wie BSkyB oder andere. Denkbar wäre aber auch eine branchenübergreifende Partnerschaft wie dies bei diagonalen Kooperationen der Fall ist. Hier wäre vorstellbar, dass sich ein T-Commerce Anbieter wie iesy mit einem M-Commerce Anbieter wie z. B. Vodafone zum Zwecke der Inhaltebeschaffung und -verwertung zusammenschließt.

Die nachfolgende Darstellung zeigt den Zusammenhang am Beispiel der Wertschöpfungskette exemplarisch auf:

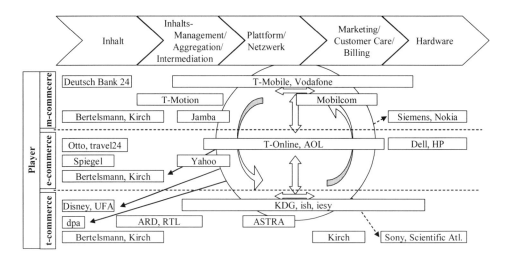

Abbildung 9: Partnerschaften über die drei digitalen Wertschöpfungsketten

Die Problematik bei den dargestellten Inhaltepartnerschaften liegt sicherlich in der Kompatibilität der Formate. Dies trifft natürlich besonders auf die diagonalen Partnerschaften von E-, M- und T-Commerce zu. Ziel ist die Zusammenstellung eines auf die individuellen Bedürfnisse der Kunden abgestimmten Angebots und die Integration der Medien. Der iTV-Kunde beispielsweise erwartet ein individualisiertes Bouquet aus Information, Entertainment sowie T-Commerce. Gleiches gilt für die Kunden der E- und M-Commerce-Wertschöpfungskette. Einkaufspartnerschaften bieten sich daher eher für das „Rohmaterial" i. S. v. Information, Daten, Filmen etc. an. Für die tatsächliche Aufbereitung in die spezifischen Formate sind so genannte Produktionspartnerschaften vorteilhaft.

Produktions-Partnerschaften
Die Produktion multimedialer Inhalte verlangt von den Playern ein hohes Maß an technologischem Know-how und Marktkenntnissen. Konsumentenverhalten muss identifiziert, Ideen generiert, Verträge ausgehandelt, Inhalte abgestimmt und technisch für das jeweilige Medium umgesetzt werden. Dies erfordert hoch spezialisierte Unternehmen, die einerseits dieses Know-how mitbringen und andererseits in der Lage sind, i. S. e. „One Stop Solution" eine Schnittstelle zwischen den Netzbetreibern respektive der Technik, den Inhalteanbietern und den Werbetreibenden zu bilden. Hierfür hat sich eine Reihe von Unternehmen herausgebildet, die diese Rolle vornehmlich im Rahmen von Joint Ventures wahrnehmen. Ein bekannter Player ist etwa T-Motion, der multimediale Inhalte für online und mobile verknüpft. Weitere Partnerschaften dieser Art sind bereits im Kommen.

Die Aufgaben solcher Anbieter sind im einzelnen:

- Koordination der Player und der Cross-Media-Darreichung von Inhalten
- Entwicklung neuer Formate und neuer Geschäftsmodelle i. S. d. Zusammenarbeit der Player
- Überwachung der technischen Realisierung inklusive der Vorgabe der technischen Standards und Rahmenbedingungen
- Vertragsmanagement
- Relationship Management

Diese Aufgaben können im Rahmen einer klassischen horizontalen, diagonalen aber auch einer vertikalen Kooperation wahrgenommen werden.

Vertriebs-Partnerschaften
Vertriebskooperationen stellen die am häufigsten auftretenden Formen unternehmerischer Partnerschaft dar. Detecon hat gerade im Umfeld von E-, M- und T-Commerce die Vertriebspartnerschaft auf Platz 1 der Unternehmenskooperationen festgestellt. Dahinter folgen Einkaufskooperationen auf Platz 2 sowie Produktionskooperationen auf Platz 3. Der Grund für das Vorherrschen von Vertriebs-Partnerschaften liegt sicherlich in den zugrundeliegenden Medien begründet, die das Vorherrschen von virtuellen Unternehmen erlauben.

Eine Vertriebspartnerschaft kann sich auf den tatsächlichen Verkauf, die Distribution, die Steuerung einer Vertriebs-Außenorganisation und die Pflege der Kundenbeziehungen fokussieren. I. d. R. geht eine Vertriebs-Partnerschaft auch mit einer entsprechenden Kooperation auf der Leistungsebene einher. D.h. Produkte werden entsprechend gleichgeschaltet. Im E-, M- und T-Commerce-Markt kann dies diverse Ausprägungen haben. Beliebt ist natürlich der Vertrieb eines Produktes über alle drei Channel und damit Ausnutzung des Skalenvorteils. Unternehmen wie T-Online und T-Mobile, die auf Grund der gleichen Konzernzugehörigkeit einfacher vertrieblich zusammenarbeiten können, sind gute Beispiele für vertriebliche Kooperationen. Notwendig hierzu ist, wie oben dargestellt, eine entsprechende Produktionspartnerschaft. Aber auch innerhalb einer Branche sind Partnerschaften vertrieblicher Art beobachtbar. Nicht denkbar sind auf der vertrieblichen Seite natürlich horizontale Kooperationen, da hier der Kampf um den Endkunden eine Partnerschaft verbietet.

Folgendes Portfolio gibt einen Überblick über die möglichen Partnerschaftsformen auf Vertriebs- und Produktions-Seite.

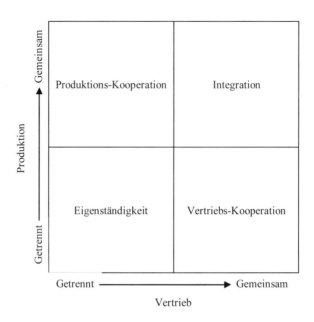

Abbildung 10:   Partnering-Portfolio

4.4 Key-Success-Factors für erfolgreiches Partnering

Aus der Partnerschaft zwischen Inhalteanbietern und Netzbetreibern kann rasch eine direkte Konkurrenzbeziehung werden, wenn letzterer eigene Inhalte in seinem Netz vertreibt. Diese Form der Vorwärts- bzw. Rückwärtsintegration innerhalb der Wertschöpfungskette birgt ein enormes Gefahrenpotenzial. Nicht geringer ist dies jedoch bei einer horizontalen Partnerschaft aufgrund des Agierens in der gleichen Branche und auf der gleichen Wertschöpfungsstufe. Dagegen relativ gering ist die Gefahr eines „Kannibalismus" bei einer diagonalen Partnerschaft, da hier das Interesse der Player aufgrund der für ein marktfremdes Unternehmen verhältnismäßig hohen Markteintrittsbarrieren am gegensätzlichsten sein dürfte.

Notwendig ist generell der von beiden Seiten erkannte und auf das gemeinsame Ziel ausgerichtete Nutzen der Zusammenarbeit i. S. e. Win-Win-Beziehung. Ohne diese Grundvoraussetzung besteht kein Sinn für Partnerschaften. Fördernd für eine erfolgreiche Zusammenarbeit sind nach den Erfahrungen von Detecon Vertrauen, Offenheit und Loyalität der Partner. Allerdings wird eine Partnerschaft nicht alleine deswegen erfolgreich: die Partner müssen auch zu einander passen. Hier wird generell zwischen dem

- strategischen,
- kulturellen und
- strukturellen Fit

unterschieden. Erst diese Faktoren führen geben bei einer Vernetzung der Partner den entscheidenden Schub in Richtung Erfolg.

Strategischer Fit
Der strategische Fit von Partnern setzt voraus, dass die strategische Zielsetzung weitestgehend übereinstimmt. Sie lässt sich i. d. R. aus dem entsprechenden Vergleich von Marktpositionierung (Preis, Marktanteil etc.) und den Marktplanungen ablesen.

Kultureller Fit
Dieser Faktor besitzt meist bei internationalen Partnerschaften eine hohe Bedeutung. Nicht wenige Partnerschaften auf internationaler Ebene sind an der mangelnden Vereinbarkeit der Kultur gescheitert. Die Messung von kulturellen Unterschieden bzw. Gemeinsamkeiten ist i. d. R. sehr schwierig. Es bieten sich jedoch Faktoren wie „Individualismus, Machtdistanz, Führungsverhalten" etc. an.

Struktueller Fit
Der strukturelle Fit gibt letztlich den Ausschlag zur operativen Umsetzbarkeit der Partnerschaft. Prozesse und Abläufe müssen so ineinander greifen, dass eine tatsächliche Umsetzung der Partnerschaft möglich ist. Hierzu sind i. d. R. gemeinsame Standards notwendig, die es sorgfältig abzustimmen und auszubalancieren gilt.

Den Zusammenhang zwischen den drei Dimensionen macht folgende Grafik deutlich:

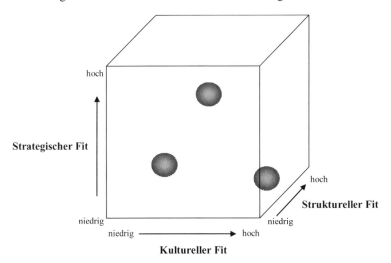

Abbildung 11: Kooperationen werden durch den idealen Fit dreier Dimensionen bestimmt

Eine einmal eingegangene Partnerschaft muss einer laufenden Erfolgskontrolle unterliegen. Die drei vorgenannten Faktoren sind laufend zu überprüfen. Darüber hinaus muss sich eine

Partnerschaft natürlich auch in den so genannten „Financial Measures" niederschlagen. So sollten entweder signifikante Kosteneinsparungen erkennbar sein bzw. eine simultane Erhöhung des Profits für die Partner.

5 Ausblick: T-Commerce auf der Schwelle zum Erfolg

Detecon erwartet, dass T-Commerce die Zukunft als eine digitale Killer-Applikation bestimmen wird. Unbestritten ist jedoch, dass T-Commerce in Deutschland aufgrund der aufgezeigten vergangenen Entwicklungen einen zeitlichen Wettbewerbsnachteil aufzuholen hat. Hieraus ergibt sich zwangsläufig die Notwendigkeit, Alternativen zu den Geschäftsmodellen der vergangenen Jahre zu entwickeln.

Im Vergleich zu E- und M-Commerce ist T-Commerce in seinem Lifecycle zweifelsohne am schlechtesten positioniert. Hierin ist aber auch die Chance zu sehen, ohne allzu große Hypotheken der Vergangenheit starten zu können. Am Scheideweg zwischen „Entstehung" und „Verbreitung" ähnelt die aktuelle Situation einem Alles-oder-Nichts-Ansatz. Noch sind alle Chancen da, aber nur bei zügigem und gleichzeitig gut bedachtem Handeln.

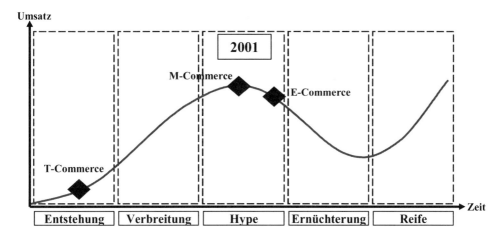

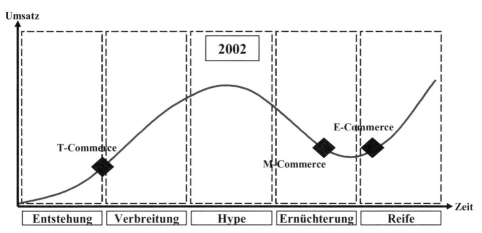

Abbildung 12: Der Lebenszyklus von E-, M- und T-Commerce

Bei der Umsetzung von T-Commerce-Offerings unter Einbeziehung der „Lessons learned" aus E- und M-Commerce bietet Multi-Channel-Commerce die Chance, die Effizienz bereits mehrfach erprobter Vorgehensweisen zu nutzen und somit Zeit und Geld zu sparen, sowohl kurz- als auch langfristig. Basis für effektiven Multi-Channel-Commerce ist ein erfolgreiches Partnering, durch das das Management von Kooperationen und Allianzen vereinfacht und verschlankt wird.

Basierend auf den Misserfolgen der sog. New Economy der Vergangenheit ist zu erwarten, dass die kommenden Gehversuche im Multi-Channel-Commerce vorsichtiger ausfallen werden. Wichtig ist jedoch, dass sie stattfinden! Denn die Probleme von Firmen sämtlicher Couleur aus dem Internet-Umfeld sind sicher nicht darauf zurückzuführen, dass das Thema ganzheitlich nicht bedeutsam ist.

Auch bei innovativen Inhalten und Produkten kann im Lifecycle auf den Hype die Ernüchterung folgen, dies darf jedoch nicht dazu führen, die Hoffnung auf eine ertragsreiche Reifephase zu verlieren. Wie bei jeder Markteintrittsstrategie ist bei E-, M- und T-Commerce-Angeboten eine fundierte Planung unverzichtbar, in deren Fokus realistische Abschätzungen zu Kundenerwartungen, technischer Machbarkeit und finanzieller Realität stehen müssen.

Praxisbeispiele für erfolgreiches sowie erfolgloses Partnering sind schnell zu finden. Für das T-Commerce-Umfeld ist als Negativbeispiel insbesondere die Struktur des Kirch-Konzerns zu nennen. Selbst der Insolvenzverwalter hatte Mühe, die Zusammenhänge und zahlreichen Verflechtungen zu entwirren und zu analysieren. Hier wurde offensichtlich ein nicht mehr zu steuerndes Netzwerk kreiert.

Andererseits existieren im E-Commerce-Bereich bereits Kooperationen sowohl vertikaler (z. B. Amazon + Borders) als auch horizontaler (z. B. AOL + eBay) Art, die als erfolgreich und positiv zu bewerten sind.

Nicht zuletzt müssen alle diese Überlegungen nach wie vor auf soliden finanzwirtschaftlichen Fundamenten ruhen. Nach der Börseneuphorie sowie den resultierenden Fehleinschätzungen und -dimensionen sind hoffentlich eine realistische Preispolitik und adäquate Controllingmechanismen zu erwarten.

Passend hierzu ist das neueste Beispiel auf dem deutschen T-Commerce-Markt zu sehen: TV-Banking soll den Finanzmarkt nicht revolutionär umkrempeln, aber entscheidend bereichern.[27]

Quellenverzeichnis

BLOHM, H. (1980): Kooperation, in: GROCHLA, E. (Hrsg): Handwörterbuch der Organisation, Stuttgart 1980, Sp. 1112–1117.

CUMMINGS, T. (1992): Konfiguration strategischer F&E-Allianzen – Innovation durch Partnerschaften, in: BRONDER, CH., PRITZL, R. (Hrsg.): Wegweiser für strategische Allianzen – Meilen- und Stolpersteine bei Kooperationen, Frankfurt/Main 1992, S. 211–222.

DATAMONITOR (2002): iTV Revenue Streams and Business Models, London 2002.

DRESDNER KLEINWORT WASSERSTEIN RESEARCH (2002): Multimedia, London 2002.

FRIEDMAN, BILLINGS, RAMSEY & CO, INC. (2001): iTV at the crossroads, New York 2001.

GROCHLA, E. (1970): Die Kooperation von Unternehmungen aus organisationstheoretischer Sicht – Sonderdruck aus: Schriften zur Kooperationsforschung, Bd. 3. Theorie und Praxis der Kooperation, Tübingen 1970.

---

[27] Vgl. hierzu www.finanzplaner.tv.

HÜNING, C., KEUPER, F. (2002): T-Commerce: Die dritte digitale Erlebniswelt – Cross-digitale Multi-Channel-Strategien, in: Diebold Management Report, 2002, Nr. 6/7, S. 27–31.

HÜNING, C., MORATH, J. (2001): T-Commerce – wie durch interactive TV neue Geschäftsmodelle in den TIME-Märkten entstehen; in: *KEUPER, F.* (Hrsg.), Strategic E-Business – Strategien und strategische Geschäftsmodelle aus Sicht von Beratungsgesellschaften; Wiesbaden 2001, S. 191–238.

HÜNING, C., MORATH, J. (2002): Effizienz und Effektivität in konvergenten TIME-Branchen – Prozessoptimierung als strategischer Erfolgsfaktor, in: Diebold Management Report, 2002, Nr. 4, S. 10–13.

OVUM (2001): Ovum Forecasts, Global IP and Broadband Services Markets, London 2001.

PROGNOS (2002): Themenreport Online-Medien, Wiesbaden 2002.

REISS, M. (1990): Der Assoziationsstern – ein Wegweiser durch die Kooperationslandschaft, Stuttgart 1990.

RÖSSL, D. (1994): Gestaltung komplexer Austauschbeziehungen, Wiesbaden 1994.

STRAUTMANN, K. (1993): Ein Ansatz zur strategischen Kooperationsplanung, München 1993.

TRÖNDLE, D. (1987): Kooperationsmanagement – Steuerung interaktioneller Prozesse in Unternehmenskooperationen, Bergisch Gladbach 1987.

WEAPON 7 (2002): iTV – A View From The Trenches, London 2002.

Communication Infotainment Network CIN™ – eine Anwendung aus der Praxis

WOLFRAM M. FINCK, STEFAN KOLEV und HEINZ-JÜRGEN MÖLLER

ESPRIT CONSULTING AG und IDF GMBH

1	Einführung	203
2	Eine Vision und ihre Verwirklichung	204
	2.1 Quantensprung im Bereich der Infotainment-Konzepte und -Technologie	204
	2.2 Unternehmensbeschreibung und Firmenhistorie	208
3	Das Communication Infotainment Network (CIN™)	208
	3.1 Funktionalitäten	209
	3.2 Technologie- und Systembeschreibung	214
	3.3 Organisatorische Einbindung	219
	3.3.1 Systemeinführung	219
	3.3.2 Systembetrieb	223
4	Analyse und Bewertung des CIN™-Geschäftsmodells	225
	4.1 Kundenbedürfnisse	225
	4.2 Marktpotenzial und Umfeldanalyse	227
	4.3 Strategische Erfolgsfaktoren	232
	4.4 Nutzenpotenzialerfassung und -beurteilung im Rahmen einer Stärken-Schwächen-Analyse	234
5	Zusammenfassung	237
Quellenverzeichnis		238

1 Einführung

Die Vorstellungen über die Beschaffenheit der Informations-, Kommunikations- und Transaktionsbeziehungen vieler Unternehmen haben sich in den letzten Jahren grundlegend verändert: die Kanäle, über die Information verteilt, Kommunikation ermöglicht und Transaktionen abgewickelt wurden, existieren vielfach nicht mehr oder wurden tief greifend umstrukturiert. Primäre treibende Kraft dieser Entwicklung ist dabei der ständig zunehmende Einsatz von IT-Technologien in sämtlichen Bereichen der Unternehmung. Vor diesem Hintergrund setzen Begriffe wie E-Commerce, E-Business, B2B, B2C, B2E[1] ihren Siegeszug unvermindert fort. All diesen Begriffen ist gemein, dass sie stets die Abwicklung von unterschiedlichen Aktivitäten auf elektronischem Wege implizieren. Dabei kann es sich sowohl um den unternehmensinternen Informations- und Kommunikationsaustausch als auch um die Abwicklung von Transaktionen handeln, welche zwischen unterschiedlichen Unternehmen oder zwischen Unternehmen und Kunden stattfinden. Das *E-Business* hat inzwischen die von irrationalen Vorstellungen und Erwartungen getriebene Hype-Phase hinter sich gelassen und ist in vielen Unternehmen lukrativer Alltag geworden.

Neben der Etablierung der klassischen Informationstechnologien haben sich auch spezielle technologische Themen entscheidend weiterentwickelt. So wird beispielsweise die menschliche Kommunikation nicht nur „elektronischer", sie wird auch mobiler. Spätestens seit der Vergabe der UMTS-Lizenzen kursiert das Schlagwort *M-Business* immer häufiger in den Medien. Aufgrund der technischen Defizite des heutigen WAP-Standards sind GPRS und UMTS große Hoffnungsträger nicht nur von den Telekommunikationskonzernen.[2] Die rasante Marktdurchdringung mit mobilen Endgeräten und der Kampf um den vorherrschenden Betriebssystem-Standard sind weitere Belege für die zukünftige Bedeutung von M-Business-Anwendungen für die zukünftigen Unternehmensaktivitäten.

Ganz anders gestaltet sich die Situation beim so genannten *T-Business*. Vielfach als „interaktives Fernsehen" definiert, konnten sich weder Begriff noch Kerntechnologie bislang durchsetzten und führen unverändert ein Schattendasein. Gerade in Deutschland steckt die Entwicklung aufgrund infrastruktureller Defizite noch in den Kinderschuhen,[3] obwohl die Bemühungen bei der Netzaufrüstung von einigen neuen Betreibern des ehemaligen Telekom-Kabelnetzes (z. B. Callahan, ish) durchaus progressiv sind.[4] Grundsätzlich gibt es unterschiedliche Auffassungen darüber, wie sich diese drei Blüten des Digital Business in Zukunft entwickeln werden. Realistisch erscheint dabei die Einschätzung, dass die bisherige Einzelbetrachtung schon bald ad acta gelegt werden wird und sich eine ganzheitliche Sichtweise im Sinne einer konvergenten Gesamtplattform, die elektronisch, ortsunabhängig *und* hoch interaktiv ist, mehr und mehr durchsetzt. Genau eine solche Entwicklung verkörpert das System *Communication Infotainment Network^{TM} (CIN^{TM})* der IDF GmbH aus Hamburg, dessen Beschreibung, Analyse und Bewertung der folgende Beitrag gewidmet ist.

---

[1] Vgl. DUDEN (2001), S. 16 ff.
[2] Vgl. online KARRLEIN (2002), S. 21f.
[3] Vgl. online MUMMERT + PARTNER UNTERNEHMENSBERATUNG AG (2001).
[4] Vgl. online INTRINET (2001).

2 Eine Vision und ihre Verwirklichung

2.1 Quantensprung im Bereich der Infotainment-Konzepte und -Technologie

Das Hamburger Unternehmen IDF hat durch die Entwicklung ihres CIN^{TM}-Systems den neuen Begriff vom „Infotainment" in den Fokus des Interesses gerückt. IDF definiert Infotainment als das Verschmelzen von Informations- und Unterhaltungsangeboten innerhalb einer einheitlichen Technologie, die für den Endnutzer unabhängig von der Unterschiedlichkeit der Inhalte einen homogenen Zugriff ermöglicht. Im Fokus der Entwicklung des CIN^{TM}-Systems stand die Schaffung eines integrierten Systems, das den Passagieren von Luxus-Kreuzfahrtschiffen und den Gästen von First Class Hotels die Möglichkeiten der Informationsbeschaffung, der Unterhaltung und der Abwicklung von verschiedenen Transaktionen mit Hilfe eines einzigen Mediums ermöglicht. Als bei den Nutzern bekanntes und einfach zu nutzendes Medium wurde der herkömmliche Fernseher mit einer handelsüblichen Fernbedienung ausgewählt.

Die wesentlichen Schritte des technologischen Entwicklungspfades, die dem CIN^{TM} in den letzten Jahrzehnten vorausgegangen sind, werden nachfolgend kurz erläutert, bevor eine detaillierte Beschreibung (Abschnitt 3) und eine darauf aufbauende Bewertung (Abschnitt 4) des CIN^{TM} vorgenommen wird.

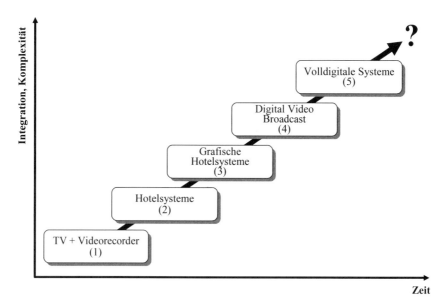

Abbildung 1: *Technologische Entwicklung von Infotainment-Systemen*

Der in Abbildung 1 aufgezeichnete Evolutionsstrahl veranschaulicht die technologische Entwicklung der im Hotel- und Schiffssektor eingesetzten Infotainment-Systeme, die mit CIN™ vorerst ihren aktuell höchsten Stand erreicht hat.

Fernseher + Videorecorder
Die *erste Stufe* subsumiert alle nichtmodifizierten Fernseher, die mit einem Videorecorder per Koaxialkabel[5] verbunden sind. Obwohl das System auf der Zeitachse ganz links angesiedelt ist, bedeutet dies keineswegs, dass es mittlerweile vom Markt verschwunden ist. Es verdeutlicht lediglich seine seit geraumer Zeit anhaltende Präsenz auf den entsprechenden Märkten. So ist die große Mehrheit der zur Zeit auf Kreuzfahrtschiffen im Einsatz befindlichen Installationen dieser tendenziell eher einfacheren Technologie zuzuordnen (Schätzung: über 90 %). Systeme der ersten Stufe bieten den Kreuzfahrt-Passagieren die Möglichkeit, Videofilme in einer zentralen Bibliothek auszuleihen und zu gewünschter Zeit in der eigenen Kabine abzuspielen. Die Kombination aus Fernseher und Videorecorder dient somit überwiegend dem Ziel der Unterhaltung. Informationen können lediglich durch Dokumentar-Videos (z. B. über die nächste angelaufene Hafenstadt) vermittelt werden und besitzen somit nur eingeschränkte Aktualität (z. B. kann über das aktuelle Wetter in der nächsten Hafenstadt nicht informiert werden). Die Bedienung von Fernseher und Videorecorder ist der breiten Masse der Kreuzfahrtpassagiere hinlänglich bekannt und stellt somit keine besonderen Anforderungen an den Nutzer. Das Transport-Medium ist das Koaxialkabel, da nur Fernsehsignale in die Kabinen übertragen werden.

Hotelsysteme
Ein System der *zweiten Stufe* besteht aus einer Zentraleinheit mit i. d. R. mehreren angeschlossenen Videorecordern oder DVD-Playern und leicht modifizierten Standardfernsehern in jeder Kabine. Die Systeme verfügen über eine Koaxialverkabelung, die rückkanalfähig ist, d. h., es können Signale vom Endgerät (Fernseher) zur Zentraleinheit gesendet werden. Über diesen Rückkanal erfolgt die Kommunikation mit der Zentraleinheit. Der Start von zentral abgespielten Videofilmen ist durch den Passagier nicht frei wählbar, sondern erfolgt zu einer festen Zeit. Neben Filmen können auch statische Schiffsinformationen sowie Rechnungsinformationen aufgerufen werden. Begriffe, die weitläufig für die Systeme der zweiten Stufe Verwendung finden, sind „Near Video on Demand" oder „interaktives Fernsehen" (iTV, iaTV). Klassische Hotelsysteme sind geeignet für Zwecke der Unterhaltung und der eingeschränkten Information. Die Anzahl der angebotenen Filme ist dabei zumeist sehr eingeschränkt, dafür ist jedoch die Diebstahl- und Manipulationssicherheit durch zentrale Abspielung der Filme gegenüber Systemen der ersten Stufe höher zu bewerten. Zudem stellt die Bedienung eines klassischen Hotelsystems keine hohen Anforderungen an den Nutzer. Der Aufruf eines Menüs und die Navigation durch die einzelnen Angebote erfolgt intuitiv über eine einfache Hotelsystem-Fernbedienung, die weitgehend der Standard-Fernbedienung von Fernsehern entspricht. Die einschränkenden Merkmale dieser Systeme sind die eingeschränkte „Concurrency", d. h. die gleichzeitige Nutzung des Systems, wie auch das fehlende Content Management.

---

[5] Für nähere Erläuterungen siehe, online: http://technologie.uni-duisburg.de/workshops/netzwerk/koax.htm.

Graphische Hotelsysteme
Bei den Systemen der *dritten Stufe* erfolgt die Rückkopplung mit dem System bereits mittels graphischer Oberflächen (z. B. in HTML). Dies erhöht die Bedienerfreundlichkeit und bietet zusätzliche Möglichkeiten der Navigation und der Informationsaufbereitung. Die Funktionalitäten und die Art der Interaktion mit dem Benutzer sind mit den Systemen der zweiten Stufe identisch. Die Entwicklung von Graphical User Interfaces (GUI) für Hotelsysteme deutete schon früh darauf hin, dass sowohl die attraktive Darstellung von Informationen neben dem Angebot von Videos als auch die vereinfachte Navigation auf der Basis einfacher Graphik-Standards an Stellenwert gewann. Auch hier ist die Basis die analoge Übertragungstechnik mit der damit verbundenen eingeschränkten „Concurrency". Im Backend-Bereich wird teilweise digital gearbeitet.

Digital Video Broadcast
Systeme der *vierten Stufe* besitzen eine gesteigerte lokale Intelligenz, was den Grad der Interaktion weiter steigert. Ein grundlegendes Problem der Koaxialverkabelung im Rahmen der Stufen 2 bis 4 besteht jedoch in der Einschränkung der parallel zugreifbaren Kanäle auf eine Größenordnung von max. 50 bis 60. Darüber hinaus ist der Parallelzugriff bezüglich eines bestimmten Kanals auf max. 20 % aller installierten Endgeräte beschränkt. Das bedeutet, dass dem Passagier lediglich ein sehr eingeschränkter Umfang von Inhalten zur Verfügung gestellt werden kann. Wie die Bezeichnung „Digital Video Broadcast" bereits vermuten lässt, erfolgt die Übertragung der Filme von der Zentraleinheit zum Endgerät in der Schiffskabine digital. Dies bietet je nach Konfiguration des Systems die Möglichkeiten Videofilme zu bestimmten Startzeiten zu übertragen oder aber Video on Demand anzubieten. Bei letzterer Konfiguration wählt der Passagier seinen Wunschfilm aus und der Film wird für ihn gestartet. Dies funktioniert nur, solange noch verfügbare Kanäle eine Verbindung mit einem Videorecorder zulassen, der den gewünschten Film enthält und noch nicht gestartet wurde. Ist dies nicht mehr möglich, so kann der Passagier die laufende Vorführung des Films, der durch einen anderen Nutzer bereits gestartet wurde, mit betrachten.

Volldigitale Systeme
Die Nachteile der eingeschränkten Übertragungskapazitäten werden durch die Systeme der fünften Stufe, zu der auch das CIN^{TM} System gehört, aufgehoben. Dadurch, dass zusätzlich zum Koaxialkabel für das Fernsehen ein (oder mehrere) Local Area Network (LAN) installiert wird, ist es zum einen möglich, eine nahezu unbegrenzte Vielfalt an Inhalten anzubieten, als auch den parallelen Zugriff auf einen Inhalt von 100 % aller im LAN installierten Endgeräte zu erreichen. Dieses ist auch bei einer theoretischen Netzkonfiguration mit einer fünfstelligen Zahl an Endgeräten realisierbar.

Die Systeme weisen eine typische Client-/Server-Architektur auf. Für verschiedene Services stehen i. d. R. unterschiedliche Server zur Verfügung. Alle Inhalte, also auch Videos, Musiktitel und sonstiger Content, stehen in elektronischer Form auf Datenträgern (i. d. R. Festplatten) zur Verfügung. Die Client-Hardware bilden entweder handelsübliche Personalcomputer oder Settop-Boxen in Verbindung mit Fernsehgeräten.

Im Rahmen der fünften Stufe wird der Begriff der *„integrierten Digitalisierung"* geprägt. Dahinter verbirgt sich, dass ab dieser Stufe sämtliche Informations-, Kommunikations- und Unterhaltungsangebote digital aufbereitet und miteinander vernetzt sind. So existiert beispielsweise die Vision des Voice-over-IP für den telefonischen Kontakt über das LAN oder das gänzliche Verzichten auf das Koaxialkabel und die vollständige Integration der Fernsehinhalte in die übrigen Angebote.

Die Möglichkeiten, die sich durch diesen Quantensprung der volldigitalen Systeme ergeben, bestehen in zwei wesentlichen Aspekten:

1. Die *weitestgehende Aufhebung der inhaltlichen Beschränkungen*, die sich durch begrenzte Übertragungskapazitäten eines analogen Koaxial-Netzes[6] ergeben.
2. Die Erweiterung der *Möglichkeiten der Transaktion zur Unterstützung von Geschäftsprozessen*, die sich durch die Anbindung an andere Informations- und Kommunikationssysteme an Bord eines Kreuzfahrtschiffes ergeben.

Die aufgezeigte Entwicklung von Systemen der fünften Stufe an Bord von Kreuzfahrtschiffen bietet eine Reihe von technologischen, funktionalen aber auch betriebswirtschaftlichen Vorteilen. Auszugsweise seien hier einige Beispiele aus der Praxis genannt:[7]

- Video on Demand von ca. 100 Video-Filmen und 300 Reiseberichten
- Music on Demand von ca. 6000 Musiktiteln
- Aktuelleste Informationen über Aktienkurse, Wetter, Schiffsposition, nächste Hafenstädte, Tages-Speisekarte der Bord-Restaurants, aktuelle persönliche Rechnung etc.
- Auslösung verschiedenster Transaktionen, z. B. Buchung von Landausflügen, Tischreservierung in einem der Bordrestaurants, Wein-Bestellungen fürs Dinner, Versenden von Messages

Wie zuvor bereits erwähnt, ist CIN[TM] sowohl für den Kreuzfahrtschiffssektor als auch für den Hotelbereich entwickelt worden. Zielbereich des Systems ist dabei auf beiden Märkten ausschließlich das Premiumsegment, da sich der Investitionsaufwand in Low-Cost-Märkten, aufgrund der Angebots- und Konkurrenzsituation durch die Billighotelsystemanbieter, nur relativ schwer amortisieren würde. Zur detaillierten Darstellung und Bewertung soll jedoch einzig die Nutzung dieses Systems auf Kreuzfahrtschiffen betrachtet werden. Angesichts großer Parallelen zum stationären Einsatz wird darauf verzichtet, zusätzliche spezifische Besonderheiten eines Systemeinsatzes im Hotelsektor darzustellen.

Durch die Vielfalt der möglichen Funktionalitäten ergeben sich auch positive Implikationen auf die Organisation und die Prozesse auf einem Kreuzfahrtschiff. Sofern die Integration aus Infotainment-System, Prozessen und Organisation sorgfältig geplant und umgesetzt wird, ergeben sich für den Nutzer begeisternde Anwendungen und für den Betreiber interessante betriebswirtschaftliche Vorteile. Mit der Erörterung und Bewertung dieser Punkte beschäftigt sich der Abschnitt 4.

---

[6] Für nähere Erläuterungen siehe, online: http://technologie.uni-duisburg.de/workshops/netzwerk/koax.htm.
[7] Vgl. online *NETWORKWORLD* (2001).

2.2 Unternehmensbeschreibung und Firmenhistorie

IDF wurde 1994 gegründet und hat den Business-Schwerpunkt auf die Symbiose aus IT und digitaler Content-Verarbeitung in Verbindung mit der Unternehmens-Beratung gelegt. Der Gründer und Geschäftsführer, HEINZ-JÜRGEN MÖLLER, hat seit Anfang an sehr viel Wert auf eine enge Verknüpfung der drei genannten Bereiche gelegt. Dieses hat dazu geführt, die IDF zum weltweit technologisch führenden Anbieter multimedialer Infotainment-Lösungen für den Kreuzfahrt- und Hospitality-Markt im obersten 5-Sterne-Segment empor steigen zu lassen. Das Unternehmen bietet Komplettlösungen aus einer Hand von der ersten Kosten- und Geschäftsprozessanalyse über die Beratung, Entwicklung und Installation der integrierten Technologiekomponenten, des grafischen Designs der Screens bis hin zur Bereitstellung des Content und des Systembetriebs an Bord eines Schiffes. Auf diese Weise hat die IDF z. B. den Luxus-Liner „MS Europa" der Reederei Hapag Lloyd im Jahr 1999/2000 mit dem weltweit ersten voll-digitalen Infotainment System erfolgreich ausgestattet.

Die IDF greift aus Gründen der Funktionssicherheit und Systemstabilität unter Offshore-Bedingungen auf höchste Standards bei Hard- und Softwarelösungen zurück. Dafür arbeitet das Unternehmen weltweit mit führenden Technologieunternehmen als Leistungspartner zusammen. Sie garantieren den jeweils fortschrittlichsten und zugleich zuverlässigsten Technologiestandard.

Technik ist aber nur eine Seite der erfolgreichen Kundenlösung CIN™. Die andere ist attraktiver Content. Er hat unmittelbare Auswirkungen auf Häufigkeit und Dauer der Nutzung durch die Passagiere. Auch hier hat die IDF weltweit die namhaften Partner an ihrer Seite. Das aktuellste Film- und Videomaterial wird mit dem technisch höchsten Qualitätsstandard von IDF digitalisiert und in das System eingespeist.

Die herausragende Kompetenz der IDF ist das Know How und die Fähigkeit zur Technologieintegration. Das Unternehmen schneidert aus den Einzelkomponenten eine nach Kundenanforderungen individuelle Infotainmentlösung. Die hohe Qualität der Technologiekomponenten und des Integrationsstandards, die funktionale Zuverlässigkeit, einfache Bedienbarkeit und der attraktive Content des CIN™-Systems sind die Grundlage für eine derzeit konkurrenzlose Investitionssicherheit.

3 Das Communication Infotainment Network (CIN™)

Das Communication Infotainment Network (CIN™) erschließt als System der derzeit letzten Generation Möglichkeiten, die den Erstbetrachter in blankes Erstaunen versetzen. Der heute (noch) zahlreich vertretene Technologie-Asket ist i. d. R. von der notwendigen Komplexität und einer damit zwangsweise verbundenen undurchdringlich komplizierten Bedienung von Informations- und Kommunikationssystemen (IuK-Systemen) überzeugt. Gerade diese Klientel wundert sich, dass ihr erster Kontakt mit dem CIN™ in eine begeisternde, ausgiebige Navigation durch die verschiedenen Angebote degeneriert. Dass sie eine solche „Surf-Begeisterung" einmal erleben werden, haben die Meisten im Vorhinein nicht für möglich gehalten.

Dieses Phänomen liegt in der ungeheuren, nicht erwarteten Vielfalt des System-Angebotes, der überzeugenden Qualität der zu Grunde liegenden Technik und der Erleichterung vieler kleiner, täglicher Vorgänge für den Passagier eines Super-Luxus-Liners begründet. So von jedem Passagier erlebt, würde das CIN™ einen ungeheuren Wettbewerbsvorteil für diejenigen Schiffe darstellen, auf denen es Verbreitung gefunden hätte. Notwendige Bedingung für die Nutzung der Wettbewerbsvorteile ist jedoch neben der Nutzerakzeptanz der dauerhafte Charakter des Vorsprungs,[8] der in neuerer Zeit immer direkter von der Nutzung innovativer Technologien abhängt. Beim CIN™ handelt es sich um eine hochintegrative und vielfältige Technologie, die durch ihre Komplexität und Individualisierbarkeit für jede Reederei ein wertvolles Differenzierungsmerkmal im Wettbewerb um die Gunst der anspruchsvollen Kunden darstellen kann. Für die Nutzung dieses Potenzials ist die gleichzeitige Schaffung von drei Voraussetzungen notwendig:

- Die gezielte Nutzung der technischen Möglichkeiten, die sich durch die integrierte Digitalisierung ergeben. Dies bedeutet, die Schaffung eines großen Angebotes an *Funktionalitäten*, das allen Passagieren „On Demand", d. h. auf Wunsch zu jeder Zeit zur Verfügung steht.

- Die Fokussierung auf uneingeschränkte Qualität beim Auf- und Ausbau des Systems. D. h. die Nutzung führender *Technologie* sowie die vollständige Digitalisierung aller Angebote.

- Die konsequente Unterstützung geeigneter *Prozesse* mit hohem Integrationsgrad. Dazu gehört die Anbindung an wesentliche Legacy-Systeme.

3.1 Funktionalitäten

Das CIN™-System besitzt den Anspruch, für einen Kreuzfahrtpassagier während seiner Reise die Rolle eines universellen Portals einzunehmen, das den Zugang zu einer Vielzahl von Angeboten ermöglicht. Aus diesem Anspruch leitet sich zugleich die Hauptanforderung an das System ab: es soll eine möglichst optimale und vollständige Abbildung aller geeigneten Dienstleistungen an Bord erzielt werden. Jedoch ermöglicht die Implementierung des Systems weitaus mehr als lediglich die Digitalisierung des herkömmlichen Informationsangebots auf einem Kreuzfahrtschiff. Vielmehr können durch CIN™ gänzlich neue Services kreiert und sogar Transaktionen durch Interaktion mit angebundenen Systemen ausgeführt werden. Bereits am Beispiel der ersten beiden Menüebenen der CIN™-Installation auf der MS Europa (Hapag-Lloyd) ist erkennbar, welche Funktionalitäts-Möglichkeiten die integrierte Digitalisierung erlaubt und welche Vielfalt das System anbieten kann. Gleichzeitig macht dieses Beispiel den hierarchischen Aufbau der Menüstruktur deutlich, der eine einfache Navigation fast ausschließlich durch nur fünf Tasten einer Fernbedienung (4 Richtungstasten und eine Bestätigungs-Taste [ENTER]) gestattet. Hinter den Menüs der zweiten Ebene verbergen sich weitere Untermenüs, die den Inhalt weiter strukturieren und die einzelnen Angebote verfügbar machen.

---

[8] Vgl. KEUPER (2001), S. 11.

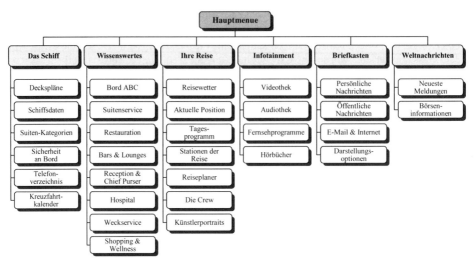

Abbildung 2: Beispiel CIN^{TM}-Menüstruktur auf erster und zweiter Ebene[9]

Gliedert man die einzelnen Angebote nach der Art Ihrer Nutzung so lassen sich fünf verschiedene Dienstleistungsarten unterscheiden:

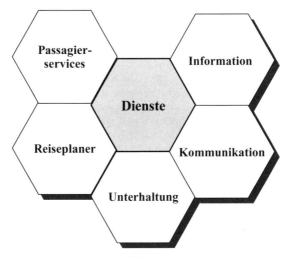

Abbildung 3: Dienstleistungsarten des CIN^{TM} [10]

---

[9] Vgl. online *IDF* (2002).
[10] *MÖLLER* (2002), S. 16.

Information
Die adäquate Informationsversorgung über das System ist eine der zentralen Services zur Verwirklichung der Portal-Vision des CIN™. Neben Bündelung des bisherigen Informationsangebots gepaart mit einem ansprechenden Corporate Design, ermöglicht CIN™ dem Betreiber einen Übergang vom Informations-Push- zum Pull-Prinzip. Erstmals übernimmt nun der Passagier die aktive Rolle bei der Informationsbeschaffung, während der Betreiber lediglich die entsprechenden Inhalte bereitstellt.

Das Informationsangebot erstreckt sich auf der MS Europa von der Auflistung der technischen Daten des Schiffes, dem Bord-Telefonverzeichnis, den Öffnungszeiten der Bordeinrichtungen über die Erklärung nautischer Begriffe oder die Auflistung der Rangabzeichen der Crew bis hin zu Reiseroutenbeschreibungen. Jedoch bilden statische Inhalte lediglich ein Element des CIN™. Den innovativeren Teil verkörpern die dynamischen Inhalte, die dem einzelnen Passagier im Rahmen eines z. T. individualisierten Zuschnitts während seiner ganzen Kreuzfahrt begleiten. Beispiele für solche Features des Systems sind u. a. tagesaktuelle Speisekarten der verschiedenen Bordrestaurants, allgemeine und aktuelle Daten zur laufenden Kreuzfahrt (Schiffsposition, Wetterlage, Wellenhöhe, usw.), die Top-Weltnachrichten, persönliche Mitteilungen, Geldwechselkurse, Fundsachen oder Informationen zu bevorstehenden Ausflugsmöglichkeiten. Zahlreiche Animationen und Video-Sequenzen dokumentieren den Stand der Technik des Systems und gestalten die Informationsvermittlung unbeschwert, interessant und weitgehend ermüdungsfrei. Alle Inhalte werden mit Hilfe des CIN™ Content Management gepflegt.

Kommunikation
Unabhängig davon, welche Dynamik Informationen haben, bleiben sie dennoch in erster Linie geprägt von einem einseitigen Datenfluss hin zum Passagier. Die logische Fortentwicklung mit dem Ziel einer echten Interaktion ist die Erschließung zusätzlicher Kanäle und die Gestaltung der Kommunikation in gegenläufiger Richtung. Die Verwirklichung dieses Funktionsziels erfolgt u. a. durch die Kommunikationsdienste des CIN™. Dazu gehört die Verfügbarkeit von Internet und E-Mail an Bord. So kann jedem Kreuzfahrtpassagier die Einrichtung einer lebenslang gültigen E-Mail-Adresse angeboten werden, über die er an Bord wie auch nach der Kreuzfahrt seine elektronische Post abwickeln kann. Eine weitere Option besteht darin, dass jeder Passagier an Bord sein gewohntes persönliches Account benutzen kann.[11] Ein technologisches Nadelöhr bildet nach wie vor, trotz all der bis dato realisierten technischen Fortschritte, die Internet-Anbindung der Kabinen. Ursache dieses Engpasses liegt in der zumeist geringen Bandbreite, die dem gesamten Schiff zur Verfügung steht. Die potentielle Netzwerkbelastung ist bei einer dreistelligen Kabinen- und vierstelligen Passagierzahl so hoch, dass nur eine direkte und breitbandige Satellitenanbindung des Schiffes als sehr kostspielige Lösung in Frage kommen würde. Möchte die Reederei dennoch nicht auf das Internetangebot verzichten, hat sich in der Praxis bewährt, eine bestimmte Anzahl von Terminals in der Bibliothek oder in bestimmten Aufenthaltsbereichen an Bord zu installieren.[12]

---

[11] Vgl. online ZILLICH/REDER (2001).
[12] Vgl. LINKE (2001).

Das CIN™-Nachrichtenangebot ist in die Bereiche öffentliche Nachrichten und in persönliche Nachrichten unterteilt. Während die öffentlichen Nachrichten für aktuelle Meldungen seitens der Reederei genutzt werden, stellen die persönlichen Nachrichten Mitteilungen von der Rezeption an den einzelnen Passagier dar.

Unterhaltung
Eng verknüpft mit den Kommunikationsdiensten des CIN™ ist das Unterhaltungsangebot. Einerseits stellte dieser Block bei der technischen Realisierung des Systems die mit Abstand komplexeste Aufgabe dar.[13] Andererseits ist das Unterhaltungsangebot auch das Kernelement des CIN™. Zentral aus Sicht des Systems ist aber eindeutig das vielfältige Video- und Audioangebot, das nach der Einführung dem Endnutzer zur Verfügung steht. Dazu bestehen Partnerschaften mit Filmhändlern und führenden Unternehmen der Unterhaltungsindustrie wie Warner Brothers und OnBoard Movies[14], die eine breite und aktuelle Filmpalette bereitstellen. Durch die Digitalisierung dieser Inhalte wird in eine wirklich neue Qualitätsdimension mit vollkommen neuen Anwendervorteilen vorgedrungen.

Hinter dem Kapitel „Infotainment" verbirgt sich auf der MS Europa ein Angebot von Videos, Musik-CD-Titeln, Hörbüchern und Fernsehprogrammen, das den Vergleich mit Archiven von professionellen Medienanstalten nicht zu scheuen bräuchte und weit über das Maß des durchschnittlichen Home-Archivs jedes Kreuzfahrers hinausgehen dürfte. Allein diese Vielfalt könnte ein Grund sein, eine Kreuzfahrt auf einem Schiff mit volldigitalem System zu buchen. Es wäre theoretisch möglich, eine 14-tägige Kreuzfahrt einzig und allein mit der Nutzung des Entertainment-Programmes zu verbringen, ohne eine einzige Wiederholung erleben zu müssen.

Reiseplaner und Passagierservices
Die brillante digitale Qualität des CIN™ Unterhaltungsangebotes soll nicht dazu führen, dass sich die Passagiere unverhältnismäßig häufig in ihren Kabinen aufhalten. Dies hätte neben einem vermutlich negativen Einfluss auf die Stimmung an Bord auch durchaus eindeutig bezifferbare Ausfälle von Einnahmen für die Reederei zur Folge. Angesichts der hohen realisierbaren Einnahmen, die während einer Kreuzfahrt erzielt werden können, ist darauf zu achten, dass die Absatzchancen im Rahmen des traditionellen Bordangebots nicht tendenziell kannibalisiert werden. Deshalb kommen dem CIN™ zwei weitere wichtige Rollen zu: Offerten von klassischen Angeboten sollen so attraktiv und bequem wie möglich präsentiert werden, um die traditionellen Einnahmequellen zukünftig noch effizienter abzuschöpfen. So besteht z. B. die Möglichkeit, sämtliche Ausflüge und Veranstaltungen direkt über CIN™ ohne lästige Wartezeiten zu buchen und unmittelbar nach Anmeldung ein Feedback zu erhalten, ob die jeweilige Reservierung auch tatsächlich entgegengenommen worden ist. Darüber hinaus kann dann eine Reminder-Funktionalität einige Stunden vor Beginn daran erinnern, dass die Veranstaltung in Kürze stattfindet. Die zweite Rolle resultiert aus der Möglichkeit des Systems, vollkommen neue Angebote zu präsentieren und bisher ungenutzte Absatzwege zu nutzen. So wäre es denkbar, Bestellungen für Getränke über das System abzuwickeln oder die vollständige Angebotspalette der Bordshops zu präsentieren.

---

[13] Vgl. *E-ORACLE BUSINESS NEWS* (2000).
[14] Vgl. online *NETWORKWORLD* (2001).

Die Palette der Services, die speziell an Bord von Kreuzfahrtschiffen über das CIN™ angeboten werden, umfasst u. a. die Beauftragung des Roomservice, der Bordwäscherei, des Schuhputzservice und des Weckservice, die Buchung von Landausflügen und weiteren Kreuzfahrten, die Reservierung von Restaurant-Tischen, die Bestellung von Eintrittskarten für die Bordveranstaltungen und den Einkauf von ausgewählten Waren der Bordshops.

Dies ist sicherlich nur ein Teilausschnitt der Vielfalt an Services, die mittels CIN™ bereitgestellt werden können. Aus der mit den Services systembedingten Komplexität resultieren allerdings auch spezifische Schwierigkeiten bei der Handhabung, welche nachfolgend anhand von zwei Beispielen exemplarisch aufgezeigt werden.

CIN™ Customizing

Ein wichtiger Fragenkomplex resultiert unmittelbar aus der Servicevielfalt an sich: angesichts individueller Wünsche der Reedereien und der spezifischen Zusammensetzung ihrer Kundenstruktur ist es kaum denkbar, dass der Betreiber das gesamte Spektrum der Dienste bereitstellen möchte. Obwohl die IDF GmbH primär auf das Premiumsegment ausgerichtet ist, kann es dennoch signifikante Unterschiede hinsichtlich der Anforderungen geben. Die Frage nach der Anpassbarkeit ist somit von zentraler Bedeutung. Bisherige Erfahrungen mit CIN™ haben gezeigt, dass der Anpassungsaufwand trotz der modularen Struktur des Systems und seiner technischen Flexibilität sehr von den Anforderungen des Betreibers abhängt. Wie Abbildung 4 zu entnehmen ist, kann die Anpassung entlang einer oder mehrerer der sechs Customizing-Dimensionen vorgenommen werden.

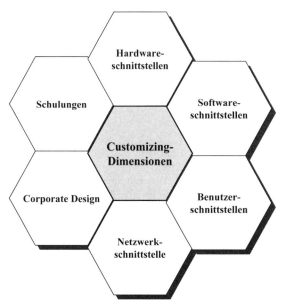

Abbildung 4:   *Customizing-Dimensionen des CIN™* [15]

---

[15] MÖLLER (2002), S. 16.

Da CIN^(TM) immer auch eng mit dem Corporate Image des Betreibers verbunden ist, kann ein zielsetzungsgerechtes und effizientes Customizing nur in enger Kooperation mit den beteiligten Partnern erreicht werden. Idealerweise sollte dieser Prozess auch durch begleitende Marktforschung seitens des Betreibers bezüglich der relevanten Zielgruppen aktiv unterstützt werden, damit auch deren Bedürfnisse konsequent berücksichtigt werden. Denn: die Klientel auf Kreuzfahrtschiffen weist eine erstaunliche Heterogenität von Schiff zu Schiff auf. Dies liegt in der Konzeption der Schiffe, in den Reiserouten, in den Reisedauern sowie in dem angebotenen Rahmenprogramm begründet. Beispielsweise wird auf einzelnen Super-Luxus-Schiffen des obersten Preissegmentes ein Durchschnittsalter von mehr als sechzig Jahren erreicht. Dagegen beherbergen die so genannten Club-Schiffe Passagiere im Alter von Anfang zwanzig bis Mitte dreißig.

Angesichts der Wirkungskraft des Systems, sowohl als Kostenfaktor als auch als potentielle Umsatzquelle, ist eine ideale Ausgewogenheit der Serviceleistungen und eine bedürfnisoptimal zugeschnittene Installation von essentieller Relevanz, um für alle Altersklassen ein attraktives Angebot bieten zu können.

Ein weiterer Themenkomplex ist die Mehrsprachigkeit des Inhaltes. Solange das System für eine einsprachige Zielgruppe eingeführt und betrieben wird, ist es dann kaum von Belang, in welcher Sprache die Templates geführt werden. Sobald sich jedoch die Passagiere auf jeder Kreuzfahrt aus verschiedenen Nationalitäten zusammensetzen, sind im Rahmen der Konfiguration eine Reihe von zusätzlichen Anforderungen zu berücksichtigen. Erstens müssen die dynamischen Inhalte redundant eingepflegt werden, was zwangsläufig ein Mehraufwand für die Besatzung und/oder das technische Personal mit sich bringt. Zweitens stellt es eine höhere Anforderung sowohl an die Content-Management-Systeme als auch an die zugrunde liegenden Datenbanken. Auf der anderen Seite hat das Mehrsprachigkeitsproblem bei der traditionellen Handhabung der betroffenen Dienstleistungen ebenfalls bestanden. Das CIN^(TM) bietet eine gute und automatisierte Lösung und ist robust gegenüber der Mehrbelastung, da es eine Verringerung eines eigentlich bereits vorhandenen Aufwandes in diesem Bereich bewirkt.

Funktionale Erweiterungen in Zukunft
Die Vision der IDF GmbH ist es, CIN^(TM) noch tief greifender in die Schiffsprozesse zu integrieren, bzw. immer weitere Prozesse mit dem System abzubilden und damit die Effizienz- und Effektivitätspotenziale für den Betreiber nachhaltig zu realisieren. Derzeit bestehende Überlegungen betreffen beispielsweise Ausweitungen in den Bereich des Facility Management. Dabei geht es u. a. um Themen wie Energy Control, Inroom Control oder Emergency Control, mit denen sich Einsparungen der relativ teuren Energie an Bord sowie ein höheres Sicherheitsgefühl bei den Passagieren realisieren ließe.

3.2   Technologie- und Systembeschreibung

Um die zuvor aufgeführten vielfältigen Dienste und Anwendungen überhaupt umsetzen und abbilden zu können, basiert das System auf einer hoch entwickelten Technologie. Ungeachtet dessen lässt sich CIN^(TM) dank seiner spezifischen technologischen Konzeption in nahezu jede der heutzutage vorhandenen Infrastrukturen auf Kreuzfahrtschiffen integrieren. Diese Möglichkeit erlaubt es beispielsweise, Neubauten und existierende Schiffe einer Reederei mit

CIN™ auszurüsten, um nicht nur in der Phase der Installation als vielmehr während des Betriebes Synergie- und Lerneffekte zu erzielen. So ist zu erwarten, dass Reedereien nach erster erfolgter Installation auf einem Schiff ihrer Flotte Erfahrungswissen über die bestmögliche Anbindung des CIN™ an die Legacy-Systeme erworben haben wird. Des Weiteren wird die Adaption des Kundenverhaltens in Bezug auf das Infotainment-Angebot fundierter und präziser erfolgen, je größer die ausgewertete Kundenbasis ist.

Die Technologiekomponenten des CIN™ werden in fünf Hauptkategorien unterteilt: Netzwerk, Server, Client, Software und Inhalte:

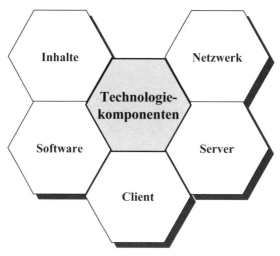

Abbildung 5: Grundlegende Technologiekomponenten des CIN™ [16]

Netzwerk
Das CIN™ ist konzeptionell in eine umfassende EDV-Umgebung eingebettet, die ihrerseits aus dem Property Management System (PMS-Abrechnungssystem), der Kasse (Cash Register), dem Point of Sale (POS) sowie aus den angebundenen Buchungssystemen besteht. Aus diesem Grunde wird nicht vom Netzwerk schlechthin gesprochen, sondern es muss vielmehr in unterschiedliche physikalische und logische Netzwerke differenziert werden:

a) **CIN™ LAN**
Das CIN™ LAN stellt die Verbindung zwischen allen Servern des Systems und den Client-Einheiten in den einzelnen Kabinen her. Es kann den Anforderungen entsprechend entweder Ethernet (TCP/IP)- oder Long-Reach-Ethernet (LRE-TCP/IP über vorhandene Telefonkabel) basiert ausgeführt werden. Im Falle Ethernet (TCP/IP) wird eine Gigabit-Backbone-Architektur empfohlen. So können in Abhängigkeit der Anzahl der anzuschließenden Endgeräte für jede einzelne Kabine eine oder mehrere 100Mbit/s Verbin-

---

[16] Vgl. MÖLLER (2002), S. 11 ff.

dungen verwendet werden. Die Anbindung über LRE erlaubt maximal eine Bandbreite von 15 Mbit/s.

b) PMS LAN
Das PMS LAN ist als ein logisch separates Netzwerk zu betrachten. Es beherbergt alle Server mit sensitiven Daten (z. B. Mails oder Gästedaten), sowie alle Drucker.

c) POS LAN
Alle Kassensysteme (Cash Register) sind an das POS LAN (Point Of Sale) angebunden. Dieses Netzwerk weist ebenfalls einen sensiblen Charakter auf, da hier die Zahlungsströme (Postings) an das PMS übertragen werden.

d) Weiteres LAN für private Laptops
Aus Sicherheitsgründen kann ein weiteres LAN für alle Kabinen vorgesehen werden, um es den Passagieren zu ermöglichen, mit ihren persönlichen Notebooks auf das Internet zuzugreifen.

e) Analoges LAN (Koaxialkabel)
Die analogen Fernsehkanäle und sonstige Signale werden über ein analoges LAN (Koaxialkabel) übertragen. Je nach Abhängigkeit der Qualität des verwendeten Koaxialkabels, können heute bis zu 80 analoge TV-Kanäle über das Kabel transportiert werden.

Server
Abbildung 6 gewährt einen Überblick über die unterschiedlichen Servertypen, die im CIN^{TM} Verwendung finden sowie über die sie umgebende logische Netzwerktopologie.

Communication Infotainmaint Network CIN™

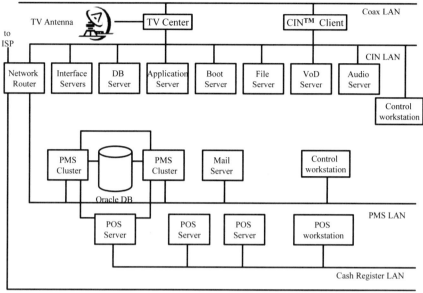

Abbildung 6:   Logische Netzwerk-Topologie des CIN^{TM} [17]

Tabelle 1 zeigt eine Kurzbeschreibung der in Abbildung 6 dargestellten Serverarten. Je nach Umfang der einzelnen CIN™ Konfiguration können mehrere logische Server auf einer physikalischen Maschine installiert werden. Je nach zu verwaltendem Content-Umfang ist es aber möglich, dass für einen einzelnen logischen Server mehrere Maschinen benötigt werden.

---

[17] MÖLLER (2002), S. 12.

Serverart	Funktionalität
CIN™ Network Router	Dient als Firewall und Proxi und sorgt für das Interfacing zur Satellitenanlage
CIN™ Interface Server	Stellt das Interface zu allen Legacy-Systemen dar
CIN™ Boot Server	Versorgt alle Client-Systeme mit dem Betriebssystem und der CIN™ Applikation
CIN™ Database Server	Speichert den dynamischen Content
CIN™ Application Server	Speichert die Business Logic
CIN™ File Server	Speichert alle Screens and fungiert als Audio Server
CIN™ Video Server	Speichert alle digitalisierten Videos; die Konfiguration des Servers hängt von der maximalen Anzahl der Streams ab.

Tabelle 1: Kurzbeschreibung der Servertypen des CIN^{TM} [18]

Client

Der Client des CIN^{TM}, der jedem Passagier zur Verfügung steht, setzt sich zusammen aus einem Fernseher, einer Set-Top-Box, einer Fernbedienung und einer schnurlosen Tastatur. Die Set-Top-Box ist an den Fernseher über eine Interface Card angeschlossen, wobei sich die Card je nach Fernsehermarke- und Modell unterscheiden kann. Die Kontrolle erfolgt über die Fernbedienung und die schnurlose Tastatur, die beide über Infrarot-Schnittstelle mit dem Fernseher kommunizieren. Der Fernseher wird von der Settop-Box verwaltet, wobei der Fernseher bei einem Ausfall der Set-Top-Box in seinen normalen Funktionen nicht beeinträchtigt wird.

Eine andere Art von Endgeräten sind die sog. CIN^{TM} Audio Playouts, die als Musikquelle benutzt werden können. Sie bestehen aus der Set-Top-Box und einem 12″ TFT Touch Screen. An das Netzwerk sind sie über eine 100Mbit Ethernet Schnittstelle angebunden, wobei die verfügbare Bandbreite für jeden Client mindestens 10Mbit/s betragen soll (es wird eine Audio-Bitrate von 128kBit/s angenommen).

Software

Die Software des CIN^{TM} ist in C++ geschrieben. Die individuelle Berücksichtigung der konkreten Kundenwünsche im Rahmen der Installation sowie die Anpassung der Schnittstellen an die IT-Landschaft an Bord erfolgt durch eine eigenentwickelte Scriptsprache.

Inhalte

Die in Abschnitt 3.1 beschriebenen Funktionalitäten basieren auf der Bereitstellung dynamischer Inhalte. Diese werden mit Hilfe des CIN™ Content Management entweder direkt auf dem Schiff oder an einem beliebigen anderen Ort zusammengestellt. Als Grundlage dafür

---

[18] Vgl. MÖLLER (2002), S. 12 f.

dient ein Browser-basiertes Administrations-Werkzeug. Alle dynamischen- und statischen Inhalte (Content) werden in einer Datenbank gehalten. Es ist möglich, den Content für eine unbegrenzte Anzahl von Sprachen vorzuhalten. In der Regel werden die Inhalte jedoch in 4 Sprachen gepflegt (deutsch, englisch, französisch und spanisch).

3.3 Organisatorische Einbindung

Neben den technischen und funktionalen Vorzügen weist CIN^{TM} den Vorteil auf, schnell und mit vergleichsweise geringem Aufwand in bestehende Organisationen eingebunden werden zu können. Dabei spielen die Anpassbarkeit des Systems an vorhandene technische Restriktionen sowie die skalierbare Unterstützung von wichtigen Geschäftsprozessen auf einem Kreuzfahrtschiff die tragenden Rollen. So kann beispielsweise bei fehlender Netzwerkverkabelung der Kabinen eine Neuverlegung von Ethernetkabeln[19] für eine CIN^{TM}-Einführung in den meisten Fällen nicht wirtschaftlich begründet werden. Es besteht dann vielmehr die Möglichkeit, die vorhandenen Telefon- und Koaxial-Kabel für das CIN^{TM} zu nutzen, was zwar technische Restriktionen mit sich bringt, jedoch den Grundnutzen des Systems zunächst nicht beeinträchtigt.

3.3.1 Systemeinführung

Der typische, generische Ablauf einer CIN^{TM}-Systemeinführung stellt sich in fünf Phasen dar. In der Praxis wird man Abweichungen von dem nachfolgenden Modell feststellen können, da jede CIN^{TM}-Einführung ein eigenes spezifisches Projektvorhaben darstellt, dem eine individuelle und mit dem Kunden abgestimmte Ablaufplanung vorausgeht. Dies liegt u. a. daran, dass jedes Projekt hinsichtlich baulicher, vorhandener technischer, organisatorischer und personeller Rahmenbedingungen einzigartig ist. Darüber hinaus ist die Einführung auch von den zu realisierenden Funktionsumfängen des Systems abhängig. Die hier dargestellten unabdingbaren Arbeitsschritte für eine erfolgreiche CIN^{TM}-Einführung sind jedoch stets homologen.

In der Regel wird es zu Beginn eines Kontaktes zwischen der IDF und dem Betreiber verschiedene unverbindliche Präsentationstermine zu den möglichen Funktionsumfängen des Systems, zum technischen Aufbau und zur Organisation des laufenden Betriebs geben. Bei weiterem Interesse des Betreibers wird die IDF zur Abgabe eines Angebotes aufgefordert, für das verschiedenste Informationen zusammenzutragen und in einer Grobspezifikation („Scope of Services") zusammenzufassen sind. Auf Basis des Scope of Services werden Vertragsverhandlungen geführt und die Modalitäten der weiteren Projektgestaltung festgelegt. Anschließend werden das Grob- und später das Feinkonzept erstellt, welche sich durch den Detaillierungsgrad und die Art der Inhalte in Bezug auf die Umsetzungsplanung unterscheiden. Nach der Implementierung des CIN^{TM} ist das System gebrauchsfertig installiert. Nach Schulung des betreibenden Personals kann die Abnahme an Bord durch den Betreiber und die Übergabe an den Betrieb vorgenommen werden. Das bedeutet, dass ab diesem Zeitpunkt einer unterhaltsamen Nutzung durch die Kreuzfahrt-Passagiere nichts mehr im Wege steht und die Aktualisierungen des System-Content, die Datensicherung sowie die Pflege, Wartung und

---

[19] Für nähere Erläuterungen siehe, online: http://www.combridge.ch/de/technologie/frame/bodyethernetkabel.html

Weiterentwicklung des CIN™ im Rahmen des vorgesehenen Betriebskonzeptes durch den Betreiber erfolgen.

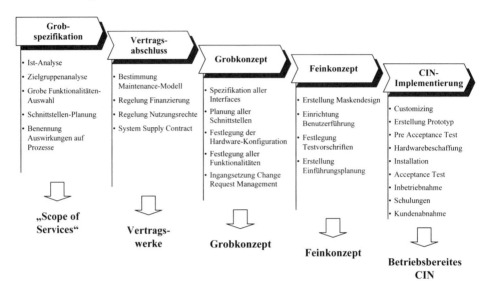

Abbildung 7:   Phasenmodell CIN™-Einführung

Phase 1 – Grobspezifikation
Ziel der ersten Phase ist es, eine konzeptionelle Grundlage zu schaffen, auf die sich die anschließenden Vertragsverhandlungen zwischen Systemanbieter und Reederei stützen können. Das bedeutet, dass in dieser Phase seitens des Systemanbieters bereits ein mit Preisen versehenes Angebot erarbeitet wird. Die wesentlichen Inhalte sind die definierte Zielgruppe, die Benennung der zu unterstützenden Prozesse sowie der Grad der Unterstützung, eine grobe Funktionalitäten-Auswahl, die Auflistung der geplanten Software-Komponenten, die Benennung und grobe Beschreibung der zu realisierenden Schnittstellen zu Legacy-Systemen, die benötigte Hardware-Ausstattung (Hardware-Sizing) sowie die grobe Zeitplanung für die Einführung.

Eine wesentliche Grundlage für die Angebotserstellung ist die Erhebung der bestehenden baulichen und technischen Ausrüstungssituation auf dem Schiff. Dabei ist grundsätzlich zwischen der Ausrüstung eines fertigen Schiffes und der Erstinstallation auf einem im Bau befindlichen Schiff zu unterscheiden. Auf bereits in Dienst gestellten Schiffen fehlt heute noch in aller Regel die Ethernet-Verkabelung aller Kabinen. Außerdem sind bereits Fernseher in den Kabinen installiert und der Platz für die benötigten Set-Top-Boxen ist begrenzt. Der Raum für die Zentraleinheit, bestehend aus diversen Servern, Switches, Spannungsversorgung und Datensicherung ist entweder gar nicht vorhanden oder muss mit anderen Systemen geteilt werden und fällt insofern spärlich aus. Eine nachträgliche Netzwerk-Verlegung sollte nur unter wirtschaftlich sinnvollen Bedingungen erfolgen. Die Möglichkeit der Verwendung vorhandener Fernseher ist zu prüfen und es muss der Platz für alle notwendigen Komponenten identifiziert und festgelegt werden. Erst dann kann mit der eigentlichen CIN™-Spezifikation begonnen werden.

Im Falle des Schiffsneubaus ist eine möglichst frühzeitige Einbindung des CIN™-Lieferanten sinnvoll, um sowohl eine optimal auf den Einsatzweck abgestimmte Spezifikation der technischen Komponenten (z. B. für Netzwerkverkabelungen, Anbindung zu anderen Informations- und Kommunikations-Einrichtungen des Schiffes) als auch die frühzeitige Einplanung des notwendigen Raumbedarfs für Endgeräte und Server in die Ausbauplanung der Kabinen und Sozialbereiche des Schiffes mit einbeziehen zu können.

Des Weiteren ist für das Angebot bereits festzulegen, welche Prozesse an Bord des Schiffes und an Land durch das CIN™ unterstützt werden sollen. Dies spielt sowohl für die betriebswirtschaftliche Betrachtung der Einführung als auch für die Festlegung des Ausbaugrades des Systems eine gewichtige Rolle. Dabei werden grundsätzlich drei Stufen der Prozessunterstützung durch das System unterschieden:

- **Statische Information:** Das System bietet aktuelle, jedoch statische Informationen an und informiert über den Prozessablauf (z. B. aktuelles Angebot an Landausflügen in der nächsten angelaufenen Hafenstadt gepaart mit dem Hinweis, wo und wie eine Buchung möglich ist)
- **Zweiweg-Interaktion:** Das System bietet aktuelle, jedoch statische Informationen an und ermöglicht dem Passagier die Interessensbekundung (z. B. kann der Passagier eine Reservierungsanfrage für einen spezifischen Landausflug absetzen; dieser geht per E-Mail bei der Buchungsstelle ein und wird dort bearbeitet und ggf. per E-Mail beantwortet)
- **Vollständige Integration:** Das System ermöglicht dem Benutzer im Sinne eines Portals den Dialog mit dem entsprechenden Legacy-System (z. B. kann der Passagier über das CIN™ in direktem Dialog mit einem Buchungssystem das hochaktuelle Angebot an Landausflügen einsehen, die Buchungssituation jedes Ausfluges abfragen und eine Anmeldung zu einem spezifischen Angebot in Verbindung mit einer automatischen Bestätigung der Buchung vornehmen).

Das CIN™-System stellt einen Baukasten verschiedener, vorgefertigter Funktionalitäten dar. Um bereits in der ersten Phase die gewünschten Bausteine für das spezielle Projekt auswählen zu können, sollte eine möglichst konkrete Zielgruppenanalyse vorgenommen werden. Das Infotainment-Angebot sollte möglichst konkret auf die Bedürfnisse der Zielgruppe des einzelnen Schiffes zugeschnitten werden, um die Akzeptanz der Passagiere und somit den Nutzen des Systems zu maximieren. Insofern wird bereits im Rahmen der Angebotserstellung abhängig von der definierten Zielgruppe eine grobe Auswahl der CIN™-Funktionalitäten vorgenommen, um eine Grundlage für den späteren Customizing-Aufwand zu erhalten.

Ist die direkte Anbindung an Legacy-Systeme geplant, so müssen entsprechende Schnittstellen vorgesehen werden. Im Rahmen der Grobspezifikation werden die vorgesehenen Schnittstellen benannt und hinsichtlich ihres Erstellungsaufwandes abgeschätzt. Typische Systeme, an die das CIN™ angebunden werden kann, sind z. B. Buchungs- und Reservierungssysteme, Content Management-Systeme, ERP-Systeme, Mail- und Kommunikationssysteme sowie meteorologische Systeme.

Phase 2 – Vertragsverhandlungen
Die Phase der Vertragsverhandlungen ist nicht zu vernachlässigen, insbesondere wenn die zeitliche Dauer der Vertragsausarbeitungen und -abstimmungen betrachtet wird. So können sich nach zügig erfolgter Grobspezifikation und baldmöglichst erwarteter Einigung der Parteien die Vertragsverhandlungen doch noch einige Wochen hinziehen. Dies liegt an der gewissenhaften Prüfung durch die eingeschalteten Rechtsberater sowie vielfach an der Klärung der Frage nach der Verteilung der relevanten Projektrisiken zwischen den Parteien. In aller Regel wird die IDF die Projektrisiken hinsichtlich der zeitgerechten Erstellung eines betriebsbereiten Systems tragen, welches allen Anforderungen aus dem Angebot gerecht wird. Dagegen wird die Reederei zumeist alle wichtigen Komponenten, wie notwendige Hardware, Lizenzen und Rechte, erwerben und somit das Beschaffungsrisiko übernehmen. Erheblich schwieriger zu spezifizieren und daher auch wichtiger Diskussionspunkt dieser Phase ist die Klärung der Risikoträgerschaft des CIN^{TM}-Betriebsrisikos, da bei Ausfall des Systems auf einer laufenden Kreuzfahrt Schaden durch Umsatzausfall entstehen kann. Wer nach Ablauf der vereinbarten Gewährleistungsfrist für die Verfügbarkeit des Systems haftet, ist letztlich eine Frage des vereinbarten Maintenance-Modells. Wird der System-Lieferant auch mit dem Betrieb des Systems betraut, d. h. dass sich in aller Regel Mitarbeiter des Systemlieferanten ständig an Bord des Kreuzfahrtschiffes befinden, so wird das zu Grunde liegende Vertragswerk die Risiko-Übertragung an den System-Lieferanten vorsehen. Erfolgt jedoch eine formelle Abnahme des betriebsbereiten Systems an die Reederei und sind keine gravierenden Mängel aus der Phase der CIN^{TM}-Einführung für auftretende Ausfälle verantwortlich, so wird das Betriebsrisiko bei der Reederei liegen.

Darüber hinaus sind in den Kontrakten Fragen der Finanzierung, der Übertragung von Nutzungs- und Urheberrechten des Systems und Laufzeiten zu regeln. Am Ende dieser Phase steht der Abschluss von Verträgen zwischen IDF und Reederei, aus denen sich alle Rahmenbedingungen des weiteren Projektes ableiten.

Phase 3 – Grobkonzept
In der dritten Phase schließt sich die Erstellung des Grobkonzeptes für das Projekt an. Für das spezifische Projekt wird nun die Grundstruktur der Inhalte festgelegt. Dies erfolgt entlang eines zu definierenden Menübaumes, für den alle Interfaces festgelegt und beschrieben werden, die das System später besitzen wird. Die Interfaces müssen dabei klar gegliedert und einfach strukturiert sein, damit die intuitive Bedienung mittels Fernseher und Fernbedienung möglich ist. Parallel dazu werden in Absprache mit der Reederei alle Funktionalitäten des Systems festgelegt und die notwendigen Schnittstellen genau geplant und beschrieben. Ein weiterer wichtiger Meilenstein der Konzeption ist die dezidierte Zusammenstellung und Auslegung aller benötigten Hardwarekomponenten sowie die Festlegung aller Lieferanten. Diese Auswahl ist abhängig von den vorhandenen technischen Einrichtungen, den zu realisierenden Funktionalitäten und Schnittstellen sowie den Sourcing-Reglementen der jeweiligen Reederei.

Das Endprodukt der Phase ist ein mit dem Kunden abgestimmtes und verabschiedetes Grobkonzept. Nach Abschluss dieser Phase tritt ein streng reglementiertes Change-Request-Verfahren in Kraft, das die Prozesse im Falle von nachträglichen Konzeptänderungen klar organisiert.

Phase 4 – Feinkonzept

Im Rahmen der Phase 4 erfährt das projektspezifische CIN^{TM}-Konzept den notwendigen Feinschliff. Insbesondere das Navigationskonzept und das Grafik Design stellen Höhepunkte dieser Phase dar, da dem System nun ein eigenes Gesicht verliehen wird und es einzigartig erscheinen lässt. Einhergehend wird die endgültige Benutzerführung festgelegt. Hiernach lässt die Struktur, das Aussehen und die Abfolge der verschiedenen Interfaces einen schon recht guten Überblick („Look and Feel") über das zukünftige schiffseigene Infotainment-System zu.

Den wesentlichen zweiten Baustein der Feinkonzeption bildet die Einführungsplanung. Dazu gehören die zeitliche Projektierung der Umsetzung, die Erarbeitung eines Berechtigungs- und Zugangskonzeptes, die Festlegung von Testvorschriften, die Planung von Datenübernahmen aus Vor- und Altsystemen, die Schulungskonzeption für Betriebs- und Bedienpersonal sowie die spezifische Datensicherheits- und Datenschutzkonzeption.

Phase 5 – CIN^{TM}-Implementierung

Nach abgeschlossener konzeptioneller Arbeit steht die Bereitstellung des installierten betriebsfertigen Systems im Vordergrund der Phase 5.

Das Customizing des CIN™ Systems wird vorgenommen. Es wird ein komplettes CIN™ gemäß der Spezifikation erstellt, das alle vorgesehenen Funktionalitäten und Schnittstellen zu anderen System enthält.

Dieses System wird einem Abnahmeverfahren des Betreibers unterzogen, in dem alle Masken getestet und begutachtet, die Masken-Abfolge geprüft und die Inhalte beurteilt werden.

Unter Customizing wird in diesem Zusammenhang die Zusammenstellung, Anpassung und Einstellung der Standard-CIN^{TM}-Systembausteine verstanden. Dazu gehört auch die Anbindung des CIN^{TM} mit seinen verschiedenen Komponenten an die Legacy-Systeme durch die Schaffung entsprechender Schnittstellen.

Nach der Systemabnahme wird die komplette Hardware beschafft sowie die Installation auf dem Schiff vorbereitet. Nach der Installation müssen die Benutzer (Systemadministrator, Fachbereiche) des Systems geschult werden, um einen reibungslosen Systembetrieb inklusive des Updates des dynamischen Content zu gewährleisten.

Am Ende der Einführung erfolgt ein umfassender Test des Systems mit allen angebundenen Systemen. Nach erfolgreichem Abschluss des Endtests erfolgt anschließend die Übergabe an die Reederei.

3.3.2 Systembetrieb

Durch die Abhängigkeit des Erfolges des CIN^{TM} von der Attraktivität und Aktualität der Angebote kommt dem Betrieb des Systems insbesondere hinsichtlich dieser beiden Kriterien eine besondere Bedeutung zu. Darüber hinaus wird die Akzeptanz der Passagiere nur erreicht werden können, wenn eine sehr hohe Verfügbarkeit und Zuverlässigkeit des Systems sichergestellt werden kann und ein umfassender Nutzer-Support gewährleistet wird. Im Tagesgeschäft bedeutet dies, dass nicht nur aktuelle Informationen mindestens ein tägliches Update erfordern, sondern auch die technische Wartung des Systems und seiner Schnittstellen zu anderen Systemen einen kontinuierlichen Aufwand bedingen.

Ähnlich wie auf dem Festland bilden auch auf einem Kreuzfahrtschiff die Optionen des „Make" oder des „Buy" die Zweige des Astes „Organisation des Systembetriebes" auf dem Entscheidungsbaum der Reedereien. Ein stark mit Legacy-Systemen und wichtigen Prozessen integriertes CIN^{TM} nimmt gleich nach den Alarm- und Security-Systemen die wichtigste Rolle bezüglich der Interaktion mit den Passagieren an Bord ein. Das heißt, das Wohl oder Wehe des Systems hat starke Auswirkungen auf das subjektive Qualitätsempfinden des Passagiers. Ein solches System von einem Dritten betreiben zu lassen, kann Risiken in sich bergen. Daneben spricht für einen Betrieb durch den Systemlieferanten seine profunde Kenntnis der kompletten Systemarchitektur. Außerdem hat er ein offenkundiges Interesse an unverfälschten Informationen über das Verhalten des Systems in „echten" Bedingungen, um frühzeitig Weiterentwicklungsbedarfe zu erkennen. Außerdem könnte der betreibende Entwickler viel über die tatsächliche Kundenakzeptanz erfahren, so dass vereinfacht zusätzliche oder verbesserte Features in spätere Releases eingebaut werden könnten. Allerdings spricht gegen den Betrieb durch den Systemlieferanten die verstärkte Abhängigkeit der Reederei von dem Technologiepartner. Eine weitere Möglichkeit, den Betrieb zu organisieren, stellt die auf der MS Europa gewählte Variante dar: Es wird eine Arbeitsteilung in der Gestalt vorgenommen, dass die Reederei sich um den kundenkritischen Content sowie das Beschwerdemanagement bemüht, während die IDF GmbH die technische Wartung, den Support, die Datensicherung sowie die laufende Optimierung betreibt.

Je weiter man die Nutzenpotenziale des CIN^{TM} heute wie auch in Zukunft ausbauen möchte, desto mehr wird sich die bestmögliche Integration in die Prozesse an Bord als Schlüsselfaktor erweisen. Während in Zusammenhang mit Entertainment-Systemen der ersten Generationen der Begriff Betrieb aus Mangel an notwendigen Wartungs- und Supporttätigkeiten noch gar nicht artikuliert zu werden brauchte, ist der Betrieb von Systemen der letzten Generationen zunehmend mit Aufwand verbunden. Die Nutzenpotenziale, die sich durch alleiniges Substituieren der bisher üblichen Entertainment-Angebote durch ihre digitalisierten Nachfahren ergeben, können verhältnismäßig einfach realisiert werden. Dies allein rechtfertigt jedoch nicht den Einsatz komplexer Technik eines Systems der fünften Generation. Vielmehr tritt zunehmend die Potenzialausschöpfung durch Nutzung der betriebsintensiven Funktionalitäten wie Transaktionen mit Legacy-Systemen und die der Kommunikation in den Vordergrund. Jedoch wird die reibungslose und funktionierende Einbettung des Systems in die Abläufe zum Schlüsselkriterium bei der Entscheidung des Nutzers über Akzeptanz oder Ignoranz gegenüber dem Infotainment-System. So wird ein Passagier das Vertrauen in das System verlieren, wenn beispielsweise die für den Abend bereits über das CIN^{TM} bestellte Flasche Wein auf dem reservierten Tisch nicht vorzufinden ist, weil die Verbindung von Bestellvorgang im System mit der entsprechenden prozessualen Umsetzung in der Restauration nicht funktioniert.

4 Analyse und Bewertung des CIN™-Geschäftsmodells

4.1 Kundenbedürfnisse

Kreuzfahrtpassagiere sind Urlauber. Das bedeutet, dass Sie sich erholen und so viel Zeit wie irgend möglich mit den angenehmen Dingen des Lebens verbringen möchten. Beim ersten Betreten des Schiffes beginnt für den Kreuzfahrtgast in aller Regel eine vom Alltag abweichende Zeitrechnung in einer neuen und möglichst wohltuenden Umgebung. Die Oase Kreuzfahrtschiff versetzt den Passagier in eine ganz eigene Stimmungslage, die sich von der des Alltags deutlich unterscheidet. Die Angebote der Reedereien unterstützen diesen Prozess nach Kräften. So schließen sonst kontaktscheue Persönlichkeiten auf Anhieb neue Freundschaften, probieren sonst Hausmannskost bevorzugende Vertreter die höchst exotischen Speisen und Getränke an Bord und beschäftigen sich eher erzkonservative Menschen mit neuesten Technologien. Insofern bildet der Mikrokosmos Kreuzfahrtschiff die ideale Umgebung, in der den Nutzern innovative Hochtechnologie des Infotainments näher gebracht werden kann. Man nimmt sich eben eher die (Frei-)Zeit, ein unbekanntes System im Urlaub zu erkunden, als in Viertelstunden-Häppchen zwischen Büroschreibtisch und heimischer Hausarbeit.

Analysiert man die Kundenbedürfnisse von Kreuzfahrt-Urlaubern hinsichtlich der Kriterien Qualität, Zeit und Kosten, so stößt man im Hinblick auf Infotainment-Angebote auf die folgenden Begierden:

Qualitätsbedürfnisse
Infolge der Konzentration der Urlauber auf die angenehmen Dinge einer Kreuzfahrt, steht die möglichst einfache Bedienung eines Infotainment-Systems ganz oben auf der Liste der Forderungen. Nicht nur durch große Altersunterschiede der Passagiere sondern auch durch den Bedarf nach einem umfassenden Informations- und Unterhaltungsangebot gewinnt die intuitive und logische Bedienbarkeit zusätzlich an Bedeutung. Den hierdurch zu Tage tretenden Konflikt zwischen der Masse an Angebot und der einfachen und transparenten Bedienbarkeit sucht der Nutzer dadurch Herr zu werden, dass das System ihm eine personalisierte Sicht auf das Gesamtangebot ermöglichen sollte.

In Bezug auf die Unterstützung von Prozessen, wie beispielsweise die Reservierung bzw. Buchung von Landausflügen, Restaurant-Tischen oder Squash-Courts wird als angenehm empfunden, wenn der entsprechende Vorgang von Anfang bis Ende in einer Sitzung am System abgewickelt werden kann. Diese ganzheitliche Vorgangsbearbeitung sollte bei der Information über das tatsächlich verfügbare Angebot beginnen und über die Preiskalkulation bis hin zur verbindlichen Reservierung und Buchungsbestätigung reichen. Ist dies der Fall, dann kann der Passagier auch das Beschäftigungsprogramm seiner Urlaubstage besser planen. Er muss sich nicht in getrennt sequenziell ablaufenden Schritten über das Angebot informieren, eine persönliche Planung vornehmen und erst dann die Verfügbarkeit der Angebote erfragen, sondern Planung und Verfügbarkeitsprüfung können von der Kabine aus in einem Schritt erfolgen. Die Bequemlichkeit will es, dass mit einem Infotainment-Network all diese Schritte sowohl mit aller Muße unter Wahrung der Privatsphäre von der Kabine aus erfolgen können als auch von öffentlichen Terminals in allen Teilen eines Kreuzfahrtschiffes. Damit werden alle unterschiedlichen Interessen abgedeckt.

Darüber hinaus führt ein umfassendes Angebot an Informationen und die Transparenz von Abläufen insbesondere zu den Sicherheitseinrichtungen, der medizinischen Versorgung, dem Ablauf der künftigen Landausflüge, der Beschreibung von Einreiseformalitäten und dergleichen zu einem gesteigerten Sicherheitsempfinden bei den Passagieren.

Im Gegensatz zu hohem zeitlichen Vorlauf der Informationsversorgung zu bevorstehenden Ereignissen oder Veranstaltungen darf jedoch auch die Spontaneität bei den Passagieren nicht zu kurz kommen. Die Offerte von „Last-Minute-Angeboten" oder kurzfristigen Empfehlungen zu den direkt bevorstehenden Events wird daher als Komplettierung der Qualitätsanforderungen an ein Infotainment-System gesehen. So haben auch Kurzentschlossene die Möglichkeit das Infotainment-System für sich zu entdecken.

Sozusagen das Sahnehäubchen würde die aktive Einbeziehung der Passagiere in die Angebotsgestaltung während der Kreuzfahrt darstellen. Dies könnte dadurch realisiert werden, dass durch das Infotainment-System beispielsweise alternative Freizeitprogramme zur Abstimmung angeboten werden und das Gros der Wähler über die Durchführung entscheidet.

Bedürfnisse hinsichtlich persönlicher Zeitgestaltung
Um eine möglichst hohe Unabhängigkeit von Schalteröffnungs- oder Film-Vorführzeiten zu erreichen, ist die 24-stündige Verfügbarkeit des Systems ein großer Vorteil. Das bedeutet den Zugriff auf Videos, Audiotitel und Hörbücher „on Demand", d. h. zu jeder Zeit von jedem Nutzer ohne Wartezeiten. Insgesamt möchte man in seinem Urlaub möglichst wenig Zeit mit Warten verbringen. Insofern ist jede Beschleunigung eines Prozesses ein willkommener Umstand, der die Akzeptanz und die Freude im Umgang mit dem System steigert. Insofern gehören die Wartezeiten für die Buchung des nächsten Landausfluges in der Schlange vor der Rezeption mit Einführung des CIN^{TM} der Vergangenheit an.

Auch die Ganzheitlichkeit in der Bearbeitung der Vorgänge beschleunigt Abläufe für den Kreuzfahrtgast teilweise erheblich. Angebote, die bisher in einer entfernten Auslage auf irgendeinem Deck bekannt gemacht wurden sind nun für jeden Gast schnell und reibungslos in seiner Kabine zugreifbar. Bei Anfragen oder Transaktionen gibt das System online die entsprechende Rückmeldung und lässt somit keinen Zeitverzug zwischen Kundenwunsch und Verarbeitung entstehen, der beispielsweise bei Anfragen an eine Buchungsstelle und die systemseitig getrennte Bearbeitung dieser Anfrage entstehen würde.

Bedürfnisse hinsichtlich der Kostenattraktivität
Bezüglich der Kostenattraktivität werden durch das CIN^{TM} die Bedürfnisse der Passagiere hinsichtlich der Kommunikation mit der Außenwelt wesentlich besser erfüllt, als dies ohne das System der Fall wäre. Je nach Preisgestaltung der Reederei können E-Mails direkt aus der Kabine heraus komfortabel und Kosten-attraktiv versandt und auch empfangen werden. Vergleicht man dieses Angebot mit der Satelliten- oder Küstenfunk-Telefonie oder der zentralen Bereitstellung von Kommunikationsservices über die Schiffsrezeption so ergeben sich durch das CIN^{TM} teilweise erhebliche Kostenvorteile für die Nutzer.

Bei Nutzung des Entertainment-Angebotes ergeben sich ebenfalls in Abhängigkeit der Preisgestaltung des Betreibers Kostenvorteile verglichen mit den Preisen, die beispielsweise für einen Kinobesuch in einer Weltmetropole verlangt werden. Dieser Effekt multipliziert sich noch in Abhängigkeit der Anzahl der Zuseher.

Abbildung 8: Übersicht Kundenbedürfnisse der Passagiere

Zusammenfassend ist festzustellen, dass ein Infotainment-System ein Luxusartikel an Bord eines Kreuzfahrtschiffes darstellt. Insofern werden die Passagiere insbesondere hinsichtlich ihrer Qualitätsansprüche zufrieden gestellt. Darüber hinaus ist ein Infotainment-System der fünften Generation zunehmend in der Lage Nutzenpotenziale hinsichtlich der Kriterien Zeit und Kosten zu realisieren.

4.2 Marktpotenzial und Umfeldanalyse

Sowohl das Potenzial des relevanten Segmentes auf dem Kreuzfahrtschiffmarkt als auch die Konkurrenzsituation der Anbieter von Infotainment-Lösungen untereinander stellen entscheidende Parameter für den Erfolg des CIN[TM] dar.

Der Kreuzfahrtschiffmarkt ist einer der dynamischsten Segmente der Tourismusindustrie, der seit 1980 mit einer durchschnittlichen Wachstumsrate von über 8 % rund doppelt so schnell wie der gesamte Tourismusmarkt wächst.[20] Der US-amerikanische Kreuzfahrtmarkt (ca. 80 % des Weltmarktes[21]) hatte 2001 ein Volumen von geschätzten 15 Mrd. USD[22] und ca. 6,9 Mio. Passagieren. Bei mehr als 50 % handelte es sich um Neukunden.[23] Ein Großteil der Wertschöpfung wird von verwandten Wirtschaftszweigen wie Luftverkehr, weiteren Transportdienstleistungen sowie Finanzdienstleistungen erbracht.[24] Weltweit wurden 2001 ca. 10 Mio. Passagiere registriert, neben den knapp 7 Mio. US-Amerikanern auch 1 Mio. Asiaten, 800.000 Briten, 300.000 Deutsche usw.[25]

Dem überdurchschnittlichen Marktwachstum entsprechend setzen Reedereien weltweit seit mehreren Jahren auf immer weiter steigende Kapazitäten. So hat sich allein in den 90er-Jahren die Anzahl der Kreuzfahrtschiffe auf dem US-amerikanischen Markt um 13 % erhöht.[26]

Insgesamt gibt es nach neuesten Schätzungen weltweit über 250 Kreuzfahrtschiffe, wobei allerdings signifikante Unterschiede sowohl in der Schiffsgröße als auch im Umfang und der Qualität der angebotenen Dienstleistungen an Bord bestehen. Die gängigste Klassifikation unterteilt den Markt in fünf Segmente: „ultra-deluxe", „deluxe", „premier", „superior" und „standard" und ist prinzipiell deckungsgleich mit der gewohnten Sterne-Klassifikation von Hotels.

Abbildung 9 zeigt eine Aufschlüsselung der weltweit im Einsatz befindlichen Kreuzfahrtschiffe nach diesen Kategorien.

---

[20] Vgl. online ROBERTSEN (2001).
[21] Vgl. online ROBERTSEN (2001).
[22] Vgl. online CRUISEINDUSTRYNEWS (2002a).
[23] Vgl. online CRUISEINDUSTRYNEWS (2002b).
[24] Vgl. online ICCL (2002).
[25] Vgl. WARD (2002), S. 26.
[26] Vgl. online ICCL (2002).

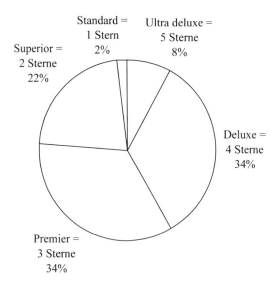

Abbildung 9: Kategorie-Aufschlüsselung Kreuzfahrtschiffe weltweit[27]

Zielmärkte des CIN^TM stellen die beiden Luxus-Kategorien „ultra-deluxe" und „deluxe" dar. Weltweit sind diesem Segment rund 110 Schiffe zuzuordnen, die von einigen wenigen global agierenden Reedereien betrieben werden.[28] Gerade diese beiden Kategorien zeichnen sich durch ein im Vergleich zum gesamten Kreuzfahrtschiffmarkt überproportionales Wachstum aus. Die Durchschnittskosten für ein Schiff belaufen sich auf mehr als 200 Mio. USD und können leicht auch doppelt so hoch ausfallen, wie neuere Bauprojekte belegen.[29] Die Gründe für stetig wachsende Neubaukosten liegen zum einen in der zunehmenden durchschnittlichen Schiffsgröße im Luxussegment und zum anderen in der noch weiter steigenden luxuriösen Ausstattung der Schiffe. Diese beiden Kostentreiber bedeuten ein erhebliches Chancenpotenzial für das CIN^TM. Einerseits ist eine Implementierung auf einem größeren Schiff aufgrund von Fixkostendegressionseffekten attraktiver, andererseits ermöglicht das System sowohl durch seinen positiven Einfluss auf die bestehende Prozessqualität als auch durch die Schaffung neuer, bis dato gänzlich unbekannten Serviceleistungen, die Ausbildung eines Differenzierungsmerkmals gegenüber den Mitbewerbern auf dem Kreuzfahrtsektor. „CIN^TM improves profitability" bildet hier den ausschlaggebenden Faktor.

Trotz des noch ungebrochenen Wachstums sind auch in dieser Branche seit einigen Jahren Konsolidierungsprozesse zu beobachten. Dies dokumentiert u. a. die zunehmende Schiffsanzahl pro Reederei. Die Folge ist, dass der Konkurrenzdruck steigt und seit geraumer Zeit herausfordernde Effektivitäts- und Effizienzziele verfolgt werden. Aufgrund des Konkurrenzdrucks und eines erwarteten Rückganges der Wachstumsraten in den kommenden Jahren ist eine nachhaltige Preisabwälzung auf den Endkunden jedoch nicht zu erwarten. Vielmehr ge-

---

[27] Schiffsanzahlen vgl. WARD (2002), S. 648 ff.
[28] Vgl. online *SEAVIEWONLINE* (2002).
[29] Vgl. WARD (2002), S. 646.

winnen in der Branche der Abbau von „distressed inventory"(schädliche Kapazitäten) sowie das „yield management" (Auslastungsmaximierung) derzeit an Bedeutung.[30] Die Preissteigerung im Kreuzfahrtmarkt ist seit den 80er Jahren im Vergleich zu den Lebenshaltungskosten sehr moderat ausgefallen.[31] Derzeit deutet nichts darauf hin, dass sich diese Situation in den nächsten Jahren verändern würde.

Die nachfolgende Abbildung 10 gewährt einen Einblick in die Strukturen der für CIN^{TM} relevanten 4- und 5-Sterne-Segmente des Kreuzfahrtschiff-Marktes. Dabei wird die geläufige Größenklassifikation der Branche zugrundegelegt, die die Schiffe in klein (bis 500 Passagiere), mittelgroß (500 bis 1.000 Passagiere) und groß (mehr als 1.000 Passagiere) unterteilt.[32]

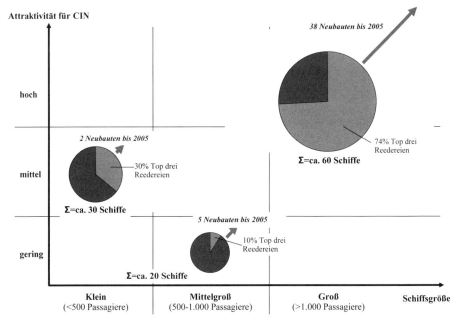

Abbildung 10: Attraktivität und Konzentrationsraten der Schiffsgrößenklassen[33]

Die großen Schiffe stellen die mit Abstand größte Gruppe im Luxussegment dar. Gleichzeitig weißt diese Größenklasse die mit Abstand höchste Anzahl von Neubauprojekten in den nächsten Jahren auf. Wegen der genannten Kostendegressionseffekte ist ebendieses Teilsegment für eine CIN^{TM} Installation am interessantesten. Ein neuer Trend unter den Reedereien macht aber auch die Installation in der Klasse der kleinen Schiffe zunehmend attraktiver. Viele dieser

---

[30] Vgl. SHOWKER/SEHLINGER (2002), S. 9.
[31] Vgl. online CRUISEINDUSTRYNEWS (2002b).
[32] Vgl. WARD (2002), S. 29 ff.
[33] Schiffsanzahlen vgl. WARD (2002), S. 648 ff.

Schiffe werden zu wahren Luxusparadiesen umgebaut,[34] die dann den besonders anspruchsvollen Passagieren zu Premium-Preisen zur Verfügung stehen. Auf diesen Schiffen spielt die Kostensituation eine weniger wichtige Rolle. Vielmehr steht im Vordergrund, möglichst eine Führungsrolle bezüglich der luxuriösen Ausstattung, der Exklusivität der angebotenen Services oder der eingesetzten Technologien auszubilden. Insofern ist trotz geringerer Kabinenanzahlen auch für diese Schiffe eine CIN™-Einführung attraktiv. Die Installation des CIN™ auf der MS Europa (450 Passagiere), dem einzigen Schiff mit dem Rating fünf Sterne plus („5+"), ist ein Beispiel für das Nutzenpotenzial des Systems für kleine Schiffe.

Die Betrachtung der Konzentrationsraten der weltweiten Top-3-Konzerne (Carnival Corp., P&O Princess und Royal Caribbean International[35]) in den 3 Teilsegmenten zeigt,[36] dass das kleine sowie verstärkt das mittelgroße Teilsegment durch eine Vielfalt von Reedereien geprägt wird. Die Top-3-Konzerne vereinigen lediglich 30 % bzw. 10 % der Schiffe auf sich. Ganz anders stellt sich jedoch die Situation im Bereich der großen Kreuzfahrtschiffe dar. Über 80 % der gegenwärtig existenten 50 Schiffe gehören zu den Marken der Top-3-Konzerne. Da in der jüngeren Vergangenheit das CIN™ bereits den Markteintritt in einen dieser Konzerne erreicht hat, bieten sich sehr gute Chancen, das System weiter auszurollen.

Angesichts der großen Absatzchancen für derartige Systeme auf dem Kreuzfahrtschiffmarkt bemühen sich neben der IDF GmbH auch noch weitere Systemanbieter um die Gunst der Reedereien. Die historischen Wurzeln dieser Unternehmen liegen allesamt in der Belieferung von Hotels mit Entertainment-Systemen begründet. Aufgrund des geringeren Evolutionsdrucks innerhalb dieses Sektors haben diese Rahmenbedingungen einerseits zu einer geringeren Systemkomplexität und andererseits zu einer eingeschränkteren Anwendungsbreite geführt.

Tabelle 2 gibt einen Überblick über die relevanten Systemanbieter. Die Systemklassifikation ist an die in Abschnitt 2.1 getroffene Unterteilung angelehnt.

---

[34] Vgl. *WARD* (2002), S. 27.
[35] Vgl. *SHOWKER/SEHLINGER* (2002), S. 9.
[36] Vgl. *WARD* (2002), S. 648 ff.

Infotainment-Anbietername	Angebot Hotel-Systeme	Angebot Schiffs-Systeme	System-Klassifikation gem. Kapitel 2.1
2M	X		3
Allin	X	X	2, 3
IDF	X	X	5
LodgeNet	X		2
Neos	X		5
NXTV	X		5
OnCommand	X		2
Otrum	X		2, 3
Pronto	X	X	5
Prodac	X	X	2, 3

Tabelle 2:   *Klassifikation der Infotainment-Systemanbieter auf dem Schiffs- und Hotelmarkt*

4.3 Strategische Erfolgsfaktoren

Die strategischen Erfolgsfaktoren des CIN^{TM} bestimmen sich in erster Linie durch den Grad der Erfüllung von Anforderungen seitens der direkten Kunden, d. h. seitens der Reedereien. Eine Entscheidung für die Einführung des CIN^{TM} wird nur derjenige Schiffsbetreiber treffen, der schlagende qualitative Argumente und einen tragfähigen Business Plan für ein solches Projekt aufgezeigt bekommt. Andererseits ist eine erfolgreiche Vermarktung des noch jungen Systems von weiteren Erfolgsfaktoren abhängig, die nicht direkt aus den Ansprüchen der Schiffsbetreiber resultieren.

Von besonderem Interesse sind stets diejenigen Erfolgsfaktoren, die die Aufwands- und Ertragssituation betreffen. Die vielfältigen Dienstleistungen, die den Passagieren mit Hilfe des CIN^{TM} angeboten werden können, stellen ein bedeutendes *Ertragspotenzial* dar. Dieses Ertragspotenzial hängt zum einen von der Art und dem Umfang der angebotenen Dienstleistungen und Informationen ab. Zum anderen sind die erzielbaren Erträge und damit auch die Amortisationsdauer des Systems stark von der Preisgestaltung für die angebotenen Dienstleistungen durch die Reederei abhängig. Verglichen mit Infotainment-Systemen niedrigerer Stufen bietet das CIN^{TM} durch die Fülle der möglichen Dienstleistungen und die optimierte Concurrency ein erheblich gesteigertes Ertragspotenzial, denn die aktuell angebotenen Leistungen erschließen bisher noch nicht gekannte Geschäftsfelder. Dies gilt insbesondere für die Möglichkeit, im Zusammenspiel mit angrenzenden Systemen Transaktionen durchzuführen und so Buchungs-, Reservierungs- oder Einkaufsprozesse zu unterstützen.

Allerdings muss bei jeder Betrachtung der durch das CIN^{TM} möglichen Erträge unterschieden werden, inwiefern es sich um zusätzliche Erträge handelt, oder um solche, die ohne das System an anderer Stelle erwirtschaftet werden (Erträge aus Substitution).

Beispiele für zusätzliche Erträge durch das CIN™	Beispiele für CIN™-Erträge mit Substitutionscharakter
▪ Video on Demand	▪ Artikelverkäufe aus Bordshops
▪ Audio on Demand	▪ Landausflug-Buchungen
▪ Hörbücher on Demand	▪ Devisen-Wechsel
▪ E-Mail	▪ Suiten-Service
▪ Internet	▪ Schuhputz-Service
▪ Messaging	▪ Wellness-Service
▪ News	▪ Veranstaltungs-Buchungen

Tabelle 3: Zusätzliche CIN™-Erträge und Erträge durch Substitution

Auf der Seite der *laufenden Aufwendungen* an Bord eines Schiffes kann das CIN™ Potenziale zur Senkung vorweisen, die aus der Unterstützung von Prozessen an Bord resultieren. Insbesondere durch die konsequente Steigerung der Automatisierung von Prozessen in Verbindung mit der Anbindung des Infotainment-Systems an Legacy-Systeme können *Abläufe beschleunigt, deren Qualität bzw. Zuverlässigkeit gesteigert sowie Personalkosten eingespart* werden. Der Erfolg der Prozessunterstützung ist jedoch stark Abhängig von der Qualität der *Integration des CIN™* in die unterstützten Prozesse. Das CIN™ bildet zwar eine einfache und effektive Schnittstelle zwischen Passagier, Personal und Legacy-Systemen. Das bedeutet aber noch nicht, dass die über diese Schnittstelle initiierten Transaktionen per se optimal abgewickelt werden. Damit die notwendige Effektivität und Effizienz tatsächlich erreicht werden kann, müssen alle angrenzenden Systeme und Teilprozesse auf die CIN™-Unterstützung ausgerichtet werden. Es muss beispielsweise gewährleistet werden, dass die Legacy-Systeme logisch richtig angebunden sind, so dass keine Inkonsistenzen zwischen unterschiedlichen Systemen entstehen können. Dieses wird durch den Einsatz des CIN™ Interface Server gewährleistet. Bei Verwendung eines anderen Legacy-Systems ist lediglich das Schnittstellenprotokoll im Interface-Server anzupassen.

Für ein System, das mit einem nicht unerheblichen Aufwand angeschafft und im Rahmen eines eigenen Projektes auf dem Schiff installiert und eingeführt wird, ist es für den Käufer wichtig, dass eine möglichst hohe *Investitionssicherheit* gegeben ist. Dadurch, dass das CIN™ auf bewährte Techniken und Standards aufbaut und auch nach Einführung noch relativ einfach skaliert werden kann, ist die Investitionssicherheit auch nach Erreichen der Amortisationsdauer positiv zu bewerten. Hinzu kommt, dass mit globalen Partnerschaften mit den führenden Film- und Musik-Produktionsgesellschaften stabile Verträge hinsichtlich der Digitalisierung von Videos und CDs bestehen. Dies sichert die Verfügbarkeit von ständig aktuellen Unterhaltungsangeboten.

Als weitere Erfolgsvoraussetzung muss das *Erwecken und Erhalten des Kundenvertrauens* in das CIN™ genannt werden. Die dominierende Altersgruppe der Passagiere von Kreuzfahrten des Luxussegmentes ist z. B. trotz Bemühungen der Reedereien immer noch die der über 60-jährigen[37]. Bei dieser Klientel ist ein erhöhter Aufwand für die Einweisung in das System und die Überzeugung bezogen auf den Nutzen der Funktionalitäten einzuplanen. Das einmal gewonnene Vertrauen darf auf keinen Fall im weiteren Verlauf der Nutzung des Systems aufs Spiel gesetzt werden. Gängige Vorurteile über die Komplikationen durch Technik können

---

[37] Vgl. TSCHEULIN (1991).

leicht geweckt werden, wenn Kundentransaktionen fehlerhaft ausgeführt werden oder das System gar nicht zur Verfügung steht. In diesem Zusammenhang wird die Bedeutung verbesserter Abläufe an Bord noch einmal deutlich. Ergänzend müssen auch adäquate Beschwerde- und Supportmöglichkeiten für unzufriedene bzw. unterstützungsbedürftige Kunden geschaffen werden. Sobald aber ein nachhaltiges Vertrauen der Passagiere gewonnen ist, können Kosten-, Qualitäts- und Zeitvorteile realisiert werden.

Ebenfalls wichtig für den Erfolg des Systems ist *Akzeptanz durch das Personal*. Wie bei jeder Automation besteht die Gefahr von Ängsten und Ressentiments. Wichtig ist, das CIN^{TM} als Komplement und nicht als Substitut zu präsentieren. Ohne Akzeptanz seitens der Besatzung wird es kaum möglich sein, das oben angesprochene Kundenvertrauen wecken und halten zu können. Schließlich sind es auch die Besatzungsmitglieder, die die Passagiere für das System gewinnen sollen.

Einen sehr wesentlichen Erfolgsfaktor für das CIN^{TM} stellt die hohe *Verfügbarkeit* des Systems dar. Die zentrale Portal- bzw. Schnittstelleneigenschaft, die das System für sich reklamiert, erfordert eine extrem hohe Betriebssicherheit. Ein Ausfall des CIN^{TM} zieht innerhalb kürzester Zeit monetäre Einbußen nach sich und beeinflusst das Vertrauen der Nutzer in das System nachhaltig negativ. D. h., dass auch nach einem Systemausfall mit eingeschränkter Nutzung und dadurch sowohl mit Ertragseinbussen als auch mit Mehrbelastungen der Crew in den sonst automatisierten Teilprozessen an Bord zu rechnen ist.

Als ebenso wichtig ist die *Datensicherheit* in Bezug auf den Erfolg des Systems einzustufen. Sollte es beispielsweise Passagieren an Bord gelingen, über das CIN^{TM} Zugang zu operativen Systemen zu erhalten, so wären die Folgen kaum absehbar. Gleiches gilt für die absolut integre Verarbeitung von Daten sowohl innerhalb des CIN^{TM} selbst als auch im Zusammenspiel mit Vorsystemen.

4.4 Nutzenpotenzialerfassung und -beurteilung im Rahmen einer Stärken-Schwächen-Analyse

Im Zusammenhang mit der Beurteilung des Nutzenpotenzials, welches durch eine CIN^{TM}-Installation auf einem Kreuzfahrtschiff erschlossen werden kann, muss neben der rein monetären Untersuchung im Rahmen einer Business Case-Betrachtung auch auf die Stärken und Schwächen des Systems fokussiert werden.

Stärken
Der wesentliche Unterschied des CIN^{TM} im Vergleich zu Infotainment-Systemen geringerer Entwicklungsstufen besteht in der *Überwindung bisheriger technischer Restriktionen*. Infolge der integrierten Digitalisierung der Inhalte des CIN^{TM} und die Verwendung von allgemein verbreiteter Netzwerk-Technologien erschließt das System quasi unendliche Möglichkeiten sowie fast unbegrenzte Umfänge an Dienstleistungsangeboten. Die Grenzen des Systems liegen lediglich in der Skalierung der Hardware-Bausteine und nicht mehr in der Übertragungstechnik.

Bei aller Innovativität der verwendeten Technologien wurde penibel darauf geachtet, dass weitgehend nur *gebräuchliche technische Standards* Verwendung finden und die *Integration in bestehende Systemwelten möglich* ist. Das System ist *skalierbar* und kann auch nach Erstinstallation mit den Anforderungen „mitwachsen".

Erst durch diesen Technologie-Sprung ist eine praxistaugliche *Integration von Informations- und Entertainment-Angeboten mit zusätzlichen Transaktionsmöglichkeiten* zur Unterstützung von Prozessen an Bord möglich. So wird der „intelligente Fernseher" in der Kabine zum Portal zu zahlreichen Dienstleistungen und Vorsystemen.

Eine entscheidende Stärke des Systems ist der *modulare Aufbau* des CIN^{TM}. Je nach Zielsetzung des Einsatzes auf dem jeweiligen Schiff kann aus einem Baukasten vorgefertigter Funktionsumfänge ausgewählt werden. Dies ermöglicht die Ausgestaltung des Infotainments als Dienstleistungstool ohne den kommerziellen Aspekt in den Forderungund zu rücken. Als Beispiel hierfür gilt der Einsatz auf der MS Europa, wo der weitaus überwiegende Anteil der CIN^{TM}-Dienstleistungen den Passagieren kostenlos zur Verfügung gestellt wird. Standardmäßig wird das CIN^{TM} jedoch in Richtung der weitgehenden Ausschöpfung seines Ertragspotenzials ausgerichtet, indem transaktionale Komponenten sowie das Entertainment-Angebot des Systems in den Vordergrund gerückt werden und das Angebot an Informationen eher als untergeordneter Zusatz ausgebildet wird.

Steht eher der kommerzielle Aspekt des Systems im Vordergrund, so spielen zwei weitere Stärken des Systems eine Rolle: Um den Nutzer möglichst individuell anzusprechen und auf seine Interessen abgestimmte Angebote prioritär anzubieten, kann durch das System zukünftig das *Navigations- und Entscheidungsverhalten des Passagiers analysiert* und daraufhin die *Inhalte personifiziert* werden. In der Folge erlebt der User eine auf seine Vorlieben abgestimmte Navigation und wird konsequent auf diejenigen Inhalte konzentriert, die seinen Interessen entsprechen. Als Ergebnis wird eine *gesteigerte Kundenzufriedenheit und -bindung* angestrebt.

Die wohl überzeugendste Stärke des Systems besteht jedoch in der Möglichkeit, *Prozesse zu automatisieren*, die bisher zu Wartezeiten und seitens der Reedereien zu verstärktem Personaleinsatz geführt haben. Als wesentliche Beispiele seien die Buchung von Services oder Veranstaltungen und die Reservierung von Ausflügen genannt. Sofern eine konsequente Nutzung dieser Möglichkeiten erfolgt, können hierdurch ggf. *Kostensenkungen* erreicht werden.

Bei aller Funktionsvielfalt stellt die *einfache Bedienbarkeit* des Systems eine weitere wichtige Stärke des Systems dar. Lediglich mit Hilfe von Fernseher und handelsüblicher Fernbedienung ist der Großteil des Angebotes nutzbar. Lediglich zur textuellen Kommunikation mit dem System ist die Hinzunahme einer Funk-Tastatur notwendig.

Schwächen
Durch das recht umfangreiche Funktionsangebot und die Überwindung der technischen Restriktionen ist eine sehr *umfangreiche und vielfältige Systemarchitektur* entstanden. Für die Einrichtung und den Betrieb des Systems bedarf es daher ausgewiesener Fachleute und ist mit einem *deutlich gesteigerten Aufwand* gegenüber bisherigen Infotainment-Systemen verbunden. Zwar ist heute eine Einführung des Systems in etwa neun Monaten möglich. Gegenüber Systemen niedrigerer Stufe bedeutet dies jedoch einen gesteigerten Zeitbedarf. Darüber hinaus erfordert die Anbindung an Legacy-Systeme ein äußerst qualifiziertes Team, das sowohl den Aufbau des Systems selbst als auch die Einbindung in die bestehende Systemlandschaft zuverlässig sicherstellen kann. Ebenso ist der Betrieb eines Systems von der Komplexität des CIN^{TM} mit einem hohen Aufwand und gesteigerten Anforderungen an das Betriebspersonal verbunden.

Ist die Ausnutzung aller Stärken des CIN^{TM} angestrebt, so erfordern gerade die anspruchsvollsten Funktionalitäten einen hohen Aufwand zur Realisierung und Pflege. Hierzu gehören beispielsweise die Auswertung des Kundenverhaltens und die Personalisierung der Inhalte. Das Resultat des genannten gesteigerten Aufwandes für Planung, Einführung und Betrieb sind vergleichsweise *hohe Anschaffungs- und Betriebskosten*.

Die *Angebotsvielfalt*, die einerseits eine Stärke des Systems darstellt, kann jedoch auch zu einer Schwäche avancieren, wenn sich die Nutzer überfordert fühlen und mangels geeigneter Strukturierung des Content oder durch unzureichende Navigationsmöglichkeiten den Überblick verlieren.

Stärken	Schwächen
+ Zusätzliche Ertragsquelle	− Hohe Anschaffungskosten, jedoch kurze Amortisationsdauer
+ Überwindung bisheriger technischer Restriktionen	− Hoher Einführungsaufwand
+ Umfassendes Angebot ohne technische Limitierungen	− Vielfältige System-Architektur
+ Integration von Entertainment, Information und Transaktionen (Prozessunterstützung)	− Hoher Betriebsaufwand
+ Skalierbarkeit und Anpassbarkeit an verschiedene Umgebungs-Techniken	− Hoher Aufwand zur Ausnutzung aller Vorteile notwendig
+ Offene Architektur basierend auf bewährten Standards	− Ggf. den Nutzer abschreckende Angebotsvielfalt
+ Erkenntnisse über Kundenbedürfnisse	
+ Personifiziertes Angebot	
+ Gesteigerte Kundenbindung	
+ Beschleunigung von Abläufen	
+ Kostenreduktion durch gesteigerten Automatisierungsgrad	
+ Investitionssicherheit u.a. durch Verträge mit Warner Brothers etc.	
+ Einfachste Bedienbarkeit	
+ Ansprechendes Design unter Verwendung der Corporate Identity der jeweiligen Reederei	

Abbildung 11:   Stärken und Schwächen des CIN^{TM}

Neben der Betrachtung der Stärken und Schwächen des Systems ist für die Prüfung jedes einzelnen CIN^{TM}-Einführungsprojektes die Erstellung eines individuellen Business-Planes notwendig. Der wirtschaftliche Erfolg jeder einzelnen Systeminstallation hängt von der Art und dem Umfang des Angebotes sowie von der Preisgestaltung für die einzelnen Dienstleistungen des CIN^{TM} abhängig. Um eine fundierte Aussage über die monetären Rahmenbedingungen eines spezifischen Projektes tätigen zu können, ist die spezifische Betrachtung mit Hilfe des Opportunity Asessment-Toolkits der ESPRiT Consulting AG anzuraten. Dieses Toolkit kann Annahmen zu allen wesentlichen technischen, betriebswirtschaftlichen und marktbedingten Einflussgrößen eines CIN^{TM}-Projektes in die Betrachtung mit einbeziehen und fördert die eindeutige Nachvollziehbarkeit der Ergebnisse durch eine strukturierte Dokumentation. Durch die Möglichkeit, mit dem Werkzeug dynamische As-if-Analysen durchführen zu können, können die Auswirkungen der Veränderung einzelner Einflussfaktoren auf die wesentlichen Beurteilungsgrößen simuliert werden.

5 Zusammenfassung

Mit dem Communication Infotainment Network^{TM} hat die IDF GmbH aus Hamburg in jahrelanger Entwicklungsarbeit ein System geschaffen, das heute den Stand der Technik im Infotainment-Markt auf Luxus-Kreuzfahrtschiffen und in Luxus-Hotels weltweit markiert. Es zeichnet sich durch eine sehr einfache Bedienbarkeit aus, die aus der Verwendung von Standard-Hotel-Fernsehern in Verbindung mit der zugehörigen Standard-Fernbedienung als Frontend zum Nutzer resultiert. Lediglich mit Hilfe weniger Tasten kann der Passagier nach kurzer Eingewöhnungszeit durch das vielfältige Angebot navigieren. Insofern stellt das CIN^{TM} eine der (noch) wenigen echten T-Business-Anwendungen dar, die sich in der Praxis bereits bewähren konnten.

Das CIN^{TM} bildet den vorerst letzten Meilenstein in der Entwicklung von Infotainment-Systemen. Es gehört zu der Stufe derjenigen Systeme, die auf der sog. integrierten Digitalisierung jeglicher Inhalte basiert. Das bedeutet, dass auf alle Inhalte kurzfristig und vollautomatisch zu jeder Zeit zugegriffen werden kann. In Verbindung mit bewährten LAN-Technologien als der zeitgemäßen Art der Datenübertragung und der damit verbundenen Aufhebung von eingeschränkt zur Verfügung stehenden Kanal-Anzahlen, wird erstmals umfassende Unterhaltung auf Abruf (Entertainment on Demand) möglich. Darüber hinaus ist eine ansprechende und zeitgemäße Aufbereitung der Inhalte inklusive der Unterstützung durch Graphiken, Animationen und Videoclips möglich und trägt zur Kundenakzeptanz bei.

Basierend auf bewährten Technologien wird das CIN^{TM} an bestehende Systeme an Bord eines Kreuzfahrtschiffes angebunden, um dem Passagier umfassende Informationen und weitreichende Transaktionen zu ermöglichen. Die hierfür notwendige Architektur sowie die damit verbundene Pflege des Systems sind vergleichbar mit einer zentralen Unternehmens-EDV. Für den Passagier bedeutet diese Prozessunterstützung die Möglichkeit der ganzheitlichen Abarbeitung von Vorgängen, wie etwa die Buchung eines Landausfluges.

In der derzeitigen Ausprägung stellt das CIN™ unter den auf Kreuzfahrtschiffen anzutreffenden Infotainment-Systemen das technisch und funktional führende System dar. Dadurch, dass bereits der Markteintritt bei einem der Top-3-Reederei-Konzerne vertraglich vereinbart wurde, sind die Marktchancen für das Communication Infotainment Network™ als positiv zu bezeichnen.

Quellenverzeichnis

CRUISEINDUSTRYNEWS (2002): 2002 Cruise Industry News Annual, online: http://www.Cruiseindustrynews.com/annual.html, Abruf: 9.4.2002.

CRUISEINDUSTRYNEWS (2002): Industry Forecast, online: http://www.cruiseindustrynews.com/news_industryforcast.html, Stand: 3.2002, Abruf: 14.5.2002.

DUDEN (2001): Wörterbuch der New Economy, Mannheim/Leipzig/Wien/Zürich 2001.

E-ORACLE BUSINESS NEWS (2000): Multimedia Netzwerk auf hoher See 01/2000.

ICCL (2002): Cruise Industry Economic Impact Tops $15Mrd. in U.S., online: http://www.iccl.org/pressroom/press39.htm, Stand: 19.8.2000, Abruf: 16.4.2002

IDF (2002): CIN-Tour – IDF GmbH, online: http://www.idf.de/de/produkte/cin_tour.htm, Abruf: 21.5.2002

INTRINET (2001): Verkabelt ins Netz, online: http://www.intrinet.de1/20011103/co61087 9.ha tm, Stand: 3.11.2001, Abruf: 21.5.2002.

KARRLEIN, W. (2002): Vor dem Aufbruch in das Mobile-Business-Zeitalter – Erfahrungen aus dem E-Business und Standortbestimmung, in: Competence Site, online: http://www.competenceste.de/mbusiness.nsf/7D0EB1452AAF92C1C1256AB70035D0B4/$File/aufbruch.pdf, Stand: 22.01.2002, Abruf: 21.5.2002.

KEUPER, F. (2001): Strategisches Management, 1. Auflage, München/Wien 2001.

LINKE, C. (2001): Surfen auf hoher See, Hamburger Abendblatt vom 21.10.2001.

MÖLLER, H.-J. (2002): Communication Infotainment Network CIN™ White Paper, Hamburg 2002.

MUMMERT + PARTNER UNTERNEHMENSBERATUNG AG (2001): Deutschland hinkt beim interaktiven Fernsehen drei Jahre hinterher, online: http://www.mummert.de/deutschpress/a_press_info/012008.html, Stand: 20.8.2001, Abruf: 16.4.2002.

NETWORKWORLD (2001): "CIN" - das Informationsnetzwerk an Bord, online: http://www.networkworld.de/artikel/index.cfm?id=54660&pageid=0&pageart=detail, Stand: 22.1.2001, Abruf: 28.5.2002.

ROBERTSEN, G. (2001): Kreuzfahrttourismus, in: Lighthouse Foundation, online: http://www.lighthouse-foundation.org/lighthouse-foundation.org/forum/artikel00311.html, Abruf: 21.5.2002.

SEAVIEWONLINE (2002): Ship Categories, online: http://www.seaview.co.uk/shipratings/index.html, Abruf: 27.5.2002.

SHOWKER, K. / SEHLINGER B. (2002): The Unofficial Guide to Cruises 2002, Hungry Minds, New York 2002.

TSCHEULIN, D. K. (1991): Die Motive für die Buchung einer Kreuzfahrt im Wandel zwischen Heute und Morgen, in: Touristik Aktuell, Kreuzfahrt special, Nr. 16/1991.

WARD, D. (2002): Berlitz Complete Guide to Cruising & Cruising Ships 2002, Princeton London 2002.

ZILLICH, CHR. / REDER, B. (2001): Video on Demand auf hoher See, in: NetworkWorld, online: http://www.networkworld.de/artikel/index.cfm?id=54758&pageid=0&pageart=de tail, Stand: 22.1.2001, Abruf: 28.5.2002

Teil IV:

E-Business, M-Business und T-Business – konvergierende Erlebniswelten

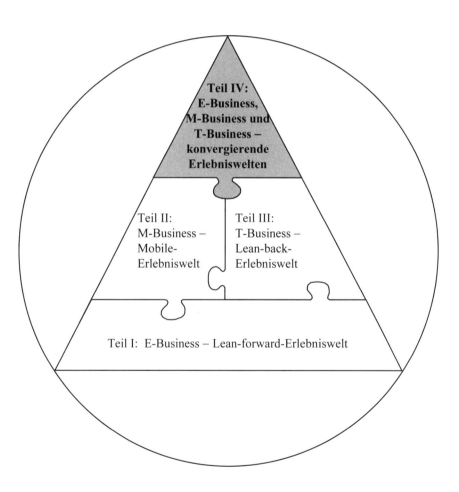

Realität im Netz – vernetzte Realität

GOETZ ERHARDT und MICHAEL VON ROEDER

ACCENTURE

1	Ubiquitous Computing: Wie alles anfing	245
2	Ein allumfassendes Netz	245
3	Allgegenwart von Kommunikation	247
	3.1 Nahtlose Übergänge	248
	3.2 Was ist der Nutzen von interaktiven Diensten?	249
	3.3 Der Datenschatten der Realität	250
4	Der neue Kommunikations- und Datenraum	251
Quellenverzeichnis		253

1 Ubiquitous Computing: Wie alles anfing

Zwei Jahre hatte seine Entwicklung gedauert, gesponsert wurde er mit 500.000 Dollar von der US-Army. Dann endlich, im November 1945, konnten JOHN PRESPER ECKERT und JOHN MAUCHLY „ihren" ENIAC vorstellen, den ersten Elektronenrechner der Welt.[1] Der „Electronic Numerical Integrator and Computer" war zu einem wahren Monstrum geraten, das einen 170 Quadratmeter großen Raum der Moore School an der University of Pennsylvania füllte, rund 30 Tonnen schwer, bestückt mit 17.468 Vakuumröhren.

Kein Wunder, dass angesichts dieser Größe selbst Experten an die Einmaligkeit solcher „Elektronengehirne" glaubten. So war der damalige IBM-Chef THOMAS WATSON davon überzeugt, man brauche auf der ganzen Welt nicht mehr als fünf Computer – eine Einschätzung, die uns heute amüsiert und nachsichtig lächeln lässt. Das US-amerikanische Wissenschaftsmagazin „Popular Mechanics" lag mit seiner Prophezeiung nur wenige Jahre später schon näher an der Realität, als es schrieb, „Computer der Zukunft werden nicht mehr als eineinhalb Tonnen wiegen".

Recht hatten die weitsichtigen Autoren, schließlich sind Computer inzwischen wahre Rechnerzwerge und so winzig, dass wir kaum mehr Notiz von ihnen nehmen. Sie stecken beinahe überall: in Uhren, Eierkochern und Taschenrechnern, in CD-Playern, Fernsehern und Handys, in Registrierkassen, Garagentoren und Rasenmähern. Schon ein einfacher Mittelklassewagen hat ein rundes Dutzend Rechner an Bord, die modernen Top-Limousinen sind inzwischen gar mehr Computer als Auto und mit weit mehr Elektronik ausgestattet als die Apollo-Rakete, die 1969 Neil Armstrong als ersten Menschen auf den Mond brachte.

In den Szenarien der IT-Visionäre stehen wir damit jedoch erst am Beginn einer neuen Entwicklung. Die Miniaturisierung der Chips ist noch nicht am Ende, gleichzeitig werden die Leistungen der Herzstücke aller Rechner weiter rasant wachsen. Es scheint, als habe „Moore's Law" noch eine Weile Bestand – GORDON MOORE, einer der späteren Intel-Gründer, hatte 1964 behauptet, die Zahl der Transistoren in einem Prozessor würde sich alle 24 Monate verdoppeln. Tatsächlich hat sich der Zeitraum auf etwa 18 Monate eingependelt. Und da Silizium, das grau glänzende Gold des digitalen Zeitalters, im Überfluss vorhanden ist, darf man davon ausgehen, dass die Chips künftig auch noch deutlich billiger werden (oder – was auf dasselbe hinaus läuft – bei gleichbleibenden Kosten immer größere Leistungen bringen). ANDY GROVE dürfte mit seiner Prognose also recht behalten: „In Zukunft", erwartet GROVE, ebenfalls Intel-Gründer, „wird Rechenleistung praktisch umsonst und unbegrenzt sein".

2 Ein allumfassendes Netz

Es sind nicht die winzigen und leistungsstarken Rechner allein, die uns künftig umgeben werden, sondern es ist die Vernetzung der Rechner und damit der Gegenstände, in die sie integriert sind (Abbildung 1). Die kurze Formel der Futuristen: Alles wird mit allem vernetzt

---

[1] Vgl. WEIK (1961).

sein. Es geht dabei um die Verschmelzung des Datenraums mit leistungsfähigeren Breitband- und Funktechnologien. Aus diesen Elementen soll ein allgegenwärtiges Immer-an-Netz ohne die Qual der Einwahl entstehen, das Evernet. Das bedeutet: Anders als in den Anfängen der Computertechnik – als der Rechner (etwa wie ENIAC) der ausschließliche Leistungsträger war – rückt zunehmend das Netz als eine „unabhängige, dauerhafte Existenz", so FRIEDEMANN MATTERN, Professor am Institut für Informationssysteme an der Eidgenössischen Technischen Hochschule in Zürich, in den Mittelpunkt der Kommunikation.[2]

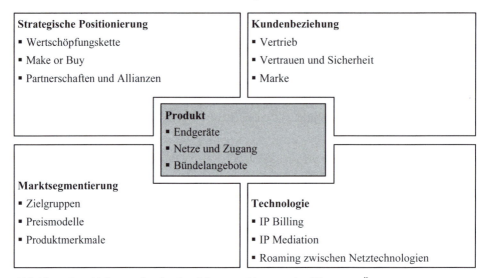

Abbildung 1: Faktoren für die Produktentwicklung in der Ubicomp-Ära

Der eigentliche Nutzen liegt fortan nicht mehr in der Datenverarbeitung, sondern im schnellen Datenaustausch – „anytime und anywhere" oder, wie es FRIEDEMANN MATTERN ausdrückt; „sofort, überall und zu allem" (ibid.). Der gute alte PC rückt weiter in den Hintergrund, den Zugang ins Netz verschaffen uns dann eine Vielzahl mobiler Geräte und Rechner, die wir zum Teil gar nicht mehr wahrnehmen. Der visionäre MARK WEISER, leitender Wissenschaftler am Palo Alto Research Center von Xerox, gab diesem „allgegenwärtigen Computing" schon 1991 die inzwischen zum Standard gewordene Definition: „Ubiquitous Computing hat zum Ziel, die Benutzung von Computern zu vergrößern, indem viele Computer in der realen Umgebung verfügbar sind, die jedoch vom Benutzer nicht wahrgenommen werden"[3].

MARK WEISER vertrat den Standpunkt, der Rechner sollte in den Hintergrund treten, denn die Technik sei reines Mittel zum Zweck. Der 1999 verstorbene Wissenschaftler beschreibt „Ubicomp" auch als die Post-PC-Ära der Informations- und Kommunikationstechnologien mit ihren besonderen Nutzermerkmalen:

---

[2] Vgl. MATTERN (2001a).
[3] WEISER (1991), WEISER (1993).

- In der Mainframe-Ära kamen auf einen Computer viele Anwender
- In der PC-Ära kommt auf einen Computer nur ein Anwender
- In der Ubicomp-Ära kommen auf einen Anwender viele Computer

Das Internet hat eines der Grundprobleme beim Ubiquitous Computing gelöst, denn mit Hilfe von offenen Standards können alle Computer miteinander kommunizieren. Hierbei geht es weniger um Technologie als um den Siegeszug dieser Standards, die gemäß „Metcalfes Law" die Kosten für die Vernetzung gesenkt und gleichzeitig den Wert des Netzes erhöht haben.

ROBERT METCALFE, Gründer von 3Com und Erfinder des Ethernet, beobachtete, dass neue Technologien nur dann von Wert sind, wenn sie von vielen Menschen benutzt werden. Genauer gesagt, der Nutzen eines Netzwerks entspricht dem Quadrat der Anzahl der Nutzer dieses Netzwerks, eine Funktion die eben bekannt ist als Metcalfes Law. Nehmen wir als ein einfaches Beispiel das Telefon: Ein einzelnes Telefon ist nutzlos, wenige Telefone haben auch nur einen begrenzten Nutzen. Aber Millionen von Telefonen ergeben ein sehr nützliches Netzwerk zur Kommunikation. Dies mag auch den Siegeszug der GSM-Technologie erklären, denn durch diese wurde es erstmals möglich, länder- und anbieterübergreifend drahtlos zu kommunizieren. Wenn die allgegenwärtigen Rechner problemlos miteinander kommunizieren können, entfalten sie einen exponentiell steigenden Nutzen. Metcalfes Law ist das für Netzwerke was Moores Law für Computer ist.

3 Allgegenwart von Kommunikation

FRIEDEMANN MATTERN trifft eine weitere Abgrenzung der verschiedenen Zeitstufen der Computertechnologie und des Internet:[4] In den 70er Jahren sei das Internet vor allem ein Experimentier- und Forschungsnetz gewesen. In den 80er Jahren sei es vor allem von der Wissenschaft zunehmend als Kommunikationsmedium von Mensch zu Mensch genutzt worden. Während der 90er Jahre habe sich dann die nächste Kommunikationsstruktur entwickelt – der Dialog zwischen dem Menschen auf der einen und der Maschine (den Rechnern) auf der anderen Seite. Auf der nächsten Stufe, also im Zeitalter des Ubiquitous Computing, werde das Netz vor allem durch den Dialog von Maschine zu Maschine genutzt.

In der „intelligenten Omnipräsenz der Informationsverarbeitung", so BERND SKIERA, BWL-Professor an der Universität Frankfurt, wird der Mensch-Maschine-Dialog ersetzt durch den Dialog Maschine zu Maschine.[5] Ein Beispiel: Über sein Notebook hat der Vertriebsleiter eines Unternehmens im Dialog Mensch-Maschine die Absatzdaten aller Produkte in Echtzeit verfügbar; in der nächsten Stufe des Maschine-Maschine-Dialogs gehen die komplexen Daten automatisch und direkt in die Steuerung der Produktion und der Distribution.

Allerdings: Von einem mobilen, zugleich auch schnellen und leistungsstarken Zugang zum Netz im Sinne der Definition von MARK WEISER sind wir derzeit noch weit entfernt. Der An-

---

[4] Vgl. MATTERN (2001a).
[5] Vgl. PFAFF/SKIERA (2002).

fang ist mit der Mobiltelefonie der zweiten Generation gemacht, in Europa mit dem WAP-Standard, in Japan mit dem i-mode-System. Noch ist der Zugang ins Internet via Handy nur eingeschränkt möglich, doch künftige Generationen von Smartphones mit großem Display, einer Kamera und einem Spracherkennungsprogramm und vor allem die neue Trägertechnologie (UMTS) sollen schon in den nächsten Jahren einen sehr viel komfortableren und schnelleren Web-Zugriff ermöglichen. In dem Netzwerk der allgegenwärtigen Rechner in unserer Umgebung und zahlloser Sensoren, die ihnen die Daten liefern, werden PDAs – Personal Digital Assistants – und andere Internet Appliances an den Schnittstellen ähnliche (eingeschränkte und erweiterte) Funktionen übernehmen. Handys und internetfähige Devices dienen gleichzeitig als mobile Server im Internet. Über den Mobilfunk können die Geräte nicht nur lokalisiert werden, sondern können auch Daten an ihre Nutzer übermittelt werden, ganz gleich, wo sich diese befinden.

3.1 Nahtlose Übergänge

Gleichzeitig wird das Netzwerk der in die zahlreichen Gegenstände um uns herum eingebauten Computer immer enger geknüpft und den spezifischen örtlichen Gegebenheiten und Anforderungen angepasst. Im Nahbereich, wo (drahtlose) Übertragungswege von weniger als zehn Metern überbrückt werden müssen, können mobile Netzwerktechnologien wie „Bluetooth" den Datentransfer zwischen den verschiedenen Geräten übernehmen – etwa in der digitalen Infrastruktur bei uns zu Hause. In anderen Umgebungen – ob auf öffentlichen Plätzen, auf Flughäfen und Bahnhöfen, in Büros, Fabriken oder Hotels – werden andere technische Netzwerke den drahtlosen Datenaustausch besorgen, wie etwa WLAN (Wireless Local Area Network). Aus den lokal begrenzten Netzwerken gelangen die Daten in die öffentlichen übergeordneten Netze (Mobilfunk, Glasfaser, Satelliten), die sie bis in den letzen Winkel der Welt tragen.

Neben der Einführung dieser neuen Technologien spielt das problemlose Roaming zwischen den verschiedenen Technologien eine große Rolle auf dem Weg zum Evernet. So wie wir heute, ohne es zu merken, mit unserem Handy im Ausland roamen, also ein fremdes Netz nutzen, wird es in Zukunft möglich sein, zwischen dem Personal Area Network (PAN) auf Bluetooth Basis, dem drahtlosen Local Area Network (WLAN) auf IEEE 802.11 Basis und dem drahtlosen Wide Area Network (WAN) auf GPRS/UMTS Basis zu roamen. Damit haben wir immer und überall den günstigsten drahtlosen Zugriff auf die Netzressourcen bei gleichzeitig höchstmöglicher Bandbreite.

Sendet die Heizung daheim an die digitale Umgebung die Nachricht: „Achtung, der Ölvorrat geht zu Ende", läuft künftig alles automatisch ab: Das Temperaturmanagement im Haus hat längst die Daten des Wetterdienstes ausgewertet und weiß, dass es in den nächsten Tagen kalt werden wird. Via Internet geht unverzüglich die Order an den Ölhändler, umgehend den Tank aufzufüllen (zumal die heimischen Rechner auch über die steigenden Ölpreise an den Spotmärkten im Bilde sind). Selbstverständlich gehen all diese Daten via Web auch an den Hausbesitzer, selbst wenn der gerade am Mittelmeer im Urlaub weilt. Der könnte sich dort die Programmierung seiner Heizung ansehen und – mit seinem Handy via Internet – die Temperatur in den eigenen vier Wänden vorübergehend um zwei Grad drosseln. Ob der Hausbesitzer hierbei im Hotelzimmer sitzt und via Bluetooth an das Hotelnetz gekoppelt ist, am hoteleigenen Strand per WLAN auf das Hotelnetz zugreift oder, ob er von unterwegs mit

GPRS vernetzt ist, spielt hierbei keine für ihn Rolle. Dank Roaming zwischen den verschiedenen Zugangstechnologien verhält sich sein Endgerät immer gleich.

3.2 Was ist der Nutzen von interaktiven Diensten?

Das Beispiel zeigt, dass die Reaktion auf Informationen an jedem Ort erfolgen kann und der Empfänger der Informationen darauf aktiv oder passiv reagieren kann. Worin liegen die Vorteile, von seinem Ferienort am Mittelmeer die Programmierung seiner Heizung ändern zu können? Oder was bringt es, wenn der in diesem Zusammenhang oft bemühte (selbstverständlich rundum vernetzte) Kühlschrank automatisch die Bestellungen beim Lebensmittelhändler besorgt, sobald sich die Vorräte dem Ende neigen. *ROBERT W. LUCKY*, Corporate Vice President of Applied Research der Telcordia Technologies, hat sich in einem amüsanten, aber durchaus ernst zu nehmenden Beitrag[6] darüber seine Gedanken gemacht, wie Ubicomp aussehen könnte, wenn sein vernetzter Toaster erst seine eigene Webseite hat und durchs Internet surft, immer auf der Suche nach Tipps, wie er Brot noch besser rösten könnte. Oder wenn sich der Wäschetrockner fortwährend neue Trocknersoftware aus dem Netz herunter lädt und der Knopf an der Haustür jeden Besucher registriert und dessen (gespeicherten) Gewohnheiten und Bedürfnisse an die Geräte der häuslichen Umgebung meldet, etwa an die Kaffeemaschine, die fünf Minuten später automatisch den doppelten Espresso mit drei Stück Zucker bereit hält.

In dieser Ausprägung ist Ubiquitous Computing noch eine Vision, wenn auch eine durchaus realisierbare. Bis tatsächlich die Allerweltsgegenstände um uns herum kommunizieren, dürften noch einige Jahre vergehen. Weit realistischer und zeitnaher sind dagegen die Möglichkeiten des Ubicomp, die häufig mit dem Begriff „Pervasive Computing" beschrieben werden und im E-Commerce auf Basis der derzeit allgemein verfügbaren mobilen Geräte und Kommunikationskonzepte bereits praktiziert werden. Eines der führenden Zementunternehmen in den USA macht es vor: Jedes Fahrzeug des Unternehmens ist mit einem Computer und einem GPS-Navi-gationssytem ausgestattet. Das hochpräzise, satellitengestützte Global Positioning System liefert fortwährend den genauen Standort, die Geschwindigkeit und die Fahrtrichtung der LKWs an die Zentrale, der Computer den Ladestatus. Sobald ein neuer Auftrag hereinkommt, kann der Dispatcher die LKWs optimal einsetzen und ordert das Fahrzeug, das sich am nächsten zum Lieferort befindet, zur nächstgelegenen Fabrik. Die Fabrik bekommt gleichzeitig den Produktionsauftrag – ladefertig zum berechneten Ankunftszeitpunkt des LKWs.

Die Vorteile für das Zementunternehmen: Es kann seine Produktion dynamisch der Auftragslage anpassen, es kann seine Fahrzeuge optimal einsetzen und den Lieferzeitpunkt sehr genau vorhersagen – das Zeitfenster konnte von drei Stunden auf 20 Minuten reduziert werden. Das Ergebnis: Obgleich das Geschäft wächst, setzt das Unternehmen 35% weniger LKWs ein und spart Kosten für Sprit und Wartung der Fahrzeuge. Die Investition in das System macht sich bezahlt.

---

[6] Vgl. *LUCKY* (1999).

3.3 Der Datenschatten der Realität

Das Beispiel zeigt einen weiteren, entscheidenden Unterschied zwischen dem herkömmlichen und dem Ubiquitous Computing. Während bislang auf unseren Rechnern die reale Welt als eine generierte, virtuelle Welt dargestellt wird, so wird im Ubicomp mit der enormen Datenvielfalt und Datenverfügbarkeit die reale Welt dargestellt, genauer: der „Datenschatten" der realen Welt.

Es sind vor allem drei Datengruppen, die im künftigen E-Commerce diese „Reality Online" abbilden werden:

- Observations-Daten, die Informationen über jedes Objekt an jedem Ort liefern – was es gerade tut, in welchen Zustand und in welchem Status es sich befindet.
- Personendaten über Mitarbeiter, Partner und Kunden, die – mit Erlaubnis der Betroffenen – Informationen beispielsweise über Kontaktpräferenzen und Hintergrundprofile, über Kleidungsgrößen und Urlaubsziele, über Lese- und Fernsehgewohnheiten und über den Gesundheitszustand liefern.
- Business-Prozessdaten, die den Unternehmen ein präzises Abbild seiner Wertschöpfungsnetze und vom Lebenszyklus ihrer Produkte liefern können.

Fachleute wie GEORG SCHNEIDER, Professor für Design und Informatik an der Fachhochschule Trier, sehen die zeitnahen Potenziale dieser realen Abbildung im Bereich der Finanzdienstleistungen (mobiles Bezahlen), der Informationsdienstleistungen (Politik, Sport), in der Unterhaltung (Musik, Videos, Quiz, Spiele), beim Shopping (Einkaufen und Preisvergleiche) und Lernen – beispielsweise Bildungsangebote für Pendler, Lernen vor Ort, Edutainment, geführte Exkursion.[7]

Im Bereich der Gesundheits- und Wellnessdienstleistungen dürfte sich künftig das Wearable Computing durchsetzen. In dieser Ausprägung des Ubiquitous Computing werden die Sensoren und Rechner unmittelbar am Körper getragen. Die ersten Kleidungsstücke mit integrierten Chips sind inzwischen auf dem Markt, beispielsweise „Surfer-Jacken" mit eingebautem Mobiltelefon, Kontrollbildschirm am Arm, Mikrofon und Kopfhörer am Kragen sowie weiterer Elektronik in den Taschen. Manches mag als Spielerei erscheinen, doch in der Patientenüberwachung könnte Wearable Computing wichtige Funktionen übernehmen.[8] So wie Ausdauersportler mit einem winzigen Gerät am Körper ihren Pulsschlag messen und kontrollieren, könnten künftig Langzeit-EKGs aufgezeichnet werden und mit einer Vielzahl anderer medizinischer Daten der Patienten auch über beliebig große Distanzen „anytime" an die Praxis des Hausarztes übermittelt werden.

Entscheidend für das Potenzial gerade in diesem Bereich ist nicht zuletzt die Entwicklung der Mikrosensorik bis hinein in den Nanobereich – das Ubiquitous Computing ist auf winzige, integrationsfähige Sensoren angewiesen, die schon die kleinsten Veränderungen ihrer Umgebung wie Temperatur, Druck, Feuchtigkeit und Bewegungen registrieren und über eine bestimmte Entfernung an andere Schnittstellen (Information Appliances) im Netzwerk melden.[9]

---

[7] Vgl. PHAM/SCHNEIDER/GOOSE ET AL. (2001).
[8] Vgl. GELLERSEN (1999).
[9] Vgl. Mattern (2001a), Mattern (2001b).

In der Forschung und Entwicklung dieser Technologien setzen die Experten auf RFID (Radio Frequency Identification), die Basistechnologie für die so genannten „Smart Labels". Die smart labels verfügen nicht über eine eigene Energiequelle. Wenn sie jedoch, vereinfacht ausgedrückt, aus kurzer Distanz von einem Hochfrequenzsignal getroffen werden, dann beziehen sie aus diesem Signal die Energie, die sie benötigen, um ihrerseits ein Funksignal mit den gewünschten Daten auszusenden. Diese Transponder können auf wenige Quadratmillimeter reduziert und locker auf einer Münze untergebracht werden, sie sind dünner als Papier und können auch unter der Haut eines Tieres oder eines Menschen platziert werden. Der gleiche Trend zur Miniaturisierung gilt – ganz im Sinne des erwähnten Gesetzes von Gordon Moore – für die Entwicklung der Chips, die immer winziger werden und gleichzeitig immer größere Rechnerleistung bieten. Dies lässt für das Ubiquitous Computing interessante Einsatzmöglichkeiten erwarten, beispielsweise in komplexen Maschinen und Anlagen. Maschinen und Anlagen müssen von Zeit zu Zeit stillgelegt werden, um sie zu warten. Dabei werden auch Bauteile ausgetauscht, die nach den Erfahrungswerten „fällig" sind. Manche davon sind jedoch völlig unbeschädigt und wären noch lange funktionstüchtig. Künftig können empfindliche Sensoren die Bauteile während des Betriebs überwachen und eine Fülle von Daten über deren Funktionsfähigkeit „nach draußen" (und in letzter Konsequenz an jeden Ort der Erde) geben – eine kostengünstige und gezielte Wartung der Anlage wäre möglich. Die Einsatzmöglichkeiten dieser Techniken sind enorm, wie sich aus dem Beispiel leicht herleiten lässt.

4   Der neue Kommunikations- und Datenraum

Bis vor zwei Jahren galten die Informations- und Kommunikationstechnologien, der Siegeszug der Bits und Bytes als der Treibsatz für einen tiefgehenden Wandel von Wirtschaft und Gesellschaft mit ungeahnten Wachstumskräften. Inzwischen, nach dem Ende von Hype und Hybris, wird deutlich: Die Wachstumsprognosen der digitalen Wirtschaft fallen weit verhaltener aus als von vielen euphorischen IT-Protagonisten vorhergesagt. Die Digitalisierung von Wirtschaft und Gesellschaft verläuft offensichtlich nicht so rasant, dafür aber tiefgreifender und nachhaltiger. Denn wer könnte sich die Welt noch ohne das Internet vorstellen? Die digitale Vernetzung macht die Märkte transparent und senkt die Zugangsbarrieren, sie schafft neue Wertschöpfungsketten und Werte, sie ist fester Bestandteil und technische Voraussetzung von E-Commerce und E-Business, von E-Procurement, Collaborative Commerce und Customer Relationship Management, um nur einige Stichworte zu nennen. So ist denn Ubiquitous Computing in den verschiedenen Ausprägungen auch nicht der Beginn eines neuen Zeitalters der Informations- und Kommunikationstechniken, sondern ein Prozess, der in allen Teilbereichen und -disziplinen der Digitalisierung abläuft (Abbildung 2). Und er Teil eines nachhaltigen, jedoch weitgehend unspektakulären Wandels in unserer Umgebung, eben allgegenwärtig, aber von den meisten von uns gar nicht bemerkbar.

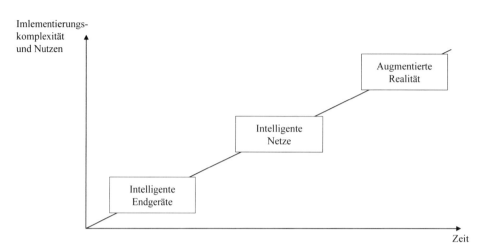

Abbildung 2: Evolutionsstufen des Ubiquitous Computing

Die Ausbildung einer neuen Kommunikationsstruktur dürfte sich während der kommenden 10 oder 15 Jahre in drei Schritten vollziehen. Zunächst werden die Geräte, mit denen wir kommunizieren intelligenter, im nächsten Schritt die Netze, in denen wir kommunizieren und im letzten Schritt wird sich schließlich die Realität selbst ändern und erweitern.

Die veränderte Realität wird sich vor allem in einem veränderten öffentlichen Raum niederschlagen. Heute erhalten wir dort häufig Informationen, die wir überhaupt nicht benötigen, wie beispielsweise Werbung für Produkte, die uns nicht interessieren oder Wegweisungen zu Orten, an die wir nicht wollen. In Zukunft werden wir zeitabhängige und ortsgebundene Informationen direkt aus unserer Umgebung abrufen können, statt sie mühsam zu erfragen. So könnten uns personalisierte Angebote von Geschäften, die wir betreten, auf unserem Wearable Computer angezeigt werden oder Restaurantmenüs werden uns in unserer Muttersprache angeboten. Die Realität wird mittels überall eingebetteter digitaler Informationen personalisiert.

In Filmen aus den 70er und 80er Jahren sehen wir Menschen, die mit wachsender Unruhe in Cafes auf Verabredungen warten, andere verpassen einander im Gewühl der Menge oder irren auf der Suche nach einer Telefonzelle durch die Nacht. Alles einst übliche Verhaltensweisen, die mit der explosiven Vermehrung von E-Mail, Handy und SMS mehr oder weniger historisch geworden sind. Ähnliches dürfte uns passieren, wenn wir in einigen Jahren Filme sehen, die heute gedreht wurden. Da wählen sich Zeitgenossen mit laut kreischenden Modems ins Internet, es wird überall mit dem Handy nach telefoniert, um Dinge und Daten in Erfahrung zu bringen, die sich doch mühelos online abfragen ließen, wenn sie schon nicht in die chipgeladene und zunehmend intelligente Umwelt selbst eingebettet sind. Spätestens dann werden wir uns ungläubig an die Epoche vor dem Evernet zurückerinnern.

Quellenverzeichnis

ERHARDT, G. / KARRAS, M. (2002): U-Commerce – nahtlose Marketingkommunikation im Zeitalter interaktiver Kommunikationstechnologien, in: Marketing Journal, 2002, Nr. 1.

GELLERSEN, H.-W. (1999): Wearable Computing – Technologie und Anwendung tragbarer Rechner, in: HMD – Praxis der Wirtschaftsinformatik, 1999, Nr. 209, S. 105–114.

LUCKY, R. W. (1999): Connections, in: IEEE Spectrum 1999.

MAYR, H. / MAAS, J. (2001): Perspektiven der Informatik, in: VON KNOP, J. / HAVERKAMP, W. (Hrsg), Innovative Anwendungen in Kommunikationsnetzen, GI-Edition Lecture Notes in Informatics, 2001, Vol. P-9.

MATTERN, F. (2001a): Ubiquitous Computing – der Trend zur Informatisierung und Vernetzung aller Dinge, in: Jahrbuch Telekommunikation und Gesellschaft, 2001.

MATTERN, F. (2001b): Ubiquitous Computing Infrastructures, in: ERCIM News, 2001, Nr. 47 (Oktober), S. 25–26.

MATTERN, F. (2001c): Ubiquitous Computing – Vision und technische Grundlagen. INFORMATIK-INFORMATIQUE, 2001, Nr. 5, S. 4–7 (joint issue with Novática and Upgrade), Oct. 2001.

PFAFF, D. / SKIERA, B. (2002): Ubiquitous Computing – Abgrenzung, Merkmale und Auswirkungen aus betriebswirtschaftlicher Sicht, in: BRITZELMAIER, B. / GEBERL, ST. / WEINMANN, S. (Hrsg.), Wirtschaftsinformatik: Der Mensch im Netz – Ubiquitous Computing, 4. Liechtensteinisches Wirtschaftsinformatik-Symposium an der Fachhochschule Liechtenstein, Teubner-Reihe Wirtschaftsinformatik, Stuttgart 2002, S. 24–37.

PHAM, T. L. / SCHNEIDER, G. / GOOSE, S. / PIZANO, A.(2001): Composite Devices Computing Environment: A Framework for Situated Interaction using Small Screen Devices, in: THOMAS, P. / FROHLICH, D. / HAWLEY, M. / GELLERSEN, H.-W. (Hrsg.), Journal: Personal and Ubiquitous Computing, 2001, Volume 5, Issue 1, S. 25–28.

THOMAS, P. / GELLERSEN, H.-W. (2000): Handheld and Ubiquitous Computing, Second International Symposium, HUC 2000, Bristol/UK, September 25–27, 2000.

WEIK, M. H. (1961): The ENIAC Story, in: ORDNANCE, 1961, January–February-issue.

WEISER, M. (1991): The Computer for the 21st Century, in: Scientific American, 1991, Nr. 265(3) September, S. 94–104.

WEISER, M. (1993): Some Computer Science Issues in Ubiquitous Computing, in: CACM, 1993, Nr. 36(7) July, S. 74–83. In Special Issue, Computer-Augmented Environments.

Auto-Erlebniswelten und Bits im Tank – Multichannel-CRM in der Automobilbranche*

RAINER MEHL und RENÉ HANS

IBM BUSINESS CONSULTING SERVICES

1	Eine Branche im Umbruch – der Automobilhersteller im Spannungsfeld von Produkt- und Dienstleistungsfokus	257
2	Die Auto-Erlebniswelt – Multichannel-CRM	260
	2.1 Initialisierungsphase	263
	2.2 Transaktionsphase	266
	2.3 Auslieferungsphase	267
	2.4 Nachkaufphase	268
3	Herausforderungen bei der Implementierung der Auto-Erlebniswelt	270
	3.1 Die Hersteller-Händler-Problematik – Wem gehört der Kunde?	271
	3.2 Ausgestaltung eines medienübergreifenden CRM	273
	3.3 Technologiemanagement	276
	3.4 Business Case Management	278
4	Ausblick	282
Quellenverzeichnis		283

---

* Der Beitrag stellt eine inhaltliche Erweiterung des Aufsatzes MEHL/HANS (2003): Auto-Erlebniswelten und Bits im Tank: Multimediales Multichannel-CRM in der Automobilbranche, in: Zeitschrift für Automobilwirtschaft (ZfAW), 2003, Nr. 1, S. 60–69, dar.

1 Eine Branche im Umbruch – der Automobilhersteller im Spannungsfeld von Produkt- und Dienstleistungsfokus

> *„Wer aus der Menge herausragen will, muss so aufregende Produkte und Dienstleistungen schaffen, die Bedürfnissen entsprechen, von denen die Kunden noch nicht einmal geträumt hätten."*
>
> Tom Peters (*1942), US-amerikanischer Unternehmensberater und Mitautor des vielbeachteten Bestsellers „In Search of Excellence"

Wohl kaum eine andere Branche nimmt in Deutschland, aber auch weltweit, eine vergleichbare Vorreiterrolle ein wie die Automobilindustrie. Lean Management, Total Quality Management, Business Process Reengineering oder Supply Chain Management sind Management-Konzepte, die bereits seit den achtziger Jahren in der Branche adaptiert wurden. Parallel dazu fanden Konzentrationsprozesse statt, wie die Fusionen von Daimler Benz mit Chrysler und Mitsubishi sowie Nissan mit Renault zu global präsenten Mega-Unternehmen verdeutlichen. Sowohl die anhaltende Konzentration als auch die zahlreichen Management-Konzepte sind dabei im überwiegenden Maß dem Streben nach Kosteneffizienz zuzurechnen. Der Automobilbranche kann nach Jahren stetiger Verbesserung der angeführten Management-Konzepte zusammenfassend attestiert werden, dass der Grad der Prozessintegration im Inter-Branchenvergleich bereits sehr weit vorangeschritten ist. Allerdings nimmt die organisatorische Ausrichtung noch überwiegend einen produktgetriebenen Fokus ein. Dies bedeutet, dass sämtliche Wertschöpfungsprozesse primär an der Herstellung und Vermarktung des Automobils orientiert sind, so dass sich der Wert für den Kunden einzig und allein aus dem Produkt inhärenten Leistungsmerkmalen und dem für das Produkt zu zahlenden Preis ergibt. Erst langsam vollzieht sich der Wandel von der Produkt- und Technologieorientierung zur Kundenorientierung.

Eine Bestandsaufnahme der Automobilindustrie ergibt, dass eine rein am Produkt orientierte Organisation zukünftig Wettbewerbsnachteile für den Automobilhersteller verspricht. So wird schon allein die im Mai 2002 von der EU geänderte Gruppenfreistellungsverordnung (GVO), die bisher den Automobilkonzernen exklusive Händlernetze in fest abgesteckten Regionen erlaubte, mittelfristig einen zumindest teilweisen Kontrollverlust der Hersteller über die Vertriebskanäle mit sich bringen.[1] Hier wird der Verlust der Kontrolle über die Vertriebskanäle mittelfristig die in den verschiedenen EU-Ländern noch bestehenden Preisdifferenzen von Neuwagen beseitigen. Insofern sollte Kundenorientierung in der Automobilindustrie zur alles entscheidenden Handlungsmaxime werden. Dies wird u. a. noch dadurch verstärkt, dass mittlerweile in allen Fahrzeugsegmenten eine qualitative Nivellierung festzustellen ist, so dass gegenwärtig eigentlich kein Auto mehr auf dem Markt angeboten wird, das eine wirklich schlechte Qualität aufweist. Gleichzeitig wird offensichtlich, dass ein Innovationswettlauf um Technologievorsprünge und die damit einhergehende Verkürzung von Produktlebenszyklen zu Lasten der Profitabilität des Automobilherstellers geht.

---

[1] Vgl. LADEMANN (2002), S. 6 ff.

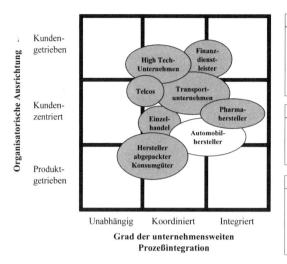

Abbildung 1: *Inter-Branchenvergleich zur organisatorischen Ausrichtung und dem Grad der unternehmensweiten Prozessintegration*

Wenn eine nachhaltige Differenzierung nicht mehr allein über das originäre Produkt – das Auto – erzielbar ist, lässt sich jedoch unwiderruflich die Frage aufwerfen, wie zukünftig Wachstumspotenziale erschlossen und zeitgleich der zunehmend individualisierten Kundennachfrage entsprochen werden kann. Nachgefragt werden dabei vermehrt solche Produkte, die eine gewisse Einzigartigkeit bzw. eine „individuelle Note" aufweisen – und das möglichst zum Preis eines Massenprodukts.[2] Insofern ist die zentrale Frage für einen Automobilhersteller, wie unter Berücksichtigung wirtschaftlicher Gesichtspunkte ein Maximum an Individualität des Produkts erreicht werden kann, um somit letztlich den Kunden langfristig an die Marke zu binden bzw. neue Kunden zu gewinnen.

Eine Antwort auf diese Frage erfordert jedoch die Abkehr vom alleinigen Fokus auf das herzustellende Automobil. So ist beispielsweise die Flexibilität bei der Konfiguration des Autos mit Sicherheit ein für den Kunden wichtiges Qualitätsmerkmal, verspricht aber dennoch keinen nachhaltigen Wettbewerbsvorteil, da auch andere Hersteller entsprechende leicht imitierbare Potenziale, z. B. durch Implementierung flexibler Fertigungssysteme, nutzen können. Eine nachhaltige Differenzierung im Sinne einer unverwechselbaren Positionierung lässt sich vielmehr durch ein erweitertes Produktverständnis erreichen, in dem die das Automobil flankierenden Dienstleistungen, insbesondere in der Nachkaufphase, eine zentrale Rolle spielen. Entsprechend lässt sich als derzeitiger Branchentrend festhalten, dass Automobilhersteller zunehmend ihre Aktivitäten an das Ende der Wertschöpfungskette verlagern und somit ihren Fokus auf das *Markenmanagement* und das *Management von Kundenbeziehungen* (Customer Relationship Management, kurz CRM) legen. Dies induziert auch eine insgesamt veränderte Rollenverteilung in der gesamten Automobilindustrie, indem die wichtigsten Zulieferer (sog. „Tier 1"-Zulieferer) aufgrund der hohen Komplexität der Leistungserstellung und einer damit für den Hersteller anzustrebenden Verringerung der Fertigungstiefe sich immer mehr vom Modul- zum umfassenden Systemlieferanten mit eigenen Forschungs- und Entwicklungsaktivitäten und Fertigungslinien wandeln.

---

[2] Vgl. MEFFERT (1998), S. 102 sowie S. 918 ff., KEUPER/HANS (2003), S. 39 sowie ausführlich KEUPER (2002a), S. 25 ff.

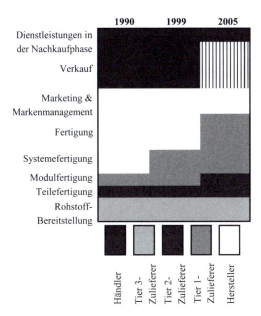

Abbildung 2: Die veränderte Rollenverteilung in der Automobilindustrie³

Für den Hersteller entsteht mit der Konzentration auf das Ende der Wertschöpfungskette die Herausforderung, innovative Kundenkontaktpunkte zu entwickeln sowie an sämtlichen Kundenkontaktpunkten generierte relevante Kundeninformationen systematisch zu aggregieren, daraufhin zu analysieren und schließlich für den Kunden durch Schaffung weiterer individualisierter Merkmale des Autos und/oder durch ein entsprechendes flankierendes Dienstleistungsangebot Mehrwert zu schaffen. Dabei liegt mit zunehmender Penetration von Internet-Zugängen und der möglichen Integration von Internet-Technologien im Fahrzeug nahe, dass in allen Phasen der Markttransaktion zukünftig *Multimedia-Kanäle* eine wichtige Rolle als potenzielle CRM-Kontaktpunkte einnehmen werden, da hierdurch die effektive und effiziente Möglichkeit eines gezielten, selektiven und zeitunabhängigen Zugriffs auf Informationen sowie die Interaktion zwischen Kommunikationspartnern auf der Nachfrage- und auf der Anbieterseite eröffnet wird.⁴ Dabei geht es grundsätzlich darum, für den Kunden eine einzigartige und multimedial unterstützte *automobile Erlebniswelt* zu schaffen, die die Kundenzufriedenheit und damit auch die Loyalität zur Marke erhöht sowie die Aufmerksamkeit neuer Kunden weckt. Die Präsentation des jeweiligen Automobils zu Informationszwecken im Rahmen der Kaufentscheidung, die eigentliche Transaktion, die Auslieferung und schließlich die Dienstleistungen in der Nachkaufphase bilden in ihrer Gesamtheit eine Inszenierung, in der nicht mehr das Automobil, sondern vielmehr jeder einzelne Kunde der „Star" ist.

Der nachfolgende Beitrag beschäftigt sich vor dem Hintergrund der skizzierten Veränderungen in der Automobilindustrie mit dem Aufbau und der Implementierung multimedial gestützter automobiler Erlebniswelten.⁵ Hierbei liegt ein Schwerpunkt auf der bisher weitestgehend vernachlässigten Nachkaufphase mit *Telematik-Diensten* als wesentliches Instrument,

---

3   Vgl. *IBM BUSINESS CONSULTING SERVICES* (2002a).
4   Vgl. *KEUPER/HANS* (2003), S. 42.
5   Vgl. *BRANDT/HEISE* (2002), S. 38 ff.

um aus Herstellersicht dem mobilitätsorientierten Kunden Mehrwert zu bieten und gleichzeitig auch in der Nachkaufphase Kontakt zum Kunden zu halten. Dabei wird deutlich, dass die Integration von Telematik-Diensten weniger einen neuen „Hype" als vielmehr einen innovativen CRM-Kanal darstellt, der wie alle anderen Kanäle auch mit der CRM-Strategie des Automobilherstellers in Einklang stehen muss. Ein solches Multichannel-CRM verlangt jedoch weitaus mehr als lediglich die mit Sicherheit wichtige Einführung moderner Technologien. Multichannel-CRM wird letztlich die gesamte Organisation des Herstellers von einer rein produktorientierten Ausrichtung zu einer stärker kundenorientierten Organisation wandeln.

2 Die Auto-Erlebniswelt – Multichannel-CRM

Als Ausgangspunkt zur Planung und Implementierung einer multimedial gestützten Auto-Erlebniswelt sind zunächst einige Vorüberlegungen anzustellen, was Multimedialität eigentlich bedeutet und welche wesentlichen branchenübergreifenden Trends mit der Verbreitung von Multimedia induziert werden. Dabei gilt das auf dem Netzwerkprotokoll TCP/IP basierende *Internet* als Enabler von Multimedia, da hierdurch Informationen in verschiedenen Formaten, also Sprache, statische Daten, Musik und Bewegtbilder, in verschiedenen Situationen und an verschiedenen Orten in *einer* digitalen Umgebung angeordnet werden können.[6] Die Universalität des Internet als Basistechnologie führt dabei zum Phänomen der *Konvergenz*, so dass als Ergebnis verschmelzender technischer Infrastrukturen und Endgeräte, aber auch verschmelzender Nutzungspräferenzen, bislang gänzlich voneinander getrennte Branchen enge strukturelle Verbindungen aufweisen.[7]

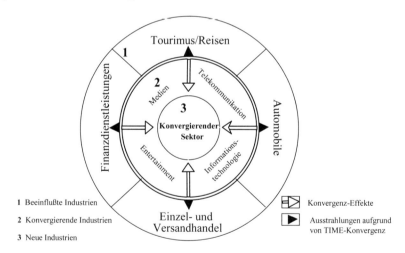

Abbildung 3: Das Konvergenz-Ring-Modell[8]

---

[6] Vgl. *FIGGE* (2000), S. 161.

[7] Vgl. *KEUPER/HANS* (2003), S. 42 ff., *KEUPER* (2002b), S. 605 ff.

[8] In Anlehnung an *WIRTZ* (1999), S. 16. Die Branchen im äusseren Konvergenzring sind nur beispielhaft für viele, so dass hier kein Anspruch auf Vollständigkeit erhoben werden kann.

Die Konvergenz betrifft vor allem die endkundennahen Bereiche und ist somit direkt für die CRM-Strategie eines Automobilherstellers relevant, da durch die Kombination von Inhalte-Angeboten über einen bestimmten Zugang und ein entsprechendes Endgerät innovative Kundenkontaktpunkte geschaffen werden können. Insofern weist der Automobilsektor strukturelle Kopplungen zum TIME-Sektor auf, da beispielsweise einem eigenen Internet-Auftritt Überlegungen vorgeschaltet werden müssen, welche Inhalte präsentiert werden sollen und ob diese ggf. von einem Medienunternehmen in Teilen fremdzubeziehen sind, für welche Internet-Zugänge der Auftritt schwerpunktmäßig ausgerichtet sein soll (Schmalband oder Breitband) und auf welchem Endgerät die Inhalte darzustellen sind. Dabei gilt es, einige wesentliche Planungshypothesen zur Entwicklung des TIME-Sektors als Keimzelle der Konvergenz festzuhalten, die ganz wesentlich die Auswahl der CRM-Kanäle eines Automobilherstellers determinieren. So ist derzeit die Entwicklung dreier digitaler, komplementärer Erlebniswelten im TIME-Sektor prognostizierbar.[9] Dies ist zunächst die in der Emergenzphase befindliche Erlebniswelt *Mobile Business* (M-Business) als wesentliche Ausprägung mobiler Anwendungen. Demgegenüber bildet sich im stationären Bereich zum einen die Erlebniswelt *Electronic Business* (E-Business) als Umschreibung für Lean-Forward-Geräte wie den Multimedia-PC und die erst in der Innovationsphase befindliche Erlebniswelt *Television Business* (T-Business), die Lean-Back-Geräte wie ein interaktives Fernsehgerät umfasst. Werden nun die Wertschöpfungsaktivitäten des konvergierenden Multimedia-Bereichs –

- Erstellung von Formaten, d. h. Konzeption von Inhalten und Applikationen jeglicher Art,
- Konzeption von Portalen zur Aggregation, Selektion und Personalisierung,
- Schaffung von Zugängen zu den Portalen,
- Offerierung von Dienstleistungen jeglicher Art in den Portalen oder für die Betreiber von Portalen,
- Konzeption von Navigationshilfen, um effektiv und effizient zu agieren und
- Entwicklung, Verkauf bzw. im weitesten Sinne Bereitstellung von Endgeräten zur Darstellung der Medienformate

– mit den drei dargestellten Multimedia-Erlebniswelten

- M-Business,
- E-Business und
- T-Business

– in Beziehung gesetzt, so ergibt sich eine Planungsmatrix für einen Auftritt in den digitalen Erlebniswelten.

---

[9] Vgl. *KEUPER/HANS* (2003), S. 117 ff., *KEUPER* (2002b), S. 630 ff., *DEPREZ/ROSENGREN/SOMAN* (2002), S. 92 ff.

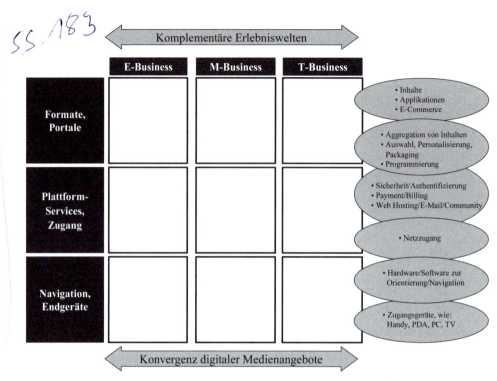

Abbildung 4:   Die Neun-Sektoren-Planungsmatrix der digitalen Erlebniswelten[10]

Für die CRM-Strategie eines Automobilherstellers gilt es sodann, die überwiegend auf die TIME-Branche fokussierte Matrix um die verschiedenen Phasen des automobilen Kundenzyklus – von der Initialisierungs-, über die Transaktions- und Auslieferungs- bis zur Nachkaufphase – zu erweitern, so dass sich ein *Convergence Cube*[11] als integriertes CRM-Planungsmodell für den Automobilhersteller ergibt.

Der Convergence Cube verdeutlicht, dass ein Automobilhersteller in jeder Phase der Markttransaktion Kundenkontaktpunkte in einer oder mehreren der digitalen Erlebniswelten errichten kann. Allerdings bedarf es hierzu in den meisten Fällen spezifischen Know-hows, das gerade über Kooperationen mit entsprechenden Anbietern, also beispielsweise Medien- und Telekommunikationsunternehmen, eingebracht werden kann. Da ein CRM-Kanal nichts anderes als einen Medienkanal darstellt, ist so im Rahmen der Planung und Implementierung digitaler Kundenkontaktpunkte die Frage zu erörtern, über welches Medium der Kunde angesprochen werden soll (Endgeräte), wie der Informationsaustausch zwischen Sender und Empfänger herzustellen ist (Zugang) und welche Informationen über das Medium verfügbar sein sollen (Content).

---

[10]   Entnommen KEUPER/HANS (2003), S. 132 basierend auf KEUPER (2002b), S. 633, HÜNING/KEUPER (2002), S. 28.
[11]   Vgl. KEUPER/HANS (2003), S. 132 ff.

Auto-Erlebniswelten und Bits im Tank 263

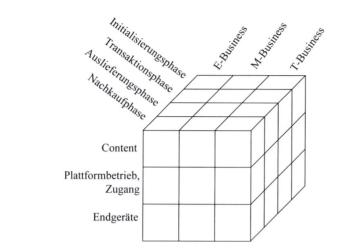

Abbildung 5:   *Der Convergence Cube als Planungsschema für multimediale CRM-Kanäle in der Automobilbranche*[12]

Der Convergence Cube stellt nicht nur ein Modell zur Generierung einer multimedialen CRM-Strategie dar, sondern ist auch ein kernkompetenzorientiertes Planungsschema, mit dessen Hilfe sich eigene Kernkompetenzen beim Aufbau eines Multimedia-CRM-Kanals einordnen, aber auch Kompetenzlücken erkennen lassen. Die nachfolgenden Ausführungen stellen dabei beispielhaft für jede Phase des Kundenzyklus innovative, multimediale CRM-Kanäle heraus. Dabei ist nochmals wichtig hervorzuheben, dass keiner der Kanäle getrennt voneinander betrachtet werden darf, sondern im Kontext eines anzustrebenden Multichannel-Ansatzes zu sehen ist. Nur eine in sich konsistente Integration der Online- und Offline-Kanäle wird letztlich eine multimedial gestützte Automobil-Erlebniswelt für den Kunden konstituieren.

2.1 Initialisierungsphase

In der Initialisierungsphase liegt der Fokus auf der Kundenakquisition, d. h. den potenziellen Kunden auf das Produkt aufmerksam zu machen und ihn vom Produkt, aber auch von den Serviceleistungen des Automobilherstellers und dem angeschlossenen Händlernetz zu überzeugen. Dabei spielt das Internet als Kanal zum Kunden eine immer wichtigere Rolle. So ging der Automobilhersteller DaimlerChrysler mit der Präsentation der neuen E-Klasse im US-Kinofilm „Men in Black II" und den begleitenden Internet-Aktivitäten bisher unbekannte Wege. Dabei stand ein Online-Spiel im Mittelpunkt der Kampagne, wobei der Nutzer als virtueller Agent analog zum Film vier Missionen zu lösen hatte und schließlich ein Gewinner auf dem Pariser Autosalon gezogen wurde. Zielgruppe war jedoch nicht nur der potenzielle Käufer, sondern auch dessen Familienmitglieder und hier gerade Kinder, die letztlich die Kaufentscheidung maßgeblich mit beeinflussen.[13] Die Registrierung zum Online-Spiel implizierte dabei eine persönliche Anmeldung, bei der vom Hersteller das Interesse an weiteren Informationen zur E-Klasse erfragt wurde, was einen klaren Bezug zum Kundenakquisitionsfokus von DaimlerChrysler visualisiert.

---

[12] Entnommen *KEUPER/HANS* (2003), S. 133 ff.
[13] Vgl. *BAEUCHLE* (2002), S. 18.

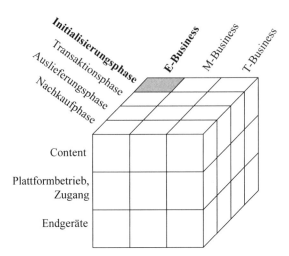

Abbildung 6: CRM-Kanäle in der Initalisierungsphase in der digitalen Erlebniswelt E-Business

In der Initialisierungsphase sind weiterhin dem potenziellen Kunden umfangreiche Informationen zum gewünschten Modell bereitzustellen. Dabei ist ein Informationsangebot im Internet mit zunehmender Penetration von Internetzugängen ein entscheidender Faktor für die spätere Kaufentscheidung. Dies wird gerade daran deutlich, dass im Laufe des Jahres 2001 in nur neun Monaten das Web-Angebot von Automobilherstellern gemessen an den Click-Raten eine Steigerung von 35% aufwies.[14] Insofern stellt das Internet neben Testberichten von Autozeitschriften, Katalogen des Automobilherstellers und persönlichen Beratungsgesprächen beim Händler mittlerweile einen der wichtigsten Informationskanäle für den Kaufinteressenten dar.

Als Best Practice für ein Web-Angebot eines Automobilherstellers lässt sich das Internet-Tool „BMW Interaktiv" von BMW anführen, das weit über die bloße Bereitstellung von Informationen hinausgeht. So kann der Nutzer online ein persönliches Modell konfigurieren, wobei sofort ein Preis ermittelt wird und der Nutzer für einen wiederholten Besuch der Webpage seine Konfiguration abspeichern kann. Darüber hinaus können online Informationsmaterialien bestellt und eine Testfahrt mit dem gewünschten Modell beim nächsten Vertragshändler angefragt werden. Ferner verfügt BMW Interaktiv auch über eine Call-Back-Funktion, so dass nach Terminfestlegung durch den Nutzer ein Mitarbeiter des BMW Customer Service Center anruft, um kundenspezifische Fragen zu beantworten. Die Ausführungen über die wesentlichen angebotenen Serviceleistungen von BMW in BMW Interaktiv verdeutlichen, dass sich der Mehrwert für den Kaufinteressenten durch die Integration und geschickte Kombination von Online- und Offline-Kanälen ergibt, so dass der Multichannel-Ansatz schon in der Konzeptionsphase eine wesentliche Rolle spielte. Wichtig ist auch, dass eine Personalisierung durch Angabe von Präferenzen zum gewünschten Modell sowie persönlichen Daten zwar möglich ist, allerdings diese ausschließlich vom Nutzer ausgeht (pull-getrieben). So kann grundsätzlich jeder Nutzer, der anonym bleiben möchte, ein Wunschauto konfigurieren und einen unverbindlichen Preis erhalten, ohne zunächst aufwendig Informationen über sich preisgeben zu müssen, was den hohen Convenience-Charakter des Web-Angebots von BMW widerspiegelt.

---

[14] Vgl. *FORRESTER RESEARCH* (2001), S. 3.

Auto-Erlebniswelten und Bits im Tank 265

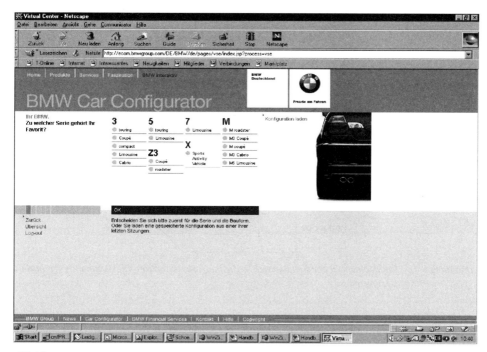

Abbildung 7: *Das Internet-Tool BMW Interaktiv als Best Practice für ein integriertes, CRM-orientiertes Webangebot in der Initialisierungsphase*

Als weiterer visionärer Multimedia-Kanal in der Initialisierungsphase lässt sich letztlich ein Engagement des Automobilherstellers in der Erlebniswelt T-Business anführen. Zwar lahmt die Entwicklung interaktiven Fernsehens in Deutschland aufgrund der noch mangelnden Rückkanalfähigkeit der Kabelnetze,[15] doch bietet ein mit Sicherheit langfristig mögliches mediales Angebot gerade für einen Automobilhersteller enorme Potenziale in der Initialisierungsphase, die nicht unerwähnt bleiben dürfen. So ist denkbar, dass ein Nutzer sich nach einem Werbespot, Auto-Testbericht oder Spielfilm wie James Bond, in dem der Z8 von BMW präsentiert wurde, sich über die TV-Fernbedienung Informationen zum Automobil aufruft bzw. Kataloge bestellt oder aber gleich eine Probefahrt beim nächstgelegenen Händler online vereinbart. Insofern besteht beim interaktiven Fernsehen die Möglichkeit, ohne Medienbrüche, d. h. ohne über den Umweg eines Multimedia-PCs, bequem aus einem aktuellen emotionalen Impuls heraus Informationen zum Wunschauto anzufordern. Dass es sich hier nicht um allzu ferne Zukunftsmusik handelt, wird allein schon daran deutlich, dass der in Großbritannien ansässige Betreiber interaktiven Fernsehens BskyB mit mittlerweile über sechs Millionen Abonnenten schon erste Kampagnen mit interaktiven Elementen, u. a. für Branchenriesen wie Unilever und Procter & Gamble, durchgeführt hat.[16]

---

[15] Vgl. *PRICEWATERHOUSECOOPERS* (2000), S. 41 ff., *KNAUTH* (2001), S. 141 ff.
[16] Vgl. *O. V.* (2001), S. 90.

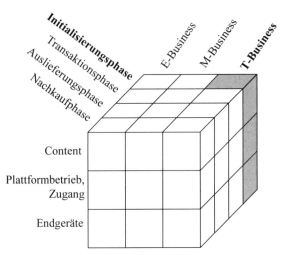

Abbildung 8:   *Engagement in der Erlebniswelt T-Business als visionärer CRM-Kanal in der Initialisierungsphase*

2.2 Transaktionsphase

Im Rahmen der Transaktionsphase oder auch Vereinbarungsphase steht die eigentliche Bestellung und Konfiguration sowie die Finanzierung des Automobils im Vordergrund. Dabei ist grundsätzlich denkbar, dass im Internet (Erlebniswelt E-Business) nicht nur Informationen zum Automobil bereitgestellt werden, sondern hier auch eine direkte Bestellung möglich ist. Zwar ist es unwahrscheinlich, dass bei einem derart teuren und stark emotional geprägten Konsumgut die Masse der Käufer diesen Vertriebsweg gegenüber der persönlichen Ansprache durch den Händler präferiert, doch lässt sich unterstellen, dass sich gerade bei der Herausstellung eines deutlichen Preisvorteils hierdurch eine spezielle Kundenschicht ansprechen ließe. Allerdings sind Automobilhersteller beim Angebot entsprechender Web-basierter Transaktionen noch sehr zögerlich. Der Hauptgrund hierfür dürfte weniger in den noch bestehenden, aber letztlich lösbaren Sicherheitsproblemen bei der Online-Bestellung liegen. Vielmehr tangiert die Konfiguration und Bestellung des Automobils eine klassische Händler-Domäne, so dass selbst bei der Gefahr eines nur geringen abzuwickelnden Verkaufsvolumens über das Internet das Verhältnis zur Händlerschaft eingetrübt werden dürfte. Allerdings ist mit der Änderung der GVO auch in diesem Bereich mit einschneidenden Veränderungen zu rechnen, worauf in Abschnitt 3.1 noch ausführlich eingegangen wird.[17] Fakt ist, dass derzeit bei der Bestellung des Automobils noch der Weg über den Vertragshändler erfolgen muss, wobei auch beim Händler internetgestützte Tools bereitstehen.

---

[17] Vgl. Abschnitt 3.1.

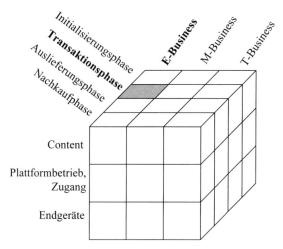

Abbildung 9: Engagement in der Erlebniswelt E-Business unter Einbeziehung des Händlers im Rahmen der Transaktionsphase

Dies wird insbesondere bei BMW deutlich, wo den Vertragshändlern über ein Dealer-Portal ein Browser-basiertes Front-End für die Fahrzeugbestellung zur Verfügung gestellt wird, so dass ein Zugriff auf die relevanten Kundendaten möglich ist. Dies unterstützt eine individuelle und personalisierte Ansprache des Kunden, wobei gemeinsam mit dem Kunden am Point of Sale eine Online-Konfiguration des Automobils vorgenommen wird. Dabei liegt der wesentliche Vorteil in der Vernetzung des Front-End mit Back-End-Systemen, so dass durch den Sofort-Abgleich mit den Produktionssystemen beim Kunden eine Aussage über den Liefertermin des Autos gemacht werden kann, aber auch intern mit Vertragsabschluss sofort die Beschaffungs- und Fertigungsprozesse angestoßen werden. Parallel kann auch die Finanzierung des Automobils online-gestützt beim Händler abgewickelt werden. Hierzu bietet aber z. B. auch bei BMW die konzerneigene BMW-Bank in einem Internet-Angebot umfassende Dialogmöglichkeiten für den Endkunden, die online ein individualisiertes Finanzierungsangebot für Neu- und Gebrauchtwagen ermöglichen.

2.3 Auslieferungsphase

Die Auslieferungsphase kennzeichnet die Übergabe des neuen Fahrzeugs an den Kunden. Während diese bisher fast ausschließlich beim Händler stattfand, hat Volkswagen mit der Autostadt Wolfsburg gänzlich neue Maßstäbe im Auslieferungsbereich gesetzt. Dort werden mittlerweile bereits täglich 350 bis 450 Fahrzeuge von Kunden abgeholt, wobei dies aufs Jahr gerechnet ca. 15% aller in Deutschland bestellten Volkswagen mit steigender Tendenz sind.[18] Dabei beinhaltet die Abholung häufig eine Hotelübernachtung, die Besichtigung der Attraktionen der Autostadt und des Werksgeländes sowie als Höhepunkt die Auslieferung des eigenen Fahrzeugs mit einem Erinnerungsfoto. Dies unterstreicht eindeutig die Tendenz zur Entwicklung automobiler Erlebniswelten, was letztlich auch daran deutlich wird, dass andere Hersteller, wie beispielsweise BMW, derzeit ähnliche Konzepte umsetzen. So wird ab Ende 2004 ein Erlebnis- und Auslieferungszentrum in München eröffnet, wo die Konzern-Marken

---

[18] Vgl. online *ENTRESS* (2002).

präsentiert werden und ca. 250 Kunden täglich ihr Fahrzeug abholen sollen.[19] Eine Integration von Multimedia-Kanälen erscheint auch in dieser Phase der Markttransaktion möglich, selbst wenn sie im Vergleich zu den anderen Phasen hier eine eher untergeordnete Rolle spielen dürften. So ist neben E-Mail-Benachrichtigungen über den avisierten Liefertermin denkbar, einen kurzen Trailer zur Produktion des persönlichen Autos aufzunehmen und diesen dann im MPEG-Format an den Kunden zu schicken. Die E-Mail könnte dann mit dem Text „So wurde Ihr Auto gebaut – wir freuen uns, Sie in einer Woche in unserem Erlebnis- und Auslieferungszentrum begrüßen zu dürfen" versehen sein und weckt somit die Spannung und Vorfreude beim Kunden. Alternativ ist natürlich mit der Erschließung der Erlebniswelt T-Business auch eine entsprechende Aktivität in dieser digitalen Erlebniswelt denkbar, so dass dem Kunden nach der Bestellung eines Automobils „Welcome Packages" mit relevanten Informationen, die derzeit von den Herstellern noch per Post versendet werden, personalisiert in einem Automobilportal zur Verfügung gestellt werden. Per einfachen Knopfdruck auf der Fernbedienung des interaktiven Fernsehgerätes könnte der Kunde sich weiterhin einen Einblick verschaffen, in welchem Teil der Produktionslinie sich gerade sein Automobil befindet.

2.4 Nachkaufphase

Die Nachkaufphase umfasst den gesamten Zeitraum von der Annahme des Automobils in einem Auslieferungszentrum oder beim Händler bis zum erneuten Kauf eines Autos und ist somit die längste und damit für die Kundenbindung wichtigste Phase innerhalb des Kundenzyklus. Problematisch hieran ist aus Sicht des Herstellers die Aufrechterhaltung eines kontinuierlichen Kontaktes zum Kunden, da dieser sich in der Nachkaufphase bisher fast ausschließlich auf sporadische Inspektionen und Reparaturen beim Händler konzentrierte. Dies wirft unwiderruflich die Frage auf, wie der Hersteller auch nach der Auslieferung des Automobils den Kontakt zum Kunden halten und diesem gleichzeitig Mehrwert durch zusätzliche mobilitätsbezogene Dienstleistungen bieten kann. Dabei liegt nahe, einen multimedialen Kundenkontaktpunkt direkt im Fahrzeug zu integrieren und sich somit in der Erlebniswelt M-Business zu engagieren.

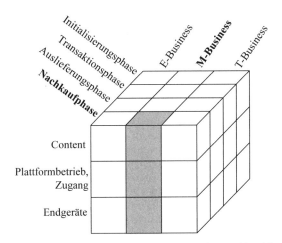

Abbildung 10: *Engagement in der Erlebniswelt M-Business in der Nachkaufphase*

---

[19] Vgl. *BMW* (2002), S. 1.

Das Angebot von mobilen Dienstleistungen im Automobil wird häufig auch unter dem Begriff *Telematik* subsumiert, also die Verschmelzung von Telekommunikations- und Informationstechnologie. Dabei werden für Telematikdienstleistungen enorme Marktpotenziale vorhergesagt, wie etwa eine von UBS Warburg prognostizierte Umsatzerwartung für das Jahr 2010 von ca. 49 Milliarden Dollar für den Gesamtmarkt.[20] Allerdings ist die Validität solcher Schätzungen zu hinterfragen, ist doch eine Vielzahl derartiger Prognosen noch zu Zeiten der Euphorie in der New Economy entstanden und bedingt die Konvergenz der Märkte ein generelles Problem der Abgrenzung des zu analysierenden Marktes. Hinzu kommt, dass bisher keiner der Automobilhersteller im nennenswerten Umfang Erträge mit Telematikdienstleistungen generiert und auch die erstellten Business Cases meist eher auf eine Kostendeckung als auf den Aufbau einer zusätzlichen Erlösquelle abzielen. Insofern werden Telematikdienstleistungen in der Branche derzeit eher nüchtern betrachtet, so dass losgelöst von den vielseitigen theoretisch denkbaren Potenzialen die Frage im Vordergrund stehen sollte, mit welchem Diensteportfolio der Hersteller ein für den Kunden attraktives mobiles Angebot schaffen kann, das zur Kundenbindung beiträgt und damit einen wichtigen CRM-Kanal konstituiert, der wiederum mit den gesamten CRM-Zielsetzungen des Herstellers in Einklang stehen muss.

Grundsätzlich lassen sich Telematikdienstleistungen in fahrzeug- und ortsbezogene Dienste sowie Infotainment- und Kommunikationsdienste und Transaktionen klassifizieren.[21] Unter die fahrzeugbezogenen Dienste fallen dabei klassische sicherheits- und wartungsrelevante Dienste. So verfügt beispielsweise der Telematikdienst von BMW über eine Notruffunktion, die bei Aktivierung per Knopfdruck automatisch eine Verbindung zu einer Servicezentrale aufbaut, die dann alle erforderlichen Maßnahmen veranlasst. Im Falle der Auslösung eines Airbag-Sensors wird sogar eine automatische Verbindung zur Servicezentrale hergestellt, die entsprechend der übermittelten GPS-Fahrzeugposition die zuständigen Rettungsdienste alarmiert. Aber auch wartungsbezogene Services bieten eine Vielzahl für den Kunden attraktiver Angebote im Fahrzeug. So stellt sich eine automatische Erinnerung an Werkstatt- und TÜV-Termine bereits problemlos dar. In einem weiteren Schritt werden Fernwartungen des Fahrzeugs möglich sein, so dass z. B. neue Softwareversionen für Fahrzeugelektronik mobil übertragen werden können, ohne einen Termin beim Vertragshändler vereinbaren zu müssen. Denkbar ist auch, im Falle eines defekten Fahrzeugteils den Kunden darauf aufmerksam zu machen und ihm gleich einen Termin bei seinem Vertragshändler vorzuschlagen. Akzeptiert der Kunde den Termin, kann daraufhin das defekte Teil bestellt werden, mit dem Vorteil, dass der Kunde nur eine kurze Werkstattzeit in Kauf nehmen muss und gleichzeitig die interne Logistik für Ersatzteile optimiert wird.

Unter die ortsbezogenen Dienste fällt schwerpunktmäßig die Kopplung von Navigationssystemen mit Real-Time-Verkehrsinformationen. Dadurch können je nach Verkehrslage spezifische, staufreie Routen für den Autofahrer automatisch generiert und angezeigt werden. Als Quellen für Verkehrsinformationen dienen dabei einerseits Meldungen der Polizei, der Radiostationen und Landesmeldestellen. Andererseits kommen jedoch auch zunehmend innovative Verfahren zur Verkehrsdatenerfassung zum Tragen. So unterhält die Deutsche Gesellschaft für Verkehrsdaten (DDG) an über 4.000 Autobahnbrücken Infrarot- und Mikrowellensensoren, die kontinuierlich die Verkehrsflüsse messen.[22] Die DDG verdichtet diese Informationen und beliefert dann als Content Provider beispielsweise die Automobilhersteller. Als ortsbezogene Dienste, die in enger Verbindung zum Navigationssystem stehen, gelten wei-

---

[20] Vgl. *UBS WARBURG* (2000), S. 4 ff.
[21] Vgl. *FRÜHAUF/OBERBAUER* (2002), S. 386.
[22] Vgl. *BÜCKEN* (1999), S. 28.

terhin mobile Stadtinformationen, so dass beispielsweise Auskünfte über nahe liegende Sehenswürdigkeiten, Restaurants, Hotels, Parkplätze und Tankstellen möglich sind.

Letztlich fallen unter Infotainment- und Kommunikationsdienste der Abruf aktueller Nachrichten, Boulevard- und Wettermeldungen sowie der Zugang zum persönlichen E-Mail-Postfach. Aber auch transaktionsbezogene Dienste – häufig subsumiert unter M-Commerce i. e. S. – wie die Bestellung von Waren lassen sich in dieser Kategorie ansiedeln.

Zusammenfassend wird deutlich, dass multimedial gestützte Kundenkontaktpunkte eine wesentliche Rolle für die CRM-Strategie eines Automobilherstellers spielen sollten, da hierdurch der Kontakt zum Kunden in allen Phasen der Markttransaktion verbessert werden kann. Dies gilt insbesondere für die zuvor dargestellte Nachkaufphase, wo der Hersteller erstmals in der Nutzungsphase des Automobils einen interaktiven Kontakt zum Kunden durch die Integration von Telematik-Dienstleistungen aufbauen kann, dabei dem Kunden zusätzlich aber noch Mehrwert bietet. Allerdings begibt sich der Automobilhersteller durch Engagements in den digitalen Erlebniswelten auf gänzlich neues Terrain. So bieten digitale Kanäle, wie Telematik, vielfach mit Sicherheit einen Kundennutzen. Gleichwohl ist häufig aufgrund des noch in der Wachstumsphase befindlichen Multimedia-Marktes die betriebswirtschaftliche Profitabilität solcher Dienste noch offen. Insofern ist es erforderlich, auf organisatorische, technische und finanzielle Herausforderungen im Rahmen der Implementierung eines Multichannel-CRM einzugehen.

3 Herausforderungen bei der Implementierung der Auto-Erlebniswelt

Die vorherigen Ausführungen visualisieren, dass nur durch einen konsequent umgesetzten Multichannel-Ansatz die Potenziale einer CRM-orientierten automobilen Erlebniswelt voll ausgeschöpft werden können. Dabei sind die traditionellen und multimedialen Kundenkontaktpunkte integrativ zu behandeln und sinnvoll entsprechend eines komplementären Ansatzes miteinander zu kombinieren, was zwangsläufig mit vielfältig zu bewältigenden Hürden verbunden ist.

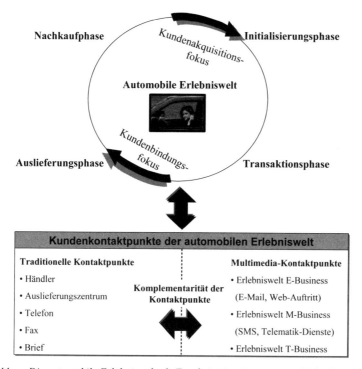

Abbildung 11: Die automobile Erlebniswelt als Ergebnis eines integrativen Multichannel-Ansatzes

3.1 Die Hersteller-Händler-Problematik – Wem gehört der Kunde?

Eine der organisatorisch kritischsten Bereiche innerhalb der CRM-Bestrebungen des Automobilherstellers ist eine daraus notwendige Neudefinition des Hersteller-Händler-Verhältnisses. Ökonomisch gesehen handelt es sich hierbei um ein klassisches Principal-Agent-Problem. Dabei behandelt die Principal-Agent-Theorie die Beziehung zwischen einem Auftraggeber – dem Principal – und seinem Auftragnehmer – dem Agenten.[23] Der Agent stellt ebenso wie der Principal ein eigennützig rational handelndes Individuum bzw. eine Institution dar, wobei beide ökonomischen Akteure oftmals divergierende Interessen und Präferenzen haben. Dies wird in der Automobilbranche beispielsweise daran deutlich, dass ein Automobilhersteller (Principal) seinen Vertragshändlern (Agenten) zentrale Vorgaben zur Gestaltung der Verkaufsräume und Werkstätten macht, was gerade in den letzten Jahren dazu führte, dass viele Händler aufgaben bzw. unter teilweise massiver Aufnahme von Fremdkapital ihre Verkaufsräume aufwendig umgestalteten. Eine Änderung rechtlicher Rahmenbedingungen kann jedoch auch zur Verschiebung von Kräfteverhältnissen führen und somit die Principal-Agenten-Beziehung maßgeblich beeinflussen. So wird die Änderung der GVO mit Sicherheit die Händler in ihrer Verhandlungsposition gegenüber den Herstellern stärken, da diese nicht mehr exklusiv an einen Hersteller gebunden sind und zumindest theoretisch mehrere Automobilmarken vertreiben können. Andererseits verfügen aber auch die Hersteller über gewisse Verhandlungsspielräume, indem glaubhaft mit zumindest teilweiser Disintermediation ge-

---

[23] Zur Principal-Agent-Theorie vgl. ausführlich *PICOT/REICHWALD/WIGAND* (1998), S. 47 ff.

droht werden kann, so dass z. B. eine Online-Bestellung mit massiven Rabatten unter Umgehung der Händlerschaft ermöglicht wird. Dennoch ergibt sich allein schon aufgrund der Beseitigung der herstellerbegünstigenden Gruppenfreistellungsverordnung Handlungsbedarf für den Hersteller zur Stärkung der direkten Kundenbeziehungen.

Eine weitere wesentliche Determinante der Principal-Agent-Theorie ist die Behandlung von Informationsasymmetrien. Dabei liegen häufig Informationsvorteile auf Seiten des Agenten, da sich durch unvollständiges und ungleich verteiltes Wissen diskretionäre Handlungsspielräume für den Agenten eröffnen, die opportunistisches Verhalten begünstigen.[24] Zielt nun ein Automobilhersteller darauf ab, durch CRM-Maßnahmen einen direkten Kontakt zum Kunden aufzubauen, so ist hiermit gleichzeitig die Abschwächung bestehender Informationsasymmetrien zwischen Hersteller und Händler verbunden, da nunmehr auch der Hersteller über exaktere Kundeninformationen verfügt. Dass es sich bei Kundeninformationen, die immer noch schwerpunktmäßig auf der Händlerseite vorliegen, um strategisch relevante Informationen handelt, die die Principal-Agent-Beziehung maßgeblich beeinflussen, wird u. a. daran deutlich, dass Automobilhersteller bei Beendigung des Vertragsverhältnisses zu einem Händler diesem in der Regel mehrere Tausend Euro pro bestehender Kundenbeziehung bezahlen.

Aus den Ausführungen lässt sich somit schlussfolgern, dass ein effektives Customer Relationship Management in der Automobilbranche nicht ohne Einbeziehung des Händlers möglich erscheint, da die Händlerschaft – gestärkt durch die zuvor erwähnten veränderten rechtlichen Rahmenbedingungen – nicht auf die Mitgestaltung der Kundenbeziehung verzichten wird, gleichzeitig der Händler aber ein integraler und unverzichtbarer Teil des automobilen Wertschöpfungsprozesses ist. Vielmehr ist grundsätzlich entsprechend der Principal-Agent-Theorie bei sämtlichen CRM-Bestrebungen auf eine vertrauensvolle Interessenangleichung zwischen Principal (Hersteller) und Agent (Händler) und auf die Bildung einer Win-Win-Gemeinschaft abzuzielen, um die Principal-Agent-Probleme somit letztlich beherrschen zu können.

Einen solchen Ansatz verfolgt beispielsweise die BMW Group im Rahmen der Ausgestaltung ihrer CRM-Strategie. Dabei ist BMW für den direkten Endkundenzugang in den digitalen Erlebniswelten, die Aggregation und Aufbereitung sämtlicher relevanter Kundendaten sowie das Performance Measurement von CRM-Prozessen und die damit einhergehende kontinuierliche Optimierung zuständig (Multichannel Management). Hiervon profitiert der Händler, indem vor Ort alle für ihn relevanten und an sämtlichen Kundenkontaktpunkten gesammelten Kundeninformationen zugänglich gemacht werden und dadurch eine persönliche, direkte Kommunikation zum Kunden ermöglicht wird. Da zwischen Hersteller und Händler ein Austausch von relevanten Kundendaten erfolgt, können die beim Händler generierten Kundeninformationen wiederum zur Verbesserung des Multichannel Management werden. Die Besonderheit des Ansatzes von BMW ist jedoch die Kopplung der CRM-Systeme an die internen SCM-Systeme. Zwar stellt dies eine der größten Herausforderungen für den Hersteller auf operativer Ebene dar, jedoch entfaltet die Integration sowohl zusätzlichen Kundennutzen als auch unternehmensinterne Effizienzpotenziale. So wird eine umfassende Individualisierung des Automobils (Build-to-Order) erst durch die Web-gestützte Konfiguration mit dem Kunden ermöglicht. Weiterhin steht nach Abschluss einer Bestellung – wie bereits erwähnt – innerhalb weniger Sekunden ein Liefertermin fest, wobei sich daran auch eine mögliche Status-Verfolgung des Auftrags anschließt. Gleichzeitig kann die Supply Chain optimiert werden, da z. B. die Kundenbestellungen direkt und ohne manuelle Nachbearbeitung ins Produktionssy-

---

[24] Vgl. *PICOT/REICHWALD/WIGAND* (1998), S. 48.

stem gebucht werden, was die Planung der Materialflüsse und die gesamte Durchlaufzeit maßgeblich verbessert.

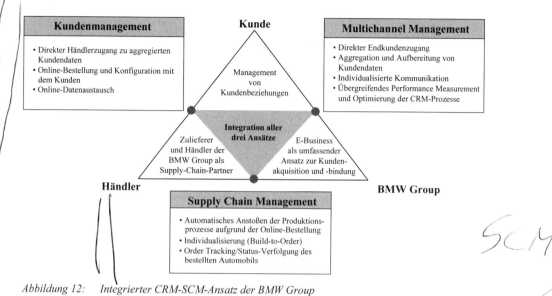

Abbildung 12:   Integrierter CRM-SCM-Ansatz der BMW Group

Aus den Ausführungen wird deutlich, dass ein CRM-Ansatz in der Automobilbranche niemals ohne Einbeziehung der Händlerschaft erfolgen sollte, da der Händler einen der wichtigsten Kundenkontaktpunkte für den Autokunden darstellt. Insofern führt ein reziproker Austausch von Kundeninformationen zwischen Hersteller und Händler zu einer Win-Win-Gemeinschaft, die letztlich auch das gesamte Kundenbeziehungsmanagement optimiert. Ein effektives und effizientes Multichannel Management kann allerdings nur auf Seite des Herstellers als übergreifendes Organ zur Koordinierung aller Kundenkontaktpunkte angesiedelt sein. In diesem Zusammenhang stellt sich insbesondere die Frage, wie ein medienübergreifendes Customer Relationship Management, für das oftmals vielfältige Kompetenzen notwendig sind, ausgestaltet werden kann.

3.2 Ausgestaltung eines medienübergreifenden CRM

Der Convergence Cube verdeutlicht, dass ein Auftritt in den digitalen Erlebniswelten Kompetenzen im Bereich Content, Plattformbetrieb und Zugang sowie Endgeräte erfordert. Insofern kann der effektive und effiziente Aufbau eines multimedialen Kundenkontaktpunktes nur über branchenübergreifende Kooperationen mit spezialisierten Unternehmen erfolgen. Dies wird insbesondere bei der Implementierung von Telematikdienstleistungen in der Nachkaufphase der automobilen Erlebniswelt deutlich. Dabei visualisiert die Telematik-Wertschöpfungskette, dass für ein entsprechendes Dienstleistungsangebot vielfältige Kompetenzen erforderlich sind, die mittels Kooperationen erschlossen werden müssen.

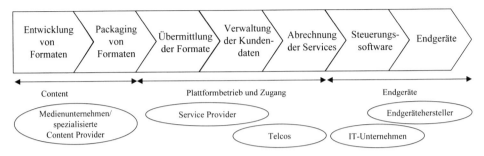

Abbildung 13: Aggregierte Telematik-Wertschöpfungskette und involvierte Marktakteure

Bei der Einordnung der Kompetenzen in den Convergence Cube als Planungsschema fällt auf, dass der Automobilhersteller in den drei aggregierten Multimedia-Wertschöpfungsstufen allenfalls in der Verwaltung von Kundendaten als Bestandteil des Plattformbetriebs Kompetenzen aufweist. Eine weitere Kompetenz liegt sicherlich auch in der Integrationsfähigkeit von Endgerät, Steuerungssoftware und Bedienelementen, so dass die Telematikdienstleistungen vom Fahrer ohne Ablenkung während der Fahrt in Anspruch genommen werden können. Allerdings wird offenkundig, dass für viele Kompetenzen Partner erforderlich sind, wobei der Kooperationsbedarf maßgeblich vom gewählten Dienstleistungsportfolio abhängt. Dabei lässt sich durchaus kritisch die Frage aufwerfen, ob ein Automobilhersteller tatsächlich Infotainment-, Kommunikations- und Transaktionsdienste im Automobil anbieten muss, um den Kunden im Sinne von CRM-Bestrebungen zu binden. So besteht im Gegensatz zu fahrzeug- und ortsbezogenen Diensten gerade bei Infotainment- und Kommunikationsdiensten die Gefahr, dass der Automobilhersteller hierbei mit etablierten Playern der TIME-Branche konkurriert.

Beispielsweise zielt die Strategie AOL Anywhere des Medienmultis AOL Time Warner darauf ab, den Kunden des Online-Dienstes einen Portalzugang in allen digitalen Erlebniswelten zu ermöglichen. Gelingt AOL dies in der Erlebniswelt M-Business, so bietet eine ans Fahrzeug gebundene E-Mail-Adresse eines Automobilherstellers für den Kunden faktisch keinen Mehrwert, da dieser bequem E-Mails ortsungebunden z. B. über ein Smartphone abrufen kann. Die damit im Zusammenhang stehende Problematik der Auswahl einer geeigneten Dienstestrategie ist jedoch mit Sicherheit kontrovers, insbesondere bedingt durch die noch diffusen Marktstrukturen und die damit einhergehende Frage des Entstehens solider Telematik-Geschäftsmodelle. So lässt sich als Argument für die Kooperation von DaimlerChrysler mit T-Online beim Angebot der Telematikdienste anführen, dass dadurch für einen Mercedes-Fahrer und gleichzeitigen T-Online-Kunden ein weiterer attraktiver Zugangskanal zum T-Online-Portal geschaffen wird, der während der Fahrt aufgrund der eingebauten Bedienelemente einen bequemen und sicheren Zugang erlaubt. Die Wahl der Dienstestrategie hängt somit ganz maßgeblich von der Zielsetzung des Automobilherstellers über dessen zukünftig angestrebte Position in der Erlebniswelt M-Business ab. So ist durchaus denkbar, dass ein Automobilhersteller ein mobiles Portal oder aber Sub-Portal unter dem Dach eines etablierten Internet Service Provider mit umfangreichen Informationen und Dienstleistungen für den Bereich Mobilität errichtet, was dann jedoch gemessen am organisatorischen und finanziellen Aufwand die Ausgestaltung eines eigenständigen Geschäftsmodells erfordert. Unstrittig dürfte allerdings sein, dass rein fahrzeugbezogene Dienste aus Sicht des Automobilherstellers am ehesten zur Kundenbindung beitragen, da hierdurch ein direkter Bezug zum originären Produkt – dem Automobil – besteht und auch relevante fahrzeugbezogene Kundendaten generiert werden können. Weiterhin erfordern fahrzeugbezogene Dienste wesentlich weniger Kooperationen als beispielsweise Infotainment-Anwendungen. Entsprechend ist die Koordinationskomplexität[25] wesentlich geringer, da weniger Kooperationspartner auch weniger Transaktionskosten verursachen, die zwangsläufig bei der Abstimmung über eine gemeinsame Dienstestrategie sowie im späteren operativen Geschäft entstehen.

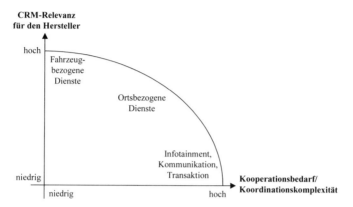

Abbildung 14: CRM-Relevanz und Koordinationskomplexität als Determinanten zur Auswahl der Telematikdienstestrategie

Die Koordinationskomplexität resultiert mit zunehmender Ausweitung des Telematik-Dienstleistungsportfolios insbesondere über die dabei notwendige Einigung der Kooperationspartner zum gemeinsamen Branding. So sollte es Ziel eines Automobilherstellers im Sinne einer Multichannel-CRM-Strategie sein, dass sämtliche Kundenkontaktpunkte die Markenattribute des Produktes bzw. des gesamten Unternehmens widerspiegeln. Nur so kann eine umfassende Einbindung des Kunden in die automobile Erlebniswelt erfolgen, da ein konsistent vermitteltes Markenprofil ein potenzielles Differenzierungsmerkmal gegenüber der Konkurrenz darstellt.[26] Insofern ist gerade im Hinblick auf den hier visualisierten Multichannel-Ansatz das von General Motors für Telematik-Dienstleistungen verfolgte Co-Branding durch das Tochterunternehmen Onstar zu kritisieren, da hierdurch gegenüber dem Kunden die Markenattribute der verschiedenen General-Motors-Marken nicht konsistent genug herausgestellt werden können. Abgesehen davon bleibt jedoch anzufügen, dass Onstar durch Positionierung als Service Provider in der Telematik-Wertschöpfungskette durchaus erfolgreich sein kann, da beispielsweise die Abrechnung von Dienstleistungen auch anderen Automobilherstellern angeboten werden kann. Die Bestandsfähigkeit des Geschäftsmodells wird jedoch maßgeblich von der Prozesseffizienz des Unternehmens abhängen, da durch die Vielzahl der im Telematik-Wertschöpfungsprozess beteiligten Unternehmen für ein einzelnes Unternehmen nur niedrige Margen verbleiben, so dass entsprechend die Prozesskosten gering zu halten sind. Andererseits ist jedoch auch problematisch, dass beispielsweise bei einem angestrebten Angebot im Infotainment- und Kommunikationsbereich attraktive Partner, wie ein etablierter Verlag als Content Provider oder gerade ein Telekommunikationsunternehmen mit eigenen Zugangsportalen, nicht auf das Branding der eigenen Marken verzichten werden. Dabei visualisiert z. B. die Kooperation von DaimlerChrysler und T-Online mit dem gemeinsamen Internet-Auftritt www.mercedes-benz.t-online.de und der Zusammenführung zweier starker Marken einen möglichen Ansatz zu einem konvergenten, d. h. branchenübergreifen-

---

[25] Vgl. KEUPER (1999), S. 2 ff.
[26] Vgl. MEFFERT (1998), S. 788 ff.

den Markenmanagement, wobei dies in jedem Fall die Koordinationskomplexität ansteigen lässt, um durch Formulierung exakter Vorgaben zur Markenkommunikation die Gefahr der Markenverwässerung abzuwenden.

Einen anderen Weg beim Markenmanagement geht BMW, die hinsichtlich aller Kundenkontaktpunkte auf die Visualisierung der BMW-Markenwerte „Freude am Fahren", „Sportlichkeit", „Dynamik" und „Innovation" abzielen und dementsprechend auch bei der Markenführung von Telematikdienstleistungen keine Integration einer weiteren starken Marke oder ein Co-Branding zulassen. Dies gelingt, indem der Fokus des Telematikdienstes Assist und des Informationsdienstes BMW Online auf einem Fahrerinformationssystem und damit fahrzeug- und ortsbezogenen (insbesondere intelligente Navigation) Diensten liegt. Für den Informationsbereich wurden dabei lediglich ausgewählte Content-Partnerschaften, schwerpunktmäßig zu Nachrichtenagenturen – wie der dpa oder Reuters – geschlossen.

Als Fazit lässt sich festhalten, dass ein Automobilhersteller, der eher darauf abzielt, Telematikdienste als einen innovativen Kundenkontaktpunkt denn als eigenständiges Geschäftsmodell zu etablieren, die Effektivität und Effizienz des Telematikangebotes durch die genaue Auswahl und Beschränkung auf CRM-relevante Dienste erhöhen kann. Die entscheidenden Fragen im Rahmen des Planungsprozesses lauten somit, welche Dienste für den Kunden besonders relevant sind und gleichzeitig die Kundenbindung durch Vermittlung eines konkreten Mehrwertes erhöhen, wie die spezifischen Markenwerte innerhalb der Dienste zu visualisieren sind, um den Kunden dadurch in die automobile Erlebniswelt einzubinden und welche strategischen Partnerschaften entsprechend des gewählten Diensteportfolios einzugehen sind. Damit lässt sich verallgemeinern, dass die Errichtung eines multimedialen Kundenkontaktpunktes nicht zum Selbstzweck ausarten darf, um einem vermeintlichen „Hype" nachzukommen, sondern sich auch mittelfristig entsprechend der CRM-Strategie des Automobilherstellers wirtschaftlich rechnen muss.

3.3 Technologiemanagement

Eine der wohl herausforderndsten Aufgaben bei der Implementierung einer Multichannel-Lösung ist die technologische Integration der verschiedenen Kundenkontaktpunkte. Dabei visualisiert Abbildung 15, dass eine Multichannel-Lösung mehrere interdependente Komponenten umfasst.

Ein effektives und effizientes Multichannel Management besteht grundsätzlich aus einer Kombination operativer und analytischer Bausteine, die sich allerdings ähnlich wie in einem Ökosystem gegenseitig bedingen. So stehen im operativen Bereich *Kundenservice-Front-Ends* beim Händler, im zentralen Call Center sowie anderen Service-Abteilungen zur Verfügung, um die jeweiligen Mitarbeiter mit relevanten Kundeninformationen, die an allen Kontaktpunkten generiert und schließlich zentral gespeichert wurden, zu versorgen.[27] Hierdurch ist es den Mitarbeitern möglich, individuell auf Kundenbedürfnisse einzugehen. Das analytische CRM wiederum beschäftigt sich mit der Analyse der an den Kundenkontaktpunkten generierten relevanten Kundendaten und leitet auf deren Basis ggf. Modifikationen bestehender Service-Angebote ein bzw. entwickelt gänzlich neue Angebote. So ist es beispielsweise sinnvoll, die Nutzung einzelner Telematik-Dienste detailliert zu analysieren, was mit Hilfe von statischen oder gar Data-Mining-Verfahren möglich ist, die automatisch die Suche nach Beziehungen und Mustern in Datenbeständen durch Anwendung von Algorithmen ermöglichen.

---

[27] Vgl. *MEHL/HANS* (2001), S. 281.

Stellt sich dann im Zeitverlauf z. B. heraus, dass ortsbezogene Dienste bei der Kundenschaft eine hohe Akzeptanz aufweisen, kann daraufhin das Angebot ausgeweitet werden. Während dies eine Zielgruppenanalyse darstellt, ist anzuführen, dass in einem weiteren Schritt – sofern vom Kunden gewünscht – ein One-to-One-Marketing möglich ist, um personalisierte Dienstleistungen zur Verfügung zu stellen. Allerdings ist dies noch gerade in der Automobilbranche Zukunftsmusik, da ein One-to-One-Marketing zwar theoretisch bei vielen Herstellern auf Basis bestehender Technologien denkbar ist, allerdings in praxi Datenschutzmotive berechtigterweise im Vordergrund stehen.

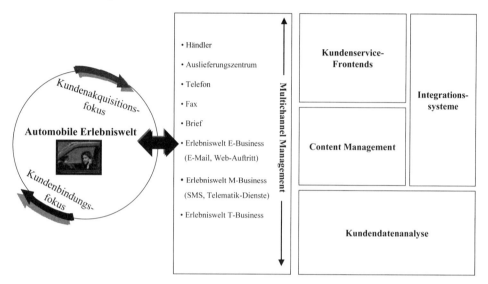

Abbildung 15: Technologische Integration der automobilen Erlebniswelt[28]

Während das Herzstück der operativen Front-Ends die operative Kundendatenbank ist, stellt ein *Data Warehouse* den Mittelpunkt des dispositiven Systems (Analyse und Reporting) dar. Dabei bezeichnet ein Data Warehouse eine themenorientierte, integrierte, zeitbezogene und dauerhafte Sammlung von Informationen, die im Gegensatz zu operativen Informationssystemen stärker objektorientiert, also z. B. nach Kunden oder Kundenvorgängen, verwaltet werden.[29] Sinnvoll eingesetzt werden kann ein solcher zentraler Datenspeicher jedoch nur, wenn alle generierten Daten formatunabhängig gespeichert werden. Letztlich fällt unter die Kategorie Integrationssysteme schwerpunktmäßig die so genannte *Middleware*, die Interaktionen zwischen den getrennten Software-Komponenten überhaupt erst ermöglicht. Ähnlich wie beim Client-Server-Prinzip legt die Middleware fest, welche Rollen die zugehörigen Technologien bei der Entwicklung verteilter Systeme übernehmen sollen.

Die vorgestellten Technologien dürfen jedoch nicht darüber hinwegtäuschen, dass das Technologiemanagement wohl eine der größten Hürden bei der Etablierung eines Multichannel-CRM darstellt. Die festzulegende IT-Strategie – die Auswahl der Integrationsplattformen und die Definitionen über das Zusammenspiel der Systeme – ist hierbei der Schlüssel zum technologischen Integrationserfolg, der wiederum entscheidend für den langfristigen strategischen Erfolg des gesamten CRM-Projektes ist. Dabei liegt die wesentliche Schwierigkeit in

---

[28] Vgl. *IBM BUSINESS CONSULTING SERVICES* (2002b).
[29] Vgl. *SCHINZER/THOME* (1999), S. 1.

der stets singulären und über Jahre gewachsenen IT-Landschaft eines Unternehmens, in das Neusysteme integriert werden müssen. Bis zur vollständigen Verfügbarkeit einer soliden technologischen Basis für ein Multichannel-CRM bei einem Automobilhersteller kann entsprechend nicht nur von einem Zeitraum mehrerer Monate, sondern vielmehr einiger Jahre ausgegangen werden, zumal in vielen Bereichen der eigentlichen technologischen Integration auch ein organisatorisches Reengineering von Kernprozessen vorgeschaltet ist.

3.4 Business Case Management

Spätestens die Ausführungen zu erforderlichen Technologien und dem dabei bei einem Autokonzern einzuplanenden längeren Implementierungszeitraum werfen die Frage auf, ob sich ein solches Multichannel-CRM überhaupt wirtschaftlich amortisiert. So ist anzuführen, dass die meisten Automobilhersteller börsennotiert sind und maßgeblich dem Druck des Finanzmarktes unterliegen, so dass Investitionen in mehrstelliger Millionenhöhe nur mit einem soliden CRM-Business Case zu rechtfertigen sind. Ein solcher Business Case enthält konkrete finanzielle Berechnungen zu anfallenden Kosten und unter Berücksichtigung realistischer Planungshypothesen und Szenarien auch Erlös- bzw. Nutzenprognosen. Darüber hinaus werden typischerweise inhaltliche Ziele und Meilensteine des CRM-Projektes schriftlich fixiert.[30] Dadurch ist eine erste Informationsgrundlage gegeben, welche Ressourcen, von wem, in welcher Höhe und wie lange im Rahmen des CRM-Projektes benötigt werden. Ein Business Case stellt jedoch nicht nur eine statische Planungsgrundlage zu Beginn des CRM-Projektes dar, sondern sollte auch in der Implementierungsphase den sich möglicherweise geänderten Rahmenbedingungen angepasst werden, so dass beispielsweise im Projektverlauf aufgetretene Risiken (neu) bewertet werden und eine Auswirkungskontrolle auf den Gesamtnutzen des Projektes durchgeführt werden kann. Darüber hinaus dient der Business Case nach dem Roll-Out des Projektes dazu, Soll-Ist-Vergleiche durchzuführen und darauf basierend ggf. zu analysieren, warum sich ein geplanter Nutzen nach Projektrealisierung nicht eingestellt hat und welche Maßnahmen darauf aufbauend noch einzuleiten sind. Die Ausführungen zu den Vorteilen eines detaillierten Business Case Management lassen sich dabei am besten anhand eines Beispiels visualisieren.

---

[30] Vgl. KEUPER/HANS (2003), S. 192.

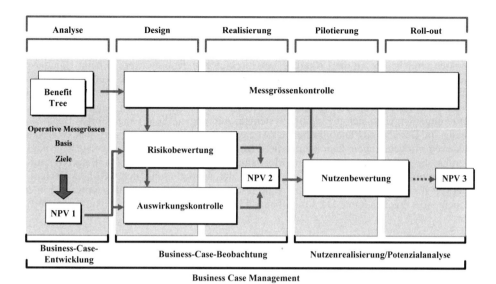

Abbildung 16:   Business Case Management als Basis eines wertorientierten CRM-Projektes

Zunächst werden im Rahmen des „Benefit Tree" die aggregierten Werttreiber eines CRM-Projektes in vorgeschaltete Werttreiber heruntergebrochen. Dabei liegt auf der Hand, dass gesteigerte (monetäre) Erlöse die wesentlichen Werttreiber von CRM darstellen, deren Höhe von der Anzahl der Kunden sowie den erzielbaren Erlösen pro Kunden abhängig sind. Die Anzahl der Kunden wird wiederum determiniert von der Anzahl der Neukunden sowie der Wiederholungskäufer. Die Höhe der Wiederholungskäufer ist letztlich abhängig von der Abwanderungsquote der Käufer, der sog. *Churn Rate*.

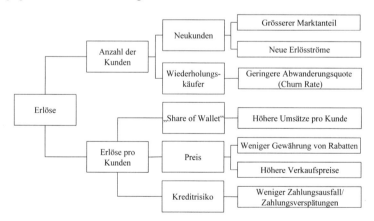

Abbildung 17:   Beispiel für die Aufsplittung von Werttreibern eines CRM-Projektes

Die Churn Rate stellt nun eine operative Messgröße dar, die sich direkt im Automobilbereich – eine gewisse Mindest-Ausstattung notwendiger IT-Systeme vorausgesetzt – erheben lässt und eine hohe Aussagekraft für das operative und strategische Geschäft besitzt. Dabei wird für das vorliegende Beispiel angenommen, dass die Analyse eines Automobilherstellers unterschiedliche Abwanderungsquoten für einzelne Fahrzeuge aufweist, wobei die Churn Rate im High Value Segment am höchsten ist. Daraus ergeben sich an ein zu implementierendes

CRM-System die Anforderungen der Identifikation von Verhaltensmustern der Kunden, die ein erhöhtes Abwanderungsrisiko vorzeitig signalisieren. Dies lässt sich insbesondere durch die Verdichtung gesammelter Kundeninformationen an den verschiedenen Kundenkontaktpunkten erreichen, z. B. die Erfassung von direkten Kundenbeschwerden beim Händler oder die Nutzungsintensität von Telematikdiensten. So deutet eine geringe Nutzung der Dienste auf eine geringe Einbindung des Kunden in die automobile Erlebniswelt hin, was möglicherweise ein Anzeichen für eine geringe Kundenzufriedenheit ist. Aus den genannten Prozessanforderungen ergeben sich gleichfalls Systemanforderungen, die im angeführten Beispiel eindeutig im Bereich des analytischen CRM liegen, so dass aufgrund von Data-Warehousebasierten Anwendungen Kundenprofilierungen und Abwanderungsvorhersagen ermöglicht werden, die ggf. sogar automatisierte Maßnahmenempfehlungen anstoßen. Basierend auf den Anforderungen wird schließlich im Rahmen der Modellierung der CRM-Landschaft ein Zielwert für die zu erreichende Churn Rate festgelegt, die sich aufgrund externer und interner Benchmarks ergeben kann. Darauf aufbauend lässt sich nun der erwartete Nutzen quantifizieren.

		Jahr 1	Jahr n
1	Anzahl aktiver Kunden	50.000	50.000
2	Churn Rate in % von (1)	20%	20%
3	Durchschnittliche Auftragszahl pro Kunde p. a.	0,2	0,2
4	Durchschnittlicher Auftragswert in €	25.000	25.000
5	Angestrebter Zielwert der Churn Rate	5%	5%
6	Durchschnittliche Profit Margin von (4)	10%	10%
7	Kumulierter Zusatzumsatz aufgrund reduzierter Churn Rate p. a.	37.500.000	37.500.000
8	Kumulierter Zusatzprofit aufgrund reduzierter Churn Rate p. a.	3.750.000	3.750.000

Abbildung 18: Quantifizierung des Nutzens einer aus dem CRM-Projekt zu erwartenden geringeren Churn Rate

Im Beispiel wird angenommen, dass im Jahr 1 in einem bestimmten Fahrzeugsegment des Zielmarktes Deutschland 50.000 aktive Kunden identifiziert werden, die durchschnittlich alle fünf Jahre ein neues Automobil kaufen. Die aktuelle Churn Rate liegt dabei bei 20%, so dass sich ohne Einleitung von CRM-Maßnahmen zur Reduktion der Churn Rate ein jährlicher Umsatzverlust von 50 Millionen Euro bzw. ein Profit-Verlust bei Zugrundelegung einer durchschnittlichen Marge von 10% von 5 Millionen Euro ergibt. Kann nun die Churn Rate auf 5% reduziert werden, so fallen zusätzliche Umsätze von 37,5 Millionen Euro bzw. zusätzliche Gewinne von 3,75 Millionen Euro an. Wird letztlich für alle operativen Messgrößen die Gesamtsumme aus allen Nutzenbeiträgen des Planungszeitraums, der sich i. d. R. aus dem angestrebten CRM-Implementierungszeitraum ableitet, gebildet und die erwarteten Gesamtkosten, wie z. B. für Projektpersonal, Anschaffung von Hard- und Software oder Beratungsentgelder, abgezogen, so ergibt sich der Net Present Value 1 (NPV1). Dabei stellt der NPV1 eine wesentliche Entscheidungsgröße für die Einleitung oder Ablehnung von CRM-Maßnahmen dar. Allerdings sind dem beschriebenen Verfahren Grenzen gesetzt, da CRM auch gerade intangible und nur schwer quantifizierbare Erlöse, z. B. eine höhere Markenbekanntheit und eine daraus resultierende Stärkung der Marke, bewirken kann. Die Bewertung von Marken stellt dabei allgemein ein noch ungelöstes Praxisproblem und gleichzeitig offenes Forschungsfeld für die Wissenschaft dar. Zudem kann natürlich auch von Seiten der Wissenschaft kritisiert werden, dass mit der Quantifizierung des Nutzens auf Grundlage primär vergangenheitsorientierter Erfahrungswerte die Berechnung auf einen pseudodeterministischen Punktwert geschärft wird, der unter Umständen nur rudimentär den tatsächlichen Nutzen des CRM-Projektes widerspiegelt. Ein realitätsnäherer NPV1-Wert könnte so durch komplexere Berechnungsverfahren, z. B. durch Anwendung von Fuzzy Sets, die eine explizite Berücksichtigung der Unschärfe (und damit der Unsicherheit) der zugrunde gelegten Berechnungsparameter ermöglichen, generiert werden.[31] Allerdings lässt sich das Problem in praxi schon dadurch abschwächen, dass im späteren Projektverlauf auftretende Risiken kontinuierlich monetär bewertet werden und der NPV1 somit keine fixe Orientierungsgröße darstellt. Wird beispielsweise simuliert, dass keine ausreichende Anzahl von Mitarbeitern für das CRM-Projekt bereitgestellt wird, so könnte dies bedeuten, dass die Anwendung „Abwanderungsanalyse" entweder gar nicht mehr möglich ist oder erst verspätet verfügbar gemacht wird oder aber externe Kräfte zur rechtzeitigen Realisierung hinzugezogen werden müssen. Durch Bewertung solcher Risiken sind so während des Projektes detaillierte Analysen zur Entwicklung des erwarteten Projektnutzens möglich. Werden die monetär bewerteten Risiken also als Kosten vom NPV1 abgezogen, so ergibt sich der NPV2. Dabei stellt der NPV2 keinen Punktwert, sondern ähnlich wie bei einem Aktienkurs eine Strömungsgröße dar, da z. B. zeitliche Verzögerungen und deren Auswirkung auf die Projektkosten einer stetigen Anpassung unterliegen.

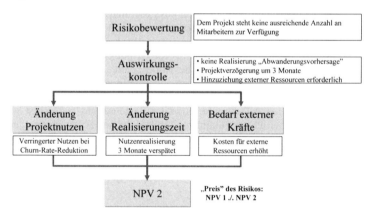

Abbildung 19: Bewertung von Risiken zur Berechnung des Net Present Value 2

Im Rahmen der Nutzenbewertung wird letztlich analysiert, ob die prognostizierten Effekte auch tatsächlich eingetreten sind. So werden alle Messgrößen auf den Prüfstand gestellt, wobei der Roll-Out-Plan zu modifizieren ist, wenn Zielvorgaben nicht erreicht wurden und dementsprechend weitere Maßnahmen einzuleiten sind. Am Ende des CRM-Projektes steht dann der NPV3, also der tatsächlich aus dem CRM-Projekt realisierte Nutzen. Allerdings ist dieser Wert nicht ohne weiteres zu generieren, da parallel zu CRM-Projekten natürlich auch beispielsweise neue Produkteinführungen, Marketing-Kampagnen oder Reorganisationsmaßnahmen zu höheren Erlösen beitragen können, deren Effekte sich durchaus überlagern oder sogar miteinander interagieren können. Insofern sind spätestens hier empirische Regressions-

---

[31] Vgl. KEUPER (2002c), S. 458 ff.

verfahren anzuwenden, die einen Aufschluss darüber geben können, welcher Effekt auf die CRM-Initiative zurückzuführen ist.

Aus dem Kontext lässt sich festhalten, dass aufgrund der Tragweite eines CRM-Projektes niemals alle Werttreiber, Risiken, Kosten und Erlöse vollständig erfassbar und berechenbar sind. Allerdings zeigt das exemplarisch dargestellte Verfahren, dass eine heuristische Vorgehensweise vom Beginn bis zum Abschluss der CRM-Initiative erforderlich ist, um das Projekt nicht nur mit Schlagworten wie „360-Grad-Sicht des Kunden", „100-prozentige Verfügbarkeit aller Kontaktkanäle", „One Face to the Customer" und „Profitverbesserung" zu verbinden, sondern aus ökonomischen Kalkül heraus rechtfertigen zu können. Dadurch lässt sich dann in der hier betrachteten Automobilbranche leicht nachweisen, dass Multichannel-CRM-Maßnahmen sich sowohl positiv auf die Erlös- als auch Kostenseite eines Automobilherstellers auswirken können.

4 Ausblick

Der Beitrag verdeutlicht ein Multichannel-CRM als Lösungsweg zur Stärkung von Kundenbeziehungen aus Sicht eines Automobilherstellers, da diesbezüglich wesentlicher Handlungsbedarf aufgrund von Branchentrends und gesellschaftlicher Tendenzen besteht. Dabei wird deutlich, dass CRM letztlich die Reorganisation des gesamten Unternehmens von einer überwiegenden Produkt- zur umfassenden Kundenorientierung bedeutet.

An der Kundenschnittstelle werden Multimedia-Kontaktpunkte – wie alle anderen traditionellen Kontaktpunkte auch – eine wesentliche Rolle spielen, um den Kunden zusätzliche Dienstleistungen anzubieten und idealerweise in eine emotionalisierte Auto-Erlebniswelt einzubinden. Allerdings dürfen die CRM-Maßnahmen und insbesondere die Formierungen von Auto-Erlebniswelten nicht als Allheilmittel zur Gewinnsteigerung angesehen werden. Von einem Automobilhersteller wird auch zukünftig vom Kunden zunächst erwartet, ein qualitativ gutes Automobil auf dem Markt angeboten zu bekommen. Die seit Jahren steigenden Rückrufaktionen, die längst auch Luxusmarken und Marken des oberen Segments betreffen, können so das Marken-Image nachhaltig beschädigen und den Effekt jeglicher CRM-Maßnahmen zunichte machen.[32]

Fazit: Ohne ein vernünftiges Produkt werden weder ein zunehmender Dienstleistungsfokus, noch ein zusätzlicher Multimedia-Kanal, noch Multichannel zu einem nachhaltigen Markterfolg des Automobilherstellers führen. Vielmehr kommt es darauf an, zunächst ein Produkt herzustellen, das im Rahmen der Produktgestaltung, wie Design, Innenraum und Fahrverhalten, sich trennscharf von anderen Marken abheben kann.[33] Darauf basierend lässt sich die Marke zunehmend durch den Aufbau eines in sich konsistenten Markenimages emotionalisieren. Erst im letzten Schritt ist dann eine umfassende Einbindung des Kunden in eine Auto-Erlebniswelt möglich. Die zukünftigen Erfolgsgaranten für einen Automobilhersteller werden demnach ein überlegenes Produktangebot, ein sukzessiv zu etablierendes emotionalisiertes Markenmanagement sowie die Integration der verschiedenen Kundenkontaktpunkte sein.

---

[32] Vgl. *O. V.* (2002), S. 18.
[33] Vgl. *KALBFELL* (2002), S. 67.

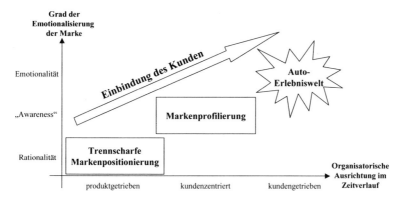

Abbildung 20: Multichannel-CRM: Schaffung emotionalisierter, medienübergreifender Auto-Erlebniswelten und gleichzeitige kundengetriebene, organisatorische Ausrichtung

Quellenverzeichnis

BAEUCHLE, C. (2002): Drei Helden erhalten eine neue Mission, in: Horizont, 2002, Nr. 25, S. 18.

BMW AG (2002): Portal zum Dialog, in: BMW Group Zeitung, 2002, Nr.1/2, S. 1/6.

BRANDT, F. / HEISE, C. (2002): Die Emotionalisierung der Marke für ein erfolgreiches Automobilmarketing, in: Zeitschrift für Automobilwirtschaft, 2002, Nr. 1, S. 38–44.

BÜCKEN, R. (1999): Mobile Notrufsäule, in: Funkschau, 1999, Nr. 20, S. 28–30.

DEPREZ, F. / ROSENGREN, J. / SOMAN, V. (2002): Portals for all Platforms, in: The McKinsey Quarterly, 2002, Nr. 1, S. 92–101.

ENTRESS, A. (2002): Trend: Mit der Autostadt macht VW es allen vor, online: http://www.ftd.de/ub/in/FTDYGXH44XC.html, Stand: 01.02.2002, Abruf: 01.02.2002.

FIGGE, D. (2000): Die Konvergenz als Chance für kreative konsumentenorientierte Services, in: BLIEMEL, F. / FASSOTT, G. / THEOBALD, A. (Hrsg.), Electronic Commerce: Herausforderungen – Anwendungen – Perspektiven, 3. Auflage, Wiesbaden 2000, S. 159–170.

FORRESTER RESEARCH INC. (2001): Carbuyers' Paths to Purchase, Cambridge/Ma 2001.

FRÜHAUF, K. / OBERBAUER, R. (2002): Web in the car – Mobile Commerce als Herausforderung für Automobilhersteller, in: SILBERER, G. / WOHLFAHRT, J. / WILHELM, T. (Hrsg.), Mobile Commerce – Grundlagen, Geschäftsmodelle, Erfolgsfaktoren, Wiesbaden 2002, S. 381–397.

HÜNING, C. / KEUPER, F. (2002): Cross-digitale Multi-Channel-Strategien, in: Diebold Management Report, 2002, Nr. 6–7, S. 27–31.

IBM BUSINESS CONSULTING SERVICES (2002a): Die Automobilindustrie im Wandel, unternehmensinterne Unterlagen, Hamburg 2002.

IBM BUSINESS CONSULTING SERVICES (2002b): CRM Accel – The Multichannel Experience – Automotive Industry, Präsentation, London 2002.

KALBFELL, K.-H. (2002): E-Branding als Positionierungsinstrument, in: Zeitschrift für Automobilwirtschaft, 2002, Nr. 2, S. 66–70.

KEUPER, F. (1999): Fuzzy-PPS-Systeme – Einsatzmöglichkeiten und Erfolgspotentiale der Theorie unscharfer Mengen, Wiesbaden 1999.

KEUPER, F. (2002a): Wettbewerbsstrategische Positionierung mit Hilfe der integriert-hybriden Produktionsstrategie – Konzeptualisierung und Operationalisierung, Habilitationsschrift für das Fach Betriebswirtschaftslehre am Fachbereich Wirtschaftswissenschaften der Universität Hamburg, Hamburg 2002.

KEUPER, F. (2002b): Convergence-based View – ein strategie-strukturationstheoretischer Ansatz zum Management der Konvergenz digitaler Erlebniswelten, in: KEUPER, F. (Hrsg.), E-Commerce und M-Commerce – Ansätze, Konzepte, Geschäftsmodelle, Wiesbaden 2002, S. 603–654.

KEUPER, F. (2002c): Unscharfe, kapitalwertbasierte Verfahren zur Unternehmensbewertung, in: Zeitschrift für Betriebswirtschaft, 2002, S. 457–476.

KEUPER, F. / HANS, R. (2003): Multimedia Management – Zeitungs- und Publikumszeitschriftenverlage im digitalen Informationszeitalter, Wiesbaden 2003.

KNAUTH, M. (2001): Zugang zu Internet und digitalem Fernsehen – technische Grundlagen, Wettbewerbsstrategien und Regulierungsansätze, Wiesbaden 2001.

LADEMANN, R. P. (2002): Zur Zukunft des Automobilvertriebs – Neuwagenverkauf in Europa im Lichte der neuen Kfz-GVO, in: Zeitschrift für Automobilwirtschaft, 2002, Nr. 2, S. 6–11.

MEFFERT, H. (1998): Marketing – Grundlagen marktorientierter Unternehmensführung – Konzepte – Instrumente – Praxisbeispiele, 8. Auflage, Wiesbaden 1998.

MEHL, R. / HANS, R. (2001): Organisation im Internet-Zeitalter – „When Elephants Begin to Dance", in: KEUPER, F. (Hrsg.), Strategic E-Business – Strategien, strategische Konzepte und Instrumente aus Sicht von Beratungsgesellschaften, Wiesbaden 2001, S. 274–305.

O. V. (2001): Probefahrt per Knopfdruck, in: Horizont, 2001, Nr. 39, S. 90.

O. V. (2002): Eine lockere Schraube kratzt am Profil, in: Horizont, 2002, Nr. 34, S. 18.

PICOT, A. / REICHWALD, R. / WIGAND, R. (1998): Die grenzenlose Unternehmung: Information, Organisation und Management, 3. Auflage, Wiesbaden 1998.

PRICEWATERHOUSECOOPERS (2000): Der Breitbandkabel-Markt Deutschland – vom Kabel-TV-Netz zum Full-Service-Network, Frankfurt (Main) 2000.

UBS WARBURG LLC (2000): Worldwide Telematics Industry – Eyes on the Road and Hands on the Wheel, New York/NY 2000.

WIRTZ, B. W. (1999): Convergence Processes, Value Constellations and Integration Strategies in the Multimedia Business, in: The International Journal of Media Management, 1999, S. 14–22.

Hybride Wettbewerbsstrategien für Inhalteverwerter und deren Auswirkungen auf die Inhaltesyndizierung

THOMAS HESS und MARKUS ANDING

LUDWIG-MAXIMILIANS-UNIVERSITÄT MÜNCHEN

1	Einführung	287
2	Klassische strategische Optionen für Inhalteverwerter	288
3	Technische Veränderungen und deren Einfluss auf Inhalteverwerter	289
4	Neue strategische Optionen für Inhalteverwerter	291
5	Implikationen für den Content-Markt	294
6	Fazit und Ausblick	296
	Quellenverzeichnis	297

1 Einführung

Die Geschäftsmodelle von Inhalteverwertern unterliegen aufgrund der rasanten Entwicklung elektronischer Medien in jüngster Zeit signifikanten Änderungen. Die Praxis zeigt, dass der simple Transfer traditionell bestehender Offline-Geschäftsmodelle und -Inhalteangebote in neue Online-Umgebungen nicht sinnvoll ist und die damit verbundenen Aufwendungen selten refinanziert werden können. Neue Medien und Technologien ermöglichen Inhalteverwertern einerseits eine Erweiterung und Umgestaltung ihrer Geschäftsmodelle und Inhalteangebote, sie zwingen Inhalteverwerter andererseits aber auch zur Anpassung an das sich durch neue Technologien wandelnde Wettbewerbsumfeld. So wächst speziell die Verhandlungsmacht von Konsumenten durch die steigende Transparenz auf elektronischen Märkten, welche das Vergleichen von Angeboten und das Wechseln von Anbietern massiv erleichtern.

Unternehmen können traditionell zwei strategische Basispositionen einnehmen, um dem Wettbewerbsumfeld zu begegnen. Die Art und Weise, wie Unternehmen die ursprünglich disparaten Strategien der Produktdifferenzierung und Kostenführerschaft verfolgen, kann durch den Einfluss neuer Technologien zunehmend verändert werden, wodurch sich sowohl neue Optionen als auch Erfordernisse für Inhalteverwerter ergeben. Zahlreiche Beispiele für online agierende Inhalteverwerter mit veränderten Strategieansätzen lassen sich bereits finden. So bot bspw. Booktailor.com (– ein Unternehmen, das inzwischen allerdings wieder vom Markt zurückgetreten ist[1]) individualisierte Bücher, speziell Reiseführer, auf Basis bereits existierender Inhaltemodule an und wies damit ein zugleich differenziertes wie kostengünstiges Produktangebot auf. Die gleichzeitige Verfolgung von Produktdifferenzierung und Kostenminimierung wirft die Frage nach einem verstärkten Bedarf an der im Medienmarkt bereits seit langem praktizierten Content-Syndizierung auf. Die Mehrfachverwertung von Medieninhalten erlaubt eine kostengünstige Akquisition bereits bestehender Inhalte durch Inhalteverwerter und im Wege einer personalisierten Bündelung eine zielgruppenindividuelle Ansprache und Produktdifferenzierung. Dieser Effekt wird sich durch die auf Basis digitaler Technologien (nahezu) kostenlose Vervielfältigungsmöglichkeit von Inhalten tendenziell verändern und stellt sich im Onlinebereich dadurch anders dar als in Offline-Medien.[2] Durch den sich wandelnden Bedarf von Inhalteverwertern an Medieninhalten (insbesondere an für eine personalisierte Bündelung nutzbaren Inhaltemodulen) stellt sich zudem die Frage nach möglicherweise geänderten Anforderungen an auf dem Inhaltemarkt agierende Intermediäre (Content Syndicator) sowie ganz grundlegend nach deren Existenzberechtigung. Empirische Evidenz für die Entstehung neuer Intermediäre und deren Wandel zeigt sich durch im Internet schnell entstandene neue Content Syndicator wie Screamingmedia.com, Yellowbrix.com oder Xipolis.net, welche Inhalteverwerter mit Medieninhalten beliefern.

Zur Verdeutlichung des Schwerpunktes des vorliegenden Beitrags werden Inhalteverwerter als Unternehmen eingeführt, die Inhalteprodukte an Konsumenten bereitstellen (d. h. diese am Endkundenmarkt verwerten), die von ihnen entweder selbst produziert oder von Erzeugern oder Content Syndicator akquiriert wurden. Somit können unter Rückgriff auf die Medi-

---

[1] Der Grund hierfür wurde von Booktailor mit den zum damaligen Zeitpunkt verschärften Umfeld- und Refinanzierungsbedingungen im Medienmarkt angegeben.
[2] Dies wird durch eine entsprechende Begriffsgebung mit „Online Content Syndication" verdeutlicht.

enwertschöpfungskette³ Inhalteverwerter eine intermediäre Position zwischen der Erstellung und Konsumption von Inhalten einnehmen (vgl. Abbildung 1).

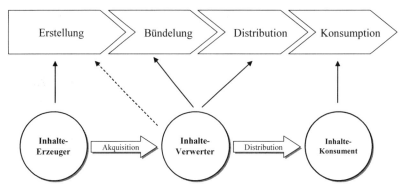

Abbildung 1:   *Inhalteverwerter in der Medien-Wertschöpfungskette*

Der vorliegende Beitrag analysiert den Einfluss neuer Technologien auf die strategischen Optionen von Inhalteverwertern und versucht eine theoretische Begründung für die zu beobachtenden hybriden Strategien sowie die Entwicklung von Online Content Syndication zu geben. Nach einer knappen Darstellung der klassischen strategischen Optionen und deren Ausprägung in der Medienbranche wird eine dreistufige Analyse beginnend mit der Einführung neuer Technologien in die Medienwertschöpfungskette durchgeführt, in deren Rahmen im zweiten Schritt die strategischen Optionen im Lichte der neuen Technologien neu bewertet und Online Content Syndication im dritten Schritt als marktbezogene Konsequenz abgeleitet wird. Die Veränderung strategischer Optionen ist hierbei ein in der Literatur bereits häufig auf allgemeiner Ebene aufgegriffenes Thema,[4] das an dieser Stelle konkret auf Inhalteverwerter bezogen und um externe Effekte ergänzt diskutiert wird.

2   Klassische strategische Optionen für Inhalteverwerter

PORTER definiert Differenzierung und Kostenführerschaft als zwei industrieunabhängige generische Wettbewerbsstrategien, die von Unternehmen verfolgt werden können, um auf dem Markt existierenden Wettbewerbskräften zu begegnen.[5] Beide Strategien werden von *PORTER* als disparat angesehen, der Versuch ihrer gleichzeitigen Implementierung muss nach seiner Auffassung scheitern und führt zu einer Stuck-in-the-Middle-Situation.[6]

---

[3]   In Anlehnung an *SCHUMANN/HESS* (2002), S. 10.
[4]   Vgl. bspw. die Betrachtungen von *PILLER/SCHODER* (1999) zur Mass Customization.
[5]   Vgl. *PORTER* (1980).
[6]   Vgl. *PORTER* (1980), S. 42.

Die Strategie der Differenzierung fokussiert auf einzigartige Produktmerkmale, die die Abgrenzung eigener Produkte von Angeboten des Wettbewerbs ermöglichen und für die Kunden i. d. R. eine erhöhte Zahlungsbereitschaft aufweisen. Im Bezug auf Medienprodukte kann eine Differenzierung durch die personalisierte Bereitstellung von Inhalten erfolgen, die auf die Kundenbedürfnisse zugeschnitten sind und damit erhöhte Qualität und einen gesteigerten Wert aufweisen. Bei elektronisch bereitgestellten Inhalten sind hier insbesondere technische Entwicklungen wie Portabilität, Formatunabhängigkeit und einfacher Zugriff/einfache Navigation von Bedeutung. Da Inhalte dem Informationsparadoxon[7] unterliegen, ist insbesondere auf Medienmärkten die Konzentration auf (sowie die Investition in) Markennamen und die damit verbundene ex ante Signalisierung von Produktqualität als strategischer Erfolgsfaktor anzusehen. Durch die zunehmende Informationsüberflutung der Konsumenten und die dadurch bedingte Vorteilhaftigkeit personalisierter Informationsangebote hat die Individualisierung von Inhalteangeboten großen Einfluss auf den Erfolg einer Differenzierungsstrategie von Inhalteverwertern.

Die Strategie der Kostenführerschaft erfordert einen Zugriff auf kostengünstige Inputfaktoren (d. h. Rohmaterial) und die Konzentration auf effiziente Produktionsprozesse. Aufgrund von Lerneffekten und dadurch erzielbarer Skaleneffekte kann eine Kostenführerschaft grundsätzlich durch Massenproduktion erreicht werden. Bei Medienprodukten resultiert eine Kostenführerschaft aus einer Ausnutzung des charakteristischen First-Copy-Cost-Effekts. Zu hohen Fixkosten erstellte Medienprodukte werden zu vernachlässigbaren variablen Kosten an eine Vielzahl von Abnehmern vertrieben und dadurch geringe Durchschnittskosten realisiert.

Für Inhalteverwerter bietet sich traditionell eine Wahlmöglichkeit zwischen den dargestellten Strategien der Differenzierung bzw. Kostenführerschaft. So können Inhalteverwerter durch stark auf Kundenbedürfnisse zugeschnittene und damit hochwertige Inhalte (bspw. Fachpublikationen) eine Differenzierung erreichen bzw. durch den kostengünstigen Vertrieb von Standardinhalten an ein Massenpublikum eine Kosten-führerschaft anstreben.

3 Technische Veränderungen und deren Einfluss auf Inhalteverwerter

Eine nahezu unüberschaubare Anzahl neuer Technologien – beginnend bei der Digitalisierung und interaktiven Medien hin zu Datenkompression und Digital Rights Management, um nur einige zu nennen – wurde in jüngster Zeit entwickelt und nimmt Einfluss auf die Medienindustrie. Im Folgenden werden zunächst einzelne Basistechnologien angesprochen und sich daraus ergebende Konzepte mit besonderer Bedeutung für die Medienindustrie anhand der Medienwertschöpfungskette (vgl. Abbildung 1) herausgestellt.

Aus Sicht der Inhalteerstellung ergibt sich aus der Einführung der Digitaltechnologie eine starke Reduktion (bzw. ein Verschwinden) der Kopierkosten und die Möglichkeit einfacher Manipulation erstellter Inhalte. Die Trennung von Inhalt und Layout und darüber hinaus die

---

[7] Vgl. hierzu GROSSMAN/STIGLITZ (1980).

Trennung von Layout und Semantik (bspw. durch XML[8]) werden ermöglicht und erlauben die Speicherung von Inhalten unabhängig von deren späterer Verwendung. Dies hat umfangreiche Auswirkungen auf die Bündelung von Medienprodukten, da deren Verwendung nun erst kurz vor der Distribution festgelegt werden kann und sich damit ein erhöhter Freiheitsgrad für die Erstellung von Produktbündeln ergibt. Die Distribution wird ebenso von neuen Technologien – wie bspw. von Rückkanälen für die Übertragung von Kundeninformationen zurück zum Produktanbieter (etwa auf Basis bidirektionaler ausgebauter TV-Kabelnetze) beeinflusst.[9] Drei wichtige technologische Einflussfaktoren bzw. Konzepte resultieren aus den genannten Effekten und nehmen Einfluss auf die strategischen Optionen von Inhalteverwertern: *Modularisierung*, *Verwendungsneutralität* und *Individualisierung* von Medieninhalten.

Durch kostenlose Vervielfältigung, einfache Manipulation, Trennung von Inhalt und Layout und damit durch einfache Auswahl und Kombination von Inhaltemodulen wird die Modularisierung (auch: Entbündelung) von Inhalten ermöglicht. Analogien für die Entbündelung von Produkten und Prozessen finden sich in der Finanzindustrie, wie beispielhaft diskutiert von BAUER/COLGAN[10]. Komplexe Inhalte können in verschiedene Module (z. B. Textelemente, Grafiken) aufgespalten, unabhängig voneinander in Multimediadatenbanken abgelegt und schließlich „on Demand" in Abhängigkeit ihrer inhaltlichen und formalen Kombinierbarkeit zu Produkten gebündelt werden. Letztlich müssen komplexe Medieninhalte nicht en bloc produziert werden, sondern lassen sich als Menge von Inhaltemodulen definieren, die ad hoc zu verschiedenen Produkten zusammengesetzt werden können.

Durch die enge Verbindung von Inhalt, Layout und Semantik in der traditionellen Inhalteproduktion waren Repräsentationsform und Speicherung von Inhalten stark durch das für die Distribution genutzte Medium prädeterminiert. So wurden bspw. Zeitungsartikel direkt in layout-orientierten Programmen entworfen und ganze Seiten im Hinblick auf den späteren Druck gestaltet. Durch eine Trennung von Inhalt und Layout wird das spätere Ausgabemedium nicht bereits während der Produktion vorbestimmt und kann erst spät – zum Zeitpunkt der Bündelung – festgelegt werden. Dies erlaubt eine crossmediale Distribution und eine feine Abstimmung von Inhalt und Distributionsmedium.

Auf der Distributionsseite erlauben Rückkanäle die Sammlung kundenspezifischer Informationen über Eigenschaften und Verhaltensweisen zuvor anonym agierender Konsumenten. Diese Informationen bilden eine Voraussetzung für die *Individualisierung* von Inhalteangeboten und ermöglichen Inhalteverwertern die individuelle Bündelung und Distribution von Inhalten auf Kundenwunsch.[11] Zuvor unter Ermangelung kundenindividueller Informationen für eine anonyme Zielgruppe erstellte Medienprodukte können nun unter Ausnutzung der ex ante erhobenen Informationen individuell gestaltet werden.

Schließlich können diese technischen Einflüsse im Hinblick auf unterschiedliche Medientypen wie Text, Bild, Audio, Video untersucht werden. Offenbar sind die Möglichkeiten der Modularisierung, Individualisierung und Verwendungsneutralität bei diesen Medientypen und zudem bei verschiedenen Inhaltearten (z. B. Kurzgeschichte vs. Fachbuch) unterschied-

---

[8] Extensible Markup Language.
[9] Vgl. REICHWALD ET AL. (2000).
[10] Vgl. BAUER/COLGAN (2002).
[11] Vgl. HESS (2002).

lich stark ausgeprägt. Die Möglichkeit der Modularisierung von Medieninhalten hängt stark von den Interdependenzen der Module bzw. deren Eigenschaft ab, unabhängig voneinander verwertbar zu sein. Dies ist annahmegemäß bei Inhalten gegeben, die aus verschiedenen Medientypen (z. B. Text und Bild) bzw. verschiedenen Inhalteelementen (z. B. Zeitungen) zusammengesetzt sind. Möglichkeiten der Individualisierung und Verwendungsneutralität sind speziell bei Text- und Bildinhalten gegeben, welche im Bezug auf Konfiguration, Navigation und Datenqualität besser an individuelle Bedürfnisse angepasst werden können als Audio- und Videoinhalte – da deren Distribution höheren technischen Anforderungen unterliegt.

4 Neue strategische Optionen für Inhalteverwerter

Im Folgenden wird zunächst eine Verbindung zwischen den beschriebenen technologischen Veränderungen und den strategischen Basisoptionen von Inhalteverwertern hergestellt sowie deren Veränderung hin zu hybriden Strategien diskutiert.

Nach Aussage von PORTER werden Unternehmen bei paralleler Verfolgung beider generischer Strategien in eine Stuck-in-the-Middle-Situation geraten und schließlich einen Misserfolg erleiden. Als Grund hierfür wird die Inkompatibilität des qualitätsorientierten Ansatzes der Differenzierungsstrategie und mit der Zielsetzung der Massenproduktion im Rahmen der Kostenführerschaft angesehen. Dennoch wurde der parallelen[12] bzw. sequentiellen[13] Verfolgung beider Strategien in jüngster Vergangenheit Erfolg konstatiert.[14] Dieser als „hybrid" bezeichnete und überwiegend durch neue Technologien ermöglichte Strategieansatz wird in der Literatur unter dem Begriff der „Kundenindividuellen Massenproduktion" diskutiert[15] und findet sich empirisch z. B. im Umfeld von Bildung[16] oder Finanzdienstleistungen, wo eine Individualisierung informationsintensiver Produkte zur Differenzierung auf der Absatzseite beitragen kann während entstehende Kosten durch Mehrfachverwertung auf der Beschaffungsseite begrenzt werden. Durch neue Technologien induzierte Veränderungen der strategischen Optionen von Inhalteverwertern wirken nicht nur auf das Ausmaß, in dem eine Strategie verfolgt werden kann, sie beeinflussen auch maßgeblich die Möglichkeit der Kombination zu hybriden Strategien. Die Verknüpfung von Modularisierung, Individuali-sierung und Verwendungsneutralität mit generischen Strategieoptionen auf Beschaffungs- und Absatzseite von Inhalteverwertern ist in Abbildung 2 dargestellt.

---

[12] Vgl. CORSTEN/WILL (1992).
[13] Vgl. GILBERT/STREBEL (1987), KLEINALTENKAMP (1987).
[14] Vgl. PORTER (1980), S. 42.
[15] Vgl. PINE (1993), PILLER/SCHODER (1999), REICHWALD ET AL. (2000).
[16] Vgl. HASSETT ET AL. (1997).

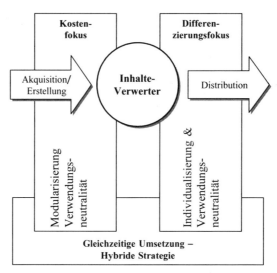

Abbildung 2: Technologische Entwicklungen und die Möglichkeit hybrider Strategien für Inhalteverwerter

Bei näherer Betrachtung der Inhalteproduktion wird deutlich, dass bei Inhalteverwertern zweidimensionale Skaleneffekte auftreten können. Eine Dimension adressiert die Produktion verschiedener originärer Inhalteprodukte – „First Copies" – (bpsw. gleichartige Zeitungsartikel, Musikstücke oder Filme), während die zweite Dimension der Skaleneffekte auf die Reproduktion identischer Kopien eines originären Inhalteproduktes (bspw. 10 Kopien eines bestimmten Zeitungsartikels) abstellt. Diese unterschiedlichen Skalen spiegeln die klassischen strategischen Optionen eines Inhalteverwerters (Differenzierung über unterschiedliche Produkte bzw. Kostenführerschaft durch Massen(re)produktion) wider. Eine angebotene Vielfalt unterschiedlicher Inhalteprodukte deckt Kundenbedürfnisse tendenziell besser ab (d. h. die Produkte weisen durch ihre Verschiedenheit eine inhärente Individualität auf) und begründet eine höhere Zahlungsbereitschaft bei vergleichsweise hohen Durchschnittskosten (typisch für Differenzierungsstrategien). Der hier auftretende Skaleneffekt resultiert lediglich aus möglichen Lern- und Erfahrungseffekten, die eine leichte Senkung der Durchschnittskosten mit steigender Produktionsmenge ermöglichen. Identische Kopien eines einzelnen Inhalteproduktes verursachen durch den First-Copy-Cost-Effekt hingegen sehr geringe Durchschnittskosten, decken aber auch die individuellen Kundenbedürfnisse tendenziell schlechter ab und generieren somit eine geringere Zahlungsbereitschaft (typisch für Kostenführerstrategien). Abbildung 3 stellt die beschriebenen Skalen dar und verdeutlicht die verschiedenen Möglichkeiten einer Positionierung für Inhalteverwerter zwischen Produktion und Reproduktion originärer Inhalte.

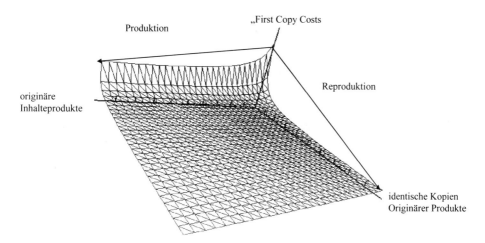

Abbildung 3: Skaleneffekte bei Produktion und Reproduktion originärer Inhalteprodukte

Die in Abbildung 3 nicht betrachtete Erlössituation ist für eine optimale Positionierung eines Inhalteverwerters zwischen Produktion und Reproduktion gleichermaßen bedeutsam. Hier ist davon auszugehen, dass der durchschnittliche Erlös je Einheit mit steigender Anzahl originärer Produkte tendenziell ansteigt (es ist von einer stärkeren Individualisierung und Abdeckung der Kundenwünsche auszugehen) während der Durchschnittserlös mit wachsender Anzahl identischer Kopien sinken wird (hier zum einen durch eine mögliche Preisdifferenzierung als auch aufgrund eines allgemein niedrigeren durchschnittlichen Erlösniveaus von Masseninhalten).

Die dargestellte Betrachtung bleibt nicht auf vollständige Inhalteprodukte beschränkt, sondern kann auf die Ebene von Inhaltemodulen erweitert werden. Analog kompletter Produkte können demnach originäre Inhaltemodule produziert und durch Reproduktion zu Bündeln (d. h. fertigen Produkten) kombiniert werden. Ein Bestand an produzierten Inhaltemodulen kann zudem als Inhalteplattform verstanden werden, auf deren Basis verschiedene Produkte generiert/entwickelt werden können. Analoge Ansätze hierzu finden sich bspw. in der Automobil- und Softwareindustrie. Die ökonomischen Grundlagen für Plattformen in der Softwareindustrie sind hierbei mit der Problemstellung bei Inhalteverwertern besonders vergleichbar.

In der traditionellen Medienindustrie war die simultane Verfolgung der beiden Basisstrategieansätze aufgrund technischer Beschränkungen nicht bzw. nur eingeschränkt möglich. Durch Modularisierung und Individualisierung – d. h. bei verstärkter Konzentration auf Inhaltemodule – können beide Skalen und damit beide Strategien simultan verfolgt werden. Es wird möglich, einzelne Inhaltemodule an Stelle vollständiger Inhalteprodukte zu erstellen, diese digital zu kopieren und entsprechend der Kundenpräferenzen zu nahe bei Null liegenden Kosten zu bündeln. Somit kann mit einer vergleichsweise geringen Zahl an Inhaltemodulen eine große Menge individueller Produkte generiert werden.[17] Durch die Möglichkeit der Modularisierung und der Verwendung von Inhalteplattformen für die Erstellung originärer Inhalteprodukte aus Inhaltemodulen verändert sich der im Bezug auf die Erstellung originärer Inhalte beschriebene Skaleneffekt. Lern- und Erfahrungseffekte verlagern sich von fertigen Produkten auf Inhaltemodule, während Produkte durch Reproduktion dieser Module entstehen. Damit nähert sich der bei der Produktion originärer Produkte auftretende Skaleneffekt jenem Effekt der Reproduktion an und die Durchschnittskosten der Produktion originärer Inhalte sinken ähnlich den identischen Kopien. Die Kosten der ersten Kopie lassen sich nun als kumulierte Erstellungskosten der Inhaltemodule angeben.

Ein Inhalteverwerter differenziert somit sein Angebot und erreicht gleichzeitig ein niedriges variables Kostenniveau. Einschränkend sei bemerkt, dass das Ausmaß von Erstellung und Bündelung einzelner Inhaltemodule speziell von den Möglichkeiten der Dekomposition eines Inhalteproduktes in Module und deren Neubündelung zu unterschiedlichen Produkten abhängt. Was für Zeitungen, Fach- und Lehrbücher sowie Reiseführer durchaus denkbar ist, gestaltet sich bei Romanen, Audio- und Videoinhalten weit problematischer. Es sind Kennzahlen denkbar, die die Möglichkeit der Modularisierung und Bündelung von Inhalteprodukten widerspiegeln und Aussagen für die Einsetzbarkeit hybrider Strategien für einzelne Inhalteanbieter auf Basis ihres Inhalteportefeuilles erlauben.

5 Implikationen für den Content-Markt

Von den beschriebenen Veränderungen der strategischen Optionen von Inhalteverwertern durch die Einführung neuer Technologien sind auch Auswirkungen auf den Markt für Inhalteprodukte und insbesondere Inhaltemodule zu erwarten. Das in verschiedenen Bereichen der Medienindustrie bereits traditionell eingesetzte Konzept der Mehrfachverwertung von Medieninhalten zwischen Unternehmen („Content Syndication") kann auf diesem Wege neue Bedeutung erlangen. Das Konzept beschreibt den mehrfachen Vertrieb einmal erstellter Medieninhalte an mehrere Inhalteverwerter, die diese Inhalte letztlich Konsumenten zur Verfügung stellen.[18] Content Syndication ist damit ein reines B2B-Geschäft, es werden Inhalte ausschließlich zur kommerziellen Weiterverwertung vertrieben.

Durch neue Technologien der Individualisierung und Modularisierung von Inhalteprodukten werden Inhalteverwerter verstärkt in die Lage versetzt, die Produktion einzelner Komponenten an externe Anbieter auszulagern. Die Möglichkeiten und die wirtschaftliche Vorteilhaftigkeit eines Outsourcing der Inhalteproduktion werden demnach verbessert. Daraus folgen unmittelbar eine steigende Nachfrage nach mehrfachverwertbaren Inhalten bzw. Inhaltemodulen und ein wachsendes Potential für Content Syndication. Spezialisierte Inhalteerzeuger

---

[17] Eine Beispielrechnung auf Basis der Kombinatorik verdeutlicht, dass mit n vorhandenen Modulen 2^n-1 Inhalteprodukte generiert werden können, mithin für die Erstellung von ca. 130.000 unterschiedlichen Produkten (rechnerisch) lediglich 17 Module notwendig sind. Einschränkend sei darauf hingewiesen, dass dieser theoretische Wert realistisch weit größer sein dürfte, da nur eine inhaltlich sinnvolle und nicht eine beliebige Bündelung von Modulen zu verwertbaren Produkten führen kann.

[18] Vgl. *WERBACH* (2000), *ANDING/HESS* (2001).

können Inhaltemodule an verschiedene Verwerter liefern, welche diese in individualisierte Angebote integrieren.

Nachteile der traditionellen Inhalte-Syndizierung, welche sich überwiegend auf die Mehrfachverwertung kompletter Produkte (z. B. Spielfilme oder TV-Serien) bezog, werden durch die verstärkte Konzentration auf Inhaltemodule gemildert. So ist das Differenzierungspotential von Inhalteverwertern generell gering wenn identische Inhalteprodukte von mehreren Verwertern an Konsumenten distribuiert werden und damit lediglich eine Reduktion der Kosten stattfindet.[19] Findet eine Syndizierung bei höherer Granularität der gehandelten Module statt (bspw. einzelne Comic Strips vs. ganze Comicserien), so wird dem Verwerter allein durch bestehende Bündelungsmöglichkeiten eine Differenzierung erlaubt, wenngleich die genutzten Inhaltemodule von mehreren Verwertern genutzt werden. Gleichzeitig ermöglicht die Auslagerung der Modulproduktion eine Kostenreduktion im Sinne des First-Copy-Cost-Effektes.

Durch den zu erwartenden Anstieg von Angebot und Nachfrage und die Zunahme der Akteure auf dem Markt für Inhalteprodukte werden zunehmend Transaktions-kosten entstehen. Folglich begründet sich daraus die Entstehung von Inhalte-Inter-mediären, die die entstehenden Transaktionskosten adressieren und die marktliche Abwicklung erleichtern.[20] Content-Syndicator existieren in traditionellen Medienmärkten bereits seit geraumer Zeit. Sie agieren bspw. als Vermarkter für von Hobbyautoren erstellte Inhalte an Tageszeitungen und verwerten in diesem Rahmen überwiegend komplette Inhalteprodukte. Durch eine zunehmende Syndizierung von Inhaltemodulen werden zudem nicht mehr nur traditionell in der Medienbranche agierende Unternehmen die Dienste eines Syndicator in Anspruch nehmen, sondern zunehmend auch Unternehmen anderer Branchen einerseits Inhaltemodule zur Ergänzung des eigenen Produktangebotes nachfragen sowie andererseits auch eigene Inhalte (bspw. von Banken erstellte Branchenberichte) zur Mehrfachverwertung anbieten können. In Abbildung 4 wird die Etablierung eines Content Syndicator zur Mehrfachverwertung von Inhaltemodulen schematisch dargestellt.

---

[19] Man denke hier an eine Vorabendserie, die (nacheinander) von verschiedenen TV-Sendern ausgestrahlt wird.
[20] Vgl. *ANDING/HESS* (2002). Die Reduktion von Transaktionskosten erfolgt überwiegend durch eine Verringerung von Suchkosten durch den Baligh-Richartz-Effekt. Vgl. *BALIGH/RICHARTZ* (1967).

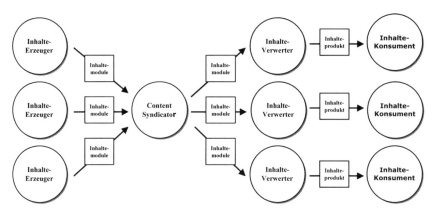

Abbildung 4: Mehrfachverwertung von Inhaltemodulen durch Content Syndicator

Durch einen verstärkten Handel mit Modulen steigen Such- und Abwicklungskosten tendenziell stark an und reduzieren die Effizienz einer rein marktlichen Organisation. Hieraus lässt sich auf die zu erwartende Anzahl an intermediären Handelsstufen und auf jeder Stufe agierender Intermediäre schließen, die sich auf Basis des Großhandelstheorems[21] tendenziell bestimmen lassen. Hiernach steigt sowohl die Anzahl der Handelsstufen als auch die Anzahl der Intermediäre (d. h. Content Syndicator) auf jeder Stufe bei steigender Anzahl anbietender und nachfragender Akteure an. Folglich kann im Hinblick auf Content Syndication ausgesagt werden, dass neue Technologien Content Syndication auf Ebene von Inhaltemodulen nicht nur ermöglichen, sondern indirekt durch geänderte Strategien der Inhalteverwerter auch forcieren.

6 Fazit und Ausblick

Der vorliegende Beitrag hat Veränderungen der Strategieoptionen von Inhalteverwertern im Überblick aufgezeigt. Es zeigt sich – in Übereinstimmung mit der Diskussion der „Kundenindividuellen Massenproduktion" als generellem Konzept – dass hybride Strategien insbesondere für Inhalteverwerter von Bedeutung sind, da diese mit zweidimensionalen Skaleneffekten konfrontiert sind. Die Ausnutzung beider Skaleneffekte schließt sich mit hybriden Strategien nicht weiterhin aus, sondern wird simultan möglich. Durch die mögliche Modularisierung von Inhalteprodukten wird Inhalteverwertern eine Auslagerung der Inhalteproduktion erleichtert und damit einem Markt für Inhaltemodule Auftrieb verschafft. Daraus entsteht ein Bedarf für Content Syndication und eine tendenziell wachsende Anzahl an Intermediären auf dem Inhaltemarkt. Diese Schlussfolgerungen decken sich mit empirisch zu beobachtendem Verhalten von Inhalteverwertern mit hybriden Strategien und dem Entstehen von Content Syndicator zur Unterstützung des Inhalteaustausches.

---

[21] Vgl. TOPOROWSKI (2000).

Weiter Forschungsfragen ergeben sich aus einer tiefergehenden Analyse der Produktions- und Bündelungsaktivitäten von Inhalteverwertern. Durch die zunehmende Relevanz der Outsourcing-Fragestellung wird das optimale Ausmaß einer vertikalen Integration von Medienunternehmen neu zu prüfen sein. Eine Verbundproduktion von Inhalteprodukten scheint vor diesem Hintergrund zukünftig auf weit granularerer Eben stattfinden zu können als zum aktuellen Zeitpunkt. In diesem Zusammenhang wird die Rolle von Inhalteintermediären zur Unterstützung der kundenindividuellen Massenproduktion von Inhalten aus verteilt erstellten Inhaltemodulen an Bedeutung gewinnen und zu untersuchen sein. Weitere Forschungsfragen werden darüber hinaus die Unterscheidung zwischen traditionellen Inhalteverwertern, welche Inhalte als Hauptprodukte anbieten, und Unternehmen anderer Branchen, welche Inhalte als Produktergänzung nachfragen bzw. anbieten, adressieren müssen.

Quellenverzeichnis

ANDING, M. / HESS, T. (2001): Content Syndication – Basic Concept and Case Studies, Arbeitsbericht des Instituts für Wirtschaftsinformatik II, Universität Göttingen, Nr. 11, Göttingen, 2001.

ANDING, M. / HESS, T. (2002): Online Content Syndication – A critical Analysis from the Perspective of Transaction Cost Theory, in: Proceedings of the Xth European Conference on Information Systems, 2002, S. 551–563.

BALIGH, H. / RICHARTZ, L. (1967): Vertical Market Structures', Boston/Mass. 1967.

BAUER, C. / COLGAN, J. (2002): The Internet as a Driver for Unbundling: A Transaction Perspective from the Stockbroking Industry, in: Electronic Markets, 2002, Nr. 2, S. 130–134.

CONNER, K. / PRAHALAD, C. (1996): A Resource Based Theory of the Firm: Knowledge Versus Opportunism, in: Organization Science, 1996, Nr. 5, S. 477–501.

CORSTEN, H. / WILL, T. (1995): Simultaneität von Kostenführerschaft und Differenzierung durch neue Produktionskonzept, in: Zeitschrift Führung und Organisation, 1995, Nr. 5, S. 286–293.

GILBERT, X. / STREBEL, P. (1987): Strategies to Outpace the Competition, in: Journal of Business Strategy, 1987, Nr. 1, S. 28–36.

GROSSMAN, S. / STIGLITZ, J. (1980): On the Impossibility of Informationally Efficient Markets, in: The American Economic Review, 1980, S. 393.

HASSETT, C. M. / MEIER, R. J. / SCHULZ, S. (1997): From Mass Production to Mass Customization: A Paradigm Shift for Introductory Computing, in: Proceedings of the 14th annual meeting, Southwest Business Symposium, University of Central Oklahoma, Edmond, Oklahoma, 1997.

HESS, T. (2002): Medienunternehmen im Spannungsfeld von Mehrfachverwertung und Individualisierung – eine Analyse für statische Inhalte, in: ZERDICK, A., PICOT, A., SILVERSTONE, R., SCHRAPE, K. (Hrsg.): E-Merging Media: Digitalisierung der Medienwirtschaft, Berlin a. o., 2002.

PILLER, F. T. / SCHODER, D. (1999): Mass Customization und Electronic Commerce – eine empirische Einschätzung zur Umsetzung in deutschen Unternehmen, in: Zeitschrift für Betriebswirtschaft, 1999, Nr. 10, S. 1111–1136.

PINE, B. J. (1993): Mass Customization: the new Frontier in Business Competition, Boston 1993.

PORTER, M. E. (1980): Competitive strategy: Techniques for analysing industries and competitors, New York 1980.

REICHWALD, R. / PILLER, F. T. / MÖSLEIN, K. (2000): Mass Customization Concepts for the E-Conomy – Four Strategies to Create Competitive Advantage With Customized Goods and Services on the Internet, Internationals NAISO Congress on Information Science Innovations ISI 2000, March 17-21, 2001, American University in Dubai 2000.

TOPOROWSKI, W. (2000): Das Großhandelstheorem – Ansatz zur Erklärung der Mehrstufigkeit des Handels, in: Wirtschaftswissenschaftliches Studium, 2000, Nr. 9, S. 513–517.

WERBACH, K. (2000): Syndication – The Emerging Model for Business in the Internet Era, in: Harvard Business Review, May-June 2000, S. 85–93.

Verzeichnis der Autoren

Verzeichnis der Autoren

ANDING, MARKUS: Dipl.-Wirtsch.-Inf., geb. 1976, Wissenschaftlicher Mitarbeiter am Seminar für Wirtschaftsinformatik und Neue Medien der Ludwig-Maximilians-Universität München, Arbeits- und Forschungsgebiete: internetbasierte Distribution von Medieninhalten, Online Content Syndication, Peer-To-Peer Konzepte.

BRÖSEL, GERRIT: Dr. rer. pol., Dipl.-Kfm., Bankkaufmann, Instandhaltungsmechaniker, geb. 1972, Senior Associate (Assurance Business and Advisory Services), PwC Deutsche Revision AG, Niederlassung Schwerin, Arbeits- und Forschungsgebiete: Rechnungswesen, Controlling, Wirtschaftsprüfung, Betriebliche und öffentliche Finanzwirtschaft, Unternehmungsbewertung, Medienmanagement.

DECHANT, HUBERT: Dr. rer. pol., Dipl.-Volksw./Dipl.-Betriebsw. (FH), geb. 1964, Wissenschaftlicher Assistent, Fachgebiet Finanzwirtschaft/Investition, Fakultät für Wirtschaftswissenschaften, Technische Universität Ilmenau, ehem. Expert Business Development der Arcor AG & Co, Arbeits- und Forschungsgebiete: Unternehmensbewertung, Betriebliche Finanzwirtschaft, Integrierte Rechnungen, T-Business.

ERHARDT, GOETZ: M. A., geb. 1967, Philosophiestudium Freie Universität Berlin, Politische Ökonomie und Kognitionstheorie, anschließend Senior Consultant bei führender deutscher Marketingberatung, Public Affairs, Marketing-Strategie und -Controlling für internationale Konzerne der Versorgungswirtschaft und Technologieunternehmen, Krisenkommunikation und -management, seit 2000 Marketing Manager bei Accenture, Projekte im Beratungsbereich Kommunikationsindustrie, Marketingplanung sowie öffentliche Verwaltung.

ETTELBRÜCK, BERND: Dipl.-Kfm., geb. 1963, Leitender Berater und Competence Group Manager für Business Innovation, DETECON International GmbH, Eschborn, besondere Erfahrungen im Management von Projekten in schwierigem Unternehmens- und Marktumfeld. Implementierung von Konzepte im Berech Vertrieb Prozessgestaltung und der Nutzung neuer Technologien. Langjährige Erfahrung im Vertrieb mittlerer und großer Kommunikationslösungen und Netzwerke für Kunden der Investitionsgüterindustrie und dem Aufbau und Strukturierung neuer Organisationseinheiten und schlagkräftiger Teams.

FINCK, WOLFRAM M.: Dipl.-Ing., Wirtschaftsingenieur, geb. 1966, Partner der ESPRiT Consulting AG, Leiter der Niederlassung Hamburg, Verantwortlich für die Service Line Enterprise Management, Beratungsschwerpunkte: Unternehmensplanung, Business Plan-Erstellung, Strategic Enterprise Management, Risikomanagement und Wissensmanagement.

GEHRKE, NICK: Dipl.-Kfm., geb. 1976, Wssenschaftlicher Mitarbeiter am Institut für Wirtschaftsinformatik II, Fakultät für Wirtschaftswissenschaften der Georg August Universität Göttingen. Arbeits- und Forschungsgebiete: Peer-to-Peer Technologien und Geschäftsmodelle, E-Commerce und E-Business, Investitionstheorie.

VON GLAHN, CARSTEN: Dipl.-Ing., Dipl.-Wirtsch.-Ing., geb. 1968, Senior Managementberater, Siemens Business Services, Arbeitsbereich ASP und Shared Services, davor KPMG Consulting, Beratungsschwerpunkte: Strategische Kooperationsplanung, Organisationstransformationen, Unternehmensgründung, IT-Strategie, E-Business und Shared Services.

HA, SUNG: Dipl.-Kfm., Bachelor of Science, geb. 1974, Consultant im Competence Center eBusiness Innovation der Unternehmensberatung Detecon International GmbH in Eschborn. Besondere Schwerpunkte seine Arbeit sind die Geschäftsmodellentwicklung und die Projektabwicklung für die Themenbereiche Mobile eBusiness und Telematik, Autor von Artikeln, Kolumnen und Vorträgen zum Thema Mobile E-Business.

HANS, RENÉ: Dipl.-Kfm., geb. 1975, Research Analyst IBM Business Consulting Services, Industrieschwerpunkte: Medien-, Telekommunikations- und Automobilbranche.

HESS, THOMAS: Prof. Dr. oec., Dipl.-Wirtsch.-Inf., geb. 1967; Direktor des Seminars für Wirtschaftsinformatik und Neue Medien der Ludwig-Maximilians-Universität München, Arbeits- und Forschungsgebiete: IT-induzierte Veränderungen in den Medienbranche und in Controlling- und Organisationssystemen sowie angrenzende Fragen der Medienbetriebslehre, des Controlling und der Organisationslehre.

HÜNING, CHRISTOPH: Dipl.-Wirtschaftsmathematiker; geb. 1972, Senior Consultant, Detecon International GmbH – Detecon & Diebold Consultants, Branchenschwerpunkt: TV-Breitbandkabelmarkt und Telekommunikation; Projektschwerpunkte: Strategie- und Organisationsprojekte; Themenschwerpunkte: interactive TV und IP-Dienste, (IP-) Billing und Customer Care.

KEUPER, FRANK: Dr. rer. pol., Dipl.-Kfm., geb. 1966, Lehrstuhlvertreter für ABWL, insbesondere Risikomanagement und Controlling, Fachbereich Rechts- und Wirtschaftswissenschaft der Johannes Gutenberg-Universität Mainz, Arbeits- und Forschungsgebiete: Investitions- und Finanzierungstheorie, Kostenmanagement, Strategisches Management, Unternehmensplanung und -steuerung, Produktion, Komplexitätstheorie, Neue Medien, E-Business, M-Business und T-Business.

KOLEV, STEFAN: Student der Betriebswirtschaftslehre an der Universität Hamburg, geb. 1981, Werkstudent bei der ESPRiT Consulting AG Hamburg, Studienschwerpunkte Wirtschaftsinformatik, Internationales Management und Operations Research; Stipendiat der Friedrich-Naumann-Stiftung.

MEHL, RAINER: Dr. rer. pol., Dipl.-Vw., Dipl.-Pol., geb. 1964, Partner IBM Business Consulting Services, Schwerpunkte: Organisationsberatung und Process Engineering, insbesondere in der Automobilindustrie.

MÖLLER, HEINZ-JÜRGEN: geb. 1952, Gründer, Mehrheitsgesellschafter, Geschäftsführer und technischer Visionär der IDF GmbH, seit mehr als 25 Jahren im Bereich New Technologies und IT tätig, Fokus auf der Verschmelzung von Technologie und kreativem Design.

MORATH, JÜRGEN: Dipl.-Kaufmann und European Master of Business Science, geb. 1970, Head of Industry Segment, Detecon International GmbH – Detecon & Diebold Consultants, Branchenschwerpunkt: Telekommunikation; Projektschwerpunkte: Strategie- und Organisationsprojekte.

VON ROEDER, MICHAEL: Dipl.-Kfm., geb. 1969, Studium Universität Stuttgart Organisationslehre und Technologiemanagement, Tätigkeit als Berater und Projektleiter bei Gesellschaft für Software Management, einer Ausgründung des Fraunhofer Instituts für Arbeitswirtschaft und Organisation, zahlreiche nationale und internationale Forschungsprojekte in den Bereichen E-Business und Service Engineering, seit 1998 bei Accenture im Beratungsbereich Kommunikationsindustrie, Projekte in den Bereichen Billing und Customer Relationship Management, derzeit Manager im Bereich Customer Relationship Management, Beratungsmandat bei einem europäischen Mobilfunkbetreiber in den Bereichen Marketing und Produkt-Management.

SCHOMANN, MARC: Dr. rer. pol., Dipl.-Kfm., geb. 1966, Partner und Leiter der Niederlassung Hamburg der ESPRiT Consulting AG, Beratungsschwerpunkte: Wertorientierte Unternehmensführung, Wissensmanagement, Management Informationssysteme, Strategisches IT Management.

STAFFELDT, KAI: Betriebswirt (WAH), MBA, geb. 1965, Associate Partner Strategic Change Solutions IBM Business Consulting Services, Schwerpunkte: Strategieentwicklung, Programm-Management, Pre-Merger Advise, Post-Merger Integration, E-Business, zuvor rund zehn Jahre Marketing-/Marktforschungs- und Vertriebserfahrung bei der Tchibo Frisch-Röst-Kaffee GmbH.

Stichwortverzeichnis

A
Auszahlungsprognose 146, 153 f.
Auto-Erlebniswelt 260, 270, 282
Automobilbranche 270 ff., 277, 282

B
Bewertung 146, 151, 153, 155 ff., 158 f.
Breitbandkabel 172 f.
Business Case Management 276 f.

C
Collaboration 19
Communication Infotainment Network 203, 208, 237
Content-Management-Systeme 64 ff.
Content-Markt 294 f.

D
Datenraum 246, 251
Distributed Computing 18 f. 37 ff.
Distributed Search 19 f.
dTV 172
Dysfunktionalität 83 ff.

E
Einzahlungsprognose 146, 151, 154
Entscheidungsfeld 134, 137, 140, 142, 156
Entscheidungswert 135, 140 f., 144 f., 155, 158 f.
Evernet → Ubiquitous Computing

F
Filesharing 5 ff., 20 ff., 44 ff.

G
Grid Computing 18, 37 ff., 44 ff.

I
Infotainment 204 f., 207 f., 212, 225 ff.

Infotainment-System 204, 208, 223 ff., 232 ff.
Infotainment-Systemanbieter 232
Inhalteverwerter 287 ff.
Interactive TV → iTV
IT-Konsolidierungsstadien 85
iTV 171 ff., 176 ff., 186, 190 ff.

K
Konfliktsituation 136 ff., 140, 142, 145
Konvergenz 54, 182 f., 189 f., 260 f., 269
Kooperation 184 ff., 189, 191, 193, 195, 197 f.
Kreuzfahrtschiff 204, 207, 213, 219

L
Layer-Konzept 98
Lokalisierungstechnologie 121

M
Marktkomplexität 57 ff.
Maschine-zu-Maschine-Kommunikation 247
Medien-Wertschöpfungskette 288
Mobile Endgeräte 118 f.
Mobile Marketing 124 ff., 127 ff.
Mobilfunk 115 f., 119 ff., 124
Mobilfunkmarkt 124, 130
Multi-Channel-Commerce 174, 182, 185, 189, 191, 197
Multi-Channel-CRM 260, 270, 275, 277 f., 282

O
Observations-Daten 250
Opportunity Assessment 103, 106

P
Partnering 185 f., 189 ff., 194, 197 f.
Peer-to-Peer 5, 7 ff., 18 ff. 22 ff. 27 ff.
Peer-to-Peer-Technologien 8 ff.
Personendaten 250
Portal-Lösung 56 ff.

Portal Service 75, 82, 87 ff.
Portal Service Broker 87 ff. 94, 96, 98 ff.
    104, 106 f.
Portal Service Framework 90, 95, 98 f.
Portalstrategie 57 ff.
Preismodell 88, 94 ff., 98
Prozessdaten 250

R
Rechteprofil 55 ff.
Roaming 248 f.

T
T-Commerce 171 ff. 175 ff. 190 ff.
Technologiemanagement 276 f.
Telekommunikation (-sunternehmung) 134 f.,
    138, 142 ff., 156, 159

S
Service Level Management 92
Set-Top-Box 218, 220
Shared Service 76, 78 ff., 82 ff.
Smart Labels 251

U
Ubiquitous Computing 245 ff., 249 ff.
UMTS 134, 138, 142, 146, 152 f.
Unsicherheit 135, 142, 146, 156 ff.
Unternehmensportal 55 ff.
Unterstützungsprozesse 78 f., 83, 90, 93,
    102, 104, 106

W
Wettbewerbsstrategie 288, hybride 288,
    291 f., 294, 296

Z
Zielsystem 134, 140, 144
Zukunftserfolgswertverfahren 155 f.

Konzepte für das neue Jahrtausend

Konvergenz-Management

„Content" ist der digitale Rohstoff des Internets. Die Autoren liefern ein interbetrieblich ausgerichtetes Management-Konzept zur Beherrschung der Konvergenz im Mediensektor. Neben organisatorischen Aspekten und technologischen Anforderungen liegt ein weiterer Schwerpunkt auf der strategischen Steuerung und dem Controlling von Multimedia-Aktivitäten. Bestehende Geschäftsmodelle werden auf den Prüfstand gestellt bzw. innovative Geschäftsmodelle entwickelt und damit konkrete Handlungsoptionen für Verlage aufgezeigt.

Frank Keuper/René Hans
Multimedia-Management
Strategien und Konzepte für Zeitungs- und Zeitschriftenverlage im digitalen Informationszeitalter
2003. XX, 338 S.
mit 148 Abb. u. 21 Tab.
Br. EUR 34,90
ISBN 3-409-11926-4

Technologische und Betriebswirtschaftliche Basics

Erstmals werden E-Commerce und M-Commerce-basierte-Dienste und ihre strategischen Effektivitäts- und Effizienzpotenziale für die Funktionsbereiche eines Industriebetriebs (Marketing, Beschaffung, Produktion und Logistik) systematisch offengelegt. Die Autoren diskutieren und stellen die Möglichkeiten und Grenzen des Einsatzes von E-Commerce und M-Commerce-basierten-Diensten vor. Volkswirtschaftliche und rechtliche Betrachtungen des internetbasierten Handels geben weitere Informationen zu gegenwärtigen und zukünftigen Entwicklungstrends in der New Economy.

Frank Keuper (Hrsg.)
Electronic Business und Mobile Business
Ansätze, Konzepte und Geschäftsmodelle
2002. XII, 722 S.
mit 151 Abb. u. 10 Tab.
Geb. EUR 44,50
ISBN 3-409-11793-8

Digitale Erlebniswelten

Renommierte Beratungsgesellschaften diskutieren erstmalig Konzepte und Strategien für die drei digitalen Erlebniswelten mit dem Fokus auf der TIME- (Telekommunikation/Entertainment/Media/Electronics) und Konsumgüterbranche, wobei die Möglichkeiten und Grenzen breitbandigen E-Business, M-Business und T-Business - als die 3 digitalen Erlebniswelten - betrachtet werden.

Frank Keuper (Hrsg.)
E-Business, M-Business und T-Business
Erlebniswelten für die TIME- und Konsumgüterbranche aus Sicht von Consulting-Unternehmen
2003. ca. 550 S.
Geb. ca. EUR 59,00
ISBN 3-409-12026-2

Änderungen vorbehalten. Stand: März 2003.

Gabler Verlag · Abraham-Lincoln-Str. 46 · 65189 Wiesbaden · www.gabler.de   **GABLER**

Mit einem Klick alles im Blick

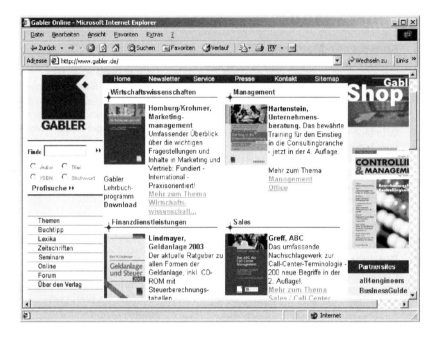

- Tagesaktuelle Informationen zu Büchern, Zeitschriften, Online-Angeboten, Seminaren und Konferenzen

- Leseproben - z. B. vom Gabler Wirtschaftslexikon -, Online-Archive unserer Fachzeitschriften, Aktualisierungsservice und Foliensammlungen für ausgewählte Buchtitel, Rezensionen, Newsletter zu verschiedenen Themen und weitere attraktive Angebote, z. B. unser Bookshop

- Zahlreiche Servicefunktionen mit dem direkten Klick zum Ansprechpartner im Verlag

- **Klicken Sie mal rein: www.gabler.de**

Abraham-Lincoln-Str. 46
65189 Wiesbaden
Fax: 06 11.78 78-400

KOMPETENZ IN
SACHEN WIRTSCHAFT